W0264101

Informatik aktuell

Herausgeber: W. Brauer
im Auftrag der Gesellschaft für Informatik (GI)

Ulrich Glowalla   Eric Schoop (Hrsg.)

Hypertext und Multimedia

Neue Wege in der computerunterstützten
Aus- und Weiterbildung

GI-Symposium
Schloß Rauischholzhausen
Tagungsstätte der Universität Gießen
28.-30.4.1992

Springer-Verlag Berlin Heidelberg GmbH

Herausgeber

Ulrich Glowalla
Universität Gießen
Fachbereich Psychologie
Otto-Behaghel-Straße 10/F, W-6300 Gießen

Eric Schoop
Universität Würzburg
Lehrstuhl für BWL und Wirtschaftsinformatik
Neubaustraße 66, W-8700 Würzburg

CR Subject Classification (1992): H.5.1, H.5.2, I.7.2, K.3

ISBN 978-3-540-55899-6   ISBN 978-3-642-77758-5 (eBook)
DOI 10.1007/978-3-642-77758-5

Satz: Reproduktionsfertige Vorlage vom Autor/Herausgeber
33/3140-543210 – Gedruckt auf säurefreiem Papier

Vorwort

Alle Bereiche unserer Gesellschaft sind gekennzeichnet durch eine wachsende Flut sich ständig ändernder Informationen. Der Erwerb von Wissen und Fertigkeiten kann daher nicht länger als abgeschlossene Phase im Leben der Menschen betrachtet werden. Lernen ist zu einem lebenslangen Prozeß geworden. Neben zeitlichen und ökonomischen Gründen erfordert die zunehmende Komplexität und Vernetztheit der zu bewältigenden Informationsmenge das Beschreiten neuer Wege in der schulischen und beruflichen Aus- und Weiterbildung. Moderne Informationstechnologien – wie interaktive Lehrsysteme, Hypertext und Hypermedia – eröffnen Perspektiven zu einer problem- und benutzergerechten Ausgestaltung dieser Wege.

Trotz vielversprechender Ansätze, Prototypen und zum Teil schon fertiger Produkte fehlt eine integrale Sicht der Bereiche Entwicklung, Anwendung und Evaluation computerunterstützter Lehr- und Lernsysteme. Um diesem Ziel näherzukommen, veranstalteten die Herausgeber des vorliegenden Bandes stellvertretend für die Fachgruppe 4.9.1 „Hypertextsysteme" der Gesellschaft für Informatik (GI)[1] vom 28. bis 30. April 1992 ein interdisziplinäres Symposium mit dem Titel „Neue Wege in der computerunterstützten Aus- und Weiterbildung: Entwicklung – Anwendung – Evaluation". Veranstaltungsort war Schloß Rauischholzhausen, die Tagungsstätte der Justus-Liebig-Universität Gießen. In das Symposium wurden ausführliche Demonstrationen einer großen Zahl von Lehr- und Lernapplikationen auf diversen Systemplattformen für verschiedene Anwendungsbereiche integriert.[2] Die Tagung stieß schon im Vorfeld auf unerwartet starkes Interesse, was unterstreicht, daß die Thematik einen hohen Stellenwert in der aktuellen Diskussion einnimmt. Die positive Resonanz der Teilnehmer während des Symposiums und die vielen Anregungen und Hinweise dokumentieren den Bedarf an einer fächerübergreifenden Aufarbeitung der Problematik.

Bei der Vorbereitung der Veranstaltung wurden die Herausgeber von den Mitgliedern eines aus unterschiedlichen Arbeitsgebieten berufenen Programmkomitees unterstützt: *Godehard Gerling*, Bereich Forschung und Lehre der Firma Apple Computer GmbH, München, *Klaus Götz*, Zentrale Fort- und Weiterbildung, Mercedes-Benz AG, Stuttgart, *Rüdiger Klar*, Institut für Medizinische Informatik, Universität Freiburg, *Gerald Knabe*, Q-Team Dr. Knabe, Korschenbroich, *Heinz Mandl*, Institut für Empirische Pädagogik und Pädagogische Psychologie, Universität München, *Claus Seibt*, Hauptabteilung Lernsysteme, IBM Deutschland GmbH, Herrenberg, *Norbert Streitz*, GMD-IPSI, Darmstadt und *Rolf Winkelmann*, Bereich Projektplanung und Qualitätssicherung, Siemens AG, München.

Aufgrund der großzügigen Unterstützung durch die nachfolgend genannten Unternehmen war es möglich, die neuen Wege computerunterstützten Lernens auf der Basis moderner Technologie zu präsentieren und zu demonstrieren: *Apple Computer GmbH, München*, vertreten durch *Godehard Gerling*, und *CompuTech Hard- und Software GmbH, Wetzlar*, namentlich *Olaf*

Scamperle, stellten leistungsstarke Rechner und Peripherie für die Systemdemonstrationen zur Verfügung. *Frank Vogt-Sarabér* von der Firma *SAVE GmbH*, dem *SONY Professional Partner* in *Frankfurt*, ermöglichte durch die Installation eines Video-/Daten-Großbildprojektors die computerunterstützte Begleitung von Vorträgen. Die Sparkasse Marburg-Biedenkopf schließlich, vertreten durch *Marianne Dörr*, zeigte großzügiges Entgegenkommen bei der Abwicklung der finanziellen Seite der Veranstaltung.

Für Planung und Organisation des Symposiums standen uns *Gudrun Häfele* und *Joachim Hasebrook* vom Fachbereich Psychologie der Universität Gießen hilfreich zur Seite. Das Tagungsbüro war bei *Mirjam Molenaar* und *Sibyll Rodde*, beide Fachbereich Psychologie der Universität Gießen, in sicheren Händen. *Ralph Sonntag* vom Lehrstuhl für Betriebswirtschaftslehre und Wirtschaftsinformatik der Universität Würzburg sowie *Joachim Hasebrook* und *Gilbert Fezzardi*, beide Fachbereich Psychologie der Universität Gießen, meisterten rund um die Uhr in kompetenter Weise die vielfältigen Probleme bei Installation und Betrieb der Systemdemonstrationen. Letztendlich dürfen Sieglinde und Dieter Bergendahl nicht unerwähnt bleiben, deren erfahrene und umsichtige Leitung der Tagungstätte der Justus-Liebig-Universität Gießen in Schloß Rauischholzhausen einen wichtigen atmosphärischen Beitrag zum Gelingen der Veranstaltung leistete.

Allen namentlich aufgeführten Helfern wie auch den durch sie vertretenen Firmen gilt unser besonderer Dank. Ohne ihr tatkräftiges und großzügiges Mitwirken wären Atmosphäre, interdisziplinärer Charakter und gelungener Ablauf des Symposiums nicht denkbar gewesen. Der Dank geht weiter an die Referenten und Systemvorführer für ihre aktive Mitgestaltung des Symposiums und die Bereitstellung der Tagungsbeiträge für den vorliegenden Band. Zu guter Letzt sei auch allen Teilnehmern der Veranstaltung für ihre konstruktive Mitarbeit an der gemeinsamen Thematik gedankt.

Gießen und Würzburg, im Juni 1992   Ulrich Glowalla und Eric Schoop

---

[1] Nähere Informationen zur GI-Fachgruppe „Hypertextsysteme" sind in Teil 5 zusammengestellt.

[2] Eine Liste der Systemdemonstrationen ist in Teil 5 aufgeführt.

Inhaltsverzeichnis

Teil 1: Einführung _______________________________________ 1

Eric Schoop, Ulrich Glowalla
Computer in der Aus- und Weiterbildung: Potentiale, Probleme und Perspektiven_______ 4

Ulrich Glowalla, Eric Schoop
Entwicklung und Evaluation computerunterstützter Lehrsysteme_______________ 21

Ergebnisse aus den Diskussionsrunden

Bernd Weidenmann
Psychologische Aspekte des Lernens mit dem Computer_____________________ 37

Ulrich Glowalla
Evaluation computerunterstützten Lernens_______________________________ 39

Gerald Knabe
Qualitätssicherung sowie Wirtschaftlichkeit und Nutzen von interaktiven
Lernsystemen____ 41

Rüdiger Klar
Hypertexte und Expertensysteme_______________________________________ 43

Eric Schoop
Perspektiven künftiger Hard- und Softwareentwicklungen für das Lernen
mit Computern____ 45

Teil 2: Entwicklung _______________________________________ 47

Inge Adamski, Hans-Ulrich Karl
UNILEARN – ein Lehrsystem zum Experimentieren_______________________ 50

Eduard Gabele[†], Philip Fischer, Brigitte Zürn
Kosten- und Erlösrechnung als interaktives Lernprogramm___________________ 58

Michael Henninger, Heinz Mandl, Nicolae Nistor
C a i M a n – Ein computerunterstütztes, multimediales System zum Erwerb
kommunikativer Kompetenz____ 67

Hans-Peter Fröschle, Josephine Hofmann
Einsatzerfahrungen technisch gestützter Formen von Distance Education in einem
Pilotprojekt und Rahmenbedingungen ihrer Übertragbarkeit auf andere Unternehmen____ 75

Michael Straub
Ein CASE-Tool zur parallelen Entwicklung von Anwendung und CBT _______ 84

Gerhard Holland
Aufgabenorientierte tutorielle Systeme für den Mathematikunterricht _______ 91

Rüdiger Klar, Ulrich Schrader, Albrecht W. Zaiß
Textanalyse in medizinischer Lernsoftware _______ 98

Wolfgang J. Irler
Selbsterklärendes kausales Netzwerk zur Hypothesenüberprüfung im Hypertext _______ 108

Jörg Hannemann, Manfred Thüring
Das Hypermedia-Autorensystem SEPIA _______ 118

Bernd Wingert
Flusser-Hypertext: Prototyp und Entwicklungserfahrungen _______ 137

Martin Fischer
MIAS - Medizinisches Informations- und Ausbildungssystem: Ein Konzept für die
computergestützte Lehre in der Medizin _______ 145

Eric Schoop
Benutzernavigation im Hypermedia Lehr-/Lernsystem HERMES _______ 149

Teil 3: Anwendung _______ 167

Jörg Sauerbrey, H. Nikolaus Schaller
Konzeption, Entwicklung und Einsatz eines computerunterstützten Simulationssystems für die Ausbildung zum Thema „Cachespeicher" – Ein Erfahrungsbericht _______ 170

Freimut Bodendorf
Ein multimediales Lehr- und Trainingssystem für Logistik-Entscheider _______ 177

Gerald Knabe, Ulrich Glowalla, Michael Klatt, Gerhard Vetter
Neue Entwicklungskonzepte für computergestützte Lehrsysteme am Beispiel einer
Auftragsbearbeitung in der Computer-Industrie _______ 183

Rudolf Hundt
CBT am Lernort Betrieb am Beispiel der Deutschen Bundespost POSTDIENST _______ 191

Ulrike Scheffler, Heike Scheffler, Hansjörg Teschemacher
Reanimation von Patienten mit Kreislaufstillstand am Computer:
Integration eines interaktiven Trainingsprogramms („Herzstillstand") in eine
Lehrveranstaltung für Studenten der Humanmedizin im Praktischen Jahr _______ 196

*Klaus Kuhn, Dietmar Rösner, Manfred Reichert, Veit Schwegler,
Johannes G. Wechsler, Paul Janowitz, Werner Swobodnik,
Hans Ditschuneit*
Ein elektronisches Tutorsystem zur Aus- und Weiterbildung für die medizinische
Ultraschalluntersuchung _______ 207

*Florian Eitel, Jürgen Kuprion, Manfred Prenzel, Alfred Bräth,
Leonhard Schweiberer, Heinz Mandl*
Interaktives, rechnergestütztes Lernprogramm „Bauchschmerz":
Entwicklung - Implementierung - Evaluation _______ 216

Ralf Witt
Lehrstoffstrukturen für Hypertext-Anwendungen in der kaufmännischen Aus- und
Weiterbildung ____ 230

Hans Freibichler
Multimediales Lernen – Konsequenzen aus einem Modellversuch ________ 239

Thomas Flum
Computerunterstütztes Lernen in der Pilotenausbildung: Designprinzipien und
Designprozeß in zwei Lernprogrammprojekten ________________ 246

Jan D. Koch
Entwicklung multimedialer Anwendungen bei der IBM ________ 259

Hanns-Johann Ehlen
Die Bibel – ein alter Hypertext im Direktzugriff des Personal Computers ________ 268

Teil 4: Evaluation ____ 277

Ingela Jöns
Möglichkeiten und Grenzen formativer Evaluation computerunterstützter Lernsysteme
im Rahmen anwendungsorientierter Entwicklungsprojekte ________ 279

Mona Jung
Dialogvideo in der Softwareschulung ________________ 296

Tobina Brinker
Dialogvideo im Führungskräfte-Training. Eine Studie zur Effektivität und Akzeptanz ____ 302

Peter Diepold
Lernen durch Computer-Planspiele in der Ausbildung von Industriekaufleuten ________ 307

Cornelia Gräsel, Heinz Mandl, Manfred Prenzel
Die Förderung diagnostischen Denkens durch fallbasierte Computerlernprogramme
in der Medizin ____ 323

Ulrich Glowalla, Gudrun Häfele, Joachim Hasebrook, Mike Rinck,
Gilbert Fezzardi
Wiederlernen von Wissen ________________________ 332

Teil 5: Verzeichnisse und Übersichten

Informationen über die Gesellschaft für Informatik (GI)
und die Fachgruppe 4.9.1 „Hypertextsysteme" ________________ 352

Systemdemonstrationen ________________________________ 354

Teilnehmer des Symposiums ____________________________ 358

Autorenindex ____ 365

TEIL 1

EINFÜHRUNG

Dem vorliegenden Tagungsband liegt das gleichnamige Symposium zugrunde, das vom 28. bis 30. April 1992 in Schloß Rauischholzhausen bei Gießen stattfand. Dort wurde die Thematik des computerunterstützten Lernens aus Sicht neuer technologischer Entwicklungen in den letzten Jahren und der sich daraus ableitenden softwareseitigen Möglichkeiten aufgegriffen – insbesondere hinsichtlich Benutzeroberfläche, -führung und -modellierung.

Im Vordergrund standen die

- interdisziplinäre Diskussion der Beiträge und die
- Praxisnähe der präsentierten Ansätze.

Der erste Gesichtspunkt zeigt sich auch in der fachlichen Ausrichtung der beiden Veranstaltungsorganisatoren und Herausgeber des vorliegenden Bandes:

- *Ulrich Glowalla* vom Fachbereich Psychologie an der Universität Gießen arbeitet als Kognitions- und Instruktionspsychologe an der praktischen Umsetzung von Methoden und Verfahren zur Evaluation computerunterstützter Lehrsysteme. Seine Arbeitsgruppe hat diesbezüglich mehrere Systeme selbst entwickelt und einer Reihe ausführlicher Untersuchungen unterzogen. Zu nennen ist in diesem Zusammenhang vor allem das Hypermedia-System MEM.
- *Eric Schoop* ist Mitarbeiter am Lehrstuhl für Betriebswirtschaftslehre und Wirtschaftsinformatik von Professor Dr. Rainer Thome an der Universität Würzburg. Er beschäftigt sich vorrangig mit den Aufgabenstellungen Systemanalyse, Konzeption und Entwicklung betriebswirtschaftlicher Informationssysteme. In diesem Zusammenhang entstand unter seiner Projektleitung das Hypermedia Lehr- und Lernsystem HERMES.

Beide Herausgeber sind Mitglieder des Leitungsgremiums der Fachgruppe 4.9.1 „Hypertextsysteme" der Gesellschaft für Informatik (GI), die als Veranstalter des Symposiums fungierte.[1] Dem Gedanken der Kombination unterschiedlicher Arbeitsgebiete und -perspektiven bei der Betrachtung computerunterstützten Lernens, wie er während des gesamten Symposiums zum Ausdruck kam,[2] tragen auch die beiden gemeinsamen Veröffentlichungen der Herausgeber Rechnung, mit denen sie den vorliegenden Band einleiten.

Die Praxisnähe der Tagung wird durch die Zahl der präsentierten Anwendungen deutlich. Zum einen wurden fast alle Referate von Systemdemonstrationen begleitet. Darüber hinaus ergänzten 12 weitere Lernprogramme das Spektrum der vorgetragenen Lösungen.[3] Zusätzlich zu den in Rauischholzhausen gehaltenen Referaten wurden für den vorliegenden Band zwei weitere Beiträge aufgenommen, die einschlägige multimediale Anwendungen beschreiben, die im betrieblichen Umfeld zum Einsatz kamen.[4]

Das Symposium beinhaltete neben den Beiträgen und Systemdemonstrationen noch eine "Dinner-Speech", in der *Godehard Gerling* von der Firma Apple Computer GmbH, München, am Beispiel unmittelbar bevorstehender technologischer Entwicklungen bei der durch ihn vertretenen Firma einige Perspektiven für ein mobiles, interaktives Lernen aufzeigte.[5] Außerdem bestand für die Tagungsteilnehmer im Rahmen von 5 offenen Diskussionsrunden, die alle sehr stark besucht wurden, die Gelegenheit zu aktiver Mitgestaltung der Thematik.

Die im vorliegenden Band wiedergegebenen Beiträge stammen von Experten aus allen einschlägigen Disziplinen, die sich im betrieblichen oder universitären Umfeld mit dem computerunterstützten Lernen befassen. Sie sind aufgeteilt in Langfassungen der auf dem Symposium gehaltenen Referate, Kurzdarstellungen der präsentierten Systeme und Zusammenfassungen der Diskussionsrunden. Der Band ist in fünf Teile gegliedert, die in der Reihenfolge den Schwerpunktthemen des Symposiums entsprechen:

- <u>Teil 1: Einführung</u> mit den zwei Grundlagenbeiträgen der Herausgeber und den Ergebnissen der Diskussionsrunden.
- <u>Teil 2: Entwicklung</u> mit Beiträgen, welche die Entwicklung von Lehr-/Lernprogrammen oder deren Systemeigenschaften in den Vordergrund stellen.
- <u>Teil 3: Anwendung</u> mit Beiträgen, die schwerpunktmäßig den Einsatz der diskutierten Lösungen in der Praxis beschreiben.
- <u>Teil 4: Evaluation</u> mit Beiträgen, die sich vor allem auf die Bewertung der Ergebnisse von computerunterstützen Aus- oder Weiterbildungsmaßnahmen konzentrieren.
- <u>Teil 5: Verzeichnisse und Übersichten</u> mit näheren Informationen zu der Gesellschaft für Informatik (GI) und der Fachgruppe „Hypertextsysteme", über die Systemdemonstrationen, die Teilnehmer des Symposiums sowie mit einem Autorenindex.

Zwischen der Tagung und der Fertigstellung der Druckvorlage für die Veröffentlichung der Ergebnisse liegen zwei Monate, in denen die Herausgeber gemeinsam versuchten, zusätzlich zu den Beiträgen auch die Kernaussagen der Veranstaltung mit einzuarbeiten. Darüber hinaus haben wir uns bemüht, die einzelnen Publikationen hinsichtlich Struktur, Layout und Zitierweise formal anzugleichen. Den Lesern des vorliegenden Bandes soll so die Rezeption der wiedergegebenen Gedanken durch eine einheitliche „Benutzeroberfläche" erleichtert werden.

Fußnoten:

1 Nähere Informationen zur GI-Fachgruppe „Hypertextsysteme" sind in Teil 5 zusammengestellt.

2 Vgl. die Zusammensetzung des im Vorwort aufgelisteten Programmkomitees und die Adressen der Tagungsteilnehmer, die in Teil 5 aufgelistet sind.

3 Eine Liste der Systemdemonstrationen ist in Teil 5 aufgeführt.

4 Siehe die Beiträge von *Jan D. Koch* und *Rudolf Hundt* in Teil 4.

5 Vgl. hierzu auch die Ergebnisse der Diskussionsrunde „Perspektiven künftiger Hard- und Softwareentwicklungen für das Lernen mit Computern" in Teil 1 dieses Bandes.

Computer in der Aus- und Weiterbildung:
Potentiale, Probleme und Perspektiven

Eric Schoop [1], *Ulrich Glowalla* [2]

[1] *Lehrstuhl für Betriebswirtschaftslehre und Wirtschaftsinformatik,*
Universität Würzburg, Neubaustr. 66, 8700 Würzburg,
[2] *Fachbereich Psychologie,*
Universität Gießen, Otto-Behaghel-Str. 10/F, 6300 Gießen

Zusammenfassung

Wer neue Wege beschreiten möchte, sollte sich zunächst der schon von anderen gegangenen Pfade vergewissern. Dem Gedanken folgend, werden in diesem einleitenden Beitrag zunächst einige grundlegende Aspekte computerunterstützten Lernens kurz aufgezeigt. Ausgehend von der realen Lernsituation und den sich daraus ergebenden Erwartungen an einen verstärkten Rechnereinsatz zum Erwerb neuen Wissens werden die mannigfaltigen Probleme bei der Entwicklung, Anwendung und Evaluation von Lernsystemen skizziert, bevor als heute absehbare Perspektiven zwei Haupttendenzen eines neuen, individuellen und interaktiven Lernens am und mit dem Computer vorgestellt werden: der Einsatz von Mechanismen der „künstlichen Intelligenz" auf der einen und das modulare Systemkonzept „Hypertext" auf der anderen Seite.

1 Potentiale

Der sich verstärkende Wandel von der Industrie- zur Informationsgesellschaft ist – gerade in rohstoffarmen Ländern wie der Bundesrepublik Deutschland – gekennzeichnet durch eine wachsende Bedeutung von Dienstleistungen, die Kommunikation als Austausch von Information zum Inhalt haben, durch eine damit und mit der Globalisierung der Märkte einhergehende, zunehmende Transparenz und Verfügbarkeit von Wissen bei gleichzeitig rapider Verkürzung vieler Entscheidungsprozesse und Produktlebenszyklen. Aus- und Weiterbildung in allen Bereichen und in besonderem Maße auch im Umgang mit den modernen Formen der Informationsverarbeitung müssen auf möglichst hohem Niveau stattfinden, damit unsere Gesellschaft anpassungsfähig bleibt an eine sich permanent ändernde Umwelt.

Informatik aktuell
U. Glowalla, E. Schoop (Hrsg.), Hypertext und Multimedia:
Neue Wege in der computerunterstützten Aus- und Weiterbildung
© Springer-Verlag Berlin Heidelberg 1992

In einer schon älteren Publikation wird auf das Phänomen der rasant steigenden Vermehrung des verfügbaren Wissens unserer Gesellschaft verwiesen: Während es sich zwischen 1800 und 1900, also in nur 100 Jahren, um den Faktor 2 vermehrte, wurde die nächste Verdoppelung schon in 50 Jahren, danach bereits in 10 Jahren erreicht. Als jüngster Zyklus werden nur noch 6 Jahre (1960 bis 1966) genannt (Feldmann, 1974, S.11-12). Wir dürfen annehmen, daß die Kurve bis heute weiterhin exponentiell ansteigt.

Ausgehend von einer biokybernetischen Betrachtung des Gehirns als Zentrum unserer persönlichen Wissensverarbeitung regte Vester schon 1973 in seiner bekannt gewordenen Fernsehserie „Denken, Lernen, Vergessen" an, die individuellen Aspekte des Lernens besser zu verstehen und bei der Wissensvermittlung zu berücksichtigen. Er leitete 13 „Regeln aus der Lernbiologie" ab, in denen er u. a. auch einen verstärkten Einsatz moderner Medien zur sich ergänzenden Wissensvermittlung über mehrere der Eingangskanäle des menschlichen Gehirns forderte, um die Verankerung neuen Wissens in das schon vorhandene, aber lernerindividuell unterschiedliche Assoziationsnetz zu verbessern. Das Wecken von Neugierde, Lernspaß, eine bekannte, möglichst beispielorientierte, realitätsnahe Verpackung neuer Informationen und ihre alternative Darstellung mit verschiedenen Medien sind einige der Hauptstichworte (Vester, 1991, S. 123, 141 ff).

Haefner stellt fest, daß durch die sprunghafte Zunahme der Leistungsfähigkeit moderner Informationsverarbeitungstechnologie dem Bildungswesen in seiner alten Monopolform eine Konkurrenz heranwächst: bereits 1987 gab die Bundesrepublik Deutschland mit 50 Milliarden DM den gleichen Betrag für Informationstechnik aus wie für unser gesamtes Schulwesen, mit künftig zunehmendem Schwergewicht auf seiten der Informationstechnik. Das Bildungssystem muß sich daher verstärkt mit diesen Leistungen auseinandersetzen, um durch Einbinden der neuen Technologien bisher ungenutzte Potentiale für die notwendige Effektivierung der Wissensvermittlung zu eröffnen (Haefner, 1990, S. 152). Es liegt nahe, das Medium Computer schon frühzeitig in das Lernumfeld zu integrieren, damit wir nicht nur am Rechner als Unterrichtsergänzung beliebiges Wissen erwerben, sondern darüber hinaus gerade auch den Computer selbst rechtzeitig als Werkzeug für den gezielten Umgang mit Wissen kennenlernen.

Vor dem Hintergrund dieses Szenarios können wir eine Reihe von Potentialen des Computereinsatzes für die Aus- und Weiterbildung ableiten. Ausgangspunkt ist dabei der sich abzeichnende Wandel der Lernform: wir werden in Zukunft weit stärker als heute schon darauf angewiesen sein, relevantes neues

Wissen ohne unmittelbare Betreuung im Selbststudium zu erwerben. Nicht nur Kostenaspekte und Kapazitätsengpässe bei qualifiziertem Lehrpersonal, auch die Forderung nach Dezentralität, zeitlicher Unabhängigkeit, beliebiger Multiplizierbarkeit und Wiederholungsmöglichkeit, Kontrollierbarkeit der Lernerfolge sowie Personen- und Bedarfsorientierung von Qualifizierungsmaßnahmen sprechen für ein individuelles Lernen (vgl. Steppi, 1989, S. 11). Die Gegenüberstellung von computerunterstützen Lernsystemen und Literaturstudium als herkömmliche Lernform weist als Stärken der neuen Alternative aus:

- <u>Schnelligkeit</u> in Erstellung, Distribution und Wartung des Lehrmaterials wie auch im Direktzugriff des Lerners auf die benötigten Informationen;
- Möglichkeit der <u>Interaktion</u> zwischen System und Lerner in Form von *FRAGE – ANTWORT – BEWERTUNG – RÜCKKOPPLUNG* beziehungsweise *ANWEISUNG – HANDLUNG – ANALYSE – RÜCKMELDUNG*;
- Realitätsgetreue Wiedergabe <u>dynamischer Abläufe und Zusammenhänge</u> in Form von Animation (Trickfilm), Simulation (für ein exploratives Lernen) oder durch Einblenden von Realsituationen (Video), also die Ergänzung der statischen Darstellungsformen Text, Zahlen/Tabellen und Grafiken um Sprache und Bewegung;
- Flexible <u>Anpassung von Reihenfolge und Detaillierungsstufe des Lernstoffes</u> an die persönlichen Bedürfnisse des Einzelnen (Individualisierung des Lernens), entweder durch das System („intelligente" Adaption) oder durch den Anwender (benutzergesteuertes Lernen).

2 Probleme

Trotz der Potentiale birgt die Computerunterstützung für das Lernen noch eine Reihe von Problemen, die bis heute einen breiten Durchbruch verhindert haben. Sie werden unter den beiden Aspekten Entwicklung und Wirtschaftlichkeit computerunterstützter Lernsysteme aufgeführt.

2.1 Systementwicklung

Entwurf und Entwicklung computerunterstützter Lernsysteme für die Aus- und Weiterbildung sollten, wie bei jeder anderen Software auch, strengen Regeln der Projektorganisation unterworfen sein. Abbildung 1 zeigt die Entstehung einer Software als einen sich iterativ rückkoppelnden Kreislauf über verschiedene Stationen hinweg, der während der Projektabwicklung mehrfach durchlaufen wird.

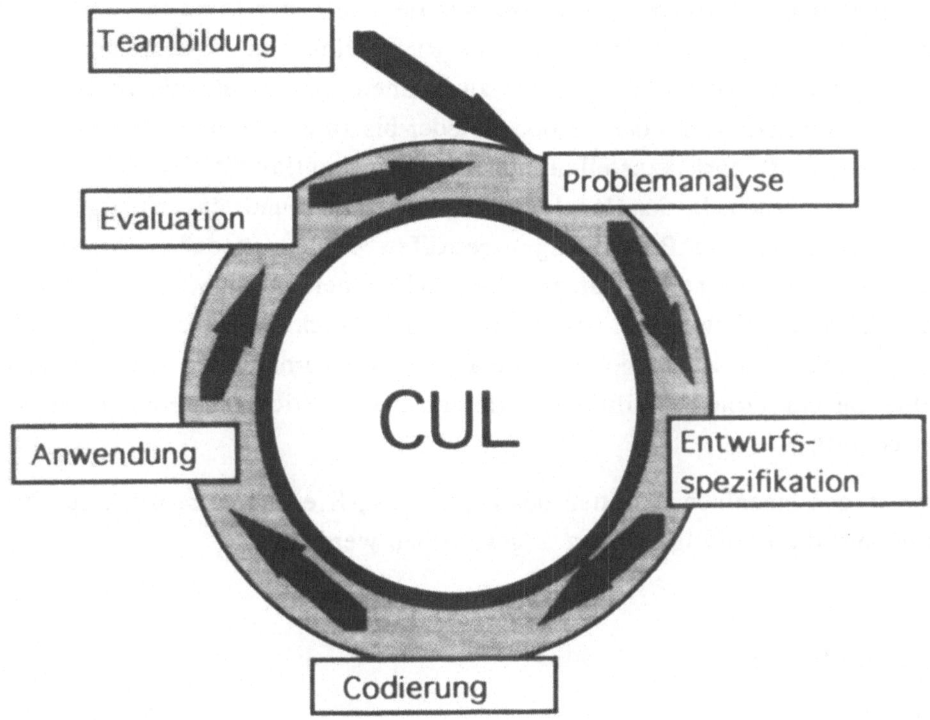

Abb. 1: Entwicklung von computerunterstützten Lernsystemen (CUL) in Prototyping-Vorgehensweise

Dem Modell liegt das Prinzip des Prototyping zugrunde. Es hat als moderne Form des Software Engineerings die früher vorherrschende Vorgehensweise eines kaskadenartigen, stufenweisen Entwickelns von Anwendungen nach bereits in der ersten Phase des Projektes mehr oder weniger detailliert festgelegten Plänen und ohne rückwärts gerichtete Einflußmöglichkeit auf schon abgearbeitete Schritte abgelöst. Im Prototyping wird dagegen schon frühzeitig der Kontakt zum späteren Anwender gesucht, werden ihm Benutzeroberfläche, Interaktionsmöglichkeiten und eine rudimentäre Funktionalität des Systems im Modell vorgeführt oder gar im Sinne einer „Simulation an der Benutzerschnittstelle" zum Ausprobieren zur Verfügung gestellt. Am Ende eines jeden Kreislaufes steht ein neuer Prototyp als in sich abgeschlossenes, lauffähiges Programm, mit dem, zumindest in fortgeschritteneren Projektstadien, auch schon gearbeitet werden kann. Kennzeichnend für das Prototyping ist, daß nicht unbedingt an den schon entwickelten Modellen der späteren Anwendung festgehalten werden muß. Mitunter werden Prototypen nach dem Ausprobieren sogar völlig verworfen und auf der Basis der erhaltenen, profunden Kritik "from the scratch" neu entwickelt (vgl. Denert, 1991, S. 52ff).

Die Problematik des Prototypingprozesses liegt in erster Linie in dem ständigen Entscheidungszwang, entweder neue Rückmeldungen sogleich zum Anlaß für eine Überarbeitung der Vorgaben zu nehmen, um mit aktuellsten Informationen versorgt zu sein, oder sie doch wieder bis zu einem definierten nächsten Projektabschnitt zurückzustellen, um die Basiskontinuität der Entwicklung nicht zu gefährden. In der Regel können meist kurz- und längerfristige Rückkoppelungszyklen des Prototyping angetroffen werden, so daß ein permanenter, in sich geschachtelter Informationsfluß in beiden Richtungen zwischen Entwicklern und Anwendern sowie unter den Entwicklern selbst berücksichtigt werden muß. Eine Zunahme der Aktualität der Informationen wird mit einer Reduktion der Projektstabilität bei gleichzeitig deutlicher Erhöhung der Kosten erkauft.

Auch in den einzelnen Schritten des Prototyping-Kreislaufes selbst treten Probleme auf, die nachfolgend kurz angesprochen werden.

· **Teambildung**

Lernsystem-Entwicklungen sollten interdisziplinär erfolgen. Erst im Zusammenspiel verschiedener Repräsentanten aus dem eigentlichen *Fachgebiet* (Einbringen der Lerninhalte), aus der *Pädagogik/Mediendidaktik/Psychologie* (Kursgestaltung, Medienmix und Drehbücher), aus dem Bereich *Informatik/Grafik/Design/Psychologie* (Programmumsetzung, Oberfläche, Interaktion) und aus *Psychologie/Wirtschaftswissenschaften* (Evaluation) unter einem erfahrenen *Projektmanagement* können die vielschichtigen Aspekte des computerunterstützten Lernens im Selbststudium ohne omnipräsente tutorielle Betreuung durch einen Lehrer hinreichend berücksichtigt werden (vgl. Steppi, 1989, S. 22 ff). In der Praxis sind allerdings nur selten Experten aus allen genannten Bereichen für eine Teamarbeit verfügbar und dann auch tatsächlich in der Lage, untereinander zu kommunizieren, geschweige denn, zu kooperieren.

· Problemanalyse

Unter Einbindung der späteren Benutzer sind hier Zielgruppen, Informations-
inhalte, Anwendungsbereiche, Lernmethoden und -ziele festzulegen. *WER*
(z.B. Schüler, Studenten, Lehrlinge, Manager) soll *WAS* (z.B. Fertigkeiten,
Grundlagen-/Breitenwissen, Spezial-/Detailwissen)*WORÜBER* (z.B. Natur-
/Geisteswissenschaften, technisches Wissen, kaufmännisches Wissen)*WIE* (z.B.
angeleitetes Lernen, *"drill and practice"*, eigenmotiviertes/selbstgesteuertes
Lernen) und *WOFÜR* (z.B. Prüfungswissen, Aufgabenvorbereitung, Wissensvertiefung, Wiederlernen/Nachschlagen) lernen? Im Sinne größtmöglicher
Projektstabilität sollten rechtzeitig Festlegungen getroffen werden, die nach
Möglichkeit auch in späteren Rückkoppelungen nicht mehr in Frage gestellt
werden.

· Entwurfsspezifikation

Das Ergebnis eines Lernsystementwurfs ist ein sich im Laufe der Projektent-
wicklung an die aktuellen Erfordernisse anpassendes Pflichtenheft, das für die
Autoren und Umsetzer der Lernbeiträge inhaltliche, didaktische und optische
Richtlinien enthalten sollte. Darüber hinaus muß es für die Programmierung
grundlegende Struktur- und Ablaufvorgaben formulieren. Dieser Teil des
Pflichtenheftes ist von wesentlicher Bedeutung für die zu späteren Zeitpunkten
aktuell werdenden Fragen der Softwareanpassung und -wartung beziehungsweise ihrer Wiederverwendung in neuen Projekten. Zu berücksichtigende
Aspekte sind Objektorientierung, Modularität, Dokumentation, Versionenver-
waltung.

· Codierung

Aus Produktivitäts- und Kommunikationsgründen sollten Entwicklungswerkzeuge mit Leistungsmerkmalen wie Repository-Verwaltung, Programmgeneratoren, Modulbibliotheken und ausgefeilte Dokumentationsmöglichkeiten zum
Einsatz kommen. Selbstverständlich sind moderne Aspekte der Programmerstellung wie eine objektorientierte und strukturierte Vorgehensweise einzuhal-
ten. Je mehr Darstellungsformen der Wissenspräsentation realisiert werden
sollen, desto eher werden visuelle Programmierstile und Entwicklungsumge-

bungen Berücksichtigung finden. Da umfangreiche Anwendungen meist von mehreren Programmierern codiert werden, betreffen Probleme auf dieser Ebene in erster Linie die Transparenz der Algorithmen und der Schnittstellen zwischen den einzelnen Bausteinen sowie die Kommunikation unter den Teammitgliedern.

• Anwendung

Für den Einsatz eines computerunterstützten Selbstlernsystems müssen die Zielgruppen entsprechend vorbereitet werden. Rechtzeitig vermittelte Kenntnisse über Systemkonzept, -funktionalität und -leistung helfen, Hemmschwellen abzubauen und – bei Anwendern wie auch Auftraggebern (z.B. Studenten und Dozenten oder betriebliche Mitarbeiter und Vorgesetzte) – realistische Erwartungen an die zu erzielenden Lernerfolge zu bilden. Erste Lernsitzungen sollten unter Betreuung stattfinden, um Rückfragen zu ermöglichen, und die Selbstlernsitzungen sollten eingebettet sein in ein umfassendes Curriculum mit aufeinander abgestimmten Modulen (herkömmlicher Unterricht, Gruppendiskussionen, Fallstudien, Rollenspiele, Selbstlernabschnitte, Erfolgskontrollen). Meist fällt es Kursleitern erheblich schwerer, einen solches Methodenmix zu erstellen und auf die zu vermittelnde Thematik abzustimmen, als ausschließlich vorzutragen.

• Evaluation

Der Zielerreichungsgrad einer Software darf keinesfalls erst am Ende der Projektlaufzeit untersucht werden. Aus Kosten- und Zeitgründen sind hier durchgreifende Änderungen nicht mehr durchsetzbar. Das mehrfach zu absolvierende Kreislaufmodell des Prototypings soll gerade für die Evaluationsaufgabe deutlich machen, daß schon während der einzelnen Abschnitte eine mitlaufende Leistungsüberprüfung und Erfolgskontrolle stattfinden muß, um rechtzeitig neben den „subjektiven" Erkenntnissen von Entwicklern und Anwendern auch von einer „objektiven" Seite Erfahrungswerte in den Entwicklungsprozeß einspielen zu können. Software-Evaluation sollte nach Möglichkeit von einer „neutralen Instanz" im Entwicklungsteam und nicht von den Programmierern der Anwendung durchgeführt werden. Diese Vorgabe führt in der Praxis jedoch mitunter zu großen Problemen, da Außenstehende sich nur schwer in die Interna von Softwareprojekten einarbeiten können und ihre Aussagen oft nur auf geringe Akzeptanz seitens der Programmierer stoßen. Kompetenzkonflikte und persönliche Empfindlichkeiten können den Projektfortschritt entscheidend hemmen. Der Evaluationsaspekt bildet einen Schwerpunkt des unmittelbar folgenden Beitrags (Glowalla & Schoop, 1992, im vorliegenden Band).

2.2   Wirtschaftlichkeit

Die Wirtschaftlichkeit von Projektmaßnahmen versucht man in der Regel schon vorab, in der Planungsphase, durch eine Nutzen-Kosten-Analyse abzuschätzen. Im Rahmen einer quantitativen Investitionsrechnung werden die Ergebnisse der Analysen mehrerer Projektalternativen eineinander gegenübergestellt, um dann – je nach gewähltem Vergleichskriterium – die profitabelste, rentabelste oder kostengünstigste Maßnahme auszuwählen (vgl. zu diesen Standardverfahren z.B. Baumann, 1991; Wöhe, 1976). Nach Projektende sind Nutzen und Kosten im Sinne einer Nachkalkulation erneut zu ermitteln. Problematisch ist in Wirtschaftlichkeitsrechnungen generell die schon ex ante genaue Ermittlung quantitativer Werte, um die Abweichung von Soll- und Ist-Daten möglichst gering zu halten und zuverlässige Planungsgrundlagen zu haben. Die exaktesten Rechenverfahren für den Investitionsvergleich machen wenig Sinn, wenn keine fundierten Eingangsdaten zur Verfügung stehen. Besonders schwierig ist insbesondere die Quantifizierung des Nutzens einer durchzuführenden Investition. Eine Reihe von Beiträgen dieses Bandes machen hierzu konkrete Angaben (Brinker; Flum; Hundt; Knabe, Glowalla, Klatt & Vetter).

Im Falle der Entscheidung über den Einsatz eines computerunterstützten Lernsystems zur Durchführung einer als notwendig erachteten Bildungsmaßnahme wären beispielsweise die folgenden Alternativen gegeneinander abzuwägen:

1. Herkömmliche Unterrichtung in einem von einem qualifizierten Tutor geleiteten Kurs. Unter Umständen ist hier weiter zu differenzieren zwischen einer hausinternen Maßnahme und der Abordnung der weiterzubildenden Mitarbeiter zu einem außerhalb des Unternehmens stattfindenden Seminar.

2. Nutzung von extern – z.B. beim Anbieter von zu schulender Software – angebotenen Selbstlernkursen auf Basis computerunterstützter Lernsysteme.

3. Falls vorhanden, Fremdbezug eines geeigneten Standard-Lernprogramms, dessen günstigere Kosten mit dem Verzicht auf eventuell angestrebtes Eingehen auf firmenindividuelle Problemstellungen zu erkaufen wären.

4. Auftragsvergabe für eine meist erheblich teurere Individualentwicklung, die den hausinternen Aufgabenstellungen unmittelbar angepaßt werden könnte, an ein externes Softwarehaus oder, so Personal und Qualifikation vorhanden, an eine eigene Abteilung.

Haupteinflußfaktoren auf die Kosten von computerunterstützten Qualifizierungsmaßnahmen im eigenen Hause sind neben den reinen Beschaffungs- oder Entwicklungskosten die Aufwendungen für Aufbau und Erhalt der Lerninfrastruktur sowie die im Rahmen der Qualifizierung bei den Mitarbeitern entstehenden Ausfallzeiten. Sie sind abhängig von der Installations- und Betriebsart der Anwendung (z.B. zentrales Lernlabor mit festgelegten, betreuten Kurszeiten oder jederzeit individuell, aber ohne unmittelbare Betreuung, nutzbare Lernsoftware direkt auf den Arbeitsplatzrechnern). Der mit den einzelnen Investitionsalternativen verbundene Nutzen läßt sich im Gegensatz zu den Kosten a priori kaum abschätzen. Er ist abhängig von dem verfolgten Qualifizierungsziel und kann, sofern keine Vergleichsdaten aus ähnlichen Anwendungen vorliegen, eigentlich erst im Rahmen der Nachkalkulation ermittelt werden, indem man Lernerfolgskontrollen und Akzeptanzstudien durchführt. Hinsichtlich der hier zur Verfügung stehenden Methoden und Möglichkeiten sei auf einschlägige Beiträge im vorliegenden Tagungsband verwiesen (Eitel, Kuprion, Prenzel, Bräth, Schweiberer, Mandl; Glowalla, Häfele, Hasebrook, Rinck & Fezzardi; Glowalla & Schoop).

3   Perspektiven

Computerunterstütztes Lernen ist eine neue Form des Selbststudiums und setzt den eigenmotivierten, zielorientierten Lerner voraus. Tabelle 1 zeigt die Bandbreite des möglichen Computereinsatzes in einer Gegenüberstellung von Anwendungsfeldern für Lernsysteme und Dialogführung (in Anlehnung an Bodendorf, 1990, S. 47 ff).

Hinsichtlich der Interaktion zwischen Benutzer und System lassen sich unter Rückgriff auf diese Tabelle insgesamt 3 Grundparadigmen unterscheiden:

1. **CBT:** Das klassische *computer based training* als älteste und verbreitetste Form von Lernsystemen läßt sich gemäß Tabelle 1 als aktives Trainingssystem klassifizieren. Die Dialogsteuerung erfolgt durch den *LEHRER*, der im Rahmen eines festen Lehr-Algorithmus' schon vorab, während der Systemerstellung, alle Ent-

scheidungen bezüglich Lehrstoff und -methode trifft. Der Benutzer besitzt keine Einflußmöglichkeiten auf den Ablauf einer Lernsitzung.

Tab. 1: Systematik des computerunterstützten Lernens

Systemeigenschaften Anwendungsfeld	Passive Systeme	Aktive Systeme
Hilfe	Benutzerinitiiertes Retrieval uniformer oder als Hypertext modularisierter Hilfetexte	Intelligente Tutorielle Systeme, Benutzerbeobachtung, Kontextsensitive Unterstützung
Training	Erwerb von Fertigkeiten durch selbstgesteuertes Üben	"Drill and Practice", System steuert die Dialogfolgen: Frage - Antwort- Analyse - Feedback
Information	Benutzergesteuerte Navigation durch große, schwach strukturierte Wissensbestände, Hypertextsysteme	Wissensbasierte Informationsverwaltung, Expertensysteme
Simulation	Entdeckendes Lernen, eine Benutzeraktion löst eine Systemreaktion aus	Problemlösungssysteme mit schrittweiser, angeleiteter Lösung gestellter Aufgaben

2. **ITS:** Der Einsatz „künstlicher Intelligenz"-Mechanismen ist kennzeichnend für *intelligent tutoring systems*, aktive Systeme, die ge-

mäß Tabelle 1 in allen Anwendungsbereichen zum Einsatz kommen können. Herausragendes Merkmal dieser Software ist ihre Fähigkeit zur Adaption von Lehrziel, -methode oder -zeit an den aktuellen Leistungsstand des Lerners. Es liegt also eine Dialog<u>steuerung durch das *SYSTEM*</u> vor.

3. **HYPERTEXT:** Die dritte Möglichkeit der Interaktion zwischen Benutzer und System liegt darin, dem Lerner selbst die Auswahl von Stoff, Reihenfolge, Zeit und Erfolgskontrolle zu überlassen. Hypertext- bzw. Hypermedia-Systeme bieten durch ihre Struktur und Oberfläche die ideale Voraussetzung für ein individuelles Vorgehen, also eine <u>Dialogsteuerung durch den *LERNER*</u>. Hier steht neben den eigentlichen Wissensinhalten auch der selbständige Umgang mit Wissen im Vordergrund.

Infolge der mittlerweile realisierbaren Dialogsteuerungen und Möglichkeiten flexibler Ablaufprogrammierung von Anwendungsprogrammen erhalten computerunterstützte Lernsysteme mehr und mehr Charakteristika des zweiten und dritten Paradigmas. Auf deren wesentliche Gesichtspunkte wird nachfolgend kurz eingegangen.

3.1   „Intelligente" tutorielle Systeme

Der große Nachteil computerunterstützter Lernsysteme liegt darin, daß im Selbststudium am Rechner der Lehrer fehlt, der Nachfragen beantwortet, Erläuterungen gibt oder das Stoffverständnis abprüft, aber auch in der Diskussion dynamisch auf spezifische Lernerinteressen und -profile eingehen kann – oder es zumindest sollte – und damit Struktur und Schwerpunkte des Lehrstoffes wie auch seiner Vermittlung verschiebt und den tatsächlichen, aktuellen Bedürfnissen anpaßt. Ein guter Lehrer ist die „zweite Instanz", die dem Lerner durch entsprechende Rückkoppelung im Unterricht wie bei einem Blick in den Spiegel frühzeitig signalisiert, ob die Selbsteinschätzung seiner Leistungen und Fortschritte richtig ist, indem er mir zeigt, welches Modell er sich vom Lernerverhalten, von Kenntnissen und Erfolgen im bisherigen Verlauf gemacht hat. Diese Modellbildung auf Basis von während der einzelnen Arbeitssitzungen zu beobachtenden und auszuwertenden Lernerdaten, die sich daraus ergebenden Folgerungen für die Ausgestaltung künftiger Lektionen, die Zusammensetzung der nächsten Kontrollfragen und das Wiederaufgreifen noch nicht korrekt erfaßter Lernabschnitte stehen im Mittelpunkt der Ausgestaltung

„intelligenter" – besser: selbständig Schlüsse ziehender – Systeme für computerunterstütztes Lernen.

Unabhängig von ihrer tatsächlichen Implementierung weisen *intelligent tutoring systems* in der Regel die folgenden 4 Komponenten auf (vgl. Mandl & Lesgold, 1988, S. vi-viii):

1. **Wissensbasis**: Hier wird das Expertenwissen über die spezifische Domäne (zu vermittelnde Thematik) in Form von Fakten und Regeln verwaltet, mit deren Hilfe ein im System implementierter Inferenzalgorithmus Aussagen (Theoreme) überprüft und beantwortet. Eine gerade für Lernanwendungen wichtige Eigenschaft solcher Expertensysteme ist die Erklärungskomponente, die auf Hinterfragen jederzeit Weg und Begründung der getroffenen Schlußfolgerungen aufzeigen kann.

2. **Lernermodell**: Ein Diagnosesystem leitet aus den Handlungen des Lerners im Rahmen seiner Interaktion mit dem Lernsystem dynamisch den Stand seines Wissens und seiner Fertigkeiten ab. Dieser wird mit dem in der Wissensbasis verwalteten Expertenwissen verglichen, Abweichungen werden auf systematische Fehler und Lücken analysiert.

3. **Kursplanung**: Auf Basis der Erkenntnisse des Lernermodells und der im System implementierten Lernzielstrukturen erfolgt eine Abstimmung der systemseitigen Unterrichtsaktivitäten wie Überspringen oder Wiederholen von Lektionen, Einblenden von Hilfestellungen oder Erklärungen, Einschlagen einer alternativen Vermittlungsstrategie oder Abhalten eines Tests. Die sich darauf ergebenden Reaktionen des Lerners fließen wieder unmittelbar in die Lernermodellierung zur Überprüfung des bisherigen Leistungsbildes ein. Je mehr Freiheitsgrade die Kursplanung im Sinne eines entdeckenden Lernens vorsieht, desto aufwendiger wird die Überprüfung des Lernermodells.

4. **Kommunikation**: Die Interaktion zwischen System und Lerner obliegt ebenfalls einem abgeschlossenen Modul. Je nach Benutzerschnittstelle werden die Dialoge mehr auf Text- oder Grafikbasis, in naher Zukunft wohl auch schon in natürlicher Sprache geführt. Diese Komponente „übersetzt" die Benutzeraktionen (beispielsweise Mausansteuerung grafischer Objekte) für die nachfolgenden Auswertungen und präsentiert die Systemmeldungen und -aktionen in oberflächenkonformer Weise.

Die Nachbildung des flexiblen menschlichen Lehrers durch einen „intelligenten" maschinellen Tutor ist eine sehr anspruchsvolle Aufgabenstellung. Auch wenn bereits beachtenswerte Erfolge zu verzeichnen sind und einzelne Anwendungen prototypisch realisiert wurden (Anderson, Farrell & Sauers, 1984; Weber, in press), verhindern die Komplexität der in der Realität zu berücksichtigenden Faktoren und teure Hardwareplattformen noch ein schnelles Ausbreiten dieser Systemansätze.

3.2 Hypertext

Einen ganz anderen Weg gehen Systemkonzepte, die den Lerner anstelle des Systems in den Mittelpunkt der Kontrolle stellen. Hier bleibt es dem Menschen überlassen, flexibel, individuell und spontan zu agieren, und die Systemreaktionen sind – ohne „intelligente" Unterfütterung – auf möglichst transparentes, intuitiv nachvollziehbares Interaktionsverhalten beschränkt. Eine Reihe neuer Ansätze des benutzergesteuerten Lernens folgt dabei dem Hypertextprinzip. Das zu vermittelnde Wissen wird jetzt nicht mehr – wie in Büchern oder Lernprogrammen traditioneller Prägung – in streng sequentiell aneinandergeknüpfter Kapitelfolge präsentiert, sondern vielmehr bewußt modular und nichtlinear gestaltet. Es steht dem Anwender grundsätzlich frei, sich den Weg durch das vorhandene Wissen selbst zu suchen und Lernweg und -zeit sowie Schwerpunktsetzung den aktuellen, persönlichen Interessen anzupassen. Hypertextanwendungen lassen sich anhand der vier folgenden Aspekte charakterisieren (vgl. Streitz, 1990; Hofmann, 1991):

1. **Struktureller Aspekt:** Ein Hypertext besteht aus voneinander unabhängigen Informationsobjekten (= *nodes*) und sie verknüpfenden Beziehungen (= *links*), die oft auch Assoziationen genannt werden. Knoten und Kanten können hierarchisch (*organizational links*) und/oder netzartig untereinander verknüpft sein (*referential links*), beide Strukturelemente können durch Typisierung näher charakterisiert werden (Basisinformation, Zusatzinformation bzw. Komplementärverweis oder Kontroverse).

2. **Operationaler Aspekt:** Der Leser eines Hypertextes steuert selbst, seinem Vorwissen und seiner Motivation folgend, durch das Informationsnetz, indem er einem der im jeweiligen Knoten sichtbaren Anker (= Verweisausgangspunkt) zum Zielobjekt folgt. Diese Navigationsart durch Hypertextnetze wird als *"browsing"* (stöbern) bezeichnet. In der Regel werden *graphical browser* (Struk-

turdiagramme, grafische Suchbäume) als Navigations- und Orientierungshilfsmittel systemseitig zur Verfügung gestellt.

3. **Medialer Aspekt**: Die Knoteninhalte (Informationen) können in gemischter Form statisch (Fließtext, Tabelle, numerische Werte, Grafik und Bild) oder auch dynamisch (Sprache, Töne, Animation und Video) präsentiert werden. Es ist darauf zu achten, daß die Darstellungsmodalität dem jeweiligen Inhalt angepaßt sein sollte und keine längeren Sequenzen ohne Unterbrechungsmöglichkeit angeboten werden. Liegt der Schwerpunkt einer Anwendung eher auf der multimodalen Informationspräsentation als ihrer -strukturierung, wird anstelle von Hypertext auch von Hypermedia gesprochen.

4. **Visueller Aspekt**: Hypertexte präsentieren sich stets unter einer direkt manipulierbaren, grafischen Benutzeroberfläche mit überlappender Fenstertechnik, Pulldown-/Popup-Menüs und aktivierbaren, ikonischen Objekten. Interaktionswerkzeuge sind Maus, Grafikstift oder Berührungsbildschirm. Auch die Bewegung des Lerners im Hypernetz kann durch visuelle Effekte (Zoomen, Scrollen, Blättern, etc.) optisch hervorgehoben werden.

Die Verlagerung der Kontrolle auf den Benutzer reduziert zwar den Entwicklungsaufwand für Hypertext-Lernprogramme im Gegensatz zu ITS-Systemen erheblich, bürdet dafür jedoch dem Lerner weit mehr Verantwortung für den Erfolg seiner Qualifizierungsmaßnahme auf. Dieser Aspekt spielt bei der Bewertung von Lernerfolgen eine nicht unerhebliche Rolle, da bei Tests zunächst nicht mehr zweifelsfrei davon ausgegangen werden kann, daß der Lerner alle relevanten Abschnitte auch tatsächlich angesteuert und durchgearbeitet hat. Abhilfe kann eine mitlaufende Beobachtung und Interpretation der benutzergesteuerten Navigation durch das Lernsystem schaffen, womit, zumindest in Teilen, wieder eine Annäherung an das Paradigma „intelligenter" Unterstützung erfolgt (vgl. hierzu Glowalla et al., in diesem Band; Glowalla, Hasebrook, Häfele, Fezzardi & Rinck, 1992; Glowalla & Schoop, in diesem Band).

Die Gestaltung von Lernsystemen nach dem Hypertextprinzip verlangt nicht nur von den Lernern schärferes Zielbewußtsein und Erfolgsorientierung. Auch die Autoren von Hypertexten müssen umdenken. Nichtlineares Schreiben erfordert ein neues Bewußtsein, da nicht mehr à priori festliegt, in welcher Reihenfolge Knoten gelesen, aus welcher Richtung sie erreicht und nach welcher Zeit und Leseintensität sie wohin wieder verlassen werden. Die totale Freiheit des Hypertextlesens findet mitunter schnell ihre Grenzen in einem Gefühl der Desorientierung (*"lost in hyperspace"*) und des Zweifels, ob denn alle relevanten Informationen schon gesehen wurden oder wo sich gegebenenfalls konkret Gesuchtes verbirgt. Für Lernanwendungen empfiehlt es sich daher, die flexiblen Browsingmechanismen um Indices und Suchfunktionen aus dem Bereich des *information retrieval* zu ergänzen und alternative, in Zeitdauer und Schwierigkeitsgrad abgestufte Lernpfade als *"guided tours"* anzubieten, die optional eingeschlagen und auch wieder verlassen werden können. Der Adaptivität des menschlichen oder maschinellen Tutors aus dem vorhergehenden Abschnitt sollte in Hypertext-Lernanwendungen eine möglichst weitgehende Adaptierbarkeit der Systemeigenschaften, eine stufenweise, individuelle Anpassung an Kenntnisstand und Benutzungsroutine durch den Lerner gegenüberstehen (vgl. Schoop, 1992). Abbildung 2 stilisiert einen Ausschnitt aus einem multimedialen Hypertextnetz (Schoop, 1991, S. 23, Bild 2).

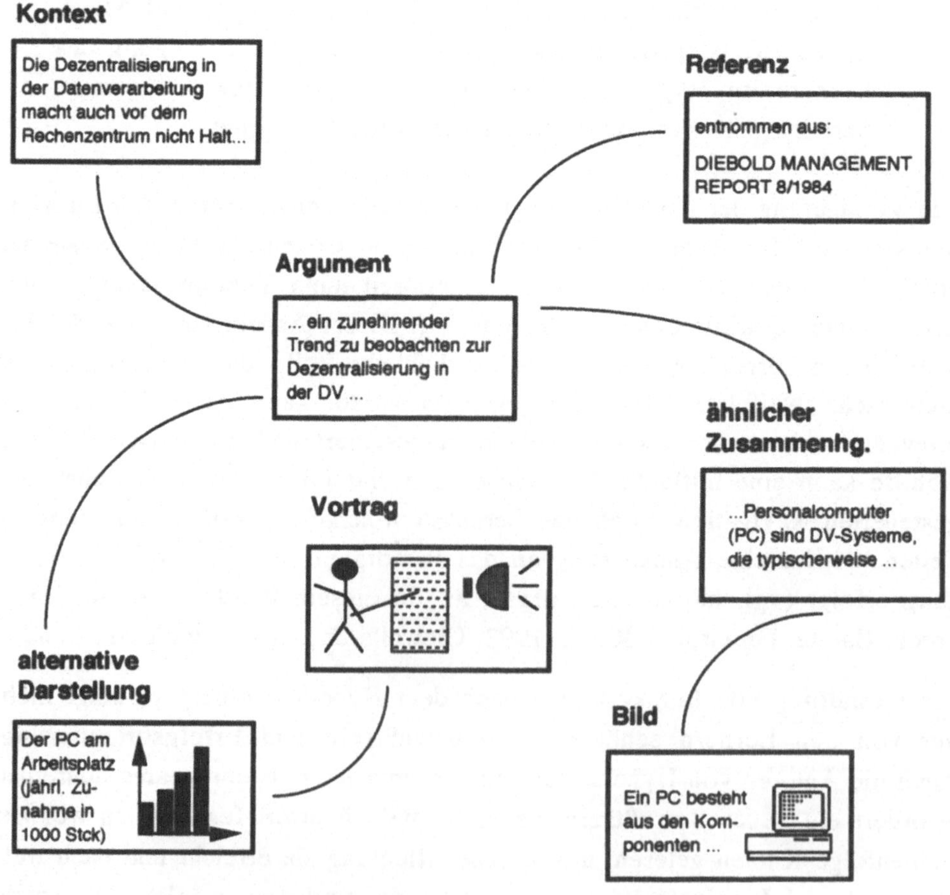

Abb. 2:   Ein Hypertext-Informationsnetz

3.3 Ausblick

Wenngleich in diesem Beitrag zwischen den drei genannten Lernsystem-Paradigmen zum besseren Verständnis strikt differenziert wurde, zeichnet sich in der praktischen Realisierung ein Ineinanderfließen der Elemente CBT, ITS und Hypertext ab. Adaptive Systeme erhalten verstärkt grafische Benutzeroberflächen und bieten dem Lerner Möglichkeiten des Zugriffs auf modulare, multimediale Wissensbausteine im Rahmen der direkten Manipulation, Hypertextsysteme werden um „intelligente" Suchmechanismen (insbesondere zum Kreieren dynamischer Referenzen) und Benutzerbeobachtung ergänzt, und auch Basiselemente des CBT wie die grundsätzliche Vorstrukturierung von Lerneinheiten oder der Aufbau von Testabschnitten finden sich in den neueren Ansätzen wieder ("guided tours", Wissensdiagnosen).

Das Hauptaugenmerk muß in der Zukunft sicherlich auf eine Reduktion der erheblichen Erstellungskosten für Lernprogramme, auf eine Verstärkung von mediendidaktischen Aspekten bei der Präsentation von Wissen und auf eine sinnvolle Einbindung computerunterstützten Selbstlernens in bestehende Curricula gerichtet werden.

Literatur

Anderson, J. R., Farrell, R. & Sauers, R. (1984). Learning to program in LISP. *Cognitive Science*, **8**, 87-129.

Baumann, T. (1991). *Finanzierung*. Beitrag auf der CD-ROM HERMES, herausgegeben von R. Thome, 2. Auflage. Universität Würzburg: Lehrstuhl für Betriebswirtschaftslehre und Wirtschaftsinformatik.

Bodendorf, F. (1990). *Computer in der fachlichen und universitären Ausbildung*. München, Wien: Oldenbourg.

Brinker, T. (1992). Dialogvideo im Führungskräfte-Training, In U. Glowalla & E. Schoop (Hrsg.), *Hypertext und Multimedia: Neue Wege in der computerunterstützten Aus- und Weiterbildung*. Berlin, Heidelberg: Springer.

Denert, E. (1991). *Software-Engineering*. Berlin, Heidelberg: Springer.

Eitel, F., Kuprion, J., Prenzel, M., Bräth, A., Schweiberer, L. & Mandl, H. (1992). Interaktives, rechnergestütztes Lernprogramm „Bauchschmerz": Entwicklung - Implementierung - Evaluation. In U. Glowalla & E. Schoop (Hrsg.), *Hypertext und Multimedia: Neue Wege in der computerunterstützten Aus- und Weiterbildung*. Berlin, Heidelberg: Springer.

Feldmann, P. (1974). *Lerntraining*. München: Heyne.

Flum, T. (1992). Computerunterstütztes Lernen bei der Lufthansa. In U. Glowalla & E. Schoop (Hrsg.), *Hypertext und Multimedia: Neue Wege in der computerunterstützten Aus- und Weiterbildung*. Berlin, Heidelberg: Springer.

Glowalla, U., Häfele, G., Hasebrook, J., Rinck, M. & Fezzardi, G. (1992). Wiederlernen von Wissen. In U. Glowalla & E. Schoop (Hrsg.), *Hypertext und Multimedia: Neue Wege in der computerunterstützten Aus- und Weiterbildung*. Berlin, Heidelberg: Springer.

Glowalla, U., Hasebrook, J., Häfele, G., Fezzardi, G., & Rinck, M. (1992). Das gezielte Wiederlernen von Wissen mit Hilfe des Hypermedia-Systems MEM. In R. Cordes & N. Streitz (Hrsg.), *Hypertext und Hypermedia 1992. Konzepte und Anwendungen auf dem Weg in die Praxis*. Berlin, Heidelberg: Springer.

Glowalla, U., Schoop, E. (1992). Entwicklung und Evaluation computerunterstützter Lehrsysteme. In U. Glowalla & E. Schoop (Hrsg.), *Hypertext und Multimedia: Neue Wege in der computerunterstützten Aus- und Weiterbildung*. Berlin, Heidelberg: Springer.

Haefner, K. (1990). Computer statt Gehirne. In H. Scheidgen, P. Strittmatter, W.H. Tack (Hrsg.), *Information ist noch kein Wissen*. Weinheim, Basel: Beltz, 143-154.

Hofmann, M. (1991). Hypertextsysteme – Begrifflichkeit, Modelle, Problemstellungen. *Wirtschaftsinformatik, 33*, 177-185.

Hundt, R. (1992). CBT am Lernort Betrieb am Beispiel der Deutschen Bundespost POSTDIENST. In U. Glowalla & E. Schoop (Hrsg.), *Hypertext und Multimedia: Neue Wege in der computerunterstützten Aus- und Weiterbildung*. Berlin, Heidelberg: Springer.

Knabe, G., Glowalla, U., Klatt, M. & Vetter, G. (1992). Neue Entwicklungskonzepte für computergestützte Lehrsysteme am Beispiel: „Auftragsbearbeitung in der Computer-Industrie". In U. Glowalla & E. Schoop (Hrsg.), *Hypertext und Multimedia: Neue Wege in der computerunterstützten Aus- und Weiterbildung*. Berlin, Heidelberg: Springer.

Mandl, H., Lesgold, A. (1988). Preface. In H. Mandl, A. Lesgold (Hrsg.), *Learning Issues for Intelligent Tutoring Systems*. Berlin, Heidelberg: Springer, v-xiv.

Schoop, E. (1991). Hypertext: Organisation schlecht strukturierbarer Information. *technologie & management, 40*, 20-25.

Schoop, E. (1992). Entwicklung einer Hypermedia-Autorenumgebung für die Erstellung interaktiver Lehr-/Lernsysteme. In J. Wallmannsberger (Hrsg.), *Hypertext – State of the Art*. München, Wien: Oldenbourg.

Steppi, H. (1989). *Computer Based Training: Planung, Design und Entwicklung interaktiver Lernprogramme*. Stuttgart: Klett.

Streitz, N. (1990). Hypertext: Ein innovatives Medium zur Kommunikation von Wissen. In P. A. Gloor, N. A. Streitz (Hrsg.), *Hypertext und Hypermedia. Von theoretischen Konzepten zur praktischen Anwendung*. Berlin, Heidelberg: Springer, 10-27.

Vester, F. (1991). *Denken, Lernen, Vergessen*. 18. Auflg., München: dtv.

Weber, G. (in press). An episodic student model for an intelligent LISP-tutor. In P. A. M. Kommers, D. H. Jonassen & T. Mayers (Eds.), *Mind Tools: Cognitive technologies for modelling knowledge*. Berlin, Heidelberg: Springer.

Wöhe, G. (1976). *Einführung in die Allgemeine Betriebswirtschaftslehre*. 12., überarb. Auflage. München: Vahlen.

Entwicklung und Evaluation computerunterstützter Lehrsysteme

Ulrich Glowalla [1], Eric Schoop [2]

[1] *Fachbereich Psychologie,
Universität Gießen, Otto-Behaghel-Str. 10/F, 6300 Gießen*
[2] *Lehrstuhl für Betriebswirtschaftslehre und Wirtschaftsinformatik,
Universität Würzburg, Neubaustr. 66, 8700 Würzburg*

1   Einleitung

Es ist zu erwarten, daß computerunterstützte Lehrsysteme schon mittelfristig, sicher aber langfristig in wesentlich größerem Umfang als heute entwickelt und eingesetzt werden. Diese Vorhersage wird durch eine ganze Reihe von Tatsachen gestützt:

Stark verkürzte Innovationszyklen. Das an Hochschulen und Betrieben benötigte Fachwissen unterliegt immer schnelleren Veränderungen und Erweiterungen. Man geht in vielen Bereichen der beruflichen Bildung von einer weitgehenden Erneuerung des Fachwissens in weit weniger als 10 Jahren aus, wobei diese Innovationszyklen voraussichtlich noch kürzer werden (Feldmann, 1974). Damit wird es immer schwieriger, auf einem aktuellen Wissensstand zu bleiben. Die Innovationszyklen sind bereits heute teilweise dermaßen kurz, daß eine Vermittlung des notwendigen Wissens mit einer herkömmlichen Bildungsmaßnahme gar nicht mehr in Frage kommt. Die Dauer der gesamten Maßnahme würde bei traditionellem Seminarbetrieb den Innovationszyklus übersteigen. Hierzu ein eindrucksvolles Beispiel: Rudolf Hundt von der Zentralredaktion für computerunterstützten Unterricht der Deutschen Bundespost berichtete auf dem Symposium „Die Integration von interaktiven Medien im Aus- und Weiterbildungsbereich", veranstaltet von der Österreichischen Akademie für Führungskräfte (ÖAF), Mitte Mai dieses Jahres über das Lernprogramm „Briefzustelldienst", mit dem insgesamt 85.400 Mitarbeiter des Postdienstes im Verlauf von 171 Tagen an 1.000 dezentral verfügbaren Lernstationen geschult worden sind. Bei konventionellem Seminar- bzw. Schulungsbetrieb hätte diese Bildungsmaßnahme etwa zwei Jahre in Anspruch genommen. Im Vergleich zum computerunterstützten Unterricht hätte also eine traditionelle Bildungsmaßnahme mehr als dreimal so viel Zeit in Anspruch genommen.

Informatik aktuell
U. Glowalla, E. Schoop (Hrsg.), Hypertext und Multimedia:
Neue Wege in der computerunterstützten Aus- und Weiterbildung
© Springer-Verlag Berlin Heidelberg 1992

Sie hätte damit den „Innovationszyklus" der Beförderungstarife der Deutschen Bundespost mit ziemlicher Sicherheit überschritten. Konventioneller Seminarbetrieb kam bei dieser Bildungsmaßnahme also erst gar nicht in Frage (Hundt, 1992).

Mangel an Lehrkräften und Ausbildungsplätzen. Das Studium vieler Fächer an bundesdeutschen Hochschulen ist seit Jahren gekennzeichnet durch gravierende Kapazitätsengpässe hinsichtlich Lehrpersonal und Räumlichkeiten. Dieses Massenproblem geht eindeutig zu Lasten der Qualität von Lehre und Forschung. Die derzeitige finanzielle Situation der Bundesrepublik Deutschland (und auch der EG allgemein) läßt es äußerst unwahrscheinlich erscheinen, daß die Hochschulen in absehbarer Zeit im notwendigen Umfang ausgebaut werden. Es bleibt keine andere Wahl, als alternative Methoden der Wissensvermittlung und -vertiefung zu erproben, um zumindest ansatzweise der Probleme Herr zu werden, die sich aus dem klassischen Frontalunterricht in überfüllten Vorlesungen und Seminaren ergeben. Eine vergleichsweise wirtschaftliche Lösung kann unseres Erachtens im Einsatz computerunterstützter Selbstlernarbeitsplätze liegen, an denen Studenten veranstaltungsvorbereitend, -begleitend und -ergänzend Grundlagen- und Zusammenhangswissen erwerben können.

Steigende Kosten im Bildungsbereich. Da Lernen zu einem lebenslangen Prozeß geworden ist und nicht länger als abgeschlossenen Phase im Leben der Menschen betrachtet werden kann, fallen die Kosten von Bildungsmaßnahmen immer stärker ins Gewicht (Zimmer, 1990). Es ist daher nur zu verständlich, daß immer häufiger versucht wird, die Kosten einer Bildungsmaßnahme zu reduzieren, freilich bei gleichbleibend hohem Erfolg der Maßnahme. Eine hohe Qualität von Bildungsmaßnahmen zu bewahren und gleichzeitig dramatische Einsparungen von Kosten zu erzielen, gelingt vor allem durch den Einsatz moderner Informationstechnologien (vgl. Shlechter, 1991). Hierzu einige Beispiele aus dem Themenblock „Anwendungen" im vorliegenden Band: Thomas Flum berichtet in seinem Beitrag über computerunterstütztes Lernen in der Pilotenausbildung, daß durch den Einsatz des Lernprogramms "Security" die Seminardauer um die Hälfte verkürzt werden konnte. Der Einsatz des Lernprogramms "Area Qualification", bei dem Piloten die Besonderheiten des Streckengebietes bei einem Flug nach Nordamerika erlernen, wird es ermöglichen, daß Piloten zum Erwerb der area qualification nicht länger als Beobachter im Cockpit eines Transatlantik-Fluges mitfliegen müssen. Dieses aufwendige und kostenintensive Mitfliegen kann durch die Instruktion mit Hilfe des interaktiven Lernsystems ersetzt werden. Ganz abgesehen von zumeist deutlich besseren Qualifikationsergebnissen, die beim Einsatz moderner Informationstechnologien erzielt werden können, veranlaßte allein die zu erzielende Kostenreduktion die Lufthansa, die Entwicklung solcher Bildungsangebote zu forcieren. Rudolf Hundt (in diesem Band) berichtet in seinem Beitrag „CBT am Lernort Betrieb am Beispiel der Deutschen Bundespost Postdienst" über das erste große Projekt von Clip (Computerunterstütztes Lernen im Postdienst), bei dem rund 40.000 Schalterkräfte in einem Zeitraum von 4 Monaten mit dem Lernprogramm „Allgemeine Geschäftsbedingungen" geschult wurden. Bei dieser Bildungsmaßnahme ergaben sich rechnerisch Einsparungen in Höhe von rund 12 Millionen DM durch Wegfall von Ausfallzeiten und rund 2 Millionen DM durch Wegfall von konventioneller Lehrtätigkeit, beides wohlgemerkt bei einer sehr hohen Akzeptanz durch die Lernenden und überdurchschnittlich hohen Lernleistungen (zu diesen Evaluationsergebnissen siehe Fricke, 1989).

Einsatz von Multimedia und Simulationen. Ein entscheidender Vorteil elektronischer Dokumente im Vergleich zu konventionellen Lehrbüchern besteht darin, daß dynamische Abläufe und Zusammenhänge realitätsgetreu wiedergegeben werden können, beispielsweise in Form von Animation (Trickfilm), Simulationen oder durch Einblenden von Realsituationen (Video). Damit können statische Darstellungsformen wie Text, Zahlen/Tabellen und Graphiken durch Sprache und Bewegung ergänzt werden (vgl. Koch, in diesem Band). Die verstärkte Nutzung multimedialer Darstellungsformen mit Hilfe moderner Informationstechnologien werden bei geeignetem Einsatz zu einer Verbesserung vieler Instruktionsbemühungen führen (Mayer, 1989; Schulz, 1989; Eitel, Kuprion, Prenzel, Bräth, Schweiberer & Mandl, in diesem Band).

Eine besondere Bedeutung im Rahmen computerunterstützter Kurse kommt der Simulation zu. solche Simulationen können einmal Planungszustände vorwegnehmen, beispielsweise in Form von interaktiv „begehbaren" Architekturstudien am Computerbildschirm (Foley, van Dam, Feiner & Hughes, 1991). Ferner sind sie geeignet, nicht unmittelbar sichtbare Vorgänge beispielsweise in der Medizin oder den Ingenieurwissenschaften (Sauerbrey & Schaller, in diesem Band) zu visualisieren. Schließlich werden Simulatoren überall dort eingesetzt, wo ein direktes "training on the job" sehr kostenaufwendig oder sogar gefährlich ist, etwa beim Training von Piloten oder Medizinern (Kuhn, Rösner, Reichert, Schwegler, Wechsler, Janowitz, Swobodnik & Ditschuneit; Scheffler, Scheffler & Teschemacher; beide in diesem Band).

Die Liste von Argumenten für einen verstärkte Einsatz computerunterstützter Lehrsysteme ließe sich sicherlich noch fortsetzen. Wir glauben allerdings, die vier wichtigsten Punkte genannt und kurz umrissen zu haben. Die Frage kann also nicht mehr lauten, ob man überhaupt computerunterstützte Lehrsysteme entwickeln soll; dies wird ohnehin geschehen. Die Frage muß statt dessen lauten: *Wie kann man bei möglichst geringen Kosten qualitativ hochwertige Lehrsysteme entwickeln?*

2 Wirtschaftlichkeit von Lernsoftware

Unter Experten herrscht Einigkeit darüber, daß die Entwicklung eines computerunterstützten Lehrprogramms deutlich teurer ist als die Entwicklung herkömmlicher Unterrichtseinheiten für Kurse oder Seminare. Winkelmann (1990) gibt an, daß die Entwicklung einer Unterrichtsstunde für konventionellen Seminarbetrieb zwischen 6 bis 12 Entwicklungsstunden kostet. Demgegenüber muß man bei der Entwicklung einer Stunde Lernprogramm mit einem Entwicklungsaufwand von 1 zu 30 bis 1 zu 200 rechnen, je nach Ausstattung des Lernprogrammes mit Graphik, Bewegtbildern, Ton und Video. Dies ist immerhin das 5- bis 17-fache des Zeitaufwandes für einen herkömmlichen Kurs. Die Firma a.i.m. veranschlagt rund 40.000 DM pro Stunde CBT und errechnet daher, daß erst ab etwa 100 Mitarbeitern CBT-Schulungen in der Regel kostengünstiger als Seminare sind (a.i.m., 1990). Es gibt aber durchaus auch Beispiele dafür, daß sich selbst für kleinere Unternehmen die Entwicklung von Lehrsystemen amortisiert (Neville, 1989). Das Q-Team schließlich veranschlagt für die Entwicklung eines Pilotprogrammes rund 100.000 DM (Göbel, 1992). Obwohl diese Zahlen auf Grund der teilweise recht beträchtlichen Qualitäts- und Leistungsunterschiede von Lernprogrammen sicherlich großen Schwankungen unterliegen, bleibt festzuhalten, daß die Entwicklung von CBT deutlich teurer ist als die Entwicklung herkömmlichen Unterrichts.

Was kann getan werden, um die Entwicklungskosten zu reduzieren? Zum einen sollten integrierte, durchgängige Entwicklungswerkzeuge zum Einsatz kommen, die sich durch Leistungsmerkmale wie die Verwaltung eines Data Dictionary oder eines Repository und die Verfügbarkeit von Programmgeneratoren sowie Modulbibliotheken auszeichnen. Darüber hinaus sollten die Entwicklungswerkzeuge eine schnelle Anpassung des Kursmaterials und des Kursablaufes an unterschiedliche Benutzergruppen erlauben (vgl. Glowalla et al., 1992; Fezzardi et al., 1992). Auf längere Sicht lassen sich zum Teil erhebliche Kosteneinsparungen realisieren, wenn man Methoden und Verfahren des Software-"Reengineering" anwendet, wie sie in jüngster Zeit – außerhalb des eingegrenzten Bereiches der Entwicklung von computerunterstützten Lernsystemen – wieder verstärkt diskutiert werden (vgl. Bischoff & Krallmann, 1992, und weitere Themen zu diesem Schwerpunkt in demselben Heft).

Die Nutzung dieser Möglichkeiten sollte zu einer Reduzierung der Kosten führen. Hierbei ist allerdings anzumerken, daß die exaktesten Rechenverfahren für den Investitionsvergleich wenig sinnvoll sind, wenn keine fundierten Eingangsdaten zur Verfügung stehen. Besonders schwierig gestaltet sich dabei die Quantifizierung des Nutzens einer Bildungsmaßnahme (vgl. Schoop & Glowalla, in diesem Band). Der mit einer Investition verbundene Nutzen läßt sich im Gegensatz zu den Kosten a priori kaum abschätzten. Er ist abhängig von dem verfolgten Qualifizierungsziel und kann, sofern keine Vergleichsdaten aus ähnlichen Anwendungen vorliegen, eigentlich erst im Rahmen der Nachkalkulation ermittelt werden, indem Lernerfolgskontrollen und Akzeptanzstudien durchgeführt werden. Dieser Weg erscheint theoretisch wenig befriedigend, ist unseres Erachtens aber der einzig verfügbare Ansatz und pragmatisch durchaus sinnvoll. Dieser pragmatische Vorschlag führt hin zum Schwerpunktthema dieses Aufsatzes: Die Evaluation computerunterstützter Lehrsysteme. Wir werden im folgenden uns wichtig erscheinende Kriterien zur Beurteilung der Effizienz computerunterstützter Bildungsmaßnahmen erläutern.

3 Effizienz computerunterstützter Bildungsmaßnahmen

Der Gedanke, mit Hilfe einer Evaluation die Qualität einer Bildungsmaßnahme zu bestimmen, ist naheliegend und leicht nachvollziehbar. Nur wenn man versucht, den Nutzen einer Bildungsmaßnahme zu erfassen, darf man hoffen, etwas über ihre Qualität zu erfahren. Der Gedanke, mittels einer Evaluation Kosten zu senken, ist hingegen weniger einleuchtend, ja er widerspricht sogar unserer Intuition. Schließlich führt eine Evaluation zunächst einmal dazu, daß zusätzliche Kosten entstehen. In der Praxis fallen daher Evaluationen in der Regel weg oder werden zumindest sehr summarisch betrieben. Dieser Kritikpunkt gilt übrigens nicht speziell für computerunterstützte Lernsysteme, sondern ganz allgemein für Bildungsmaßnahmen. Auch bei dem einen oder anderen traditionellen Angebot der universitären oder beruflichen Bildung hat man gelegentlich Zweifel, ob sie den erhofften Erfolg erzielen.

Wie kann nun Evaluation - zumindest auf lange Sicht - zu einer Reduktion von Kosten und zu einer Verbesserung der Qualität von Lehrsystemen beitragen? Unsere These hierzu lautet, daß man ausschließlich über die Evaluation einer

Bildungsmaßnahme zu Erkenntnissen über ihren Nutzen gelangen kann und letztendlich nur so in der Lage ist festzustellen, ob der erzielte Nutzen die Kosten übersteigt und sich damit die Bildungsinvestition lohnt. Welche Aspekte einer computerunterstützten Bildungsmaßnahme können und sollen evaluiert werden und welcher Gewinn ist dabei zu erwarten?

3.1 Akzeptanz bei den Benutzern

Ein wichtiges Kriterium für die Qualität einer Bildungsmaßnahme stellt sicherlich die Akzeptanz bei allen Beteiligten dar. Hier sind zum einen die Teilnehmer an der Bildungsmaßnahme zu nennen und zum anderen die Dozenten bzw. die Betreuer. Ganz allgemein dürfte gelten, daß eine Bildungsmaßnahme um so erfolgreicher verlaufen wird, je besser sie von allen Beteiligten angenommen wird. Selbstverständlich kann man sich auf den Standpunkt stellen, daß es eine Bringschuld der Teilnehmer an der Bildungsmaßnahme ist, das neue Fachwissen zu erwerben. Wenn beispielsweise die Sachbearbeiter eines Versicherungsunternehmens die neue elektronische Auftragsabwicklung nicht bedienen können, werden sie von ihrem Abteilungsleiter sicher entsprechend unter Druck gesetzt werden. Obgleich in der betrieblichen und universitären Ausbildung keineswegs selten nach diesem Prinzip verfahren wird, wollen wir diesen Ansatz hier nicht weiter verfolgen. Wir meinen statt dessen, daß man alles tun sollte, damit Bildungsmaßnahmen den Wünschen und Anforderungen aller Beteiligten gerecht werden.

Wir wollen hier nicht ausführlich die Gründe diskutieren, die zu einer hohen Akzeptanz eines computerunterstützten Lehrsystems führen. Wir wollen sie hier nur stichwortartig nennen. Auf seiten der Teilnehmer gilt, daß sie ein Lehrsystem dann akzeptieren, wenn es für sie relevanten Stoff in verständlicher Weise vermittelt, verschiedene Darstellungsformen gezielt und angemessen einsetzt, eine einfache und intuitive Benutzeroberfläche aufweist, gute Orientierungs- und Navigierungsmöglichkeiten bereithält und eine Selbstkontrolle der Lernfortschritte ermöglicht (vgl. Reeves, 1991). Für Kursleiter dürfte gelten, daß sie ein computerunterstütztes Lehrsystem dann begrüßen, wenn sie an der Entwicklung des Systems selbst beteiligt sind oder rechtzeitig in die Funktionsweise des Lehrsystems eingeführt werden, die technologischen Voraussetzungen im Bildungsbetrieb gegeben sind und wenn das Lehrsystem sinnvoll in ein bestehendes Curriculum eingebaut wird (Perez, 1991; Ferraris, 1991).

Es gilt allgemein, daß man die Akzeptanz eines Lehrsystems so differenziert erfassen sollte, wie man an den Einschätzungen der Beteiligten interessiert ist. Besteht ein Lehrsystem beispielsweise aus mehreren Komponenten und will man die Akzeptanz der einzelnen Komponenten erheben, dann muß selbstverständlich nach der Akzeptanz dieser einzelnen Komponenten gefragt werden.

Obgleich man aus Akzeptanzdaten, die erfreulicherweise in immer größerem Umfang erfaßt werden, sicherlich eine ganze Menge lernen kann, möchten wir auch auf die Grenzen hinsichtlich der Aussagefähigkeit solcher Daten verweisen. Zum einem sind Menschen relativ schlecht in der Lage, stabile Absoluturteile abzugeben (McCloskey & Zaragoza, 1985). Lernen die Teilnehmer an einer Bildungsmaßnahme nur eine Variante dieser Maßnahme kennen und sollen diese dann einschätzen, so werden sie ihr Urteil im Vergleich zu irgendeinem beliebigen Vergleichsmaßstab abgeben. Sie beurteilen z.B., wie gut ihnen diese Bildungsmaßnahme im Vergleich zu bereits zuvor besuchten Seminaren gefallen hat. Was jeweils als Vergleichsmaßstab gewählt wird, liegt außerhalb der Kontrolle derjenigen, die die Evaluation durchführen (Tversky, 1977). Es ist daher wesentlich sinnvoller, die Teilnehmer an einer Bildungsmaßnahme mit unterschiedlichen Varianten vertraut zu machen. Glowalla, Häfele, Hasebrook, Rinck und Fezzardi (in diesem Band) gaben z. B. Psychologiestudenten, die ein Semester zuvor eine computerunterstützten Kurs zur Gedächtnispsychologie besucht hatten, die Möglichkeit, den dort vermittelten Stoff wiederum computerunterstützt zu wiederholen. In der ersten Untersuchung verwendeten die Studenten entweder nur eine umfassende, den ganzen Lehrstoff betreffende Wiederlernmethode oder eine selektive, lediglich auf ihre spezifischen Wissenslücken hin zugeschnittene Wiederlernmethode.

Die Beurteilung der Akzeptanz beider Methoden unterschied sich nicht dramatisch voneinander. In der zweiten Studie war es hingegen so, daß alle Studenten beide Wiederlerntechniken kennenlernten und somit ein direktes Vergleichsurteil abgeben konnten. Die Akzeptanzdaten dieser Studie favorisierten eindeutig das selektiven Wiederlernen.

Doch selbst solche direkten Vergleichsurteile sind nur von begrenzter Aussagekraft. Die Grenzen ergeben sich zum einen da, wo den Benutzern Unterschiede zwischen den implementierten Varianten überhaupt nicht auffallen, so daß die Einschätzung zwangsläufig nicht durch die Unterschiede der Varianten beeinflußt werden kann. Dennoch kann es sein, daß die unterschiedlichen Variationen zu recht unterschiedlichen Lernleistungen führen (vgl. Glowalla, Rinck & Fezzardi, im Druck). Zum anderen sind subjektive Einschätzungen in Form von Fragebogen oder Schätzskalen einer ganzen Reihe von Urteilsfeh-

lern und Antworttendenzen unterworfen, die die Bewertung von Akzeptanzdaten erheblich erschweren und einschränken (vgl. Buse, 1980). Ein spezielles
Problem besteht darin, daß auch erwachsene Lerner durchweg nur ungenü-
gend in der Lage sind, ihren eigenen Wissensstand angemessen zu beurteilen
(vgl. Baker, 1989). Der Nutzen eine Bildungsmaßnahme kann daher allein aus
subjektiven Einschätzungen nicht verläßlich ermittelt werden. Entscheidend ist,
daß objektiv erfaßte Daten über den Umfang des erworbenen Wissens hinzu-
kommen.

3.2   Umfang des erworbenen Wissens

Um Auskunft über den Lernerfolg zu erhalten, muß einmal das Wissen zu
Beginn der Bildungsmaßnahme erfaßt werden und eine weiteres Mal nach ih-
rer Durchführung. Die Differenz dieser beiden Messungen ist ein Maß für den
Umfang des erworbenen Wissens. Ganz allgemein gilt, daß eine Bildungsmaß-
nahme einer anderen dann vorzuziehen ist, wenn die Teilnehmer bei ihr mehr
Wissen erwerben können.

Nur am Rande sei hier erwähnt, daß eine Wissensdiagnose am Anfang einer
Bildungsmaßnahme weitere Vorteile haben kann. So können in Abhängigkeit
von den individuellen Wissensprofilen differenzierte Hinweise für die Bedienung und Nutzung eines Lehrsystems gegeben werden. Beispielsweise kann
Anfängern eine einfache Bedienoberfläche angeboten werden, fortgeschritte-
nen Benutzern hingegen eine komplexere, mit mehr Möglichkeiten ausgestatte-
te Oberfläche. Denkbar sind weiterhin unterschiedliche Empfehlungen für die
Lernwege und den Umfang des Lehrstoffes. So ist es sicherlich ein Vorteil,
wenn Kursteilnehmer diejenigen Teile eines Lehrsystems überspringen können, bei denen sie über das notwendige Wissen verfügen, um ihre Lernbe-
mühungen auf jene Bereiche zu konzentrieren, bei denen hinsichtlich ihres
Wissens Defizite bestehen.

Hat man festgestellt, daß mit einem computerunterstützten Lehrsystem erfolgreich Wissen vermittelt wurde, verfügt man immer noch nicht über ausreichende Informationen. Man muß den Umfang des erworbenen Wissens vor
dem Hintergrund des Arbeitsaufwandes sehen, um den Nutzen abschätzen zu
können. Damit wären wir beim dritten Kriterium zur Beurteilung der Effizienz computerunterstützter Lehrsysteme.

3.3   Benötigte Studierzeit

Stellt man fest, daß bei zwei Bildungsmaßnahmen gleich viel Wissen erworben wurde, weiß aber darüber hinaus, daß bei der einen Maßnahme die Teilnehmer deutlich weniger Zeit brauchten, dann ist diese Maßnahme der anderen vorzuziehen. Brinker (in diesem Band) stellte z.B. fest, daß durch den Einsatz von Dialogvideo ein Führungskräftetraining zwar nicht qualitativ verbessert, aber immerhin die Dauer des Trainings bedeutsam verkürzt werden konnte. Glowalla, Häfele, Hasebrook, Rinck & Fezzardi (in diesem Band) fanden heraus, daß eine systemgesteuerte, selektive Wiederlerntechnik zwar nicht zu besseren Lernleistungen führte als eine umfassende Wiederlerntechnik, aber die zum Erreichen dieses Wissensniveaus aufgewendete Zeit sich um ein Drittel reduzieren ließ.

Beide Maße, die Lernleistung und die Studierzeit, bilden seit langem den Kern summativer Evaluation von Bildungsmaßnahmen (vgl. Will, Winteler & Krapp, 1987). Wir meinen allerdings, daß die vergleichsweise einfache Art, in der in der Regel Lernleistungen und Studierzeiten gemessen werden, hinsichtlich einer Reihe wichtiger Evaluationsgesichtspunkte zu kurz greifen. Erforderlich sind vielmehr exakt protokollierte Studierverläufe und Wissensdiagnosen.

3.4   Protokoll von Studierverlauf und Wissensdiagnose

Kennt man die Studierverläufe der Nutzer eines Lehrsystems und weiß darüber hinaus, welche Aufgaben der Wissensdiagnose sie richtig oder falsch beantwortet haben, dann ergeben sich eine ganze Reihe verschiedener Evaluationsperspektiven, die bislang nur unzureichend genutzt worden sind. Gerade diese Perspektiven aber würden erhebliche qualitative Verbesserungen von Lehrsystemen gestatten.

Einmal erlaubt nur eine exakte Protokollierung der Studierverläufe die Durchführung von Funktionsanalysen (task analysis) des Lehrsystems (Card, Moran & Newell, 1983). Beschränkungen auf die notwendigen Bedienelemente und Vermeidung aufgabenirrelevanter Benutzeraktion oder unnötiger Wiederholungen von Bedienabläufen können nur auf diese Weise erreicht werden. Man versucht zwar, solche Systemmängel bereits im Rahmen formativer Evaluationen vor der tatsächlichen Einführung des Lehrsystems zu beheben, doch reagieren „naive" Nutzer eines Lehrsystems in vielen Fällen ganz anderes als die „Profis", die in aller Regel an solchen formativen Evaluationen beteiligt sind (vgl. Jöns, in diesem Band). Ein weiterer Aspekt betrifft die Identifikation schwieriger oder unverständlicher Erläuterungen bzw. mißverständlicher Aufgaben in der Wissensdiagnose. Werden z.B. bestimmte Erläuterungen, seien es Textpassagen, Graphiken oder Animationen, von sehr vielen Benutzer wiederholt und anhaltend studiert oder kommt es an bestimmten Stellen sehr häufig vor, daß vorhandene Hilfefunktionen aufgerufen werden, dann wird dies nur selten daran liegen, daß die vermittelten Sachverhalte tatsächlich schwer zu verstehen sind. Nach unseren Erhebungen ist es viel wahrscheinlicher, daß die angebotenen Erläuterungen verbesserungsbedürftig sind.

Noch deutlicher wird dieser Zusammenhang, wenn bestimmte Aufgaben der Wissensdiagnose von sehr vielen Nutzern falsch oder unvollständig beantwortet werden. Solch ein Ergebnis sagt wenig über die Qualifikation der Nutzer aus, sondern viel mehr über die Qualität der Aufgabe bzw. ihrer Formulierung, aber auch über die Qualität der Erläuterungen von Sachverhalten, die zum Beantworten der Aufgabe relevant sind. Gerade solche Informationen ermöglichen es, im Verlauf mehrerer computerunterstützter Lernkurse zum selben Thema die Qualität des Lehrsystems deutlich zu verbessern. Die Verstehbarkeit erläuternder Texte, die Verstehbarkeit von Graphiken und auch die Formulierungen vieler Aufgaben ließen sich anhand solcher Informationen dramatisch verbessern (Glowalla, 1991).

Ein weiterer Punkt betrifft die Nutzung moderner Hypertext- und Hypermediasysteme. Sie sind dadurch gekennzeichnet, daß sie dem Benutzer hinsichtlich der Navigation durch die Wissensbasis und der Inanspruchnahme unterschiedlicher medialer Darstellungen viel Freiraum lassen. Gerade hier wäre es notwendig zu erheben, ob die verfügbaren Navigationsmöglichkeiten tatsächlich genutzt oder bestimmte Medien bei der Darstellung von Sachverhalten bevorzugt werden. Schoop (in diesem Band) zeigte, daß Studenten, die mit Hilfe des von ihm und seiner Arbeitsgruppe entwickelten Lehrsystems über die Betriebswirtschaftslehre (HERMES) studierten, die vielfältig angebotenen Navigationsalternativen nur in sehr geringen Umfang nutzten. Die Möglichkeiten zur Interaktion in modernen Lehrsystemen müssen dem Benutzer also nicht nur attraktiv, sondern auch zur Lösung seiner Aufgaben sinnvoll erscheinen, wenn er sie wirklich einsetzen soll. Dieser Gedanke leitet über zum nächsten und gleichzeitig letzten Punkt unserer Analyse.

3.5 Vergleich plausibler Alternativen

In zwei Untersuchungen zum Wiederlernen von Wissen haben Glowalla, Häfele, Hasebrook, Fezzardi und Rinck (in diesem Band) gezeigt, daß die Studenten effektiver wiederlernten, die gezielt in bezug auf festgestellte Wissenslücken erläuternde Lernkarten erhielten, als solche, die den gesamten Lehrstoff nochmals bearbeiten sollten. Der für beide Gruppen festgestellte Wissenszuwachs war annähernd gleich groß, wobei die Lernzeit der selektiv Wiederlernenden ein Drittel kürzer war als diejenige der umfassend Wiederlernenden. In einer weiteren Untersuchung wurde dann das selektive Wiederlernen mit dem selbstgesteuerten Wiederlernen in einem Hypermedia-System verglichen (Glowalla, Hasebrook, Häfele, Fezzardi & Rinck, 1992). Hier wurde unter beiden Bedingungen vergleichbar viel wiedergelernt, wobei das selbstgesteuerte Wiederlernen allerdings bedeutsam mehr Studierzeit erforderte als die selektive Wiederlerntechnik. Das Arbeiten mit dem Hypertext dauerte jedoch nicht so lange wie die umfassende Wiederlernstrategie bei den vorhergehenden Untersuchungen. Das selbstgesteuerte Wiederlernen im Hypertext führte keineswegs zu besseren Ergebnissen als das doch recht rigide, systemgesteuerte selektive Wiederlernen. Wäre das selbstgesteuerte Wiederlernen nicht mit der bislang effizientesten Methode, der selektiven Wiederlernstrategie, verglichen worden, sondern mit der umfassenden Wiederlernmethode, so wäre dadurch die Qualität des selbstgesteuerten Wiederlernens überschätzt worden. Wir leiten aus diesen und ähnlich gelagerten Ergebnissen die Forderungen ab, daß sich neu konzipierte Bildungsmaßnahmen nicht etwa gegen veraltete, suboptimale Methoden behaupten, sondern vielmehr mit den bislang effizientesten Methoden messen müssen.

Ein weiteres Beispiel betrifft den zunehmenden Einsatz recht aufwendiger medialer Darstellungsformen, wie professionell gestaltete Graphiken und Graphikanimationen, die Einbindung von Erläuterungen, die von berufsmäßigen Sprechern eingespielt wurden, und fachmännisch gestaltete Videos. Insbesondere die Erstellung und Einbindung solcher Informationseinheiten lassen die Entwicklungskosten eines Lehrsystems in die Höhe schnellen. Hier wäre zu prüfen, ob *zusätzliche* Lernerfolge den hohen Kostenaufwand rechtfertigen. Was läge also näher, als bei der Entwicklung neuer Systeme den Einsatz medialer Darstellungsformen systematisch zu variieren, um so schrittweise das für den Lernerfolg optimale Medium bzw. den optimalen Medienmix zu ermitteln? Dies wäre um so bedeutsamer, als es zwar eine Reihe von Vorschlägen zur Mediendidaktik gibt (vgl. Issing, 1990) und auch eine Reihe von Ergebnissen zur Wirkung verschiedener Medien auf die Lernleistung vorliegen (vgl. Weidenmann, 1991), der Forschungs- und Kenntnisstand hierzu aber nicht ausreicht, um verläßliche Empfehlungen zum heute möglichen, komplexen Medienmix in multimedialen Lehrsystemen auszusprechen.

Offenkundig ist es schon auf Grund der kombinatorischen Explosion nicht möglich, alle denkbaren Medien miteinander zu verbinden, um so sukzessive eine Taxonomie eines sinnvollen Medieneinsatzes zu erstellen. Man muß in diesen Fragen unbedingt theoriegeleitet vorgehen: Ausgehend von fundierten Kenntnissen über die menschliche Informationsverarbeitung sollten bevorzugt solche Medienkombinationen untersucht werden, bei denen man auf Grund bestimmter Eigenschaften der Verarbeitungsprozesse erwarten darf, daß sie zu positiven Ergebnissen führen. Dazu ist ein gerüttelt Maß an versuchsplanerischem und methodischem Vorwissen nötig, um alternative Varianten sinnvoll zu implementieren und angemessen miteinander zu vergleichen (vgl. Calfee, 1985). Wie bereits Schoop und Glowalla (in diesem Band) ausgeführt haben, müssen in Entwicklungsteams von computerunterstützten Lehrsystemen entsprechende Experten eingebunden sein.

4 Fazit und Ausblick

Wir hoffen deutlich gemacht zu haben, daß die im vorausgegangenen Kapitel erläuterten Kriterien tatsächlich bei der Evaluation computerunterstützter Lehrsysteme Beachtung finden sollten. Wir wollen zum Abschluß auf zwei Bedenken eingehen, die sicherlich von vielen Entwicklern und Anwendern computerunterstützter Lernsysteme, insbesondere aus dem industriellen Bereich, gegen unsere Empfehlungen vorgebracht werden. Der eine Einwand bezieht sich darauf, daß das, was wir vorschlagen, mit einem viel zu hohen Aufwand verbunden ist und daher wenig praktikabel erscheint. Mit zwei Argumenten möchten wir diesem Einwand begegnen. Zum einen ist der Aufwand, unterschiedliche Alternativen zu implementieren, häufig gar nicht so hoch. Es gibt Entwicklungswerkzeuge, die eine schnelle Anpassung einer Wissensbasis an unterschiedliche Benutzergruppen oder Anwendungen erlauben, ohne daß die zugrundeliegenden Dokumente geändert werden müssen. Beispielsweise ist es mit dem Hypermedia-System MEM eine Sache von wenigen Mausklicks, einen Lernkurs einmal als lineare CBT-Anwendung und einmal als variablen Hypertext darzustellen (Fezzardi, Hasebrook & Glowalla, 1992). Die Hypermedia-Anwendung HERMES bietet dem Lerner einen Strauß alternativer Navigationsstile vom linearen „Blättern" bis zum hypertexttypischen „Springen" an (Schoop, in diesem Band). Aufgrund der objektorientierten Systemstruktur ist es auch hier leicht möglich, gezielte Einschränkungen vorzunehmen.

Unser zweites Argument lautet, daß die Implementation von Alternativen keineswegs bedeuten muß, daß unterschiedliche Varianten des gesamten Lehrsystems entwickelt werden müssen. Bei entsprechenden versuchsplanerischen Kenntnissen ist es durchaus möglich, innerhalb desselben Lehrsystems mit vergleichsweise geringem Aufwand unterschiedliche Materialvarianten einzusetzen und ihre Effektivität zu überprüfen. Glowalla, Rinck und Fezzardi (im Druck) haben beispielsweise in einer Untersuchung zur Integration von Wissen aus unterschiedlichen Lektionen eines umfangreichen Textes variiert, wie Bezüge zwischen den Inhalten verschiedener Lektionen hergestellt wurden: Ein Drittel der inhaltlichen Zusammenhänge wurde auf den entsprechenden Textkarten des Lehrsystems explizit erläutert. Beim zweiten Drittel wurden diese Bezüge nicht erläutert, aber es wurde auf sie hingewiesen. Im letzten Drittel schließlich wurden die Inhalte, die zueinander in Beziehung standen, in den entsprechenden Lektionen ohne weitere Erläuterungen genannt. Im ersten Fall wurde der Zusammenhang also im Kurs direkt hergestellt. Im zweiten Fall wurden die Lerner auf die Zusammenhänge hingewiesen, mußten den richtigen Bezug aber selbst herstellen. Im dritten Fall schließlich mußten sie nicht nur die Zusammenhänge herstellen, sondern auch die Textstellen erkennen, an denen sie vorkamen. Die Unterschiede bestanden lediglich darin, daß die vollständige Variante zwei zusätzliche Sätze und die Hinweisvariante nur einen zusätzlichen Satz enthielt. Trotz dieser vergleichsweise geringen Unterschiede im Kursmaterial wirkten sich die drei Varianten unterschiedlich auf die Lernleistungen aus: Die Bezüge, die in der Wissensbasis des Lehrsystems explizit erläutert worden waren, führten zu eindeutig besseren Lernleistungen als die beiden anderen Varianten.

Der zweite Einwand bezieht sich darauf, daß die zur Evaluation benötigten Daten sensible, personenbezogene Daten sind, deren Erhebung und Auswertung wohl kaum eine Unternehmungsleitung oder ein Betriebsrat zustimmen dürfte. Hierauf gibt es wiederum zwei Erwiderungen. Sicherlich muß man gewährleisten, daß die bei der Evaluation von Lehrsystemen gewonnenen Daten nicht sachfremd, etwa zur Personalselektion, verwendet werden. Hierzu gibt es eine ganze Reihe von Möglichkeiten: Ergebnisse können summativ berichtet werden, so daß nicht ersichtlich ist, welche Daten auf welchen Mitarbeiter zurückgehen; auch sind betriebliche Vereinbarungen denkbar, daß Daten ausschließlich zu Evaluationszwecken verwendet werden dürfen. Schließlich werden auch in anderen Bereichen personenbezogene Daten erhoben, die jeweils strengen Datenschutzrichtlinien unterliegen. Im übrigen wissen wir aus unserer Erfahrung bei der Durchführung computerunterstützter Lernkurse im universitären Bereich, daß Studenten sehr wohl an individuellen Rückmeldungen über das von ihnen erworbene Wissen gelegen ist. Sie sind dabei vornehmlich an einer Rückmeldung über noch bestehende Wissensdefizite interessiert, nicht an einer globalen und undifferenzierten Bewertung ihres Wissensstandes. Gerade der verstärkte Einsatz computerunterstützter Lehrsysteme zum Erwerb und zum Auffrischen von Wissen könnte dazu führen, daß diese positive Rückmeldungsfunktion von Wissensdiagnosen gegenüber dem sozialen Bewertungsaspekt in den Vordergrund rückt. Die zweite Erwiderung lautet, daß wir außer einer systematischen Evaluationsforschung keine andere Möglichkeit haben, die Qualität und damit den Nutzen computerunterstützter Lehrsysteme zu erhöhen. Nach unserer Einschätzung liefern nur die hier aufgezeigten Evaluationsverfahren Daten, die sich in qualitative Verbesserungen der Bildungsmaßnahmen umsetzen lassen.

Nur wenn eine detaillierte und systematische Evaluation zu einem integralen Bestandteil der Entwicklung computerunterstützter Lehrsysteme wird, kann es gelingen, die Qualität dieser Systeme zu verbessern. Unseres Erachtens dürfte der erzielte Qualitätszuwachs schon nach kurzer Zeit die erhöhten Kosten mehr als ausgleichen.

Danksagung:

Gudrun Häfele und *Joachim Hasebrook* haben frühere Versionen dieses Aufsatzes konstruktiv kritisiert und uns viele wertvolle Anregungen gegeben, die maßgeblich zu einer Präzisierung unserer Gedanken beigetragen haben. Ihnen sei ganz herzlich gedankt.

Literatur

a.i.m. GmbH (1990). *Einsatz von Computerlernprogrammen in der betrieblichen Bildung.* München: Ausbildung mit interaktiven Medien, a.i.m. GmbH, München.

Baker, L. (1989). Metacognition, comprehension monitoring, and the adult reader. *Educational Psychology Review*, **1**, 3-38.

Bischoff, R. & Krallmann, H. (1992). Reengineering. Mit alten Zutaten zu neuen Konzepten. *Wirtschaftsinformatik*, **34**, Heft 2, 1992, 125-126.

Brinker, T. (1992). Dialogvideo im Führungskräfte-Training. Eine Studie zur Effektivität und Akzeptanz. *Im vorliegenden Band.*

Buse, L. (1980). Kritik am Moderatoransatz in der Akquieszenzforschung. *Psychologische Beiträge*, **22**, 119-127.

Calfee, R.C. (1985). *Experimental methodes in psychology*. New York u.a.: Holt, Rinehart, and Winston.

Card, S.K., Moran, T.P., & Newell, A. (1983). *The psychology of human-computer interaction*. Hillsdale, N.J.: Lawrence Erlbaum.

Eitel, F., Kuprion, J., Prenzel, M., Bräth, A., Schweiberer, L. & Mandl, H. (1992). Interaktives, rechnergestütztes Lernprogramm „Bauchschmerz". Entwicklung - Implementation - Evaluation. *Im vorliegenden Band*.

Feldmann, P. (1974). *Lerntraining*. München: Heyne.

Ferraris, M. (1991). An approach to the use of computers in instructional testing. In P.L. Dann, S. H. Irvine & J. M. Colis (eds), *Advances in computer-based human assessment*. Dordrecht, Boston, London: Kluwer Academic Publishers.

Fezzardi, G., Hasebrook, J., & Glowalla, U. (1992). *MEM - Ein Hypermediasystem zur Entwicklung, Evaluation und Durchführung computerunterstützter Aus- und Weiterbildung*. Handbuch, Gießen.

Flum, T. (1992). Computerunterstütztes Lernen in der Pilotenausbildung: Designprinzipien und Designprozeß in zwei Lernprogrammprojekten. *Im vorliegenden Band*.

Foley, J.D., van Dam, A., Feiner, S. K., & Hughes, J.F. (1991). *Computer graphics: principles and practice*, 2nd Ed. Reading, Ma.: Addison-Wesley.

Fricke, R. (1989). *Untersuchungen zur Lerneffektivität. Wissenschaftliche Begleitung des Feldversuches des Bundesministers für das Post- und Fernmeldewesen zur Einführung des computerunterstützten Unterrichts*. Braunschweig: Seminar für Pädagogik der Technischen Universität Braunschweig.

Glowalla, U. (1991). *Using computers for learning and relearning of expository text*. Paper presented at the 4th European Conference for Research on Learning and Instruction (EARLI); Turku (Finnland).

Glowalla, U., Rinck, M, & Fezzardi, G. (im Druck). Integration von Wissen über ein Sachgebiet. *Zeitschrift für Pädagogische Psychologie*.

Glowalla, U., Hasebrook, J., Häfele, G., Fezzardi, G., & Rinck, M. (1992). Das gezielte Wiederlernen von Wissen mit Hilfe des Hypermedia-Systems MEM. In R. Cordes & N. Streitz (Hrsg.), *Hypertext und Hypermedia 1992. Konzepte und Anwendungen auf dem Weg in die Praxis*. Heidelberg u.a.: Springer.

Göbel, H.J. (1992). Leichter lernen. *Capital*, Heft 2, 1992.

Issing, L. J. (1990). Mediendidaktische Aspekte der Entwicklung und Implementierung von Lernsoftware. In G. Zimmer (Hrsg), *Interaktive Medien für die Aus- und Weiterbildung. Marktübersicht, Analysen, Anwendung*. Reihe „Multimediales Lernen in der Berufsbildung", Bd. 1. Nürnberg: BW Bildung und Wissen, 103-110.

Hundt, R. (1992). CBT am Lernort Betrieb am Beispiel der Deutschen Bundespost Postdienst. *Im vorliegenden Band*.

Hundt, R. (1992). *CBT bei der Deutschen Bundespost*. Vortrag auf dem Symposium „Die Integration von interaktiven Medien im Aus- und Weiterbildungsbereich", veranstaltet von der Österreichischen Akademie für Führungskräfte in Wien.

Koch, J. D. (1992). Entwicklung multimedialer Anwendungen bei der IBM. *Im vorliegenden Band*.

Kuhn, K., Rösner, D., Reichert, M., Schwegler, V., Wechsler, J. G., Janowitz, P., Swobodnik, W., & Ditschuneit, H. (1992). Ein elektronisches Tutorensystem zur Aus- und Weiterbildung für die medizinische Ultraschalluntersuchung. *Im vorliegenden Band*.

Mayer, R.E (1989). Models for understanding. *Review of Educational Research*, **59** (1), 43-64.

McCloskey, M., & Zaragoza, M.S. (1985). Misleading postevent information and memory for events: Arguments and evidence against memory impairment hypothesis. *Journal of Experimental Psychology: General*, **114**, 1-16.

Neville, C. (1989). Staff training in small business. In R.N. Tucker & J. Tucker (eds.), *Interactive media - the human issues*. London: Kogan Page.

Perez, E. (1991). Tools for authoring hypertexts. In E. Berk & J.D. Devlin (eds.), *Hypertext/hypermedia handbook*. New York u.a.: McGraw-Hill Publishers, 468-474.

Reeves, T.C. (1991). Implementing CBT in higher education: unfullfilled promises and new directions. In T. M. Shlechter (ed.), *Problems and promises of computer-based training*. Norwood, New Jersey: Ablex Publishing, 61-77.

Sauerbrey, J., & Schaller, H.N. (1992). Konzeption, Entwicklung und Einsatz eines computerunterstützten Simulationssystems für die Ausbildung zum Thema „Cachespeicher" - Ein Erfahrungsbericht. *Im vorliegenden Band*.

Scheffler, Scheffler & Teschemacher (1992). Reanimation von Patienten mit Kreislaufstillstand am Computer. Integration eines interaktiven Trainingsprogramms („Herzstillstand") in eine Lehrveranstaltung für Studenten der Humanmedizin im Praktischen Jahr. *Im vorliegenden Band*.

Schoop, E. (1992). Benutzernavigation im Hypermedia Lehr-/Lernsystem HERMES. *Im vorliegenden Band*.

Schoop, E. & Glowalla, U. (1992). Computer in der Aus- und Weiterbildung: Potentiale, Probleme und Perspektiven. *Im vorliegenden Band*.

Schulz, T. (1989). Hypermedia - Eine neue dimension in der Wissensverarbeitung. In P. M. Fischer, H. Mandl & K. Meyersen (Hrsg.), *Interaktives Lernen mit neuen Medien. Möglichkeiten und Grenzen*. Tübingen., Tübinger Chronik eG.

Shlechter, T.M. (ed.) (1991). *Problems and promises of computer-based training*. Norwood, New Jersey: Ablex Publishing.

Tversky, A., (1977). Features of similarity. *Psychological Review*, **84**, 327-352.

Weidenmann, B. (1991). *Lernen mit Bildmedien. Mit den Augen lernen, Seminareinheit 1*. Weinheim, Basel: Beltz.

Winkelmann, R. (1990). Wirtschaftlichkeit von Lernsoftware und Autorensystemen. In G. Zimmer (Hrsg), *Interaktive Medien für die Aus- und Weiterbildung. Marktübersicht, Analysen, Anwendung*. Reihe „Multimediales Lernen in der Berufsbildung", Bd. 1. Nürnberg: BW Bildung und Wissen, 111-115.

Will, H., Winteler, A. & Krapp, A. (Hrsg.) (1987). *Evaluation in der beruflichen Aus- und Weiterbildung. Konzepte und Strategien*. Heidelberg: Sauer.

Zimmer, G. (Hrsg) (1990). *Interaktive Medien für die Aus- und Weiterbildung. Marktübersicht, Analysen, Anwendung*. Reihe „Multimediales Lernen in der Berufsbildung", Bd. 1. Nürnberg: BW Bildung und Wissen.

Psychologische Aspekte des Lernens mit dem Computer

Diskussionsleitung:
Bernd Weidenmann
Pädagogische Psychologie
Universität der Bundeswehr München
Werner-Heisenberg-Weg 39, 8014 Neu-Biberg

1. Die Arbeitsgruppe zeigte ein lebhaftes Interesse an der Psychologie in zweierlei Hinsicht:

- an der Psychologie als Wissenschaft, mit der sich Phänomene und Effekte des Lernens mit dem Computer erklären lassen (<u>explanativer</u> Aspekt) sowie
- als Wissenschaft, mit deren Hilfe der Einsatz des Computers als Lehr/Lernmittel optimiert werden kann (<u>präskriptiver</u> Aspekt).

2. Die Arbeitsgruppe diskutierte vor allem den zweiten Aspekt: Was ist – psychologisch gesehen – das Besondere an CBT, und kann die Psychologie Empfehlungen zur Optimierung von CBT geben?

Als wesentliche Merkmale des Computers im Zusammenhang von Lehren und Lernen wurden gesehen:

- die Multifunktionalität (steuert, präsentiert und ist Tool),
- die Möglichkeit der Simulation und damit des explorierenden Lernens,
- die rasche Verfügbarkeit von Informationen für die Lerner,
- die Interaktivität und
- die Realisierung von Multimedia.

Zur Optimierung von CBT wünscht man sich psychologische Fundierungen vor allem zu folgenden Bereichen: Wahl des Mediums bzw. des Präsentationsmodus (wann Text, wann Bild, wann bewegte Bilder?), Bildschirmgestaltung, Anordnung von Lernschritten und Informationsmodulen (Sequenzierung oder offenes System wie bei Hypertext, Hierarchisierung und wenn ja, wie?), Feedbacksysteme, Lernersteuerung und Lernkontrolle.

3. Wie läßt sich das gewachsene Interesse an der Psychologie im Bereich des Lernens mit dem Computer einordnen?

Informatik aktuell
U. Glowalla, E. Schoop (Hrsg.), Hypertext und Multimedia:
Neue Wege in der computerunterstützten Aus- und Weiterbildung
© Springer-Verlag Berlin Heidelberg 1992

- Zum einen ist es ein Zeichen für das <u>verstärkte Qualitätsbewußt-sein</u> der Entwickler. Psychologie soll Begründungswissen liefern, um noch wirksamere, attraktivere und lernerfreundlichere Teachware anbieten zu können.

- Zum anderen ist die aktuelle Hinwendung zur Psychologie eine Folge der <u>"Wiederentdeckung des Lerners"</u> in der neueren Instruktions-Diskussion. Das klassische instruktionale Paradigma ist in die Krise geraten. Die Perfektionierung der Lernersteuerung und Lernwegplanung durch den Computer (im Verbund mit anderen audiovisuellen Speichermedien) hat Konkurrenz bekommen durch Ansätze, die dem Lerner ein Maximum an Selbstregulation und Selbststeuerung ermöglichen. In solchen Ansätzen hoch-individualisierten Lernens ist psychologisches Wissen über den Lerner besonders wichtig.

4. In der Arbeitsgruppe wurden Vorschläge vorgebracht, wie sich eine engere Zusammenarbeit zwischen Entwicklern (besonders Informatikern) und Psychologen (sowie Pädagogen) innerhalb der Fachgruppe und der Gesellschaft für Informatik fördern ließe. Neben dem Austausch von Literatur-Informationen wurde ein <u>interdisziplinärer Workshop</u> angeregt. An konkreten Fragestellungen und konkreten Programmbeispielen soll die jeweils fachspezifische Sichtweise deutlich gemacht und diskutiert werden. Daraus ließen sich im positiven Fall Anregungen für eine folgende problemorientierte Forschungs- und Entwicklungsarbeit gewinnen. Es wurde darauf hingewiesen, daß ein solcher erster Versuch in einer eher kleinen Gruppe von interessierten Vertretern ihres Faches durchgeführt werden sollte.

Evaluation computerunterstützten Lernens

Diskussionsleitung
Ulrich Glowalla
Fachbereich Psychologie, Universität Gießen
Otto-Behaghel-Str. 10/F, 6300 Gießen

Das Qualitätsbewußtsein von Entwicklern und Anwendern computerunterstützter Lehrsysteme hat gerade in den letzten Jahren stetig zugenommen. Da neue Informationstechnologien wie Hypertext und Multimedia einerseits dem Lerner ein weitgehend selbstgesteuertes Lernen gestatten und andererseits hinsichtlich der Wahl des Mediums bzw. des Präsentationsmodus' viele Möglichkeiten bieten,[1] besteht ein lebhaftes Interesse an Erkenntnissen darüber, in welchem Ausmaß und unter welchen Bedingungen diese Gestaltungsmöglichkeiten zu einer Verbesserung der Qualität beitragen. Darüber hinaus ist die Entwicklung interaktiver Lehrsysteme im Vergleich zur Entwicklung von Unterrichtseinheiten für den herkömmlichen Seminarbetrieb mit deutlich höheren Kosten verbunden. Es ist daher nur zu verständlich, wenn immer wieder gefragt wird, ob der erzielte Nutzen die vergleichsweise hohen Investitionskosten rechtfertigt. Antworten auf diese Fragen können durch <u>detaillierte und systematische Evaluationen der Lehrsysteme</u> gewonnen werden.

Allgemein versteht man unter Evaluation die systematische Sammlung, Aufbereitung und Interpretation von Daten mit dem Ziel, eine praktische Maßnahme zu entwickeln, zu verbessern, zu legitimieren und/oder über ihre Verwirklichung zu entscheiden. In Abhängigkeit von dem Ziel ergeben sich für den Gegenstand und die Methode der Evaluation ganz unterschiedliche Konsequenzen.

Steht die <u>problem- und benutzergerechte Ausgestaltung eines Lehrsystems</u> im Vordergrund, dann greift das Prinzip des Prototyping, bei dem Software in einem sich iterativ rückkoppelnden Kreislauf über verschiedene Stadien hinweg entsteht. Dabei wird frühzeitig der Kontakt zum späteren Anwender gesucht und es werden ihm die Benutzeroberfläche, die verschiedenen Interaktionsmöglichkeiten und eine rudimentäre Funktionalität des Lehrsystems im Modell vorgeführt. Am Ende jedes Kreislaufes steht ein neuer Prototyp als ein in sich geschlossenes, lauffähiges Programm. Dieser Kreislauf wird so lange in Gang gehalten, bis die gewünschte Funktionalität des Systems erzielt wurde.[2]

Geht es bei der Evaluation um die <u>Verbesserung eines Lehrsystems</u>, dann muß die Akzeptanz des Systems bei den Anwendern erfragt werden. Lernerfolg und Lernzeit sind exakt zu messen, und es ist ein möglichst umfassendes Protokoll

Informatik aktuell
U. Glowalla, E. Schoop (Hrsg.), Hypertext und Multimedia:
Neue Wege in der computerunterstützten Aus- und Weiterbildung
© Springer-Verlag Berlin Heidelberg 1992

des Studierverlaufes und der Wissensdiagnose zu führen. Diese Daten geben in ihrer Summe Auskunft über qualitative Verbesserungen des Lehrsystems.

Besteht die Aufgabe darin, den Einsatz eines bestimmten Lehrsystems zu legitimieren, dann muß dieses Lehrsystem im Vergleich zu anderen Systemen evaluiert werden. Evaluationsgegenstand sind die Funktionalität der Systeme, die durch ihren Einsatz zu erzielende Qualifikationsgüte sowie die mit der Erstellung und dem Einsatz verbundenen Kosten. Diese Evaluationsaufgaben gestalten sich aufgrund der Tatsache, daß hier zugleich umfangreiche und heterogene Informationen erforderlich sind, als äußerst schwierig und werden in der Praxis sehr selten in Angriff genommen.

Auch bei der Entscheidung darüber, ob ein bestimmtes Lehrsystem eingeführt werden soll, muß ein Vergleichsurteil getroffen werden. Es muß darüber befunden werden, ob die geplante Bildungsmaßnahme im Vergleich zur bislang praktizierten Ausbildungspraxis mit dem Lehrsystem kostengünstiger und/oder effektiver durchgeführt werden kann. Besteht die bisherige Ausbildungspraxis im Einsatz eines anderen Lehrsystems, dann entspricht diese Evaluationsaufgabe der zuvor skizzierten Legitimationsaufgabe.

Im Verlauf der Diskussion in der Arbeitsgruppe wurde wiederholt deutlich, daß dringend ein möglichst umfassender Katalog von Kriterien zur Beurteilung der Effizienz interaktiver Lehrsysteme erarbeitet werden muß sowie die Methoden zu spezifizieren sind, die in verschiedenen Studien und bei verschiedenen Arten von Evaluationen zur Anwendung kommen sollten. Auf Grund des interdisziplinären Charakters der weiteren Evaluationsbemühungen sollte sich in naher Zukunft eine ebenfalls interdiziplinär besetzte Expertenrunde mit dieser Aufgabe befassen.[3]

Fußnoten:

[1]   Siehe hierzu die Ergebnisse der Diskussionsrunde „Perspektiven künftiger Hard- und Softwareentwicklungen für das Lernen mit Computern".

[2]   Vgl. hierzu die Ausführungen in dem Beitrag „Computer in der Aus- und Weiterbildung: Potentiale, Probleme und Perspektiven" von Schoop & Glowalla.

[3]   Die in dem Beitrag „Entwicklung und Evaluation computerunterstützter Lehrsysteme" von Glowalla & Schoop vorgetragenen Überlegungen werden von den Autoren als Ausgangspunkt für ein solches Projekt verstanden.

Qualitätssicherung sowie Wirtschaftlichkeit und Nutzen von interaktiven Lernsystemen

Diskussionsleitung:
Gerald Knabe
Q-Team Dr. Knabe GmbH
Brauereistr. 11, 4052 Korschenbroich 1

Häufig werden folgende Bedingungen für Wirtschaftlichkeit in Lernprogrammen genannt:

- große Zielgruppen,
- Trainerkosten,
- dezentrale Verteilung der Lerner und
- konstante Trainingsinhalte.

Daß computerbasierte Wissenvermittlung auch ohne diese Argumente sinnvoll und vor allem wirtschaftlich rentabel sein kann, zeigte ein Fallbeispiel der Agentur *Eurocontrol*, welches zu Beginn der Diskussionsrunde vorgestellt wurde. Die Schulungsabteilung dieser internationalen Agentur für Flugsicherung hat unter anderem die Aufgabe, Fluglotsen auszubilden. Alle oben aufgezählten guten Gründe trafen für Eurocontrol nicht zu, trotzdem wird Computer-Based-Training erfolgreich eingesetzt.

Ausschlaggebend für diese Entscheidung war zum einen die fehlende Trainerkapazität. Es gibt keine Trainer für dieses Gebiet, da diese ausgebildete Fluglotsen sein müssen und alle Personen dieser Qualifikation als Lotse im täglichen Betrieb eingesetzt werden. Ein weiterer Grund für Eurocontrol waren die enorm teuren und knappen Ausbildungsplätze. Als Beispiel sei hier nur der Kontrollraum für die Flugüberwachung genannt. Das Training von Notfallsituationen on the job ist unmöglich, was ein weiteres Argument für Computer-Based-Training ist.

Aus der Analyse der Situation bei Eurocontrol kann somit die Erkenntnis gezogen werden, daß die „Standardargumente" von speziellen Gegebenheiten im konkreten Fall verdrängt werden können und deshalb sogenanntes Schubladendenken und vorgefertigte Lösungen fehl am Platze sind. <u>Auf den Einzelfall kommt es an!</u>

Die Diskussion über das Thema der Kostenersparnis bei der Entwicklung von Lernprogrammen läßt sich auf den Nenner <u>„möglichst wenig 'neue' Arbeit leisten und das Ergebnis für möglichst viele verschiedene Ziele einsetzen"</u>

Informatik aktuell
U. Glowalla, E. Schoop (Hrsg.), Hypertext und Multimedia:
Neue Wege in der computerunterstützten Aus- und Weiterbildung
© Springer-Verlag Berlin Heidelberg 1992

bringen. Mit „möglichst wenig 'neue' Arbeit" ist gemeint, daß vorhandenes Material sinnvoll in die Entwicklung \einfließen muß, sollen die Kosten im Rahmen bleiben. Insbesondere Filmmaterial, Tonaufzeichnungen und Originaldokumente im Dateiformat verringern den Aufwand erheblich. In diese Kategorie gehören auch Programmstrukturen, die derart gestaltet werden müssen, daß sie nicht nur für den Einzelfall, sondern universell einsetzbar sind für Aufgaben, die ähnlich gelagert sind.

„Möglichst viele verschiedene Ziele" in obigem Sinn bedeutet, daß bewußt Nebeneffekte in die Planung einbezogen werden sollen. So kann ein Lernsystem (von Lernprogramm und Informationssystem) gleichzeitig Dokumentationssystem und strukturierte Datenbank für Sonderbedingungen sein. Das Lernsystem zur Anwenderschulung für einen neuen Kleinstcomputer kann gleichzeitig elektronisches Handbuch sein und Dokumentationsmedium der dahinterstehenden Technik. Die Möglichkeit, automatische Anpassungsmechanismen einzubauen, die den Schulungsinhalt nicht nur abhängig vom Lernfortschritt des Schülers verändern, sondern auch in Abhängigkeit der Zielsetzung des Anwenders, kommt in diesem Beispiel besonders gut zum Ausdruck. Die beiden einander gegenüberstehenden Zielsetzungen wären in diesem Fall Benutzung des Dokumentationsmediums und Benutzung des Anwenderhandbuches.

Der Themenkomplex der Aufwand-Kalkulation und Nutzen-Abschätzung von Computer-Based-Training wurde kontrovers, aber ohne „zählbare" Erfolge diskutiert.

Außer den genannten Aspekten wurde auch über Standard-Lernprogramme und deren Vermarktung diskutiert. Standard-Lernprogramme werden eingesetzt zur Schulung allgemeiner Problemkomplexe (z.B. effektiv telefonieren, Selbst- und Zeitmanagement) oder zur Schulung von Standard-Anwendersoftware wie z.B. die Betriebssysteme selbst (etwa UNIX). Voraussetzung für den Markterfolg ist eine zuverlässige Marktanalyse und -einschätzung, die ein nicht zu unterschätzendes Problem darstellt. Als Ausweg wurde hier die Möglichkeit angedacht, ein großesLernprogramm zu schreiben, das nahezu alle zu einem Wissensgebiet gehörenden Aspekte umfaßt, wobei dann in Auszügen zielgruppenspezifisch verschiedene Programmteile ein- oder auszublenden sind. Dieses Programm könnte danach mit geringfügigen Änderungen in verschiedenen Varianten verkauft werden. Diesem Vorteil steht jedoch der Nachteil des im Vergleich zu normalen Programmen höheren Erstellungsaufwandes gegenüber.

Hypertexte und Expertensysteme

Diskussionsleitung:
Rüdiger Klar
Abteilung für Medizinische Informatik
Universitätsklinik Freiburg, Stefan-Meier-Str. 26, 7800 Freiburg

Hypertexte repräsentieren ein Wissen fast ausschließlich informal, d.h. begriffliche Beziehungen zwischen den einzelnen Knoten eines Hypertextes und die ganze Systematik solcher Links von Hypertexten sind bewußt offen gestaltet und wenig formalisiert. Damit schränken Hypertexte die Semantik und Pragmatik der Primärdokumente (Texte, Bilder, Töne etc.), auf die sie angewendet werden, grundsätzlich nicht ein und bieten dem Hypertextautor und letzlich auch dem Nutzer völlig freie Verknüpfungsmöglichkeiten, Views, Aggregationen, Differenzierungen etc. Hieraus resultieren aber auch Nachteile der Hypertexte, die sich besonders bei Lernsystemen gravierend auswirken: die Benutzerführung läuft schnell in das gut bekannte Navigationsproblem der Hypertexte, eine selbständige und dynamische Lernstrategie des Benutzers z.B. mit Argumentationsketten kann kaum unterstützt werden, individuelle Erklärungstexte sind schlecht generierbar und generell leidet die für das Lernen oft ganz wichtige Systematik.

Ganz anders stellen sich Expertensysteme mit ihrer weitestgehend formalen Wissenrepräsentation dar. Selbst unsicheres Wissen – und erst wenn auch ungenaue Kenntnisse expertenähnlich verarbeitet werden, ist von Expertensystemen zu reden – wird mit streng formalen probabilistischen, heuristischen, computerlinguistischen oder sonstigen Regeln oder Inferenzalgorithmen behandelt. Diese notwendige Systematisierung kann leider oft nicht hinreichend umfassend und differenziert das wirkliche Entscheidungsgeschehen des menschlichen Experten abbilden, woraus einer der Gründe folgt, daß die meisten Expertensysteme praktisch nicht anstelle von oder durch Experten genutzt werden. Die Systematisierung der Wissensrepräsentation kann aber sehr gut zu Lernzwekken genutzt werden, was z.B. auch bei großen medizinischen Expertensystemen zu beachtlichen Verkaufserfolgen führt. Auch die Erklärungskomponenten von Expertensystemen sind für Lernzwecke von Bedeutung, wenngleich besonders für Anfänger und grundlegendes Lernen (Novizenlernen) die Erklärungen oft zu fein differenziert und unübersichtlich angeboten werden. Ein anderer Mangel von Expertensystemen liegt im hohen Aufwand der mit höchster Kompetenz zu leistenden Wissenakquisition.

Informatik aktuell
U. Glowalla, E. Schoop (Hrsg.), Hypertext und Multimedia:
Neue Wege in der computerunterstützten Aus- und Weiterbildung
© Springer-Verlag Berlin Heidelberg 1992

Eine Kombination von Hypertexten mit Expertensystemen kann für Lernzwecke wesentliche Schwächen beider Verfahren kompensieren:

1. Die Navigation in Hypertexten kann z.B. mit Bayes-Verfahren, die auch noch grundsätzliche Erklärungen zu Problemlösungen liefern, erleichtert und verdeutlicht werden.
2. Hypertextknoten und -kanten können die Erklärungskomponente und Benutzerschnittstelle von Expertensystemen mit ihren dem natürlichen Sprachgebrauch sehr nahen Möglichkeiten verbessern, was auch besonders bei regelbasierten Expertensystemen zur Generierung von Erklärungssätzen genutzt wird.
3. Die Wissensakquisition für Expertensysteme, die zu Lernzwecken genutzt werden sollen, läßt sich mit Hypertextverfahren vereinfachen und verbessern, was ebenfalls bereits in großem Umfang z.B. zum Aufbau der riesigen medizinischen Wissenbank der National Library of Medicine im sogenannten UMLS Projekt geschieht.

Zusammenfassend ist festzustellen, daß die formalen Wissensdarstellungen in Expertensystemen und die informalen Präsentationen in Hypertexten sich sinnvoll ergänzen können, bereits jetzt schon in Einzelfällen gerade für Lernzwecke genutzt werden, aber methodisch und praktisch noch engagiert weiterzuentwickeln sind.

Perspektiven künftiger Hard- und Softwareentwicklungen für das Lernen mit Computern

Diskussionsleitung:
Eric Schoop
Lehrstuhl für Betriebswirtschaftslehre und Wirtschaftsinformatik
Universität Würzburg, Neubaustr. 66, 8700 Würzburg

1.   Professionelle Entwicklung und ökonomischer Einsatz computerunterstützter Lernsysteme verlangen nach <u>mindestens 5, meist jedoch sogar bis zu 10 Jahren Projektlaufzeit</u> (Systementwurf, -realisierung, -einsatz und begleitende Verbesserungen/Anpassungen). Dieser von allen Teilnehmern geteilten Ansicht stehen jedoch zwei wesentliche Aspekte gegenüber:

- Der <u>permanente Zuwachs neuer Erkenntnisse</u> fordert in immer kürzer werdenden Zyklen eine inhaltliche Überarbeitung und Erweiterung der Wissensbasis entsprechender Lernanwendungen.
- Die <u>Entwicklungsfortschritte</u> im <u>Hardwarebereich</u> (Rechner und Peripherie wie Bildschirme, multimediale I/O-Geräte und optische Massenspeicher) und auf Seiten der <u>systemnahen Software</u> (Betriebssysteme, Entwicklungswerkzeuge, Peripherietreiber) werden immer rasanter; es wurde bereits von einer „Halbwertszeit" <u>von 2 bis 3 Jahren</u> für die komplette Erneuerung ganzer Systemumgebungen gesprochen.

In dem ersten Aspekt wurde aufgrund der Tatsache, daß neues (Fakten-)Wissen nur in seltenen Fällen bisherige Erkenntnisse vollständig umstoße, unter der Nebenbedingung einer kontinuierlichen Programmpflege kein negativer Einfluß auf künftige Entwicklungen und Einsätze computerunterstützter Lernsysteme gesehen.

Dagegen zeichnete sich in der Folgediskussion schnell ab, daß der stete technologische Erneuerungsprozeß keineswegs als positiver Impetus für die Lernsystementwicklung verstanden wird: vielmehr wurde von allen Teilnehmern der <u>einhellige Wunsch nach sich abzeichnenden, über längere Zeiträume hinweg konstanten Standards als Plattform für die anzugehenden Lernapplikationen</u> geäußert und als entsprechende Forderung von Anwendern an die Entwickler von Informationstechnologie weitergegeben. Beispielhaft für die verbreitete Unsicherheit unter Entwicklern von Lernanwendungen seien zwei Aussagen von Teilnehmern zitiert: „Ich erwarte von dieser Gesprächsrunde Erkenntnisse darüber, ob die von mir in der gegenwärtigen Konzeptphase meiner Lernan-

Informatik aktuell
U. Glowalla, E. Schoop (Hrsg.), Hypertext und Multimedia:
Neue Wege in der computerunterstützten Aus- und Weiterbildung
© Springer-Verlag Berlin Heidelberg 1992

wendung vorgesehene Entwicklungsplattform in den nächsten 3 bis 5 Jahren, wenn es um Realisierung und Einsatz geht, überhaupt noch auf dem Markt existiert." Und noch schärfer: „Ist heute eine Entwicklung von CBT unter diesen Aspekten überhaupt noch möglich?"

2. Im weiteren Verlauf des Gespräches wurde dann jedoch wieder dahingehend ein Konsens gefunden, daß bei entsprechend frühzeitiger Festlegung von plattformübergreifenden Architekturen mit standardisierten Schnittstellen zwischen den einzelnen Systemschichten, wie sie sich in der gegenwärtigen Informatikdiskussion abzeichnen (z.B. X-Windows unter UNIX, einheitliche grafische Benutzeroberflächen, portable Anwendungsprogramme etc.), <u>sich auch für den Bereich des computerunterstützten Lernens Stabilität und Kontinuität einigermaßen verläßlich werden vorhersagen lassen</u>. Dies gilt zumindest für die technologische Zukunft. Schon in den nächsten 12 bis 20 Monaten werden entscheidende Fortschritte erwartet auf den Gebieten

- Telekommunikationsfähigkeit aller Systeme,
- Bewegtbildintegration und
- Sprache und Handschrift als neue Interaktionskomponenten.

Softwareseitig ist die Standardisierung der Benutzerschnittstelle durch grafische, ikonische Oberflächen weit vorangeschritten. Künftiges Anwenderverhalten, insbesondere deren Erwartungen an computerunterstützte Lernsysteme, läßt sich aus der Beobachtung gängiger allgemeiner „Computerkulturtechniken" im Sinne von nicht definierten „Quasi-Standards" ableiten.

3. Was können die Entwickler von Lernsystemen selbst beitragen? Auf keinen Fall sollte man sich auf einen Wettlauf mit der jeweils neuesten Technologieerscheinung einlassen. Dieser ist nicht durchzuhalten (siehe Punkt 1) und geht immer auf Kosten der Qualität des Anwendungsproduktes („Schnellschuß"). Vielmehr sollten ohne Eingehen auf aktuelle technologische Leistungsmerkmale aus Anwendungssicht Richtlinien geschaffen und längerfristig gültige Kriterien aufgestellt werden für die

- <u>Qualität von Lernsystemen</u> (Medien, Oberfläche, Interaktion) und
- Beschreibung von <u>computerunterstützbaren Lernprozessen</u>.

Hierfür sind unter Aufgreifen international – auch auf europäischer Ebene – schon erbrachter Vorleistungen (z.B. für "open learning criteria") entsprechende Gremien zu schaffen und Klassifikationen und Kataloge zu erstellen.

TEIL 2

ENTWICKLUNG

Die in diesem Themenblock zusammengefaßten Beiträge befassen sich primär
mit dem Aspekt der Systementwicklung beziehungsweise stellen eine bestimmte
Funktionalität oder Struktur von computerunterstützten Lernanwendungen in
den Vordergrund ihrer Betrachtung. Allen diskutierten Ansätzen ist gemeinsam, daß sie sich in einer frühen Konzept- oder Prototypenphase befinden oder
primär unter dem Gesichtspunkt entwickelt wurden, mit der jeweils gewählten,
spezifischen Ausprägung computerunterstützten Lernens eingehendere Erfahrungen zu sammeln.

Der Block beginnt mit drei Universitätsprojekten. *Inge Adamski* und *Hans-
Ulrich Karl* von der Technischen Universität Dresden beschreiben die Weiterentwicklung eines Prototypen zur Erstellung interaktiver, adaptiver Lernprogramme unter Berücksichtigung der aktuellen Anforderungen an die Benutzerschnittstelle und vor dem spezifischen Hintergrund der Ressourcenbeschrän-
kung in der ehemaligen DDR. *Eduard Gabele*[†], *Philip Fischer* und *Brigitte
Zürn* von der Universität Bamberg stellen das Forschungsprojekt „BWL Lernsoftware Interaktiv" vor, das Entwicklung und Einsatz interaktiver Lernprogramme in der Betriebswirtschaftslehre zum Inhalt hat. Beschrieben werden
die Module „Buchführung für Anfänger" und „Kosten- und Erlösrechnung".
Michael Henninger, *Heinz Mandl* und *Nicolae Nistor* von der Universität München präsentieren ein multimediales Programm und Lehrkonzept zur Vermittlung kommunikativer Kompetenzen[1].

Die nächsten beiden Beiträge konzentrieren sich auf Lernen in regional
verteilten Systemen. *Hans-Peter Fröschle* und *Josephine Hofmann* vom Fraunhofer-Institut für Arbeitswirtschaft und Organisation in Stuttgart beschreiben
das BERKOM-Projekt. Hier wird die Kombinationsmöglichkeit dezentral eingesetzter, multimedialer Lernprogramme mit einer zentral organisierten "on-
line"-Schulung durch Fachleute aufgezeigt. Das Ergebnis, ein sogenanntes
„Tele-Computer-Based Training" auf Basis von Breitbandnetzen, ermöglicht
ein individuelles, selbstinitiiertes Lernen bei hoher Betreuungsintensität durch
den per Telekommunikation erreichbaren Experten. *Michael Straub*, Andersen
Consulting, zeigt am Beispiel eines Projektes mit der ungarischen Staatseisenbahn auf, wie Anwendungsprogramme und diesbezügliche CBT-Software in
verteilten Client-Server-Umgebungen mit Hilfe entsprechender Software-Engi-

neering-Maßnahmen zeitgleich und in enger Verzahnung entwickelt werden können.[2]

Die drei anschließenden Ausarbeitungen befassen sich mit „intelligentem Verhalten" computerunterstützter Lernsysteme. *Gerhard Holland* von der Universität Gießen schlägt für aufgabenorientierte, intelligente tutorielle Systeme zur Ergänzung des Mathematikunterrichts eine weitgehend vereinheitlichte Architektur vor.[3] *Rüdiger Klar* von der Universität Freiburg systematisiert Lösungsansätze für eine inhaltserschließende Analyse von Freitexteingaben von Lernenden am Beispiel medizinischer Lernsysteme, eine Wissensdomäne, in der die Fachsprache weitgehend standardisiert ist und entsprechende Thesauri als Ausgangspunkt für Textanalysen schon seit Jahren vorliegen. *Wolfgang Irler* von der Universität Trento in Italien zeigt auf, wie eine Kombination informaler Hypertexte mit kausalen Wahrscheinlichkeitsnetzen für die formale Wissensrepräsentation zu Lernsystemen führen kann, die etwas über ihren eigenen Zustand mitteilen können und durch Denksimulationen gegenüber dem Benutzer eine aktive, gestaltende Rolle einnehmen.[4]

Es folgen zwei Beiträge zur Gestaltung von Hypertexten. Die Entwicklung des Hypertext-Autorenwerkzeuges SEPIA nehmen *Jörg Hannemann* und *Manfred Thüring* von der Gesellschaft für Mathematik und Datenverarbeitung (GMD) in Darmstadt zum Ausgangspunkt ihrer Überlegungen, wie exploratives und entdeckendes Lernen unterstützt werden können. Der Lerner soll neben dem Navigieren (= Informationsaufnahme) im Hypertext auch darauf operieren können (= Aufbau einer individuellen Datenbasis), wodurch seine aktive Rolle verstärkt wird. *Berd Wingert* vom Kernforschungszentrum Karlsruhe nimmt kritisch Stellung zu überzogenen Erwartungen an Hypertexte. Er zeigt, daß der Typus eines Ausgangsdokumentes – hier am Beispiel eines Vortrags des Philosophen Vilém Flusser – bei der Umsetzung in einen Hypertext nach jeweils spezifischer Themen- und Medienorganisation sowie -strukturierung verlangt.

Die beiden den Themenblock „Entwicklung" abschließenden Beiträge konzentrieren sich auf die Benutzeroberfläche von Hypermedia-Systemen aus Sicht der Lerner. *Martin Fischer* von der Firma DA GAMA, Freiburg, wirbt am Beispiel des MIAS-Konzeptes für eine vereinheitlichte Grundstruktur und Interaktionsebene multimedialer medizinischer Lernsysteme und hebt die Notwendigkeit interdisziplinärer Zusammenarbeit von Medizinern, Informatikern, Psychologen und Grafikern hervor. *Eric Schoop* von der Universität Würzburg zeigt mit dem Hypermedia Lehr-/Lernsystem HERMES über die Betriebswirtschaftslehre, wie mit einfachen Mitteln vielfältige, flexible Navigationsmöglichkeiten im Sinne eines "open learning" bereitgestellt werden können. Die Ergebnisse erster Einsatzbeobachtungen weisen jedoch darauf hin, daß zunächst weniger die Funktionalität von Lernsystemen, als vielmehr universitäre Prüfungsstrukturen und Lernerfolgskriterien geändert werden müßten, damit solche neuen Konzepte individuellen Lernens von den Anwendern künftig auch tatsächlich akzeptiert und genutzt werden könnten.

Fußnoten

1   Vgl. zu diesem Anwendungsfeld auch den Beitrag „Dialogvideo im Führungskräfte-Training. Eine Studie zur Effektivität und Akzeptanz" von Brinker in Teil 4: Evaluation.

2   Vgl. die Ausführungen zum Thema CBT-Entwicklung im Beitrag „Computer in der Aus- und Weiterbildung: Potentiale, Probleme und Perspektiven" von Schoop & Glowalla in Teil 1: Einführung.

3   Vgl. die Beschreibung der Grundkomponenten intelligenter tutorieller Systeme im Beitrag „Computer in der Aus- und Weiterbildung: Potentiale, Probleme und Perspektiven" von Schoop & Glowalla in Teil 1: Einführung.

4   Vgl. die entsprechenden Hinweise der Diskussionsgruppe „Hypertext und Expertensysteme".

UNILEARN - ein Lehrsystem zum Experimentieren

Inge Adamski, Hans-Ulrich Karl
Fakultät Informatik
Technische Universität Dresden, Mommsenstr. 13, O-8027 Dresden

1 Einführung

An der Technischen Universität Dresden begannen bereits ab 1965 Pädagogen und Lehrkräfte unterschiedlicher Fachrichtungen mit der Entwicklung programmierter Lehrmaterialien.

Leider haben die permanente Knappheit an Rechentechnik in der DDR, aber auch die für diese Probleme generell zu wenig geeignete Rechentechnik sowie die Vorbehalte von Traditionalisten eine Entwicklung hin zu computergestützten Ausbildungsformen erschwert. Erst mit der Gründung des Informatikzentrums an der TU Dresden 1986 und der damit verbundenen großzügigeren technischen Ausstattung konnten die wissenschaftlichen Arbeiten zu Lehr- und Lernsystemen auf etwas breiterer Grundlage aufgenommen werden.

Im Lehrbereich Informatik für Ingenieure der Fakultät Informatik der TU Dresden (Prof.Dr.rer.nat.habil. Adler), der für die Informatikausbildung im Grundstudium technischer Studienrichtungen verantwortlich ist, wurde das experimentelle Lehr- und Autorensystem UNILEARN entwickelt.

Die Entwicklung von UNILEARN bot den Rahmen für Untersuchungen

- zur Systemstruktur und zur Qualität der Komponenten (hierarchische Datenstrukturierung und ihre indexsequentielle Verwaltung, Ausdrucksmittel der Autorensprache, Compilations- und Interpretationsprinzipien, Laufzeitsystemgestaltung),
- zur Entwicklung fachspezifischer Lehrprogramme (z.B. Informatik und Betriebswirtschaftslehre) und
- zur Implementation verschiedener Antwortkontrollverfahren mit den Teilgebieten Antwortanalyse und -bewertung.

Informatik aktuell
U. Glowalla, E. Schoop (Hrsg.), Hypertext und Multimedia:
Neue Wege in der computerunterstützten Aus- und Weiterbildung
© Springer-Verlag Berlin Heidelberg 1992

2 Aufbau des Lehrsystems

Das Lehr- und Autorensystem UNILEARN soll nicht im Detail beschrieben werden (siehe Adler, Adamski, Barthel, Ruediger & Stock, 1990). Anhand einiger Merkmale wird die Einordnung in die Gruppe der Systeme, die computerunterstützte Lehrunterweisungen in der Variante CAII (computerassisted interactive instruction) realisieren, deutlich.

UNILEARN zeichnet sich durch folgende Eigenschaften aus:

- Verwendung einer menüorientierten Benutzeroberfläche, aus der alle Leistungen des Systems erreicht werden können,
- Gliederung des Stoffes in Lektionen, Einheiten und Schritte sowie deren Steuerung,
- Kontrolle von Antworten und Bewertung der Lernleistung durch verschiedene Antwortanalyseverfahren,
- ansatzweise lernverlaufs- und ergebnisabhängige Darbietung von Text und Grafik zur Vermittlung von Wissen,
- Schnittstellen zum Betriebssystem und zu Fremdprogrammen,
- Integration von Taschenrechner und nach Hypertextprinzipien aufgebauten Wissensbasen. Die Wissensbasen können vom Lernenden und vom Lehrprogrammautor als eine zusätzliche Informationsquelle benutzt werden, sie enthalten jedoch keine Lehrstrategien.

Mit dem Autorensystem UNIAUTOR (als Bestandteil von UNILEARN) werden Lehrprogramme in einer speziellen Autorensprache geschrieben. Diese Programme werden durch einen Compiler übersetzt und vom Lehrsystem interpretativ abgearbeitet.

Die Tendenzen der weiteren Arbeit sollen an drei Aspekten veranschaulicht werden:

- Gestaltung der Benutzeroberfläche,
- Struktur von Lehrprogrammen,
- Einbeziehung von Wissensbasen.

2.1 Zur Gestaltung der Benutzeroberfläche

Die Benutzeroberfläche von UNILEARN wird durch die Anwendung der Fenstertechnik (Textfenster) in Verbindung mit Pull-Down-Menüs und einer Funktionstastensteuerung gestaltet. Dem Lernenden steht eine kontextbezogene Hilfe (<F1>) zur Verfügung. Mit <F10> kann jederzeit das zentrale Menü erreicht werden.

Das in Abbildung 1 wiedergegebene Menü bietet die Auswahlmöglichkeiten

       Lektion, System, Wissensbasis, Rechner und Option

an.

```
U N I L E A R N                                    WIEDERHOLUNG_002
  Lektion System Wissensbasis Rechner Option | F1-Hilfe ESC-zurück F10-Menü
                    ┌─────────────────────────────┐
                    │    Verzögerungszeit         │
                    │    Optionsanzeige           │
                    │              ┌──────────────────────────────────────┐
                    │              │      Verzögerungszeit: 5             │
                    └──────────────│                                      │
                                   │             Rechner: AKTIV           │
                                   │        Wissensbasis: AKTIV           │
                                   │  Wiederholung von Lektionen: JA      │
                                   │  Protokoll Fragen/Antworten: JA      │
                                   │  Protokoll bei Wiederholung: JA      │
                                   └──────────────────────────────────────┘
```

Abb. 1: Benutzeroberfläche des Systems UNILEARN

Über 'Lektion' ist die Auswahl einer Lektion des aktuellen Lehrprogramms möglich. Bereits bearbeitete Lektionen sind speziell gekennzeichnet und können nur dann wiederholt werden, wenn es der Autor des Lehrprogrammes gestattet. Über 'System' werden folgende Dienste bereitgestellt:

- Fremdprogramm starten,
- Betriebssystem aufrufen,
- Lehrsystem beenden.

Es kann also ein beliebiges Programm als Subprozeß ausgeführt, der Kommandointerpreter von MS-DOS gerufen und gestartet oder das Lehrsystem unter Schließen aller Dateien verlassen werden. Mit 'Option' ist neben dem Verändern der Zeitkonstanten, die für die verzögerte Anzeige von Grafiken und Fenstern benutzt wird, das Ablesen der vom Autor eingestellten Systemoptionen möglich.

Um die Attraktivität des Erscheinungsbildes eines Lehrprogramms und die Funktionalität der Elemente der Bedienerführung zu verbessern, ist es notwendig, daß Lehrprogramme künftig über grafikorientierte, entsprechend dem CUA-Standard gestaltete Benutzeroberflächen verfügen. Die Ergebnisse eines in Zusammenarbeit mit der Georg-August-Universität Göttingen (Institut für betriebswirtschaftliche Produktions- und Investitionsplanung) bearbeiteten Projektes zur Implementation eines Unternehmensplanspiels entsprechen diesen Anforderungen und zeigen die damit erreichbare höhere Akzeptanz durch den Nutzer.

2.2 Zur Struktur von Lehrprogrammen

Ein Lehrprogramm in UNILEARN ist vom Autor zu gliedern in die Hauptbestandteile

- Vorspann (optional),
- Deklaration und
- Regie.

Der Vorspann ist ein sequentiell ablaufender Programmteil zu Beginn des Lehrprogramms. Im Deklarationsteil werden alle für die Abarbeitung des Lehrprogramms benötigten Grafik- und Fensterlisten, Anweisungsfolgen und Unterprogramme deklariert. Der Regieteil enthält die notwendigen Informationen über den Ablauf des Lehrprogramms. Die Steuerung erfolgt im Lehrsystem durch einen Interpreter, der zwei verschiedene Steuerebenen unterscheidet:

- Steuerung einer Lektion und
- Steuerung einer Einheit.

Die Steuerung auf der Ebene einer Lektion erfolgt nach den Prinzipien Zwangssteuerung oder Menüsteuerung von Einheiten. Wird eine Lektion vorzeitig durch den Nutzer oder aufgrund unzureichender Leistungen abgebrochen, so ist der Interpreter durch spezielle Protokolldaten jederzeit in der Lage, an dieser Stelle fortzufahren.

Wie Untersuchungen (siehe Müller, 1991) zeigen, kann die geringe Flexibilität der Benutzerführung durch Verwendung grafisch-interaktiver Benutzerschnittstellen, z.B. DEC-WINDOWS, durch einen objektorientierten Lehrprogrammaufbau und mit Hilfe geeigneter Navigationsmechanismen überwunden werden. Damit ergeben sich Möglichkeiten der verbesserten Gestaltung von Lehrprogrammen. Dem Lernenden werden z.B. Navigationswerkzeuge zur Verfügung gestellt, die ein freies Bewegen im Lehrprogramm ermöglichen:

- Menüsteuerung   (Hierarchie innerhalb des Lehrprogrammmes),
- Indexierung   (Direktzugriff über alphabetische Liste),
- Keywords   (Direktzugriff über Schlüsselwort),
- Browser   (Grafische Darstellung - Netzstruktur),
- History   (bisheriger Weg im Lehrprogramm),
- Bookmarks   (Markierungen im Lehrprogramm).

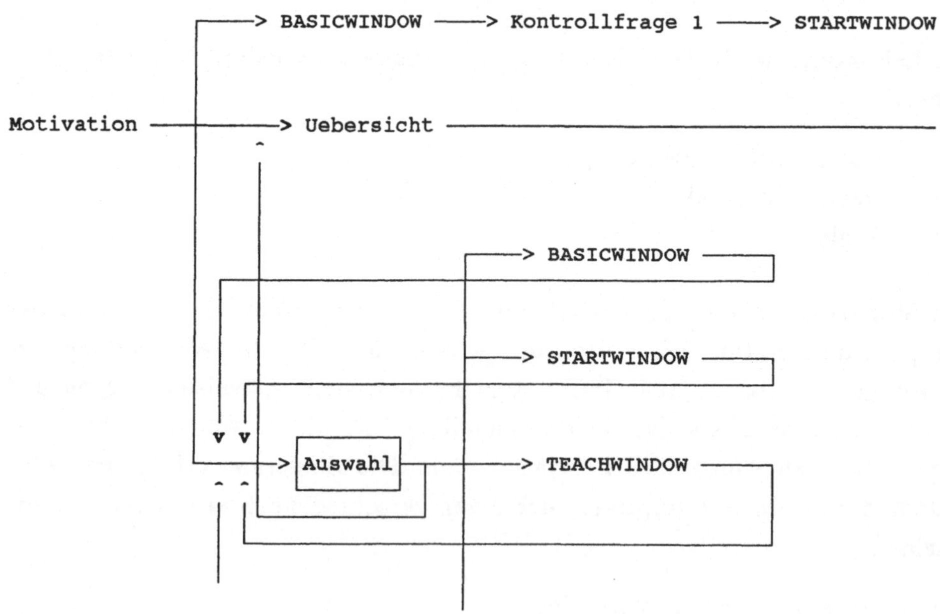

Abb. 2:   Browser mit Lernweg

2.3   Zur Einbeziehung von Wissensbasen

In vielen Lehrprogrammen werden dem Lernenden Lexikonfunktionen angeboten. Die Wissensbasis in UNILEARN ist eine nach Hypertextprinzipien gestaltete Bibliothek. Sie stellt dem Lernenden Informationen, die der Autor als Kontextinformation (Literaturauszüge, Dokumentationen u.a.) aufbereitet hat, in Textbildschirmen oder als Grafiken zur Verfügung.

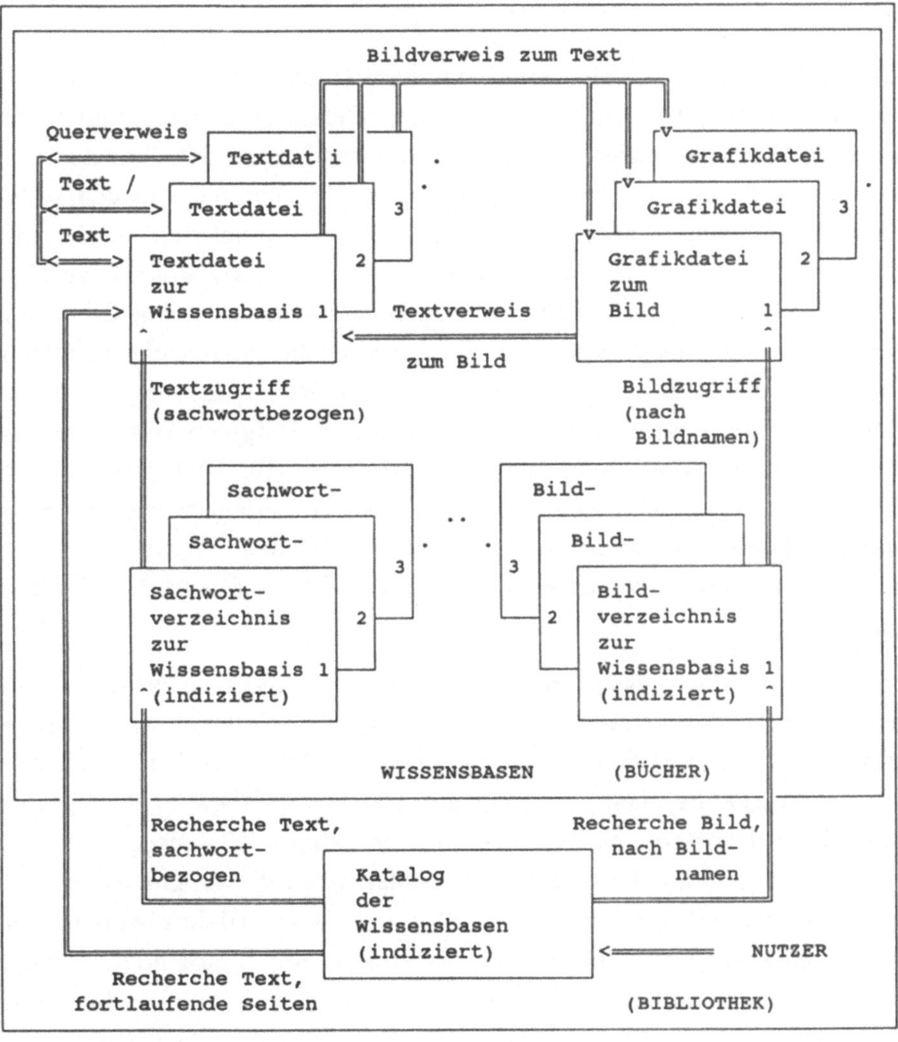

Abb. 3:   Struktur des Wissensbasissystems UNIHELP

Der Zugriff auf die Informationen erfolgt schlüsselbezogen (Primär- und Sekundärschlüssel) und menügesteuert. Über Querverweise ist jederzeit das Verzweigen innerhalb einer Wissensbasis oder in andere Wissensbasen möglich. Die Verwaltung mehrerer Wissensbasen erfolgt durch einen Katalog, aus dem sich der Nutzer die gewünschte auswählen kann.

3 Fazit und Ausblick

Lehr- und Autorensysteme werden aus unserer Sicht heute ausschließlich mit der Zielstellung entwickelt und eingesetzt, interaktive Lehrprogramme zu produzieren. Es gelingt dabei aber nur unzureichend, kognitive Prozesse des Lernenden zu unterstützen und Lehrstrategien, die überdies von den pädagogischen Wissenschaften noch stärker präzisiert und formalisiert werden müssen, einzubeziehen. Durch die Fortschritte in der Hardware können bereits sehr flexible, in der Benutzeroberfläche ansprechende und in engen Grenzen adaptive Lehrprogramme hergestellt werden, wobei die didaktische und fachliche Kompetenz des Lehrprogrammautors entscheidend ist. Ziel der weiteren Entwicklung sollte es sein, diese Kompetenz durch geeignete Wissensrepräsentationsformen und Wissensakquisitionsmechanismen (für Fachwissen und didaktisch-methodisches Wissen) in das System so zu verlagern, daß die Entwicklung von Lehrprogrammen überflüssig wird. In einem zweiten Schritt müßte die Austauschbarkeit der unterlegten Fachwissensbasis geprüft und untersucht werden.

Einen strukturellen Ansatz sehen wir im Konzept INTUS. INTUS ist ein Gedankenmodell, das versucht, alle Forderungen an intelligente tutorielle Systeme - darunter auch die vielen ungelösten Probleme aus den Gebieten künstliche Intelligenz, Psychologie, Linguistik und Fachdidaktik - einzubeziehen. Es geht von der Hypothese aus, daß ein zu vermittelndes Wissensgebiet und darauf abbildbare Lehrstrategien getrennt behandelt bzw. die möglicherweise bestehenden Abhängigkeiten in geeigneter Form parametrisiert werden können. INTUS integriert Strategien für eine wissensbasierte Dialogmodellierung, zum Aufbau eines Benutzermodells, das eine personen- und eine fachbezogene Komponente enthalten soll, und zur Wissensakquisition. Die Wissensakquisitionskomponente soll einem „Lehrer" den Aufbau und die Ergänzung der Fachwissensbasis und der Lehrstrategien erlauben, ihn dabei durch verschiedene Teststrategien (Prüfung der logischen Plausibilität ergänzten Wissens, simulierter „Unterrichtsablauf", systeminterne Schlußfolgerungsmechanismen) unterstützen und auf die Konsequenzen seiner „Handlungen" hinweisen. INTUS betrachtet also drei gleichberechtigte Partner:

- sich selbst in dem Maße, als es aus den durch die „Lehrer" und Lernenden eingebrachten Fakten zu lernen versucht,
- den Lernenden, der ohne Vorliegen eines konkreten Lehrprogramms Wissen über ein Fachgebiet erwerben will und
- den „Lehrer", der Wissen akquiriert und sich dabei auf die Historie des Systems - die Modelle der Nutzer eingeschlossen - stützen kann.

Die Fülle der Probleme kann nur arbeitsteilig und interdisziplinär bewältigt werden, wobei die Fakultät Informatik der TU Dresden zur Qualifizierung der Lernstandsanalyse beitragen und eine Schnittstelle zur Benutzermodellierung formulieren will.

Literatur

Adler,H.,Adamski,I.,Barthel,H.,Ruediger,L.,Stock,G. (1990). Zur Entwicklung eines experimentellen Lehr- und Autorensystems. In *Wiss. Beiträge zur Informatik*,4, Informatikzentrum an der TU Dresden.

Kuban,B. (1992). *Implementierung von Layout und Funktion der Objektklassen zur Realisierung des Kursablaufes im Lernsystem XLEARN*. Dresden: Technische Universität, Fakultät Informatik, Diplomarbeit.

Müller,J. (1991). *Konzeption eines Lernsystems unter Nutzung der Möglichkeiten moderner grafischer Benutzerschnittstellen*. Dresden: Technische Universität, Fakultät Informatik, Diplomarbeit.

Wegner,G. (1992). *Intelligente tutorielle Systeme - Wege zum adaptiven Diaolog mit dem Lernenden*. Dresden: Technische Universität, Fakultät Informatik, Diplomarbeit.

Kosten- und Erlösrechnung als interaktives Lernprogramm

Eduard Gabele[†], Philip Fischer, Brigitte Zürn
Lehrstuhl für Betriebswirtschaftslehre
Universität Bamberg, Feldkirchenstr. 21, 8600 Bamberg

Zusammenfassung

Aussagefähige Kosten- und Erlösinformationen gewinnen in der heutigen Wettbewerbssituation zunehmend an Bedeutung für eine erfolgreiche Unternehmensführung. Die Gewinnung von Daten für eine betriebswirtschaftlich fundierte Entscheidungsfindung setzt nicht nur ein modernes Instrumentarium, sondern auch gute Grundkenntnisse über die Konzepte und Techniken der Kosten- und Erlösrechnung voraus.

Die Vermittlung von Basiswissen in diesem Bereich ist daher elementarer Bestandteil jeder kaufmännischen Ausbildung. Dies gilt sowohl für den öffentlichen Ausbildungssektor als auch für die betriebliche Aus- und Weiterbildung. An der Otto-Friedrich-Universität Bamberg wird seit Jahren ein innovativer Weg der Grundlagenvermittlung im Bereich Buchführung und Kosten- und Erlösrechnung beschritten – über interaktive Lernprogramme. Der im Januar 1992 verstorbene Prof. Dr. Eduard Gabele begründete in Kooperation mit der Firma Siemens Nixdorf Informationssysteme AG an seinem Lehrstuhl für Betriebswirtschaftslehre, insbesondere Unternehmensplanung und Managementinformatik, das Forschungsprojekt „BWL Lernsoftware Interaktiv", das sich mit der Entwicklung und dem Einsatz interaktiver Lernprogramme in der Betriebswirtschaftslehre beschäftigt.

1 Kurzbeschreibung des Projektes „BWL Lernsoftware Interaktiv"

Das Projekt „BWL Lernsoftware Interaktiv" wurde im Wintersemester 1988/89 durch Prof. Dr. Eduard Gabele initiiert und an dem Lehrstuhl für Betriebswirtschaftslehre, insbesondere Unternehmensplanung und Managementinformatik verankert. Das Forscherteam von zunächst 15 studentischen Mitgliedern beschäftigte sich unter seiner Federführung mit der Erstellung interaktiver Lernprogramme sowie einer begleitenden Grundlagenforschung.

Informatik aktuell
U. Glowalla, E. Schoop (Hrsg.), Hypertext und Multimedia:
Neue Wege in der computerunterstützten Aus- und Weiterbildung
© Springer-Verlag Berlin Heidelberg 1992

Erste Aufgabenstellung des Projektteams war die Umsetzung des Lernstoffs „Buchführung" in ein interaktives Lernprogramm unter Einsatz der Autorensprache TenCORE. Im Wintersemester 1989/90 wurde dieses Programm als Prototyp fertiggestellt und bei den Studenten der Betriebwirtschaftslehre im ersten Fachsemester getestet. An den Feldtest schloß sich eine dreimonatige Überarbeitungsphase an, bevor die Freigabe zur Veröffentlichung erfolgte. 1990 gewann das interaktive Lernprogramm „Buchführung für Anfänger" den vom Bundesminister für Bildung und Wissenschaft verliehenen Deutschen Hochschul-Software-Preis für das beste Tutorial im Bereich der Wirtschaftswissenschaften.

Die im ersten Projektabschnitt gewonnenen Erfahrungen, insbesondere bezüglich Lernwegsteuerung, Interaktionsgestaltung und Programmbedienung, flossen in den zweiten Abschnitt, die Erarbeitung eines Lernprogramms zur Kosten- und Erlösrechnung, ein.

Parallel zur Entwicklung der zweiten Lernsoftware widmete sich die Projektgruppe der Grundlagenforschung im Bereich des Realisierungsprozesses. Oberstes Ziel war eine durchgehende EDV-Unterstützung des Entwicklungsprozesses ohne Wechsel zwischen computergestützter und manueller Tätigkeit, die Ausnutzung von Synergieeffekten sowie die Vermeidung von Doppelarbeit. Die Erstellung von interaktiven Lernprogrammen sollte durch den Einsatz geeigneter Softwareinstrumente vereinfacht werden. Das hieraus resultierende Konzept wird im nachstehend kurz beschrieben.

Das Lernprogramm Kosten- und Erlösrechnung ist unter Verwendung der erarbeiteten EDV-technischen Hilfsmittel Ende 1991 fertiggestellt und mehrfach evaluiert worden. Eine Einschätzung des interaktiven Lernprogramms durch die Anwender ist am Ende des Beitrags aufgeführt. Es folgt eine nähere Beschreibung dieses auf dem GI-Symposium in Gießen vorgestellten Programms.

Zum gegenwärtigen Zeitpunkt ist die Projektgruppe mit den neuen Forschungsschwerpunkten „differenzierte Antwortanalyse auch bei freien Eingaben" und „intelligente Lernersteuerung" beschäftigt. Die (Zwischen-) Ergebnisse sollen in das in Vorbereitung befindliche interaktive Lernprogramm zur „Aufstellung des Jahresabschlusses" einfließen.

2 EDV-Unterstützung der Lernprogrammentwicklung

Auf der Basis der im ersten Projekt gewonnenen Erfahrungen wurde ein Konzept zur EDV-technischen Unterstützung aller Phasen der Lernprogrammerstellung erarbeitet:

- Planung,
- Grobkonzeptionierung,
- Lernschrittplanung,
- Feinkonzepterstellung,
- Grafikerstellung,
- Programmierung,
- Layoutüberarbeitung und
- Test.

Dieses Konzept ist von der Projektgruppe in die Softwareproduktionsumgebung TIPUFIL (Teamorientierte Integrierte ProduktionsUmgebung Für Interaktive Lernprogramme) umgesetzt worden.

Teamorientiert bedeutet, daß die Entwicklung von Lernsoftware in einem Projektteam mit verschiedenen Aufgabengebieten der Teammitarbeiter unterstützt wird. Unter „**integriert**" ist zu verstehen, daß alle Werkzeuge der Entwicklungsumgebung auf eine gemeinsame Datenbasis – eine zentrale Datenbank – zugreifen und eine weitgehend gleiche Oberfläche nutzen.

Erste fertiggestellte Werkzeuge erleichterten und vereinfachten bereits die Erstellung des Lernprogramms „Kosten- und Erlösrechnung". Feinkonzepttexte beispielsweise mußten nicht mehr wiederholt erfaßt werden. In dem Buchführungsprojekt schrieben die Fachautoren diese Texte noch in einem Textverarbeitungsprogramm; anschließend wurden sie von den Programmierern neu eingegeben und in ein ablauffähiges Lernprogramm umgesetzt. Mit TIPUFIL konnten die Texte, Grafiken, Struktur- und Ablaufinformationen usw. direkt durch den Einsatz einer zentralen Datenbank in das spezifische Format der Autorensprache TenCORE übersetzt und in das Lernprogramm übernommen werden.

3 Das interaktive Lernprogramm „Kosten- und Erlösrechnung"

Das interaktive Lernprogramm „Kosten- und Erlösrechnung" vermittelt den strukturierten und logisch aufeinander aufbauenden Lernstoff in einer abwechslungsreichen Darstellungsform. Die Erläuterung der Inhalte wird durch eine Vielzahl an Grafiken und Animationen (bewegte Grafiken) unterstützt und aufgelockert. Inhaltliche Hilfestellungen, zahlreiche ausgefeilte Interaktionen und individuelle Lernwegverzweigungen bewirken, daß das Programm von den verschiedensten Adressaten bearbeitet werden kann. Lernerfolge werden anhand durchgängiger Beispiele, Zusammenfassungen und Übungen verstärkt und überprüft.

Im folgenden werden der strukturelle Aufbau, die Bildschirmgestaltung und Bedienerführung des Lernprogramms sowie die Interaktionen und Lernwegsteuerung näher vorgestellt.

Strukturierung des Lernprogramms

Das interaktive Lernprogramm „Kosten- und Erlösrechnung" ist in Kapitel aufgeteilt, welche sich in Abschnitten und diese wiederum in Lernschritte untergliedern. Ein Kapitel beginnt mit einer Lernzielangabe über alle Abschnitte, die Lernstoffvermittlung erfolgt in den Lernschritten und endet mit einer Kapitelzusammenfassung und Kapitelübung.

Die Präsentation des relevanten Wissens erfolgt sowohl theoretisch-abstrakt als auch unterstützt durch eine Vielzahl von Beispielen. Während der Stoffvermittlung wird auf drei fiktive Firmen, insbesondere auf den Fahrradhersteller Fischer GmbH, zurückgegriffen, anhand derer die Lerninhalte veranschaulicht werden. Die Falldaten der einzelnen Firmen werden hierbei kontiniuerlich fortgeführt, so daß der Lernende den „roten Faden" des Programms erkennt und nachvollzieht.

Die Kapitelzusammenfassung wiederholt jeweils den wichtigsten Inhalt eines Kapitels in einem Gesamtkontext. Hierzu wird die fiktive Firma „Plitsch Platsch Wasserbetten KG" eingesetzt, anhand derer die Schritte und Techniken der Kosten- und Erlösrechnung verdeutlicht werden. Es wird hierbei inhaltlich auf der Kapitelzusammenfassung des vorhergehenden Kapitels aufgesetzt und das Beispiel der Firma weitergeführt. Der Einsatz dieses durchgängigen Fallbeispiels trägt zur Klärung der Vorgehensweisen und Gesamtzusammenhänge der Kosten- und Erlösrechnung für den Lernenden bei.

Am Ende des Lernprogramms stehen eine Zusammenfassung, welche die Lerninhalte des Programm anhand der Firma „Snemeis" zusammenhängend wiederholt, und eine Übungsklausur, die das Wissen des Lernenden bezüglich des gesamten Lernstoffs überprüft. In der Abschlußklausur kann der Lernende alle Aufgaben in beliebiger Reihenfolge bearbeiten, ohne eine sofortige Auswertung und Rückmeldung durch das Programm zu erhalten. Über den Zeitpunkt der Antwortanalyse entscheidet der Benutzer selbst, indem er die Klausurbearbeitung beendet und in den eigenständigen Menüpunkt „Klausurauswertung" überwechselt. Erst dann wird die Lösung der Klausur mit dem Lernenden Aufgabe für Aufgabe durchgegangen und individuell vom Lernprogramm analysiert.

Einteilung der Standardbildschirmmaske

Im gesamten Lernprogramm wird eine einheitliche Standardbildschirmmaske verwendet. Diese ist in drei Bereiche aufgeteilt:

- die Statuszeile am oberen Bildschirmrand,
- der Informationsteil in der Mitte und
- die Bedienerführung im unteren Bildschirmbereich.

Die Abbildung 1 enthält eine Beispielseite aus dem Lernprogramm „Kosten- und Erlösrechnung", in der die einzelnen Bereiche dargestellt sind. Die Statuszeile dient der Orientierung des Lernenden während der Programmbearbeitung. Sie enthält Informationen über den aktuellen Standort des Benutzers durch die Angabe der Kapitel-, Abschnitts- oder Lernschrittüberschrift sowie über den prozentualen Bearbeitungsstand des Lernenden innerhalb eines Kapitels. Im Informationsteil findet die eigentliche Lernstoffvermittlung und -überprüfung statt. Der untere Bildschirmbereich wird als Benutzerleiste verwendet. Alle im Programm zu verwendenden Funktionstasten sind als Piktogramme am unteren Bildschirmrand dargestellt. Ein Text unter der bildhaften Tastendarstellung gibt Auskunft über den Inhalt der jeweiligen Funktionstaste. Sind Taste und Text deutlich sichtbar, ist die Funktionstaste aktiv und kann ihre Funktion ausüben. Wenn sie hingegen schattiert dargestellt sind, kann die Funktion der Taste nicht aufgerufen werden, das heißt sie ist inaktiv.

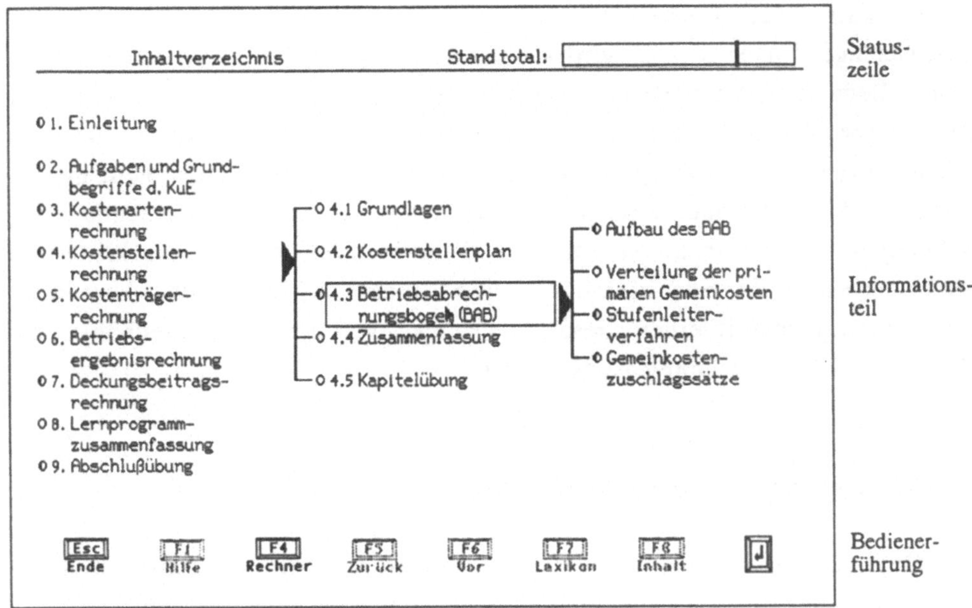

Abb. 1: Standardbildschirmmaske im Lernprogramm „Kosten- und Erlösrechnung"

Bedienerführung und Funktionsvorrat

Die Programmbedienung des Lernprogramms „Kosten- und Erlösrechnung" ist bewußt einfach gestaltet. Es existieren die Funktionen „Programmabbruch", „Hilfe", „Rechner", „Vorwärts-" und „Rückwärtsblättern", „Lexikon" und „Inhaltsverzeichnis", die über die Funktionstasten aufgerufen werden können. Ruft der Lernende die Hilfefunktion auf, so erhält er eine inhaltliche Hilfe zum aktuellen Bildschirm, indem ihm ein Sachverhalt ausführlicher oder durch Beispiele untermalt vorgeführt und nochmals erklärt wird. Einfache Rechnungen, die bei der Bearbeitung des Programms durchgeführt werden müssen, können über einen in das Lernprogramm integrierten Taschenrechner vorgenommen werden. Es besteht dann die Möglichkeit, die berechneten Ergebnisse direkt in Interaktionen als Antwort zu übernehmen. Die Blätterfunktion (vorwärts und rückwärts) umfaßt eine bildschirmseitenweise Sprungmöglichkeit. Auch bei individuellen Lernwegverzweigungen „merkt" sich das Programm die Bildschirmfolge des jeweiligen Benutzers; er kann auf seinen Lernwegen beliebig vorwärts und rückwärts blättern. Beim Lexikonaufruf erscheint zunächst eine Auswahlseite mit alphabetisch geordneten Begriffen. Auf dieser kann der Lernende das gesuchte Stichwort auswählen und „nachschlagen". Der Begriff wird auf der nachfolgenden Seite in seiner inhaltlichen Bedeutung kurz erklärt. Für eine tiefergehende Erläuterung wird auf den entsprechenden Lernprogrammabschnitt verwiesen, in den direkt über das Inhaltsverzeichnis verzweigt werden kann. Das Inhaltsverzeichnis dient gleichzeitig als Auswahlmenü. Vom Inhaltsverzeichnis aus kann der Lernende jeden beliebigen Gliederungspunkt auf Kapitel-, Abschnitt- oder Lernschrittebene direkt ansteuern. Es weist eine baumartige Struktur auf, die es dem Lernenden ermöglicht, jederzeit einen Gesamtüberblick über die Zusammenhänge der Kosten- und Erlösrechnung zu bewahren.

Qualitätsmerkmale „Interaktionen" und „Lernwegsteuerung"

Die Qualität von interaktiven Lernprogrammen wird im wesentlichen durch die Art und den Umfang von Interaktionen und durch eine individuell an den Wissenstand und die Auffassungsgabe des Lernenden angepaßte Lernwegsteuerung bestimmt. Die Ausarbeitung dieser Merkmale im Lernprogramm „Kosten- und Erlösrechnung" wird nachstehend beschrieben.

<u>Aktives Lernen durch Interaktionen</u>

In dem interaktiven Lernprogramm „Kosten- und Erlösrechnung" muß der Lernende nicht nur reagieren, sondern auch agieren. Er ruft nicht eine Stoffdarbietung nach der anderen ab, sondern muß durch die Beantwortung unterschiedlichster Aufgaben und Aufgabentypen aktiv in den Lernprozeß eingreifen. Das Spektrum reicht hierbei von Multiple-Choice-Aufgaben bis zur freien Eingabe von ganzen Kalkulationsschemata, die individuell und ausführlich ausgewertet werden. Durch Rückmeldungen vom Programm erhält der Benutzer Aufschluß über die Qualität seiner Antwort. Bei Falscheingaben wird ihm die Art seines Fehlers erklärt, sowie die richtige Lösung vorgeführt und erläutert.

<u>Alternative Lernwege in Abhängigkeit vom Wissen des Lernenden</u>

In Abhängigkeit von der Güte der Antwort des Lernenden verzweigen die Lernwege. Hat ein Programmbenutzer bewiesen, daß er einen Sachverhalt verstanden hat, setzt er die Programmbearbeitung mit neuem Stoff fort. Konnte ein Teilbereich jedoch nicht nachvollzogen werden, erhält der Lernende eine ausführliche Zusatzerklärung oder ein anschauliches Beispiel.

Alternative Zahlenbeispiele in Abhängigkeit der Bearbeitungshäufigkeit

Bei einer zwei- oder mehrmaligen Durcharbeitung eines Lernabschnitts werden alternative Zahlenbeispiele (insbesondere in Interaktionen) verwendet. Das Programm ist damit abwechslungsreich und auch beim zweiten Durchgang interessant. Zugleich wird erreicht, daß der Lernende weiterhin mitdenken und in Interaktionen neu überlegen muß.

Abbildung 2 zeigt abschließend auf, wie die Benutzer das interaktive Lernprogramm „Kosten- und Erlösrechnung" einschätzten. Begleitend zu dem testweisen Einsatz des Programms wurde eine Befragung der Teilnehmer durchgeführt. Dargestellt werden die Antworten auf die vier nachfolgenden Fragen:

1) Die Arbeit mit dem Lernprogramm hat mir gefallen   überhaupt nicht ... auf jeden Fall
2) Das Lernprogramm ist besser als ein Buch   überhaupt nicht ... auf jeden Fall
3) Ich würde gerne weiterhin mit Lernprogrammen arbeiten   überhaupt nicht ... auf jeden Fall
4) Das Lernprogramm ist eine sinnvolle Alternative zum mündlichen Unterricht   überhaupt nicht ... auf jeden Fall

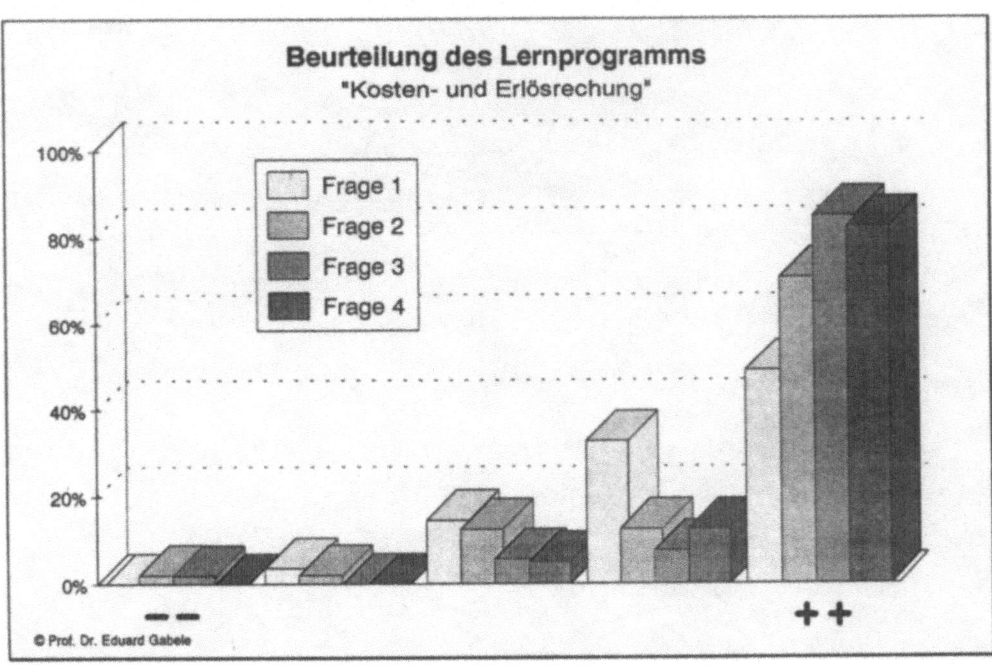

Abb. 2:   Beurteilung des Lernprogramms „Kosten- und Erlösrechnung"

Die positiven Erfahrungen von „BWL Lernsoftware Interaktiv" beim Einsatz interaktiver Lernprogramme und das gewonnene Know-how auf dem Gebiet der Lernsoftwareentwicklung sind Anreiz genug, weiterhin in diesem Bereich zu forschen. Insbesondere die festgestellten technischen Schwächen bei der Antwortanalyse und einer intelligenten Lernersteuerung fordern dazu auf, nach neuen Möglichkeiten zu suchen oder selbst leistungsfähige Softwareentwicklungswerkzeuge zu erarbeiten. Die Umsetzung weiterer und komplexerer Lerninhalte in computergestützten Unterricht stellt noch höhere Anforderungen an die Interaktivität und Individualität der Lernsoftware.

CaiMan
Ein computerunterstütztes, multimediales System zum Erwerb kommunikativer Kompetenz

Michael Henninger, Heinz Mandl und Nicolae Nistor
Institut für Empirische Pädagogik und Pädagogische Psychologie
Universität München, Leopoldstraße 13, 8000 München 40

1 Problemstellung

Computergestützte Weiterbildung und Training kommunikativer Kompetenzen - Begriffe, die für unterschiedliche Bereiche pädagogisch-psychologischen Handelns und Forschens stehen. Begriffe auch, die schwierig zu verbinden zu sein scheinen, sind doch Kommunikationstrainings Bestandteil der meisten klassischen, von Trainern geleiteten Weiterbildungsmaßnahmen innerhalb von Betrieben. Andererseits war bisher ´computer based training´ (CBT) primär auf die Vermittlung von domänenspezifischem Wissen ausgelegt und wurde erst seit kurzem auch auf kommunikative und interaktive Kompetenzen erweitert (vgl. Brinker, 1991).

Betrachtet man nun die Veränderungen in den betrieblichen Organisationen (Wertewandel; neue Organisationsformen wie Gruppenarbeit etc.; vgl. Stengel, 1991), so rücken zunehmend soziale und kommunikative Kompetenzen in den Vordergrund (vgl. Bungard, 1990; Volk, 1988; Münch, 1984; Gebert, 1982). Dies betrifft nicht nur die sogenannte Meisterebene, sondern auch Manager höherer Hierarchiestufen, da diese dem Prinzip der Unternehmenskultur folgend, von der Unternehmensführung als positiv erachtete Werte und Verhaltensweisen (Schlüsselqualifikationen, vgl. Calchera & Weber, 1990) vorleben sollen (vgl. Maas & Schüller, 1990; Regnet & Schackmann, 1991). Nun sind diese Kompetenzbereiche nicht unbedingt der zentrale Schwerpunkt der jeweiligen Ausbildung und werden damit zu einem Gegenstand der innerbetrieblichen Weiterbildung.

In den klassischen Kommunikationstrainings finden vor allem die konative und die emotionale Ebene menschlichen Kommunikationsverhaltens ihre Berücksichtigung. Die nicht weniger wichtige kognitive Ebene, d.h. das Wissen über die Kommunikation, Differenzierung von kommunikativen Inhalten, etc., hingegen verfügt selten über den ihr gebührenden Raum. Dies ist jedoch nicht der

Informatik aktuell
U. Glowalla, E. Schoop (Hrsg.), Hypertext und Multimedia:
Neue Wege in der computerunterstützten Aus- und Weiterbildung
© Springer-Verlag Berlin Heidelberg 1992

fehlenden Kompetenz der Trainer und Dozenten zuzuschreiben als vielmehr dem in der betrieblichen Realität allgegenwärtigen Zeitdruck, der den TeilnehmerInnen (Tn) selten ausreichend Zeit zur Reflektion und Artikulation des Gelernten läßt.

Vor dem Hintergrund der aufgezeigten Notwendigkeit kommunikativer Trainings und der vorhandenen einschränkenden Bedingungen war es unser Ziel mit Hilfe eines multimedialen, konstruktivistischen Tool die kognitiven Anteile kommunikativen Verhaltens verstärkt zu schulen und dabei die Erkenntnisse moderner Ansätze der pädagogisch-psychologischen Forschung einfließen zu lassen.

2   Konzeption

Das Konzept des multimedialen Trainingsbausteins CaiMan[1] orientiert sich am konstruktivistischen Ansatz, gemäß dem jeder Lernvorgang weniger ein Vermitteln und Rezipieren vorgefertigter Wissenspakete, denn ein aktiver Prozess ist. Aktiv, indem der Lernende sich durch Einnehmen verschiedener Perspektiven, durch unterschiedliche Interpretationen seine eigene Position entwickelt, diese auch in Konkurrenz zu anderen Meinungen setzt und sich letztlich auch über den Wissenskonstruktionsprozess als solchen bewußt wird und damit seine situationsbezogenen Erfahrungen umzusetzen lernt (vgl. Bransford et al., 1989; Collins et al., 1989). Demzufolge sollen die Tn bei CaiMan ihr Kommunikationsverhalten schrittweise verstehen lernen, andere Perspektiven einnehmen und sich konstruktiv mit ihrem Gesprächsverhalten auseinandersetzen und neue Kompetenzen erwerben.

Vor dem Hintergrund der Zielsetzung von CaiMan kann dieser konstruktivistische Ansatz jedoch nur Ausgangspunkt sein. Um spezifische Kommunikationskompetenzen herauszuarbeiten ist es notwendig, neben konstruktivistischen und instruktionalen Ansätzen (Collins, Brown & Newman, 1989; Spiro, Feltovich, Jacobson & Coulson, 1991) auch kommunikationstheoretische Theorien in den theoretischen Bezugsrahmen von CaiMan einzubeziehen. So findet bei CaiMan der Ansatz von Schulz von Thun (1981, 1991) als Analyserahmen seine Berücksichtigung, andere Bezugssysteme wie beispielsweise die Forschung zur ´argumentation´ (vgl. Voss, Fincher-Kiefer, Wiley & Silfies, 1991) wären denkbar.

Um selbstbestimmtes Lernen zu verwirklichen, ist es notwendig, Lernumgebungen zu gestalten, die den aktiven, konstruktiven Umgang mit dem konkreten Lehrinhalt ermöglichen. Versucht man nun die wesentlichen Anregungen der konstruktivistischen Schulen um Bransford und um Collins zusammenzufassen, lassen sich vier Gestaltungsprinzipien ableiten: a) Situationsbezogenheit, b) Authentizität, c) Kontextvariabilität, d) Perspektivenvielfalt. Diese Gedanken werden in CaiMan in der Weise umgesetzt, daß durch die szenische Darstellung realistischer Gesprächsdialoge ein konkreter Situationsbezug für die Tn hergestellt werden kann (ad a). Die offene Gestaltung des Systems und das spezielle Trainertool CaiMaker[2] erlauben es, jeweils auf den Erfahrungen der Tn basierende, authentische Trainingsthemen in das Training einzuarbeiten (ad b). Mit Hilfe von speziell vorbereiteten, sich auf differierende Gesprächskontexte beziehende Videoeinheiten (z.B. Lehrvideos) kann das Verhalten in Bezug auf unterschiedliche kontextuelle Bedingungen gelernt und erprobt werden (ad c). Die Perspektivenvielfalt wird schließlich durch die Analysesystematik von CaiMan gewährleistet, die den Tn die Wahrnehmung von Gesprächsinhalten aus verschiedenen Perspektiven nahebringt (ad d).

3   Beschreibung von C a i M a n

CaiMan (CaiManStill/Video[3]; CaiMaker) ist ein Programm und Lehrkonzept, das auf multimediale Weise den Erwerb von Kommunikationskompetenzen ermöglichen soll. Es unterstützt die Tn, deren eigenes und fremdes Kommunikationsverhalten zu verstehen und das eigene Verhalten zu modifizieren. Ziel ist es dabei, den Tn eine differenzierte Wahrnehmung von Gesprächsinhalten und -situationen sowie Veränderungsmöglichkeiten des eigenen Kommunikationsverhaltens zu vermitteln.

Die potentiellen Tn benötigen für das Lernen mit CaiMan keinerlei Vorkenntnisse im Anwenden von Computern. Da CaiMan als Werkzeug für SeminarleiterInnen gedacht ist (in diesem Fall CaiMaker) und insofern eine auf die kommunikativen Trainingsinhalte bezogene Einführung von den TrainerInnen/DozentInnen erfolgen wird, ist auch auf der inhaltlichen Ebene (kommunikationstheoretischer Ansatz von Schulz von Thun) die Voraussetzungen für ein erfolgreiches Lernen gewährleistet. Es ist geplant, CaiMan in der Ausbildung für StudentInnen als auch in der Aus- und Weiterbildung in Betrieben (Führungskräfteentwicklung) einzusetzen. Bei beiden Zielgruppen sind soziale Kompetenzen und damit vor allem auch kommunikative Kompetenzen eine

Grundlage für erfolgreiches Arbeiten. Wir gehen davon aus, daß die mit Hilfe von CaiMan erhöhte Differenzierungsfähigkeit für Kommunikationssituationen und -inhalte den Tn den Zugang zu wichtigen Schlüsselqualifikationen wie Teamfähigkeit, Problemöseorientierung und Kreativität erleichtern kann.

In der ersten von drei Phasen (exemplarischer Dialog) lernen die Tn zunächst die verschiedenen Inhaltsebenen von Nachrichten kennen (Sachinhalt, Appell, Beziehung, Selbstoffenbarung, vgl. Schulz von Thun, 1981) und erwerben im zweiten Schritt (vorbereiteter Dialog) sukzessive mehr Kompetenz in der Analyse von Nachrichten, d.h. hier sind die Analysen der vorbereiteten Nachrichten von den Tn selbst durchzuführen. Die dritte Phase (projektiver Dialog) schließlich erfordert von den Tn die meiste Kreativität und Kompetenz, gilt es hier doch neben der Analyse auch die Nachrichten selbst neu zu generieren.

Generell besteht bei CaiMan die Möglichkeit, zwischen zwei Bildmedien zu wählen, Standbildern (CaiMan*Still*) und Videofilmen (CaiMan*Video*). Dadurch können jeweils unterschiedliche Schwerpunkte bei der Lernzielgestaltung gesetzt werden, was in der folgenden Einzelbeschreibung näher ausgeführt werden wird. Im Anschluß daran wird noch auf das Trainertool CaiMaker eingegangen werden.

3.1   CaiMan*Still* - Videostandbilder (Exemplarischer, vorbereiteter und projektiver Dialog)

Die Sensibilität für die unterschiedlichen Aspekte einer Gesprächsbotschaft zu schulen, steht hier im Vordergrund. Das Ausformulieren von Aussagen und Gedanken soll die Wahrnehmung der Differenz von Inhalts- und Beziehungsebene einer Nachricht, die Sensibilisierung für Gegenargumente und die damit verbundene Sender-Empfänger-Problematik sowie das Einfühlen in eine gegebene Gesprächssituation ermöglichen.

<u>Realisierung:</u>

a)   *Exemplarischer Dialog:*
     Die TeilnehmerInnen (Tn) haben die Aufgabe, ausgehend von der vorgegebenen Situation (Prolog) und den vorbereiteteten Botschaften der agierenden Personen, die verschiedenen Aspekte von Nachrichten (Sachinhalt, Appell, Beziehung, Selbstoffenbarung) zu analysieren.

b)   *Vorbereiteter Dialog:*

Nachdem die Tn den exemplarischen Dialog bearbeitet haben, sollen sie hier nun selbständig eine Analyse von vorbereiteten Nachrichten durchführen.

c) *Projektiver Dialog:*

Im Anschluß an die erste Analyse sollen die Tn selbst Aussagen, Nachrichten der agierenden Personen formulieren, d.h. einen Dialog *neu entwickeln* bzw. den Dialog weiterführen (-> Mitarbeitergespräch; Gespräch mit Auslandsfiliale; etc.).

3.2 CaiMan *Video*

3.2.1 Videofilme I (Vorsequenzierte Analyse von Kommunikationssituationen)

Im Gegensatz zur Standbildvariante können die Tn hier ihre Analysen auf eine reales Gespräch beziehen. Durch die Möglichkeit, eine exakt auf die Person abstimmbare Aufgabenstellung zu formulieren, soll Leerlauf vermieden und die erforderliche Trainingszeit dadurch reduziert werden. Mit Hilfe von Aufgaben-Disketten erhält die Seminarleitung außerdem die Option, die Tn auch außerhalb der Seminarzeiten zu betreuen und mit ihnen über die Trainingsinhalte zu kommunizieren. Die Distanz zwischen Lernumgebung (z.B. Seminarhotel) und Arbeitsplatz soll somit reduziert werden. Wichtige Lerninhalte können nun in gewohnter Umgebung vermittelt werden, die Analysen in „privater" Atmosphäre ohne Zeitdruck erfolgen.

<u>Realisierung:</u> Die Tn sollen vorbereitete, d.h. von den TrainerInnen als relevant erachteten Gesprächssequenzen aus Trainingsseminaren nach individuell festgelegten Kriterien (d.h. vorgewählten Analyseebenen) analysieren. Die TeilnehmerInnen bearbeiten dabei - orientiert am jeweiligen Lernziel, z.B. die Beziehungs- und Selbstoffenbarungsaspekte von Nachrichten etc. - das Trainingsgespräch mit Hilfe des Lernsysstems CaiMan. Der/die TrainerIn hat zuvor mit Hilfe von CaiMaker wichtige Gesprächssequenzen aus dem Gespräch ausgewählt und die spezifisch wichtigen Analyseebenen eingestellt. Das bedeutet, daß alle TeilnehmerInnen eine individuell auf sie zugeschnittene Trainingssitzung per Diskette erhalten können. Der Aufbau ist ähnlich dem von 3.1, d.h. ausgehend vom exemplarischen Dialog über den vorbereiteten bis hin zum projektiven Dialog.

3.2.2 Videofilme II (Unsequenzierte Analyse von Kommunikations-situationen

Aufbauend auf die vorangegangenen CaiMan - Sitzungen sollten die Tn eine gewisse Kommunikationskompetenz erworben haben, das Ihnen nun ein selbstbestimmtes Bearbeiten von Gesprächssituationen ermöglicht. Der Vorteil der unsequenzierten Ananlyse liegt darin, daß die Tn nicht mehr auf vorbereitete Einheiten eingeschränkt sind und die selbstgesteuerte Bearbeitung somit neue Lerninhalte erschließen kann. Hier soll vor allem die Sensibilität für dynamische Aspekte eines Gesprächs geschult werden.

<u>Realisierung:</u> In dieser Art der CaiMan - Trainingssitzung können die Tn ohne Einschränkungen oder Vorgaben des/der TrainerIn eine Kommunikationssituation (Videoaufzeichnung) bearbeiten. Die Aktivierung von Eingabetasten bei CaiMan stoppt in diesem Fall das Band und die Tn können zu der gewünschten Gesprächseinheit Stellung nehmen (d.h. wie gewohnt Kommentare schreiben und eine Analyse durchführen).

3.3 CaiMaker

Dieses Programmpaket soll dem/der TrainerIn die individuelle, auf den einzelnen Tn bezogene Aufgabengestaltung ermöglichen und den direkten Kontakt gewährleisten. Bei dieser Aufgabengenerierung legen die Seminarleiter mit Hilfe des speziell für diesen Zweck gestalteten Tools CaiMaker die Art des einzusetzenden Mediums (Standbilder oder Video), die spezifische Ausgestaltung des Mediums (Auswahl und Neugestaltung der Standbilder; Sequenzierung der Videoaufzeichnungen), die Bearbeitungsebene (exemplarischer, vorbereiteter, projektiver Dialog) und die Zahl sowie Art der Analyseebenen (Sachinhalt, Appell, Beziehung, Selbstoffenbarung) fest. Durch die offene Gestaltung des Systems soll es möglich sein, die Aufgaben ständig an den Lernfortschritt des Tn anzupassen.

<u>Realisierung:</u> Mit Hilfe der Benutzeroberfläche CaiMaker werden die oben genannten Möglichkeiten der Aufgabengestaltung realisiert. Durch einfache Mausklicks in die entsprechenden Felder können Aufgabenänderungen vorgenommen werden. Der/die TrainerIn kann den Tn jeweils aktualisierte Aufgabendisketten zur Verfügung stellen, d.h. entsprechende Analyseebenen akti-

vieren oder deaktivieren, andere Bilder oder Videosequenzen auswählen und spezifisches Feedback geben.

4   Ausblick

Bisher war bei der Vermittlung von sozialen und kommunikativen Kompetenzen dem Bemühen nach individuellem und selbstgesteuerten Lernen mehr oder weniger enge Grenzen gesetzt. Versucht der/die TrainerIn/DozentIn auf den Einzelnen einzugehen, leidet indirekt die Selbstbestimmung beim Lernen, das Individuum kann sich nicht in der eigenen Geschwindigkeit den Lehrzielen nähern. Andererseits sind die „klassischen" Medien wie Bücher oder auch Video/ Audio-Aufzeichnungen wenig interaktiv, was bei Lehrinhalten wie Gesprächsführung, bei denen ja gerade interaktives Verhalten gelernt werden soll, ungünstig ist.

Durch die Verbindung von Video (Rollenspiel), schriftlichen Inhalten und den Interaktionsmöglichkeiten, die ein Computer offerieren kann, soll bei CaiMan den Lernenden hier die Option angeboten werden, im individuellen Rahmen, ungestört und in ihrer eigenen Geschwindigkeit sich den Lerninhalten zuzuwenden. War bisher die Analyse von Rollenspielen mit Hilfe von Videoaufnahmen letztlich eine Angelegenheit des/der Trainers/in, werden nun die Lernenden in die Lage versetzt, selbst das eigene Verhalten zu analysieren. Sie sind angehalten, Äußerungen zu sich selbst oder den Gesprächspartnern hinsichtlich der Sach, der Appell-, der Beziehungs- und der Selbstoffenbarungsebene genau anzusehen und diese Analyse auch schriftlich zu fixieren, d.h. in den Rechner, direkt zu den Videosequenzen passend, einzugeben.

So ist vor allem auch die Möglichkeit, unmittelbar auf Gesprächssituationen reagieren zu können, eine der zentralen Vorteile von CaiMan im speziellen und Multimedia im allgemeinen. Unmittelbar zu reagieren in dem Sinne, daß die Tn beispielsweise zu einzelnen Äußerungen direkt einen Kommentar eingeben, einzelne Rollenspielsequenzen bearbeiten und damit spontan und am Lernfortschritt orientiert in direkter Interaktion mit dem Lehrmaterial (Video/Standbilder) arbeiten können. CaiMan soll in dieser Hinsicht nicht die DozentInnen/TrainerInnen ersetzen, sondern diesen eine neue Möglichkeit an die Hand geben, Kommunikationsschulungen durchzuführen. Aus diesem Grund war es auch zentraler Entwicklungsschwerpunkt, CaiMan als ein Tool zu gestalten, das offen gestaltet ist, d.h. von den TrainerInnen/DozentInnen flexibel auf die zu schulende Person abgestimmt werden kann und den NutzerInnen ebenfalls ein Maximum an selbstbestimmtem Lernen bei gleichzeitiger Unterstützung eröffnet.

Fußnoten:

[1] <u>CaiMan:</u> © by M. Henninger, H. Mandl, N. Nistor, Universität München, Institut für Empirische Pädagogik und Pädagogische Psychologie.

[2] <u>CaiMaker:</u> © by M. Henninger, H. Mandl, N. Nistor, Universität München, Institut für Empirische Pädagogik und Pädagogische Psychologie.

[3] <u>CaiMan Still, CaiMan Video:</u> © by M. Henninger, H. Mandl, N. Nistor, Universität München, Institut für Empirische Pädagogik und Pädagogische Psychologie.

Literatur

Bransford, J.D., Franks, J.J., Vye, N.J. & Sherwood, R.D. (1989). New approaches to learning and instruction: Because wisdom can't be told. In S. Vosniadou & A. Ortony (Eds.), *Similarity and analogical reasoning*. Cambridge.

Brinker, T. (1991). *Dialogvideo im Führungskräfte-Training*. Frankfurt a.M.

Bungard, W. (1990). Führung im Lichte veränderter Mitarbeiterqualifikation. In G. Wiendieck & G. Wiswede (Hrsg.), *Führung im Wandel*. Stuttgart.

Calchera, F. & Weber, J.C. (1990). Entwicklung und Förderung von Basiskompetenzen/ Schlüsselqualifikationen. In *Berichte zur beruflichen Bildung*, Heft 116.

Collins, A., Brown, J. S. & Newman, S. E. (1989). Cognitive apprenticeship: Teaching the crafts of reading, writing, and mathematics. In L. B. Resnick (Ed.), *Knowing, learning, and instruction*. Hillsdale, N. J., (453-494).

Gebert, D. (1982). Betriebliche Organisation und individuelle Handlungskompetenz. In D. Mertens & M. Rick (Hrsg.), *Berufsbildungsforschung*. Nürnberg.

Maas, P. & Schüller, A. (1990). Organisationskultur und Führung. In G. Wiendieck & G. Wiswede (Hrsg.), *Führung im Wandel*. Stuttgart.

Münch, L. (1984). Berufliche Qualifikation und soziale Kompetenz. In J. Günther (Hrsg.), *Quo vadis Industriegesellschaft? Perspektiven zu Führungsfragen von morgen*. Heidelberg.

Regnet, E. & Schackmann, V. (1991). Überlegungen zur Führungskraft der Zukunft. In L. v. Rosenstiel, R. Regnet & M. Domsch, *Führung von Mitarbeitern*. Stuttgart.

Schulz v. Thun, F. (1981, 1991). *Miteinander reden*. Reinbek.

Spiro, R. J., Feltovich, P. J., Jacobson, M. J. & Coulson, R. L. (1991). Cognitive flexibility, constructivism and hypertext: Random access instruction for advanced knowledge acquisition in ill-structured domains. *Educational Technology, 31*, 24-33.

Stengel, M. (1991). Wertewandel. In L. v. Rosenstiel, R. Regnet, & M. Domsch, *Führung von Mitarbeitern*. Stuttgart.

Volk, H. (1988). Das neue Bild vom Vorgesetzten: Lernziel Sozialkompetenz. In: *Zeitschrift für Organisation*, 175-178.

Voss, J., Fincher-Kiefer, R., Wiley, J. & Laurie, N.S. (1991). *On the processing of arguments*.

Einsatzerfahrungen technisch gestützter Formen von Distance Education in einem Pilotprojekt und Rahmenbedingungen ihrer Übertragbarkeit auf andere Unternehmen

Hans-Peter Fröschle, Josephine Hofmann
Fraunhofer-Institut für Arbeitswirtschaft und Organisation (IAO)
Nobelstr. 12, 7000 Stuttgart 80

1   Projektzielsetzungen und -inhalte

Im Rahmen des BERKOM-Projektes (BERliner KOMmunikationsprojekt) wurde von 1989 bis 1992 ein Anwendungspilotprojekt zur Nutzung innovativer, informations- und kommunikationstechnisch gestützter Formen der Aus- und Weiterbildung im Kundendienstbereich eines Automobilunternehmens verwirklicht. (AKUBIS = Automobil-Kundendienstorientiertes Breitband-Informationssystem). Partner waren die DETECON Technisches Zentrum Berlin als Auftraggeber, ALCATEL SEL als Technikentwickler, die Mercedes-Benz AG als Anwenderorganisation und das Fraunhofer-Institut für Arbeitswirtschaft und Organisation (FhG-IAO) mit der Aufgabe der wissenschaftlichen Begleitforschung.

Im Rahmen des Projektes wurden drei Anwendungen auf ihre betrieblichen Einsatzmöglichkeiten untersucht:

- Schulungsformen auf der Basis dezentraler, multimedialer Lernprogramme (Computer-Based-Training - CBT). Bei CBT handelt es sich um eine in der betrieblichen Praxis bereits auf breiter Basis eingesetzte dezentrale Lösung. An einzelnen Lernstationen sind Lernprogramme und -medien lokal gespeichert und interaktiv abrufbar.

- Eine „Online-Schulung", bei der unter Nutzung des Vorläufer-Breitbandnetzes der Deutschen Bundespost Telekom die herkömmliche Schulungssituation räumlich entzerrt wird. Der Trainer führt unter Nutzung herkömmlicher Schulungsmedien (Modelle, Tafeln) seine Schulung durch und wird dabei "live" zu den Empfängern mit face-to-face-Kontakt an einem anderen Ort übertragen; diese sehen und hören seine Ausführungen und haben

Informatik aktuell
U. Glowalla, E. Schoop (Hrsg.), Hypertext und Multimedia:
Neue Wege in der computerunterstützten Aus- und Weiterbildung
© Springer-Verlag Berlin Heidelberg 1992

jederzeitige Rückfragemöglichkeit. Die Initiative zur Kontaktaufnahme kann ebenso von den Nutzern vor Ort ausgehen, die somit einen "Hotline"-Service mit erweiterten Möglichkeiten der Visualisierung zur Verfügung haben. Eine Erweiterung ist der Anschluß mehrerer Empfänger gleichzeitig nach dem "Broadcast"-Prinzip, wobei bei steigender Empfängerzahl die Interaktionsmöglichkeiten für den einzelnen naturgemäß eingeschränkt werden ("Business-Television - BTV"). Bei dieser Schulungsform steht die schnelle, flächendeckende Vermittlung aktueller Informationen im Vordergrund.

- "Tele-Computer-Based Training", wo individualisiertes Lernen mit multimedialen Lernprogrammen durch die Möglichkeit einer face-to-face-Kontaktaufnahme mit einem entfernten Experten ergänzt wird, wenn noch offene Fragen bestehen. Die technische Ausstattung ermöglicht es, daß sich der Experte den Bildschirminhalt des Lernenden auch auf seinen Bildschirm laden kann. Mißverständnisse, wie sie z.B. durch unpräzise verbale Umschreibungen des Problems seitens der Lernenden entstehen können, sind so reduzierbar. Hier liegt die Betonung auf individuellem, selbstinitiiertem Lernen mit hoher Betreuungsintensität.

2   Erkenntnisziele

Wissenschaftliche Begleitforschung in einem Pilotprojekt wie AKUBIS ist als ein aktiver, gestalterischer Prozeß zu verstehen, der neben den projektbegleitenden Aktivitäten der Ist-Analyse, der Spezifikation der organisatorisch-technischen Lösung und deren Evaluation im Einsatzfeld auch Fragestellungen der Übertragbarkeit dieser unternehmensspezifischen Pilotlösungen auf andere Unternehmen anderer Branchen zu untersuchen hat. Hierfür sind typische Einsatzprofile der einzelnen Anwendungen herauszuarbeiten, die typischen Bedarfsgrößen verschiedenster Unternehmen gegenübergestellt werden müssen. Erst diese Gegenüberstellung und der Einbezug typischer Realisierungshemmnisse für einen Einsatz informations- und kommunikationstechnisch gestützter Aus- und Weiterbildungsformen erlauben Aussagen zu realistisch erwartbaren Einsatzpotentialen und damit zu der Zukunft solcher Lösungen ausserhalb von Forschungsprojekten und Pilotinstallationen.

3   Einsatzprofile der Schulungsformen

Vergleicht man die drei Anwendungstypen, so zeigen sich die folgenden prinzipiellen Vor- und Nachteile:

- **Computer-Based-Training**

CBT zeichnet sich durch eine hohe Arbeitsplatznähe und Benutzerindividualität aus, die es erlaubt, starke Schwankungen in der persönlichen Auslastung im individuellen Arbeitstag durch Lernzeiten auszufüllen. Der hohen Arbeitsplatznähe dieser Schulungsform stehen allerdings die Nachteile einer tendenziell geringen Aktualität gegenüber. Die Notwendigkeit der Verteilung der Lernprogramme auf die einzelnen, isolierten Lernstationen beschränkt deren kurzfristige Bereitstellung und Aktualisierung. Die Isolierung der einzelnen Lernstationen bedingt auch die geringe Betreuungs- und Rückkoppelungsintensität dieser Weiterbildungsform, die auf im Lernprogramm vorhandene Hilfestellungen beschränkt werden. CBT eignet sich damit in erster Linie für die Vermittlung von gut strukturierbarem Grundlagen- und Basiswissen.

- **Business Television / Online-Schulung**

Mit Business Television handelt es sich um eine Form der Verteilkommunikation, mit der die größte Anzahl an Lernenden sowie die höchste Angebotsflexibilität erreicht werden können. Dies sind Vorteile, die durch die bereits heute verfügbaren Satellitenübertragungskapazitäten auch in internationalem Maße nutzbar sind. Die gute unternehmensseitige Steuerbarkeit von Lerninhalt und -zeitpunkt ist vor allem für solche Unternehmen interessant, die mit starken und kurzfristigen Schwankungen in bezug auf Art und Zeitpunkt der zu vermittelnden Information konfrontiert sind. Hohe Aktualität und Streubreite der vermittelten Inhalte können damit realisiert werden. Die genannten Vorteile dieser Lösung müssen allerdings mit einer geringen Arbeitsplatznähe, einer geringen Benutzerindividualität sowie eingeschränkten Rückkoppelungs- und Betreuungsmöglichkeiten erkauft werden. Diese Nachteile steigen mit der Anzahl der pro Sendung zugeschalteten Lernenden.

- **Tele-CBT**

Tele-CBT bietet die Vorteile der zentralen Wartung und Pflege der eingesetzten Lernprogramme und deren Verteilung über Telekommunikationskanäle,
was die Aktualität und Konsistenz der Weiterbildungsinformationen erhöht.
Der ermöglichte wahlfreie Zugang zu einer breiten Palette zentral gespeicher-
ter Lernprogramme erlaubt eine hohe Benutzerindividualität. Die jederzeit
mögliche Kontaktaufnahme mit einem Spezialisten bietet eine hohe Rückkopp-
lungs- und Betreuungsintensität und zudem die Möglichkeit, aktuelle Probleme, mit denen der Lernende am Arbeitsplatz konfrontiert wird, zusätzlich
mit aufzunehmen. Die Besprechung solcher weitergehender Fragestellungen
kann durchaus auch im Sinne einer Verbesserung des Informationsflusses zwischen den Mitarbeitern vor Ort und z.B. der zentralen Marketing- und Ent-
wicklungsabteilung dienen. Generell ist diese Form vor allem für die Vermittlung sehr komplexer Lerninhalte geeignet. Sie ist auch dann sinnvoll, wenn
den Lernenden eine völlig autonome und selbstbestimmte Form des Lernens
fremd ist und auf Akzeptanzschwierigkeiten stoßen würde. Darüber hinaus
bietet das Konzept Tele-CBT Ansatzpunkte für eine Aufhebung der Trennung
zwischen Lern- und Problemlösungssituation. Werden die Lernstationen ar-
beitsplatznah aufgestellt (z.B. in räumlicher Nähe der Werkstatt), kann das Informationssystem zur Lösung von Problemstellungen herangezogen werden.

- **Konzeptvergleich**

In Abbildung 1 werden die einzelnen technisch gestützten Aus- und Weiterbildungsformen verglichen. Die Gegenüberstellung der Eignungsprofile erlaubt
die Schlußfolgerung, daß der unternehmerische Entscheid zwischen den genannten telematikgestützten Aus- und Weiterbildungsformen im Ergebnis immer einen Kompromiß darstellen wird, der die genaue Prüfung der unternehmensspezifischen Voraussetzungen und Bedarfsschwerpunkte voraussetzt.

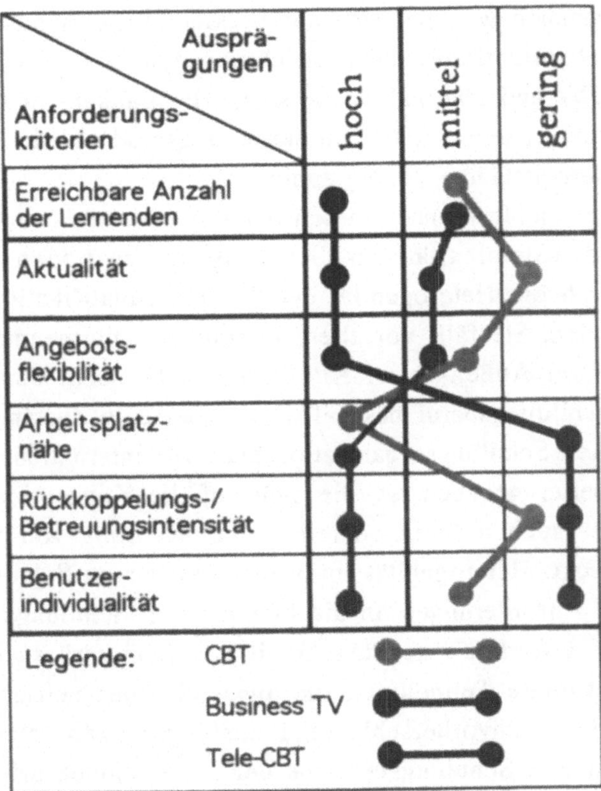

Abb. 1:   Eignungsprofile von CBT, BTV und Tele-CBT

4   Bedarfsgrößen des Einsatzes informations- und kommunikationstechnisch gestützter Aus- und Weiterbildungsformen

Es lassen sich eine Reihe von Bedarfsindikatoren für die Nutzung dieser neuen Schulungsformen als Ergänzung der traditionellen Schulungsaktivitäten identifizieren: Diese beziehen sich auf zu vermittelnde Schulungsinhalte, auf die regionale Verteilung der zu Schulenden und auf die Struktur der bestehenden Schulungsorganisation:

- In Unternehmen mit einer zunehmenden Komplexität und Technologieintensität in Produkten und Produktionstechnik steigt die Bedeutung eines qualifizierten Produktions-, Beratungs- und Verkaufspersonales und damit der entsprechenden Schulungsaktivitäten. Beispiele sind hier z.B. wartungs- und kundendienstintensive

Branchen wie die Automobil- oder Flugzeugindustrie, stark vertriebsorientierte und entwicklungsdynamische Unternehmen der EDV- und Pharmabranche sowie die Banken- und Versicherungsbranche, deren EDV-Durchdringungsgrad auf der Ebene der Einzelarbeitsplätze ständig zunimmt.

- Die Nachfrage nach diesen Schulungsformen aus Aktualitätsdruck und Komplexität der Schulungsinformationen wird verstärkt durch die Heterogenität der Ausgangsqualifikation der zu Schulenden. Sie fällt vor allem in solchen Unternehmen ins Gewicht, wo im Außen- bzw. Kundendienst Personal ohne einheitlichen Ausbildungsberuf beschäftigt ist oder eine Zuständigkeit der zentralen Schulungsorganisation auch für international verteilte Mitarbeiter gegeben ist, die sich auf die Konzeption und Planung, aber auch auf die operative Durchführung von Schulungen erstreckt. Heterogenität im Vorwissen der zu Schulenden verstärkt die Anforderungen an die Planung von Schulungsveranstaltungen und erfordert eine Planbarkeit von Seminarbesuchen durch vorbestimmte Teilnehmer, die angesichts der betrieblichen Realität und der unvorhersehbaren Belastungsspitzen selten gegeben ist. Fast alle Schulungsbereiche der Unternehmen arbeiten angebotsorientiert und können kaum „Zwang" ausüben. Häufig sitzen dann Teilnehmer in Veranstaltungen, für die sie nicht eingeplant waren. Individualisierbare Lernformen sind hier die richtige Lösung.

- Ein weiterer wichtiger Faktor ist die regionale Verteilung und die absolute Größe einzelner Zielgruppen. Generell kann bei einer starken regionalen Verteilung und einer ausreichenden Anzahl potentieller Nutzer von einem hohen Einsparungspotential in bezug auf Reise- und Ausfallkosten ausgegangen werden. Zudem stellt eine ausreichende Zahl an potentiellen Nutzern eine wesentliche Bedingung für die Produktion teuren, multimedialen Lernmateriales dar, um eine ausreichende Amortisation der entstehenden Kosten zu erreichen.

5   Mögliche Realisierungshemmnisse der Nutzung dieser neuen Schulungsformen

Auch wenn alle genannten Bedarfsgrößen in den Unternehmen positiv ausgeprägt sind, gibt es eine ganze Reihe von Gründen, die gegen ein Engagement in neuen, informations- und kommunikationstechnisch gestützten Schulungsformen sprechen.

- Hierzu können zum einen die wirtschaftliche Selbständigkeit und wechselnde Einsatzorte der Zielgruppen angeführt werden. Gibt es keine Werkstatt, in die zu wartende Produkte gebracht werden und in der Informations- und Kommunikationsmittel zentral zur Verfügung gestellt werden können, ist eine Nutzung der Schulungsanwendungen in aktuellen Problemlagen durch fehlende Infrastruktur beim Kunden nicht möglich. Variable Einsatzorte und eine mittelfristig nicht erwartbare flächendeckende Verfügbarkeit der notwendigen Netzinfrastruktur sprechen gegen eine Nutzung z.B. des "Hotline"-Services. Eine große wirtschaftliche Selbständigkeit der potentiellen Nutzer kann dann hinderlich sein, wenn zur erfolgreichen und rentablen Nutzung einer neuen Schulungsform eine kritische Masse zu einem gewissen Zeitpunkt erforderlich ist. Die Schulungsform Business-Television ist um so lohnenswerter, je mehr Nutzer gleichzeitig versorgt werden können; hierfür müssen jedoch auch alle Teilnehmer in die notwendige technische Grundkonfiguration (Bildschirme, Netzanschlüsse) investieren, um eine kritische Masse zu erreichen. Divergierende Prioritäten in bezug auf Investitionsplanung und Technikunterstützung können hier enge Grenzen setzen.
- Ein weiteres Problem ist die Wertschätzung von Schulungs- und Informationsaktivitäten durch Vorgesetzte und Entscheidungsträger. Dies bezieht sich zum einen auf die „Lern- und Informationskultur" in vielen Betrieben bzw. Abteilungen, in denen aktive Informationssuche durch die Mitarbeiter eher als ein Zeichen von Unkenntnis und Unfähigkeit denn als begrüßenswerte Initiative und Zukunftsinvestition interpretiert wird. Zudem wird die Eignung von hoch individualisierten Lernformen, die stark auf Eigenengagement und -inititiative aufbauen, zumindest für bestimmte Arbeitenehmergruppen skeptisch beurteilt. Hier ist noch viel

Überzeugungsarbeit notwendig; ein Mitarbeiter, der bei der Arbeit die zur Verfügung stehenden Schulungsmöglichkeiten nutzt, darf dies nicht mit dem Gefühl tun, damit eine Schwäche einzugestehen. Die Fähigkeit, sich die benötigten Informationen an der richtigen Stelle zu besorgen bzw. zu erarbeiten, ist als eigenwertige Qualifikation neben Routinewissen zu betrachten. Zum anderen besteht in der Praxis trotz immer wieder betonter Wichtigkeit kontinuierlicher Investitionen in die Aus- und Weiterbildung der Arbeitnehmer wenig tatsächliche Investitionsbereitschaft in Techniksysteme, netztechnischen Anschluß oder zusätzliche personelle Ressourcen (wie sie z.B. für die Produktion von multimedialem Material notwendig sind); dies ist besonders dort zu spüren, wo es um die Weiterbildung technisch orientierter Facharbeiter geht.

- Dies hängt eng zusammen mit erheblichen Schwierigkeiten, einen exakten Nutzennachweis zu führen. Hier steht man vor dem methodischen Problem, einen quantifizierbaren Nutzennachweis in bezug auf Lernerfolge und deren Umsetzung in die tägliche Arbeitspraxis erbringen zu müssen. In der Regel lassen sich keine eindeutigen Rückführungen von der Qualität der Arbeitsleistung auf Schulungsmaßnahmen vornehmen. Investitionen in Technik und in personelle Kapazitäten, die mit der Einführung solcher Schulungsformen notwendig sind, lassen sich jedoch sehr häufig nur dann durchsetzen, wenn „harte" Zahlen erbracht werden können.

- Probleme können auch durch die hierarchische Einordnung der Schulungsorganisation und ihre daraus abgeleiteten Entscheidungsbefugnisse entstehen. So findet sich häufig eine Doppelunterstellung bzw. ein Nebeneinander von zentralem Schulungsbereich und z.B. vertriebsorientierter Schulungsorganisation. Eine so weitreichende Entscheidung wie der Einstieg in informations- und kommunikationstechnisch gestützte Schulungsformen muß dann mit verschiedenen Bereichen bzw. hierarchischen Entscheidungsstufen abgestimmt und durchgeführt werden; bei deutschen Tochtergesellschaften internationaler Konzerne ist es häufig sogar gar nicht möglich, Entscheidungen mit solch weitreichenden Konsequenzen überhaupt zu treffen.

- Einen wichtigen Hinderungsgrund stellen darüberhinaus die notwendigen organisatorischen Anpassungen dar, die jedoch nicht immer von vornherein als notwendig erkannt werden. Die erfolgreiche Nutzung der genannten Schulungsformen erfordert die thematische und personelle Abstimmung mit dem sonstigen Schulungsbetrieb, eine Projektgruppe mit ausreichenden Entscheidungskompetenzen bei Einführung dieser Schulungsformen, aber auch entsprechende Regelungen auf der Nutzerseite. Hier müssen Zugang und Nutzungsrechte der Lernstationen geklärt sein, ebenso Fragen der Vergütung hier verbrachter Arbeitszeiten. Genauso wichtig ist ein organisierter Feedback über Erfolg, Änderungswünsche und sonstige Anregungen seitens der Nutzer. Dieser muß systematisch organisiert sein.

6 Fazit

Festzuhalten bleibt, daß zwar eine große potentielle Nachfrage nach diesen neuen Schulungsanwendungen besteht, ein tatsächlicher Einstieg jedoch von einer Reihe von Faktoren abhängig ist. Das Vorliegen einiger Bedarfsindikatoren ist nicht gleichbedeutend zu sehen mit dem Vorliegen eines Einsatzpotentiales, das lediglich durch den Einsatz der geeigneten Systemkomponenten in ein reales Anwendungsfeld überführt zu werden bräuchte. Finanzielle und personelle Engpässe, eine (zumindest bis heute vorherrschende) Unterschätzung der hohen Bedeutung einer leistungsfähigen Aus- und Weiterbildung der Mitarbeiter sowie organisatorische Rahmenbedingungen bringen die meisten Befragten in die Rolle eines interessierten, aber abwartenden Beobachters.

Ein CASE-Tool zur parallelen Entwicklung von Anwendung und CBT

Michael Straub
Andersen Consulting
Niederrheinstr. 1
4000 Düsseldorf 30

Zusammenfassung

Dieses Papier beschreibt, wie es mit einer Client/Server Anwendungen generierenden Entwicklungsumgebung möglich ist, neben einer Applikation auch CBT zum Erlernen dieser Anwendung herzustellen. Dieser Ansatz wird bei dem TMIS-Project der Firma Andersen Consulting und der Ungarischen Staatseisenbahn verwendet.

1 Einführung

Andersen Consulting (AC) entwickelt gegenwärtig ein Transport und Management Informationssystem (TMIS) für die Ungarische Staatseisenbahn (MAV). Die technische Plattform dieses landesweiten Systems ist ein Netz von fehlertoleranten Tandemrechnern (CLX Serie) und ca. 800 Benutzerterminals, welche über ein X.25 Netz miteinander verbunden sind. Die Benutzerterminals sind OS/2 basierte PCs mit einer graphischen Benutzeroberfläche.

Ein wesentlicher Bestandteil des Projekts ist das Training der Benutzer auf dem TMIS. Da ca. 4000 Benutzer zu schulen sind, wird ein Teil dieser Ausbildung mit Hilfe von CBT durchgeführt werden. Die Entscheidung, CBT zu entwickeln, wurde dadurch erleichtert, daß man mit der Entwicklungsumgebung *„Foundation for Cooperative Processing"* (FCP) relativ einfach neben einer Applikation auch die zum Erlernen dieser Anwendung benötigte CBT herstellen kann.

Im folgenden wird die Architektur kurz beschrieben. In Kapitel 3 wird erläutert, wie die Architektur dazu verwendet wurde, um CBT herzustellen. Nach einer Beschreibung der Systeme aus Benutzersicht sowie des aktuellen Projektstandes werden die bisherigen Ergebnisse diskutiert. Das 6. Kapitel schließt

Informatik aktuell
U. Glowalla, E. Schoop (Hrsg.), Hypertext und Multimedia:
Neue Wege in der computerunterstützten Aus- und Weiterbildung

mit den Resultaten und den Einschränkungen des Bereichs, für den diese Ergebnisse Gültigkeit beanspruchen.

2 Die Architektur der mit FCP erzeugten Anwendungen

Foundation for Cooperative Processing (FCP) ist ein CASE-Tool, das Software-Entwicklern beim Entwurf und der Implementierung von Client-Server Anwendungen mit einer graphischen Benutzerschnittstelle auf der PC-Seite unterstützt. FCP soll hier nur soweit beschrieben werden, wie es für die Belange von CBT erforderlich ist.

Der FCP Philosophie zufolge sind die Clients zuständig für die Präsentationsdienste, während die Server die anwendungsspezifische Logik und die Datenbankzugriffe ausführen. Die Kommunikation zwischen Client und Server findet ausschließlich über Nachrichten statt. Zur Definition der Windows auf der Clientseite stellt FCP einen Window Painter zur Verfügung: Ein Geschäftsvorgang besitzt eine (ungeordnete) Menge von Windows. Jedes Window besitzt eine Menge von graphischen Objekten (Controls). Standardmäßig sind jedem Objekt Aktionen ("callback") zugeordnet, die bei bestimmten Benutzeraktionen auf diesem Control (z.B. Mausklick) angestoßen werden. Bei der Definition einer Aktion für ein Objekt erscheint ein neues Fenster, und der Programmierer gibt den Code für diese Aktion als C-Programm ein. Es ist auch möglich, die Anwendungslogik später direkt in den generierten Quellcode einzufügen.

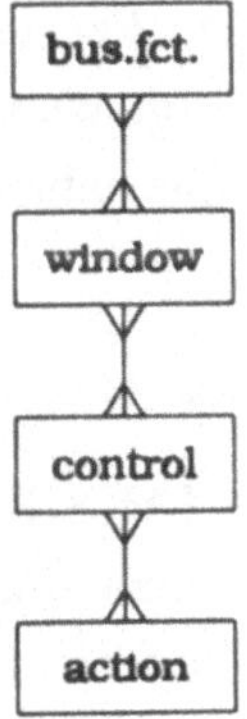

Abb. 1: Hierarchie der Datenelemente

Diese Anwendungslogik enthält die Servercalls. Der Server kann auf der gleichen Maschine sein; im TMIS Projekt liegen die Server auf den Tandemrechnern. Intern wird jedes Element (Window, Objekt, Aktion) als eigenes Datenelement in einem Repository abgelegt; der Entwickler muß es bei der Definition benennen. Die Verweise auf die jeweils assoziierten Elemente werden als explizite Namensreferenzen festgehalten.

Zum Zeitpunkt der Codegenerierung wird für jedes Element der entsprechende Code erzeugt. Während für Windows, Objekte, etc. jeweils vollständige Codeteile in die Anwendung eingebunden werden, wird für eine Aktion nur ein Programmrahmen erzeugt, in den die vom Entwickler bei der Definition angegebene Anwendungslogik eingefügt wird. Der logische Aufbau des Programms (z.B. das Einbinden der richtigen Objekte in die Fenster) wird über die expliziten Referenzen der jeweiligen Datenelemente gesichert. Um bei mehrmaligen Generieren den selbst erstellten Quellcode zu schützen und im Hinblick auf CBT werden auf dem TMIS-Projekt die anwendungsspezifischen Aktionen nicht direkt in das „aufgepoppte" Fenster, sondern in eine jeweils eigene Datei hineingeschrieben. In das Fenster wird nur ein "include"-Befehl für die jeweilige Datei eingetragen. Dies hat zur Folge, daß die anwendungsspezifische Logik erst zur Übersetzungszeit in die Anwendung eingebunden wird.

3 Mutation zu CBT

Da die CBT in die Anwendung einführen soll, muß sie die gleichen Windows in der gleichen Reihenfolge zeigen. Einige Aktionen (realiter: die meisten Aktionen) dürfen nicht erlaubt sein, dafür müssen zusätzlich zum Orginalfenster Erläuterungen, was der Zweck dieses Fensters ist und welche Daten hier einzugeben bzw. zu sehen sind, angezeigt werden. Selbstverständlich ist die Anforderung, daß die CBT nicht auf die echten Daten zugreift, sondern ihre eigenen „Spiel"-daten hat.

Die „Mutation zu CBT" geht wie folgt vonstatten:

- Im Rahmen der normalen TMIS-Entwicklung werden die Geschäftsfunktionen und mit ihnen die Fenster samt Objekten und Aktionen definiert und im Repository angelegt. Für CBT werden eigene, sog. "advisory" windows definiert, welche zu einem bestimmten „TMIS"-Fenster die zugehörigen Erklärungen beinhalten.

- Nun werden aus dem gleichen Repository heraus Quellcode für Anwendung und CBT in unterschiedliche Volumes hinein generiert. Mit jeweils unterschiedlichen Aktionen (den zu „includierenden" Dateien) versehen, werden dann beim Übersetzungsvorgang unterschiedliche Programme erzeugt.

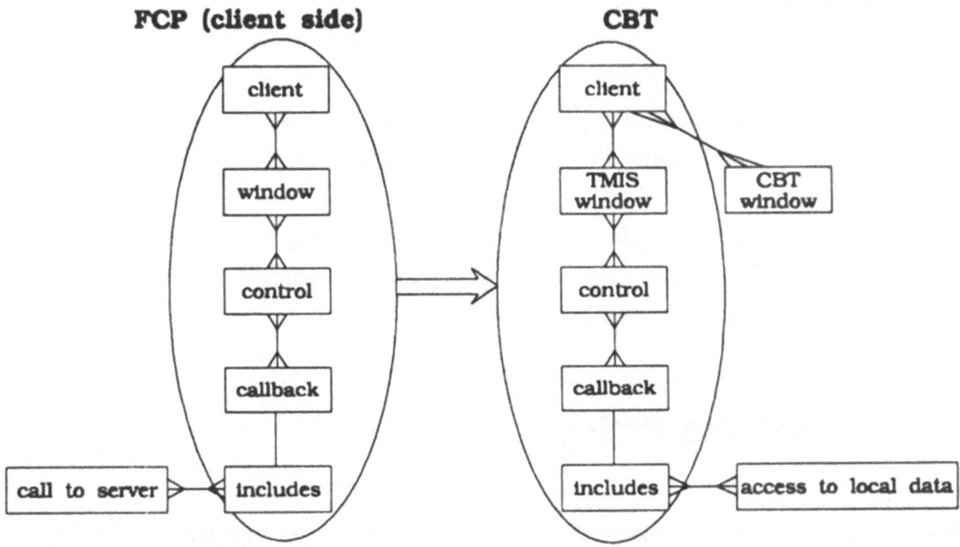

Abb. 2: Datenelemente, die für die Anwendung definiert und von CBT übernommen werden

4 Anwendung und CBT aus Benutzersicht

Wenn Anwendung und CBT so parallel und eng verzahnt entwickelt werden, besteht prinzipiell auch die Möglichkeit, die CBT in die Anwendung komplett zu integrieren. Diese Alternative wurde beim TMIS-Projekt allerdings nicht ausgewählt: Aus Benutzersicht sind Anwendung und CBT zwei unterschiedliche Systeme. Es wird allerdings technisch möglich sein, auf einem PC in unterschiedlichen Windows TMIS und CBT gleichzeitig laufen zu lassen.

Aus folgenden Gründen wurde gegen eine Integration von CBT in die eigentliche Anwendung entschieden:

- <u>Minimierung fehlerhafter Eingaben:</u> Die Benutzer sollen geschult werden, bevor sie mit TMIS arbeiten. Lernende Benutzer in einem integrierten System ermöglicht, daß Lernende sich ins eigentliche System „zurückverirren" und dort Schaden anrichten.
- <u>Notwendigkeit:</u> TMIS wird mit feld- und windowspezifischen Hilfetexten ausgestattet sein. Es sollte von daher - insbesondere bei geschulten Benutzern - nicht notwendig sein, aus der Anwendung heraus die CBT aufzurufen.
- <u>Minimierung der Komplexität:</u> Zwei einzelne Systeme sind für sich genommen weniger komplex als ein integriertes System. Insbesondere die Trennung der Aktionen in „Anwendungsaktionen" und „CBT-Aktionen" in zwei Dateien ließe sich kaum aufrecht erhalten.
- <u>Minimierung der Belastung von Netz und Host:</u> CBT sollte lokal auf dem PC laufen, um die Belastung der potentiellen Engpaßkomponenten Host und Netz zu vermeiden.

5 Stand des Projekts

Das Projekt begann im September 91 und ist auf 3 Jahre angesetzt. In der ersten Phase wurden die Entwicklungsmöglichkeiten für CBT (Autorensystem vs. integrierter Ansatz) getestet und der integrierte Ansatz ausgewählt. Die technische Machbarkeit wurde prototypisch verifiziert und Designstandards entwickelt. Es wurde eine Geschäftsfunktion ausgewählt, die bis Jahresende prototypisch realisiert sein soll, um einen Eindruck des späteren Systems zu geben. Diese Geschäftsfunktion wurde im besonderen Hinblick auf die Entwicklung von CBT ausgewählt. Zur Zeit werden für diese Geschäftsfunktion die Windows definiert.

6 Diskussion

Wenn man FCP als Autorensystem verwendet, dann muß es sich daran messen lassen. Daß ein allgemeines Case-Tool kein vollwertiges Autorensystem darstellt, wird allein schon an den Einsatzmöglichkeiten deutlich: Sie ist auf die Entwicklung von CBT für Software beschränkt, weil nur hier der integrierte Entwicklungsansatz angewendet werden kann. Es ist zwar möglich, unterschiedliche Lernmodi (Tutorial, drill&practice, Simulation) zu realisieren, aber der Einsatz neuerer Lehrtechniken (Animation, Einbindung von Videos) ist schwierig. Dem Autor ist kein Case-Tool zur Erzeugung von Programmen bekannt, welche solche Techniken beinhalten. Zudem eignet sich dieser Ansatz in erster Linie, Prozesse ("know-how-to-do") zu vermitteln; für Faktenwissen ist es weniger geeignet, da hier kaum Unterstützung von seiten der Anwendung gegeben wird. Ein weiteres Manko ist die fehlende Lernermodellierung. Zwar enthalten die meisten Autorensysteme nur statistische Daten (wie verstrichene Zeit zwischen Frage und Antwort) zur freien Verwendung für den Autor, aber selbst diese rudimentären Möglichkeiten gibt es hier nicht.

Durch die starke Anbindung an die eigentliche Applikation minimiert sich für den Autor eine Aufgabe, bei der er von normalen Autorensystemen nicht unterstützt wird: Die Analyse und Gliederung des zu erlernenden Stoffes. Ein normales Autorensystem erwartet vom Autor, daß er den zu lernenden Stoff aufbereitet und so partitioniert, daß er in Häppchen präsentiert werden kann, die in ein Fenster passen. Das Auorensystem unterstützt dann den Autor bei der Eingabe des so aufbereiteten Stoffs. Durch die Erzeugung von Applikation und CBT aus einem Repository ist es relativ einfach, beide konsistent zu halten. Dies erweist sich dann als Vorteil, wenn CBT parallel zur Anwendung entstehen soll, und wenn die Applikation im Laufe ihres Lebens mehrere Releases durchläuft. Ein weiterer Vorteil ist die Tatsache, daß mit dieser Herstellungsmethode kein neues Werkzeug benötigt wird. Kauf und Einarbeitungszeit entfallen.

Im Vergleich zu anderen Hostanwendungen hat dieser Entwicklungsansatz den zusätzlichen Vorteil, daß die CBT zwar den (fast) gleichen Code für die Präsentationsseite auf dem PC verwendet, die CBT-Server - falls überhaupt vorhanden - ebenfalls auf dem PC laufen können und damit sowohl das Netz als auch den Host nicht belasten.

7   Resultat und Ausblick

FCP ist eine geeignete Entwicklungsumgebung, um große Programmteile zu entwickeln, die sowohl in der Anwendung als auch in der dazugehörigen CBT verwendet werden können. Dies ermöglicht eine schnellere Herstellung von CBT und kann die Kosten von CBT senken.

Das gemeinsame Repository sichert eine hohe Datenkonsistenz. Änderungen im Repository führen zu Änderungen sowohl in der Anwendung als auch in der CBT. Durch die „Auslagerung" der Anwendungslogik in eigene Dateien ist es zum Einen einfach, die „statischen" Programmteile für unterschiedliche Vorhaben einzusetzen. Zum anderen wird es leichter, Aktionen zu verändern, da man den Generierungsprozeß auslassen kann und „nur" noch übersetzen muß. Die Herstellung von CBT geht somit schneller vonstatten, da Inhalts-analyse und -auswahl, Bestimmung der Präsentationsfolge und Aufbereitung der Benutzeroberfläche größtenteils entfallen können. Dies allerdings um den Preis, daß der Gestaltungsspielraum für CBT stark eingeschränkt wird.

Diese einfache Möglichkeit, CBT herzustellen, gilt allerdings nur unter zwei Bedingungen, die nicht übersehen werden dürfen:

- Der Inhalt der CBT ist das Erlernen einer bestimmten Software. Die Herstellung von CBT profitiert davon, daß für die eigentliche Anwendung Software entwickelt werden muß, die sie verwenden kann.
- Der Inhalt der CBT ist das Erlernen bestimmter Prozesse (z.B. „Wie stellt man einen Zug zusammen?") Sie setzt das Faktenwissen („Ein Zug besteht aus - mindestens - einer Lokomotive und meh-reren Waggons") voraus. Müßte sie auch dieses „lehren", könnte sie nicht von der eigentlichen Anwendung profitieren.

Falls diese Randbedingungen jedoch erfüllt sind, vereinfacht sich die Herstel-lung von CBT bedeutend.

Aufgabenorientierte tutorielle Systeme für den Mathematikunterricht

Gerhard Holland
Institut für Didaktik der Mathematik
Universität Gießen, Karl-Glöcknerstr. 21 c, 6300 Gießen

1 Vorbemerkungen

Für intelligente tutorielle Systeme (ITS) fehlt bisher eine einheitliche Architektur, die über den allgemein akzeptierten Konsens über Notwendigkeit und Funktionalität der vier Basiskomponenten *Expertenmodul, Tutormodul, Schülermodellierung* und *Benutzerinterface* hinausgeht (Wenger 1987, Yazdani,1987). Wegen der Vielfalt der Gegenstandsbereiche und der häufig sehr hoch gestochenen Ansprüche, die an ein ITS gestellt werden, dürfte der aus Gründen der Begrenzung des Arbeitsaufwandes sicherlich berechtigte Wunsch nach einer einheitliche Architektur allenfalls für spezielle Unterklassen von ITS erreichbar sein. Eine weitgehend vereinheitlichte Architektur wird im folgenden für eine Klasse von ITS vorgeschlagen, die wir als *aufgabenorientiert* bezeichnen. Unter einem aufgabenoreintierten tutoriellen System wollen wir ein ITS verstehen, das durch folgende Merkmale charakterisiert ist:

(1) Gegenstandsbereich und Lernziele werden durch eine Aufgabenklasse definiert und operationalisiert.

(2) Bei den Aufgaben der Aufgabenklasse handelt es sich um Interpolationsprobleme im Sinne der Psychologie.

(3) Die Aufgaben der Aufgabenklasse sind zu einer Lernsequenz vorstrukturiert.

(4) Das vom Tutor unterstützte Lernen findet ausschließlich durch das Lösen von Aufgaben der Aufgabenklasse statt, und zwar einerseits durch Fehler, die analysiert und rückgemeldet werden, andererseits durch eine Inanspruchnahme des Hilfesystems.

(5) Jeder Lernzyklus besteht aus drei Phasen: Nach der Wahl einer Aufgabe aus der Aufgabensequenz durch den Tutor unter Berücksichtigung des jeweiligen Schülermodells erfolgt die vom Tutor überwachte Bearbeitung der Aufgabe durch den Schüler.

Informatik aktuell
U. Glowalla, E. Schoop (Hrsg.), Hypertext und Multimedia:
Neue Wege in der computerunterstützten Aus- und Weiterbildung
© Springer-Verlag Berlin Heidelberg 1992

Auf Grund einer Analyse der Schülerlösung erfolgt anschließend die Aufbereitung des Schülermodells.

2   Interpolationsprobleme

In Anlehnung an Dörner (1976) verstehen wir unter einem *Interpolationsproblem* ein Problem, bei dem ein vorgegebener Startzustand durch sukzessives Anwenden geeigneter Operatoren in einen Zielzustand zu überführen ist. Der Zielzustand muß entweder vorgegeben oder so genau beschrieben sein, daß für jeden Zustand entschieden werden kann, ob er ein Zielzustand ist oder nicht. Ferner ist die Vorgabe der zur Lösung zugelassenen Operatoren ein wesentliches Merkmal für Interpolationsprobleme. Die Lösung eines Interpolationsproblems erfordert in jedem Teilschritt der Problemlösung die Prüfung der zugelassenen Operatoren auf ihre Anwendbarkeit, die Auswahl eines anwendbaren Operators unter dem Gesichtpunkt der Minimierung der Schrittanzahl und schließlich die Anwendung des ausgewählten Operators. Dabei können Fehlleistungen auftreten, die entweder in eine Sackgasse führen ((1) und (2)) oder vom richtigen Lösungspfad fortführen ((3) – (6)):

(1) Es wird kein anwendbarer Operator gefunden, weil ein verfügbarer anwendbarer Operator dem Problemlöser nicht bekannt ist.

(2) Es wird kein anwendbarer Operator gefunden, weil die Anwendbarkeit eines (dem Problemlöser bekannten) Operators nicht erkannt wird.

(3) Ein anwendbarer Operator wird falsch angewendet.

(4) Ein nicht anwendbarer Operator wird falsch angewendet.

(5) Ein anwendbarer, aber nicht zugelassener Operator wird (richtig) angewendet (z.B. ein Operator, der durch Verketten zweier zugelassener Operatoren entsteht).

(6) Ein weder zugelassener noch anwendbarer Operator wird angewendet.

Beispiele für Interpolationsprobleme im Mathematikunterricht sind:

- Schriftliche und halbschriftliche Rechenverfahren;
- Vereinfachen algebraischer Terme;
- Lösen von Gleichungen und Ungleichungen;
- Transformation von Funktionen;
- Geometrische Beweis- und Berechnungsaufgaben;

- Geometrische Konstruktionsaufgaben.

3   Lernzyklus in einem aufgabenorientierten ITS

Abbildung 1 zeigt die drei Phasen sowie den Kontroll- und Datenfluß bei einem aufgabenorientierten ITS. In der ersten Phase wird vom Tutor des Systems unter Rückgriff auf das Schülermodell eine Aufgabe aus der vorstrukturierten Aufgabensequenz entnommen. In der zweiten Phase wird die Aufgabe vom Schüler in mehreren Schritten gelöst. In jedem Schritt wird der Schüler vom Tutor aufgefordert, einen zugelassenen Operatoren zu finden und anzuwenden oder Hilfe anzufordern. Bei der Anwendung des Operators wird der Schüler vom Tutor überwacht. Wird ein Operator falsch angewendet, so erfolgt eine entsprechende Fehlermeldung, und der Schritt wird vom Tutor zurückgenommen. Auf diese Weise wird verhindert, daß der Schüler vom Lösungspfad abweicht. Gerät der Schüler in eine Sackgasse, weil er entweder einen anwendbaren Operator nicht kennt oder dessen Anwendbarkeit nicht erkennt, so hat er die Möglichkeit, Hilfe anzufordern. Die Hilfe wird in gestufter Form geboten. Sie beginnt meist mit einem (heuristischen) Hinweis und endet mit der vollständigen Durchführung des Schrittes durch den Tutor.

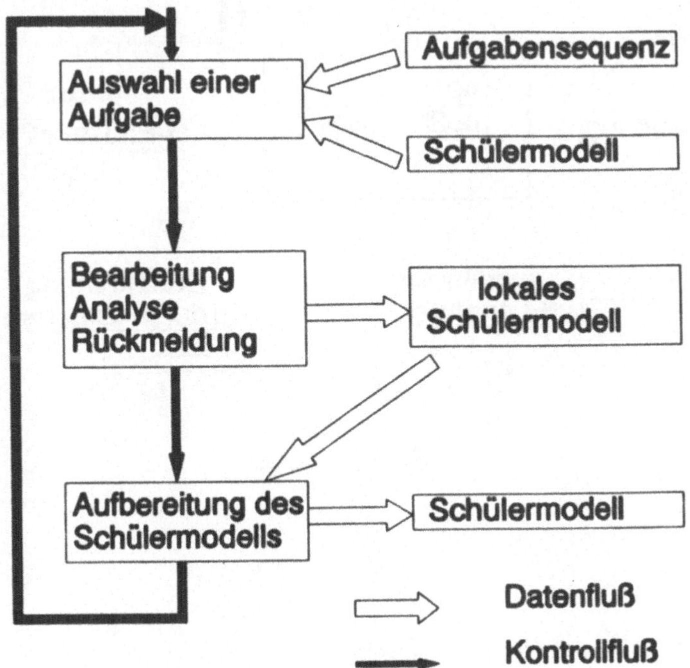

Abb. 1:   Phasen eines aufgabenorientierten ITS

Diese Kombination von Überwachung und Hilfe hat zur Folge, daß der Schüler stets zu einer richtigen Lösung der Aufgabe gelangen kann. Jeder Lösungsschritt endet stets mit einem Eintrag im *lokalen* (d.h. sich nur auf die jeweilige Aufgabe beziehenden) Schülermodell, aus dem die gemachten Fehler und die jeweils in Anspruch genommene Hilfen hervorgehen.

Abbildung 2 zeigt ein typisches Beispiel für den Kontrollfluß bei der Durchführung eines Lösungsschrittes. Die Eintragungen im lokalen Schülermodell sind hier Wörter über dem Alphabet {R,F,H}, die sich aus dem durchlaufenden Weg ergeben. Beispielwörter sind:

R:	Richtige Lösung;
FR:	Erst falsch, dann richtig;
FHHR:	Erst falsch, dann nach zweistufiger Hilfe richtig;
HHH:	Lösung durch das Hilfesystem.

Diese temporär im lokalen Schülermodell gespeicherten Informationen werden nach Beendigung der Aufgabenbearbeitung für eine zusammenfassende Rückmeldung an den Schüler und für die Aufbereitung des globalen Schülermodells genutzt.

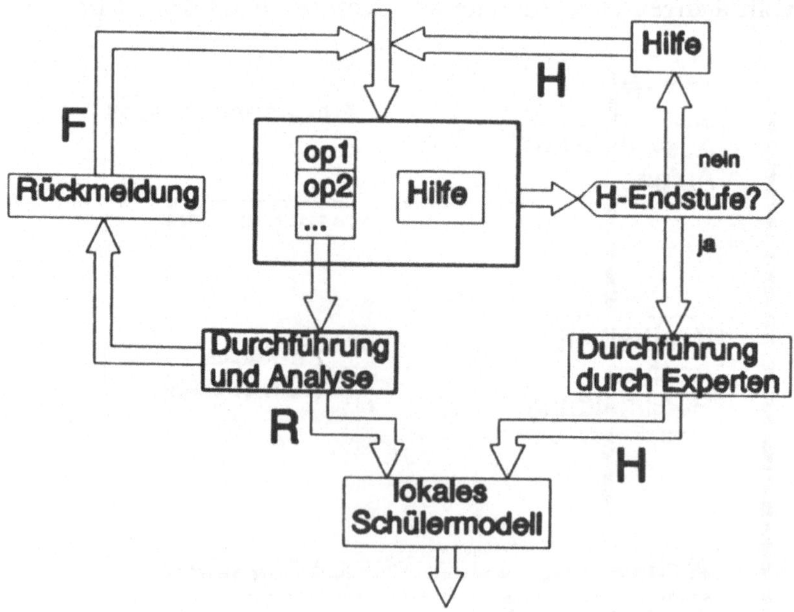

Abb. 2:   Kontrollfluß bei einer Aufgabenlösung

4   Schülermodell

Das vor der ersten Aufgabenbearbeitung leere Schülermodell registriert im Sinne des Overlay-Konzeptes (Wenger, 1987) folgende Informationen:

(1) Zu jeder bearbeiteten Aufgabe das lokale Schülermodell;
(2) Eine Bewertung der bisher aufgetretenen Operatoren als gelernt, teils-gelernt oder nicht-gelernt.

Die Aktualisierung des Schülermodells erfolgt nach jeder Aufgabenbearbeitung mit Hilfe eines Regelsystems, das auf die bisherigen Bewertungen und das aktuelle lokale Schülermodell zugreift.

5   Lernsequenzen

Über eine spezielle Lehrerschnittstelle des aufgabenorientierten ITS können Aufgaben eingegeben und zu *Lernsequenzen* vorstrukturiert werden. Jede Lernsequenz ist eine Sequenz von *Lerneinheiten*. Jeder Lerneinheit ist eine Teilmenge aus der Menge aller relevanten Operatoren der Aufgabenklasse zugeordnet. Zur Operatorenmenge des Nachfolger einer Lerneinheit gehört wenigstens ein Operator, der nicht zur Operatorenmenge des Vorgängers gehört. Die nicht zum Vorgänger gehörenden Operatoren heißen *spezifische* Operatoren der Lerneinheit. Sie sollen in der Lerneinheit gelernt bzw. geübt werden und definieren deshalb die Lernziele der betreffenden Lerneinheit. Alle Aufgaben der Lerneinheit setzen daher die spezifischen Operatoren für ihre Lösung voraus. Andererseits müssen nicht alle zur Lerneinheit gehörenden Operatoren auch zugelassene Operatoren der Aufgabe sein. Aufgaben derselben Lerneinheit unterscheiden sich durch ihren *Komplexitätsgrad*, der insbesondere durch die Anzahl der erforderlichen Operatoranwendungen und die Gesamtzahl der benötigten Operatoren bestimmt ist. Aufgaben mit demselben Komplexitätsgrad werden zu Klassen von „gleich schweren" Aufgaben zusammengefaßt. Innerhalb der Lerneinheit sind diese Klassen bezüglich ihres Komplexitätsgrades wiederum sequenziert.

6 Auswahl einer neuen Aufgabe

Einzige Funktion der Schülermodellierung in einem aufgabenorientierten ITS ist die Wahl einer geeigneten Aufgabe zu Beginn eines jeden Lernzyklus. Die Auswahl soll jeweils so erfolgen, daß der Schüler das globale Lernziel mit möglichst wenigen Aufgaben der Lernsequenz erreicht. Ein guter oder bereits geübter Schüler wird weniger Aufgaben benötigen als ein schwacher oder ungeübter Schüler. Die Auswahl einer neuen Aufgabe erfolgt nach folgenden Kriterien:

(1) Sobald für alle spezifischen Operatoren einer Lerneinheit der Kompetenzgrad „gelernt" erreicht wurde, erfolgt der Übergang zur nachfolgenden Lerneinheit.

(2) Nach dem Übergang zu einer neuen Lerneinheit werden zunächst Aufgaben mit geringer Komplexität geboten. Nach Erreichen des Kompetenzgrades „teils gelernt" für die spezifischen Operatoren werden Aufgaben mit höherer Komplexität gewählt.

7 Realisierung

Im Rahmen des GIT-Projektes (Geometry and Intelligent Tutoring) am Institut für Didaktik der Mathematik der Universität Gießen wurden die tutoriellen Systeme TRICON für Dreieckskonstruktionsaufgaben (Barz &Holland, 1989, Holland 1990) und GEOBEWEIS für Beweisaufgaben durch Vorwärstverketten (Barz & Holland, 1989) entwickelt und mit Schülern bzw. Leherstudenten erprobt. Bei beiden Systemen wurde auf eine Schülermodellierung verzichtet. Im Rahmen einer Weiterentwicklung zu einem System GEOEXPERT wurden drei wissensbasierte tutorielle Komponenten in eine Lernumgebung zum geometrischen Konstruieren integriert, und zwar jeweils eine tutorielle Komponente zur Lösung geometrischer Beweis- und Berechnungsaufgaben durch Vorwärts- und durch Rückwärtsverketten, sowie eine tutorielle Komponente zur Lösung von Dreiecks- und Viereckskonstruktionen. Die in der vorliegenden Version von GEOEXPERT noch fehlenden Schülermodellierungen werden gegenwärtig gemäß dem Konzept aufgabenorientierter tutorieller Systeme in der Version GEOEXPERT 2.0 realisiert. Ferner wird im Rahmen eines Dissertationsvorhabens ein aufgabenorientiertes tutorielles System zur Funktionentransformation entwickelt und erpobt. Alle Systeme werden in PDC-Prolog für MS-DOS implementiert.

Literatur

Barz, W., Holland, G. (1989). Intelligent Tutoring Systems for Training in Geometrical Proof and Construction Problems. In H. Mandl, E. DeCorte, E. Benett & H. F. Friedrich (Hrsg.), *Learning and Instruction. European research in an international context.* Volumes II & III, Oxford: Pergamon.

Dörner, D. (1976). *Problemlösen als Informationsverarbeitung.* Stuttgart: Kohlhammer.

Holland, G. (1990). Schülermodellierung bei Dreieckskonstruktionsaufgaben mit dem tutoriellen System TRICON. *Band 2 der Tagungsberichte der 20.Jahrestagung der Gesellschaft für Informatik,* Berlin-Heidelberg: Springer.

Wenger, E. (1987). *Artificial Intelligence and Tutoring Systems.* Los Altos, CA: Morgan Kaufmann.

Yazdani, M. (1987). Intelligent Tutoring Systems: An Overview. In R. Lawler and M. Yazdani (Hrsg.), *Artificial Intelligence and Education 1.*

Textanalyse in medizinischer Lernsoftware

Rüdiger Klar, Ulrich Schrader, Albrecht W. Zaiß
Abteilung für Medizinische Informatik
Universitätsklinikum Freiburg, Stefan-Meier-Str. 26, 7800 Freiburg

1 Einleitung und Problemdarstellung

In den letzten Jahren haben sich Hypertextmethoden in medizinischen Lernsystemen gut etabliert und weit verbreitet. Hiermit wird die Dialogführung beim Lernen wesentlich verbessert und für den Autor der Lernsoftware die Erstellung erheblich erleichtert. Eines der zentralen Probleme in höher entwickelten Lernsystemen mit medizinischen Themen, nämlich die inhaltserschließende Analyse freitextlicher Eingaben des Lernenden, wird in der Regel mit den Hypertextverfahren nicht bearbeitet (Klar, 1990).

Solche Textanalysen werden vor allem für zwei Aufgabenbereiche gebraucht:

1) Die automatische Verarbeitung freiformulierter Fragen des Lernenden an das System.
2) Die Analyse von textlichen Antworten des Lernenden, die sich besonders auf anamnestische Angaben, Befundtexte und Bezeichnungen von Krankheiten und Prozeduren beziehen.

Üblicherweise werden die Probleme dadurch umgangen, daß Auswahlmenüs mit verschiedenen Frage- oder Antwortmöglichkeiten präsentiert werden, was auch für viele praktische, klinische oder wissenschaftliche Situationen adäquat ist. Es gibt aber sehr viele andere Szenarien, in denen das Erinnerungspotential solcher Menütechniken eine irreale Situation wiederspiegelt, etwa wenn der Arzt eine Diagnose stellen muß. Solche multiple-choice Techniken, deren Nachteile gerade aus dem amtlichen Prüfungswesen im Medizinstudium hinlänglich bekannt sind, sollten im Lerndialog am Computer nur vorsichtig eingesetzt werden. Selbst wenn die Auswahlliste erst in einem zweiten oder dritten Dialogschritt präsentiert wird, bleibt diese Lerntechnik unzureichend.

Es muß vielmehr gefordert werden, daß das Lernsystem die natürlichsprachigen medizinischen Texte, insbesondere die vom Lernenden gestellten Diagnosen, semantisch analysiert, um sie zu validieren und weiterverarbeiten zu kön-

Informatik aktuell
U. Glowalla, E. Schoop (Hrsg.), Hypertext und Multimedia:
Neue Wege in der computerunterstützten Aus- und Weiterbildung
© Springer-Verlag Berlin Heidelberg 1992

nen. Dabei sind die vielfältigen Formulierungsvarianten, neue englische Abkürzungen, widersprüchliche implizite und explizite Definitionen, diverse Homonymieformen, unterschiedliche semantische Klassifikationen, zeit- oder kontextabhängige Bedeutungsänderungen usw. zu berücksichtigen.

2. Lösungswege

Es gibt im wesentlichen 3 methodisch voneinander weitgehend unabhängige Lösungswege für dieses Problem, die in praxi aber gern teilweise kombiniert zum Einsatz kommen. Diese drei Methoden sind die thesaurusabhängige und -unabhängige Textanalyse sowie die computerlinguistische Methodik.

2.1 Thesaurusbasierte Textanalyse

Die meisten auch außerhalb der Lernsoftware genutzten Verfahren der Freitextanalyse in der Medizin arbeiten primär thesaurusbasiert. Unter „Thesaurus" sollen hier begriffliche Ordnungssysteme verstanden werden, die als semantische Klassifikationen, Nomenklaturen, Lexika, Vokabulare etc. in der Medizin in Form von ICD-9, SNOMED, ICPM, DSM III, MeSH usw. vorliegen (s. z.B. Graubner & Klar, 1990). Die meisten dieser Thesauren haben sowohl nomenklatorischen als auch klassifikatorischen Charakter und sind auch für Lernsysteme in gut strukturierter Datenbankform verfügbar.

Die thesaurusbasierte Textanalyse, zu der Hultsch, Diekmann & Ruhl (1990) eine Übersicht bieten, standardisiert in einer Vorverarbeitung zunächst den Text. Dabei werden die Orthographie vereinheitlicht (nur Großbuchstaben, ß = ss, Ka = ca, Ko = co etc.), Stoppwörter entfernt und bestimmte Endungen abgeschnitten. Nach dieser Standardisierung erfolgt eine Segmentierung der Wörter nach dem Prinzip des *longest string match*, d.h. es wird im Wort die längste Buchstabenkette gesucht, zu der es einen Thesauruseintrag gibt. In hoch entwickelten Systemen wird die Morphologie des Wortes durch weitere Segmentierung analysiert, indem ein Wortstamm gesucht wird und bekannte Prä- und Suffixe durch Vergleich mit entsprechenden Listen ermittelt werden. Anschließend erfolgt die Kanonisierung durch Ersatz von Synonymen mit Vorzugsbegriffen, was zunächst durch einfache Vergleiche mit dem kanonischen Teil des Thesaurus geleistet wird. Für Mehrwortterme mit Variationsmöglichkeiten in der Wortstellung sind Schnittmengen aus invertierten Thesauruseinträgen nötig, um sie nach dem Umfang der Schnittmenge sortiert zu präsentieren, falls kein völlig identischer Thesauruseintrag gefunden wird. Letzlich werden als Ergebnis der Analyse die am besten übereinstimmende Entitäten des Thesaurus mit den zugehörigen Ordnungsmerkmalen präsentiert und damit ein Zugang zur Semantik, zur Richtigkeitsbewertung, Relevanzbeurteilung und sonstiger Weiterverarbeitung geliefert.

Ein etwas anderer Ansatz der thesaurusbasierten Textanalyse stammt vom Retrieval medizinischer Literaturdatenbanken und hat z.B. den MeSH-Thesaurus, der die Schlüsselwörter der National Library of Medicine als Quasistandard für medizinische Literaturrecherchen enthält, und das besonders weit verbreitete Retrievalsystem MEDLINE einbezogen. In einem großangelegten Projekt für ein "Unified Medical Language System", das auch für Lernsoftware genutzt wird, werden MeSH und alle anderen wichtigen englischen Thesauren der Medizin zu einem Metathesaurus vereinigt, auf den über ein komplexes semantisches Netz zugegriffen wird (Humphreys & Lindberg, 1989). Die Navigation in solchen inzwischen riesigen, differenziert strukturierten Thesauren wird mit Hypertextsystemen auch für das Lernen gestützt, indem wichtige linguistische Kategorien, Linktypen und Strukturmerkmale des semantischen Netzes abgerufen und präsentiert werden (s. Sperzel, Erlbaum, Fuller et. al., 1990).

2.2   Thesaurusunabhängige, probabilistische Textanalyse

Verschiedene Probleme der Thesaurusverfahren (Pflegeaufwand, Standardisierung, Konsistenzprüfung, Integrität etc.) haben zu Textanalysemethoden geführt, die ohne Thesaurus und ohne jede sonstige formalisierte Information über den Text – wie Syntax oder Grammatik – arbeiten (s. Salton, 1991). Diese Verfahren beruhen im Prinzip alle auf einer probabilistischen Ähnlichkeitsmetrik, die Salton für seine Retrievalverfahren entwickelt hat, und die nur eine minimale Vorverarbeitung zur Wortidentifikation, Stoppwortausschaltung und Wortstammsuche erfordern. Der probabilistische Ähnlichkeitsalgorithmus schreibt den Karten (Segmenten) eines Dokuments (unformatierte Datenbank) Termgewichte zu, die sowohl eine Funktion der Termhäufigkeit im gesamten Dokument als auch eine Funktion der Anzahl der Karten sind, die diesen Term enthalten. Hohe Gewichte erhalten auf diese Weise Karten mit seltenen Termen oder Karten, die einen Term mehrfach aufweisen, der in vielen anderen Karten nicht zu finden ist.

Frisse (1989) hat diese Methode in einem Hypertext Query Processor benutzt, um nach textlichen Informationen in einem gespeicherten medizinischen Handbuch zu suchen und damit einen wesentlich erleichterten und sehr vielfältigen Zugang zu diesen Texten gerade auch für das Lernen zu bieten. Eine graphische Darstellung der Hierarchie der Termgewichte in den abhängigen Texten dient außerdem als *"road map for browsing"* zur Lösung des zentralen Navigationsproblems in komplexen Hypertexte.

2.3   Computerlinguistische Verfahren der Textanalyse

Eine andere Lösungsrichtung der inhaltlichen Texterschließung in der Medizin stammt aus dem Bereich der Computerlinguistik, die zu quantitativen und synergistischen Modellen oder regelbasierten Modellen führt. Ein frühes Modell dazu, das in eine vorhandene, systematisierte Nomenklatur Informationsqualifikatoren und syntaktische Links einbaut, wurde von Wingert (1984) entwikkelt. Das darauf basierende automatische Indexierverfahren leistet dann zwar schon die Abbildung größerer Nominal- und Präpositionalphrasen auf bis zu 7 disjunkte Facetten dieser sogn. SNOMED Thesauren, aber umfaßt nicht mehr deren syntaktische Relationen (s. Wingert, 1989).

Die höher entwickelten computerlinguistischen Verfahren benutzen in einer Vorverarbeitung zunächst die in 2.1 behandelten extentionalen, thesaurusbasierten Methoden. Dadurch wird eine semantische Transformation der Eingangsphase in eines oder mehrere kanonische Konzepte (Vorzugsbegriffe) geleistet. Sie wenden dann aber zusätzlich Grammatikformalismen und weitere Methoden der Syntaxanalyse an, die nicht nur das einzelnen Wort oder fest definierte Mehrwortphrasen aus einem Thesaurus verarbeiten, sondern versuchen, Wortzusammenhänge intentional im Kontext zu erschließen. Dabei werden zusätzlich Metasprachen, semantische Netze, Regelsysteme, *Mapping Lists* u.ä. eingesetzt, mit denen die verschiedenen, oft inkompatiblen Thesauren miteinander verknüpft werden.

Die Syntaxanalyse stützt sich auf elementare Regeln der medizinischen Linguistik und der natürlichen medizinischen Fachsprache, wendet aber inzwischen vermehrt auch Computergrammatiken und computerlinguistische Repräsentationsformalismen an. Dabei werden besonders die Unifikations-Grammatiken in der Analyse medizinischer Texte genutzt. Das SMART System (Ingenerf, 1992) kann als modernes Beispiel dafür gewertet werden, wie eine begriffliche Analyse von medizinischen Texten mit Hilfe von Grammatikformalismen konzipiert und realisiert werden kann und welches Repräsentationsmodell sich für die medizinische Sprache besonders eignet. Auch diese computerlinguistischen Ansätze werden bereits in Hypertextverfahren eingebunden und mit den thesaurusbasierten Methoden verknüpft. Die Integration solcher computerlinguistischer Textanalysen in den Lerndialog einer medizinischen Teachware wäre eine sehr nützliche Anwendung dieser neuen Methoden.

Einen anderen Unifikationsformalismus, nämlich die *"Links Assozierte Grammatik"* (LAG) benutzt Pietrzyk (1991) in einer von ihm für bestimmte medizinische Aussagen modifizierten Form zur Syntaxanalyse, wobei eine Text-Standardisierung und eine formale Analyse mit *Augmented Transition Networks* vorgeschaltet sind. Wenn nach Salton (1991) für übliche computerlinguistische Untersuchungen des Satzbaus nur 60 % der Syntax korrekt erkannt werden, so kann Pietrzyk über 90 % von seinen Sätzen mindestens eine LAG Struktur zuordnen, was sie ebenfalls für die Lernsoftware geeignet erscheinen läßt.

Im Gegensatz zu den oben behandelten thesaurusbasierten und thesaurusunabhängigen, probabilistischen Methoden der Textanalyse ist eine Lernsoftwareanwendung der computerlinguistischen Verfahren noch nicht bekannt geworden. Es darf aber erwartet werden, daß in Kürze erste Versuche mit syntaxanalytischen Verfahren für das computer-based training in der Medizin begonnen werden.

3   Textanalyse bei großen wissensbasierten Lernsystemen in der Medizin

Die mit viel medizinischem Wissen gefüllten großen Expertensysteme werden bekanntlich weniger für die konkrete klinische oder praktische Beratung der Ärzte genutzt, sondern vor allem für Lernzwecke. Die recht großen Mengen textlicher Informationen dieser wissensbasierten Systeme und die umfangreiche textliche Antwortmöglichkeit (freitextliche Fragen an solche Systeme sind nur sehr reduziert erlaubt) sollten hochentwickelte Textverarbeitungsroutinen erwarten lassen, die z.Zt. aber nur ansatzweise existieren. Generell ist das Problem der Textanalyse bei diesen großen wissensbasierten Lernsystemen aber erkannt und wird regelmäßig mit jedem neuen Release besser gelöst. Über einige Aspekte dieser praktisch wichtigen Lösungen soll hier berichtet werden.

Bei den deutschsprachigen wissensbasierten Lernsystemen für die Medizin verfügt das **M.I.S.S.** (Böhrer, Colon, Gülzau & Kuhlencordt, 1991) mit 2.000 Diagnosen, Synonymen, Befundtexten usw., die auf über 10.000 Seiten medizinischen Lehrbuchwissens beruhen, über die wohl größten textlichen Informationen, so daß dieses Lernsystem insgesamt 14 MB Festplattenspeicherplatz benötigt. Laut Prospekt handelt es sich hier um das „erste elektronische Konsultationssystem in Deutschland, das über eine kontextgebundene, strukturierte Datenbank verfügt". M.I.S.S. bietet dem Lerner ein großes Suchwortregister (Thesaurus mit Diagnosen und Befund-Kurztexten), in dem schnell über Suchbäume, die in sogn. Wissensfächer verweisen, nach den eingegebenen Begriffen gesucht werden kann. In gewissem Umfang werden auch Synonymverkettungen ausgewiesen. Mit Hypertexttechnik kann problemlos aus den Hotwords auf zusätzliche Erläuterungen verzweigt werden. Weniger komfortabel ist die Fehlertoleranz und Verarbeitung von Schreibvarianten. So werden offenbar Synonyme in Komposita nicht erkannt, und elementare Fehler der Stringverarbeitung sind noch nicht beseitigt. Z.B. führt der Eingabetext „Schwangerschaft" zunächst zum Begriff „Schwachsinn, mongoloider" und erst anschließend zu „Schwangerschaft, unkompliziert" und zehn weiteren schwangerschaftsbezogenen Thesaurusentitäten. Auch ist jegliche Mehrwortverarbeitung noch völlig unzureichend behandelt, Synonyme sind z.T. nur unidirektional verknüpft („Status febrilis" führt zu „Fieber", aber „Fieber" zu „kein Synonymeintrag"), und viele weitere Mängel der medizinischen Textanalyse, die z.B. bei den Verschlüsselungs- und Indexierungsprogrammen längst gelöst sind, treten hier noch auf. Dennoch sind diese ersten Ansätze der Textanalyse in gewissem Umfang bei vorsichtiger Nutzung hilfreich und könnten ohne viel Aufwand erheblich verbessert werden.

Das vielleicht bekannteste und am weitesten verbreitete, große wissensbasierte Lernsystem ist das englischsprachige **QMR** (Quick Medical Reference) (Miller & Masarie, 1989), das als elektronisches Textbuch mit Hypertextfunktionen über 600 internistische Diagnosen mit 4300 Befunden expertenmäßig bearbeitet und neueste wissenschaftliche Literatur über das spezielle Lern- und Benutzerführungssystem GRATEFUL MED aus der riesigen MEDLINE Literaturdatenbank berücksichtigt. Die Textanalysefunktionen von QMR basieren primär auf einem Thesaurus, der die über 6000 Entitäten hinreichend differenziert qualifiziert und nach übersichtlichen Regeln strukturiert ist. Der Zugriff auf diesen Thesaurus wird nicht nur mit üblichen Browsing-Techniken erleichtert, sondern zusätzlich durch den speziellen QMR Completer unterstützt. Diese sehr effiziente Textverarbeitungskomponente ergänzt vor allem Abkürzungen und Wortanfänge zu kanonischen Termen, verkettet entsprechend einer extensiven Liste Synonyme, gibt Fragmentierungshilfen für längere Terme, variiert die Wortstellung bei Mehrworttermen und ist von allen Programmpunkten aus aufrufbar. Zusätzlich bietet QMR eine automatische Diagnosenverschlüsselung in die ICD-9, womit auch eine Verbindung des QMR Diagnosenthesaurus zur weltweit wichtigsten Diagnosenklassifikation ICD erreicht wird. Eine besonders wichtige QMR-Funktion ist schließlich noch die Application Link, die es erlaubt, nutzerspezifische Textanalyseprogramme und Thesaurusergänzungen in das QMR einzubinden. Wenn auch das QMR noch keineswegs über eine voll ausgereifte Textanalyse verfügt, bietet es doch für den Lerner wesentliche und zuverlässig arbeitende Hilfen, so daß der Eindruck entsteht, QMR „versteht" schnell und hinreichend valide die als einfache Nominalphrasen formulierten Eingabetexte des Lerners.

Ein weiteres großes wissensbasiertes Lernsystem ist **Iliad** (Warner et al., 1989), das als primär internistisches Expertensystem 1300 Diagnosen und 5400 Befunde auf der Textbasis der Mosby Year Book of Medicine 1986 - 1992 in besonders hoch entwickelter Hypertexttechnik verarbeitet. So umfaßt dieses komplexe, 20 MB große Lern- und Expertensystem eine vorgeschaltete Animation zum Erlernen der Navigation, Grundkonzeption und Bedienung. Die Textanalyse von Iliad beruht auf einem über 6 Hierarchiestufen strukturierten Thesaurus mit 6.700 Einträgen (ähnlich wie MeSH), die mit Modifikatoren zusätzlich umschrieben werden. Diese Modifikationen konstruieren (neben der Hierarchie) zusätzlich Links zwischen den Begriffen, wie z.B. "not applicable Link" zwischen "sex=male" und "pregnancy", "mutually-exlusive-Link", "same-value-as-Link". Hauptaufgaben des Thesauruszugriffsmoduls sind die Expansion und Kompression von Phrasen – ähnlich wie bei QMR – und die Synonymverknüpfung. Mit Hilfe von speziellen Wortrelationen zwischen den Thesaurustermen werden Assoziationen konstruiert, die den Zugriff auf einen Thesaurusbegriff erleichtern, ohne die genaue Thesaurusstruktur oder gar die gesamte Iliad Terminologie kennen zu müssen. Diese Assoziationen erweitern die Synonymlisten und grenzen die Hierarchiestufen ein. Z.B. sind "shortness-of-breath, sob, dyspnea, breathless" eine solche Assoziation. Natürlich kann Iliad Mehrwortbegriffe in allen wichtigen Varianten korrekt verarbeiten und generell mit einer gewissen Fehlertoleranz einfache Nominalphrasen begrifflich erkennen oder über window-geführtes Browsing und Editing mit den o.g. zusätzlichen Techniken inhaltlich näher erschließen.

Als letztes großes wissensbasiertes Lernsystem sei das oberflächlich weniger schöne, aber sehr leistungsstarke **DXplain** (Barnett et. al., 1987) erwähnt, das auf 25jähriger klinischer Erfahrung beruht und in der für unformatierte Stringverarbeitung besonders geeigneten Sprache MUMPS geschrieben ist. Die

Textanalysekomponenten bestehen aus einer Vorverarbeitung zur Schreibfehlererkennung, Stoppworteliminierung, Kompositazerlegung und besonders aus einer kontextabhängigen Abkürzungsexpansion mit umfangreicher Synonymverknüpfung. Der Thesaurus umfaßt 2000 Diagnosetexte und 4700 Befunde; er ist hierarchisch strukturiert und baut – ähnlich wie QMR – insgesamt 65.000 Beziehungen zwischen Befunden und Diagnosen auf. Eine direkte Verbindung zum Hauptthesaurus der Current Medical Information Technology mit seinen 7000 Einträgen ist gegeben. Wichtig ist auch, daß DXplain Begriffe nicht nur über die Thesaurus-Hierarchie von Ober- und Unterbegriffen in ihrer Bedeutung näher erfaßt, sondern durch zusätzliche Links unabhängig von dieser Hierarchie mit anderen Begriffen in Beziehung setzt. Mit allen diesen Textanalysekomponenten erreicht DXplain eine beachtlich hohe Qualität der inhaltlichen Erschließung von Texten und es wäre sehr zu begrüßen, wenn DXplain als PC Version in Deutschland verfügbar würde.

4   Diskussion

Eine theoretische Diskussion der Inhaltserschließung medizinischer Texte führt eindeutig zur Präferenz der computerlingustischen Ansätze, da sie deutlich über die wortmorphologischen Verfahren der thesaurusbasierten Textanalysen hinausgehen und die Semantik der medizinischen Syntax und die Pragmatik berücksichtigen können. In praxi haben sich diese Modelle aber noch in keinem nennenswerten Umfang durchsetzten können, da sie sehr aufwendig zu erstellen und zu validieren sind.

Dagegen sind die thesaurusbasierten Systeme in großem Umfang und mit beachtlichem Erfolg (bei aller Kritik an deren Leistungsspektrum) in großen medizinischen Lernsystem, wie z.B. QMR, inclusive Hypertextoberfläche im Einsatz. Aus Sicht der schlecht finanzierten Lehre liegen die Nachteile dieser thesaurusbasierten Systeme für die Lernsoftware allerdings oft in den hohen Kosten (große Platten, schnelle CPU) und in dem großen Aufwand für die Thesauruspflege, der erforderlich ist, um kurze Antwortzeiten im Lerndialog zu erzielen. Wir haben daher ein spezielles Textanalysesystem mit der hierfür besonders leistungsfähigen Sprache MUMPS entwickelt, das einen sehr effizienten, automatisch optimierten B-tree-Zugriff garantiert und den Speicherplatz für die sehr großen medizinischen Thesauren durch spezielle Kompressionsverfahren erheblich reduziert. Dieses Verfahren umfaßt auch alle wichtigen morphosemantischen Methoden, die bei den thesaurusbasierten Techniken der automatischen Indexierung und Textverschlüsselung genutzt werden und in dieser Differenziertheit bei Lernsystemen bisher nicht eingesetzt wurden.

Ob sich die probabilistischen, thesaurusunabhängigen Methoden, die schließlich schon lange bekannt sind und immer wieder auch für Lernsysteme mit Hypertexten erprobt wurden, je durchsetzen werden, bleibt ungewiß. Ihr Nachteil scheint darin zu liegen, daß Trivialprobleme der Texterschließung zufällig zu offensichtlichen Fehlinterpretationen führen können.

Zusammenfassend ist festzustellen, daß neue computerlinguistische Verfahren der Textanalyse für die Lernsoftware in der Medizin demnächst Verbesserungen erwarten lassen und schon jetzt die weiterentwickelten thesaurusbasierten Textanalysen in Kombination mit Hypertexten den Lerndialog didaktisch und medizinisch viel effizienter gestaltet haben.

Literatur

Barnett, O.G., et. al. (1987). DXplain, an Evolving Diagnostic Decision Support System, *JAMA* **258**, 67-4.

Böhrer, J., Colon, C., Gülzau, R., Kuhlencordt, K.M. (1991). *Medizinisches Informations Service System M.I.S.S.* Anwenderhandbuch V 2-0. Stuttgart: Schattauer Verlag Elektron. Medien.

Frisse, M. (1988). Searching for Information in a Hypertext Medical Handbook. *Comm. ACM* **31**, 880-86.

Graubner, B., Klar, R. (1990). Standardisierung medizinischer Klassifikationen in Europa und Deutschland. In I. Guggenmoos-Holzmann (Hrsg.), *Quantitative Methoden in der Epidemiologie*. Berlin: Springer Verlag, 312 - 315.

Hultsch, E., Diekmann, F., Ruhl, U (1990). Abbildung von Texten in verschiedenen Klassifikationen. In I. Guggenmoos-Holzmann (Hrsg.), *Quantitative Methoden in der Epidemiologie*. Berlin: Springer Verlag, 276-280.

Humphreys, B.L., Lindberg, D.A.B. (1989). Building the Unified Medical Language System (UMLS). In L. C. Kingsland (ed.), *Symp. on Computer Applications in Medical Care*. Proceedings. Washington: IEEE Comp. Soc. Press, 475-482 sowie 12 weitere UMLS paper in diesen Proceedings, 483-568.

Ingenerf, J. (1992). *SMART*. Doktorarbeit, Institut für Medizinische Informatik und Statistik, RWTH Aachen.

Klar, R. (1990). Übersicht über die verfügbare Software für die Medizinerausbildung. In M. P. Bauer, J. Michaelis (Hrsg.), *Computer in der Ärzteausbildung*. München, Wien: Oldenbourg Verlag, 51-69.

Miller, R.A., Masarie, F. E. (1989). Use of the Quick Medical Reference (QMR) Program as a Tool for Medical Education. *Methods Inform. Med.* **28**, 340-345.

Pietrzyk, P. (1991). A Medical Text Analysis System for German-Syntax Analysis. *Meth. Inform. Med.* **30**, 275-283

Salton, G. (1991). Development in Automatic Text Retrieval. *Sciene* **253**, 975-980.

Sperzel, D., Erlbaum, M., Fuller, F. et al (1990). Editing the UMLS Metathesaurus. In R. R. A. Miller (ed.), *SCAM Proceedings 1990*. Los Alamitos: IEEE Comp. Soc. Press, 136-140.

Warner, H.R. et. al. (1989). Iliad, an Expert Consultat to teach Differential (Diagnosis). In Orthner (ed.), *SCAMC Proceedings 1989*. Los Alamitos: IEEE Comp. Soc. Press, 371-376.

Wingert, F. (1984). *Systematisierte Nomenklatur der Medizin*. Berlin: Springer Verlag, s. bes. 749-753.

Wingert, F. (1989). Grundlagen der Indexierung medizinischer Diagnosen und Therapien. In R. Wille (Hrsg.), *Klassifikation und Ordnung*. Frankfurt: Indeks Verlag, 165-178.

Selbsterklärendes kausales Netzwerk zur Hypothesenüberprüfung im Hypertext

Wolfgang J. Irler
Universita di Trento
Instituto di Informatica, Via Inama 7, I-38100 Trento, Italia

Zusammenfassung

Die Integration von Hypertextelementen mit einem kausalen Netzwerk, von informalem Text mit einer formalen, ablauffähigen Wissensrepräsentation, stellt eine Möglichkeit dar, ein im Text beschriebenes Wissen sofort anzuwenden und andererseits mit den erhaltenen Erklärungen weiterzulesen. Wesentliche Merkmale von kausalen Wahrscheinlichkeitsnetzen werden im Hinblick auf diese Integration aufgezeigt. Die dabei errechneten Überzeugungswerte erscheinen dem Benutzer in automatisch erzeugten Sätzen, welche als Teil des Hypertexts anklickbare Verknüpfungspunkte enthalten. Als Illustration dient ein Teilmodell der Marktanalyse für Kleinunternehmen aus dem Dienstleistungssektor. Neben den Erläuterungen der Marktmechanismen im Hypertext kann der Benutzer die Auswirkungen hypothetischer Entscheidungen prüfen und sich erklären lassen.

1 Einleitung

Eine Teilmenge der Verknüpfungen in einem Hypertext vermag durchaus strenge semantische Relationen zwischen einzelnen Knoten aufzuweisen, auch wenn dies eher eine Ausnahme ist. Eindeutige Linktypen werden in semantischen Netzen verwendet (Collier, 1987), primär mit dem Ziel automatischer Erzeugung geeigneter Querverweise in Dokumentationssystemen (Hammwöhner & Thiel, 1987), oder als konsistente Übersicht. Der Petri-Netz-Ansatz konzentriert sich auf die genaue Darstellung der Übergänge zwischen Hypertextknoten und auf deren Anpassung an Benutzerverhalten (Stotts & Furuta, 1991), womit eine gewisse rechnerische Komplexität (Halasz, 1988) in die sonst „handgestrickten" Hypertexte kommt. Andererseits existieren Wissensdarstellungen, die zur Verbesserung ihrer Benutzerschnittstelle einige Hypertextkonzepte einbeziehen. Die Erklärungskomponenten in regelbasierten Expertensystemen gehören hierzu. Die formale, prozedurale Wissensdarstellung steht dort jedoch meist isoliert neben den Textverweisen.

Informatik aktuell
U. Glowalla, E. Schoop (Hrsg.), Hypertext und Multimedia:
Neue Wege in der computerunterstützten Aus- und Weiterbildung
© Springer-Verlag Berlin Heidelberg 1992

Hat ein didaktischer Hypertext etwa die Aufgabe, ein funktionelles Modell zu vermitteln, welches sich in Form eines Influenzdiagramms aufzeichnen läßt, ergibt sich mit dessen Graphen natürlicherweise eine Schnittstelle für den Zugriff auf die Beschreibung der Einfluß- und Zielgrößen. Assoziative, weniger formale Querverweise können dann immer noch eine nichtlineare Leseweise der Textstellen ermöglichen. Außer einem bequemen Zugang zu dem Lehrstoff werden jedoch dem Leser häufig nur begrenzte Möglichkeiten zur aktiven Erarbeitung angeboten. Anmerkungen, Exzerpte, Buchzeichen, Markierungen (Irler & Barbieri, 1991) oder eigene Verknüpfungen sind in den Leserversionen der gängigen Hypertextsysteme eher noch die Ausnahme. Ein Autorensystem wird es vielleicht gestatten, die Lerneinheiten in adäquater Abfolge oder Mehrfachauswahlfragen für einen angepaßten Lernpfad anzubieten. Es kann aber nicht die Kluft zwischen den inhaltlichen Aussagen und der Bedeutung der Schnittstellenmodalität überwinden.

Ausgehend von diesen Vorüberlegungen, möchte ich einen hybriden Entwurf vorstellen, der den Abstand zwischen formaler und informaler Wissensdarstellung zu verringern versucht. Als Grundlage dient die mittlerweile etablierte Theorie der kausalen Wahrscheinlichkeitsnetze (Pearl, 1988). Werden darin die errechneten Belief- oder Überzeugungswerte in lesbare Sätze transformiert, welche als Teil eines übergreifenden Hypertextes den aktuellen Zustand des Netzes erläutern, entsteht eine teilweise sich selbst erklärende, hybride Wissensverarbeitung. Deren beide Anteile und Aufgaben werden beschrieben.

2 Kausale Wahrscheinlichkeitsnetze

Die auch *Bayesian Belief Nets* genannten Wahrscheinlichkeitsnetze repräsentieren Ereignisse, welche durch eine Kausalitätrelation verbunden sind. Die Stärke des Zusammenhangs wird durch bedingte (subjektive) Wahrscheinlichkeiten hergestellt: eine Wirkung tritt ein unter der Bedingung, daß ihre Ursachen bekannt sind. Die Überzeugung, daß ein Ereignis eintritt, wird "belief" genannt und heißt in regelbasierten Systemen meist "uncertainty" oder "certainty factor".

Der Algorithmus von Pearl (1988) und seine Modifikationen (Lauritzen & Spiegelhalter, 1988) erlauben es, sowohl die Propagierung der Überzeugungswerte von Ursachen zu Wirkungen zu berechnen, als auch umgekehrt von beobachteten Wirkungen auf kompatible Ursachen zu schließen. Im Gegensatz zu Regeln sind die einzelnen Ursachen-Wirkungs-Beziehungen nicht „modular" und müssen einer Unabhängigkeitsforderung genügen; erst dadurch wird die Berechnung der Überzeugungswerte mit der Bayesianischen Formel konsistent (Geiger, Verma & Pearl, 1990). In dem Beispiel von Bild 1 muß – bei unbekanntem *Umsatz* – die *Nachfrage* (bedingt) unabhängig vom *Angebot* sein [1].

Werbekampagne — Werbung → Konkurrenzdruck → Nachfrage → Umsatz — Angebot

Abb. 1: Einfluß von Werbung auf den Umsatz

Formal ist an einem Knoten der Beliefvektor das normalisierte Komponentenprodukt aus den kausalen Einflüssen π seiner Ursachen und den diagnostischen Hinweisen λ aus den eventuell beobachteten Wirkungen:

$$\underline{\text{Belief}} = \alpha \ * \ \pi \ ^* \lambda \ .$$

Hat er zwei Komponenten, enthält dieser Vektor die Überzeugungen des Auftretens seiner dichotomen Ausprägungen, interpretierbar als Erweiterung traditioneller Logik. Eine eingegebene bekannte oder hypothetische Gewißheit eines Ereignisses breitet sich im Netz aus und resultiert an jedem Knoten in einem kompatiblen Beliefvektor. Aufgrund der Unabhängigkeit mehrfacher Ursachen verändert eine bekannte von diesen Ursachen nicht die anderen, es sei denn, die gemeinsame Wirkung gehört auch zu den eingegebenen. Würden z.B. der *Umsatz*, das gemeinsame Resultat von *Angebot* und *Nachfrage*, oder seine Konsequenzen als bekannt vorausgesetzt (mit einem hypothetischen Wert), so wäre eine zusätzliche *Werbung* nur mit einer Änderung in gewissen Angebotsgrößen kompatibel.

Eine Erklärung eines Netzzustandes besteht darin, den tatsächlich aktivierten Propagierungspfad von einer Eingabe zu einem interessierenden Knoten in Worte zu fassen. Die verwendeten Kausalsätze weisen mit den Namen der durchlaufenden Knoten eine Anzahl von natürlichen Hypertextverankerungen auf und können damit eine Verbindung zum allgemeinen Hypertext bilden. Der Graph in Abb. 1 ist ein zentraler Ausschnitt eines Marktmodells für den Dienstleistungssektor (Cerea, Irler & Spazzini, 1991) und zugleich ein Teil der Übersichtsgrafik. Ein angenommener Umfang einer *Werbekampagne* als Ausdruck stattgefundener *Werbung* beeinflußt dabei nacheinander den *Konkurrenzdruck*, die *Nachfrage* und schließlich den *Umsatz*.

3 Aspekte der Wissensrepräsentation

Die Wissensrepräsentation in einem derartigen hybriden System besitzt einen statischen und einen dynamischen Aspekt, d.h. einen deskriptiven Datenteil und die Resultate des Programmablaufs. Tabelle 1 stellt hierfür die Aufgaben von Hypertext/Hypermedia (HT/HM) dem Bayesianischen Beliefnetz (BBN) gegenüber.

Tab. 1 Aufgabenteilung der hybriden Wissensrepräsentation (oberhalb des Begriffs das informale Merkmal, unterhalb die formale Präzisierung)

a) statisch

HT/HM	BBN
Text/Bild	Konzept/Attribute
Knoten	
Fragment	Symbol
Querverweis	Kausal–Matrix
Kante	
Link-Typ	bed. Wahrscheinlichkeit
Assoziationsnetz	Expertensystem
Netz	
Schnittstellenmodalität	kausales Modell
klick & zeig	Ursache-Wirkung
Funktion	
Textdatenbankanfrage	Belief-Berechnung

b) dynamisch

HT/HM	BBN
gelesen	Beschreibung
Zustand	
markiert	Überzeugungswert
durchlaufen	π–λ-Evidenzstärke
Verknüpfung	
auf Lehrpfad	im Erklärungspfad
Verweilzeiten	Aktivierungszustand
Ablauf	
Benutzerverhalten	Belief-Optimisierung
Satz-Synthese	Hypothesenerklärung
Ergebnis	
Hypertext-Generierung	Neuformulierung

Die Knoten, die im Hypertext Textfragmente und Illustrationen enthalten, werden gelesen und eventuell markiert. Im BBN deutet der symbolische Name des Knotens auf ein durch ein Konzept und seine Attribute beschreibbares Ereignis hin. Im Hypertext existieren assoziative Querverweise zwischen Textteilen für eine nicht-lineare Leseweise, während die strenge Kausalität zwischen BBN-Knoten in einer Matrix definiert wird. Zu der statischen Funktion des Hypertexts gehört das Anklicken mit dem Mauszeiger, welches letztendlich eine implizite Textdatenbankabfrage ist. Als Gesamtergebnis der Integration von Hypertext und BBN haben wir einerseits die Generierung von Hypertextteilen und andererseits, mit der Simulation und Erklärung des Effekts einer Hypothesenprüfung, eine angepaßte Neuformulierung des zu vermittelnden Inhalts.

4 Satzgenerierung und Erklärungspfad

Die Satzgenerierung stützt sich auf eine einfache Komposition aus vorgefertigten Textbausteinen und verzichtet auf eine echt grammatikalische Textsynthese, wie sie in der Verarbeitung natürlicher Sprache versucht wird [2]. Tabelle 2 gibt den Teil des Repräsentationsschemas wieder, der die Satzgenerierung ermöglicht. Jeder Knoten enthält als Datenstruktur-Frame − neben den numerischen Berechnungsgrößen − eine Nominalphrase zu seiner Erläuterung und einen Vektor mit den Adjektiven für seine Ausprägungen (zwei Komponenten: 0 und 1). In der Belieftransformation wird der Wert einer Komponente in ein Adverb transformiert bzw. eine Änderung durch ein Adverb ausgedrückt. Die Generierung eines Satzes basiert auf einer Reihe von vorgefertigten Satzteilen, welche mit den Adverbialkonstruktionen zusammen einen Knotenzustand oder eine Änderung beschreiben. Aufeinanderfolgende Argumentsätze werden durch geeignete Konnektive verbunden und ergeben eine Erklärungskette, mit welcher der Einfluß eines Eingabewertes auf ein Zielkriterium erläutert wird.

Die die Knoten aus Abb. 1 beschreibenden Sätze lesen sich etwa so: „... der Umsatz des Ladens steigt von etwas niedrig auf ziemlich hoch ..". In einer Gesamterklärung erscheinen die leicht ungrammatikalischen, aber verständlichen Sätze: „... die veranlaßte Werbung ist sehr massiv, daher nimmt der Konkurrenzdruck auf gar nicht stark ab. Die Nachfrage steigt deshalb leicht, bleibt aber ziemlich zugkräftig. Als Konsequenz ergibt sich, der Umsatz steigt leicht". Die Stufen der Selbsterklärung der im Netz repräsentierten Wissenselemente sind in Bild 2 schematisiert.

Tab. 2: Satzgenerierungsschema

Knoten-Frame:

Slot	Bedeutung	Beispiel
<node>	Knotenname	"Umsatz"
<nodePhrase>	Erläuterung des Knotens	"der Umsatz des Ladens"
..		
<belief$_{old}$>	vorhergehender Beliefvektor	[75% 25%]
<belief$_{act}$>	aktualisierter Beliefvektor	[40% 60%]
<attribute>	Adjektiv-Vektor (i=0,1)	[niedrig hoch]

Belief-Transformation:

<adverb>	Attributadverbien	{.. "gar nicht" "etwas" "ziemlich" "sehr"}
	<adverb$_{act}$>[1] = trans(<belief$_{act}$>[1]	"gar nicht" = trans(b; 20<b<40)
<change>	Intensitätsänderung	{.. "nicht" "leicht" ..}
	<change> = Δ (belief[1]) = b_{act} - b_{old}	"leicht" = Δ (d; 5<d<10)

Satzgenerierung:

<adverbPhrase$_{act}$>	<adverb$_{act}$>[1] <attribute>[1]	"ziemlich hoch"
<eventPhrase>	<nodePhrase> "ist" <adverbPhrase$_{act}$>	
	<nodePhrase> "steigt von" <adverb$_{old}$>[0] "auf" <adverbPhrase$_{act}$>[1]	

...

Zusammenhang Hypothesenprüfung Hinterfragung

Text → Hypertext → kausales Netz → Voraussetzungen

Querverweise Erklärung Propagation

Bild 2: Von Text zu den methodologischen Voraussetzungen in einem kausalen Modell

Vermittels der Knotennamen im Text der Gesamterklärung (schematisch in Bild 2) gelangt man hypertextlich zu den Knoten des kausalen Netzes und kann für einzelne von ihnen hypothetische Werte eingeben. Deren Effekte spiegeln sich in der an den Hypertext angeschlossenen Erklärung. Die Hinterfragung der Ergebnisse führt in eine tiefere Erklärungsschicht, welche die Überzeugungswerte in die ursprünglichen kausalen (π) und diagnostischen (λ) Anteile aufsplittet und analysiert. In einem weiteren Schritt lassen sich die Wahrscheinlichkeitsmatrizen und Berechnungsformeln erläutern, also die theoretischen Voraussetzungen der Beliefnetze.

5 Realisierung und Weiterentwicklung

Das hier beschriebene experimentelle Marktmodell funktioniert in einem mit dem kommerziellen **ToolBook** erstellten Programm, das ein kausales Netz zu definieren gestattet. Jeder Knoten des Netzes ist ein Ereignis, welches in einer Frame-Datenstruktur numerisch (bedingte Wahrscheinlichkeiten, Beliefwerte, etc.) und textlich (ausformulierter Text und generierte Sätze) auf einer separaten Seite beschrieben ist. Als Schnittstellenparadigma dient die HyperCard-ähnliche Skript- und Navigationsmethode von ToolBook. Wichtige Begriffe wie auch Verweise auf interne Knoten sind aktivierbare Buttons oder Hotwords. Die graphischen Netzdarstellungen als solche bieten eine Orientierungshilfe aus der Vogelschauperspektive. Im vorliegenden Prototyp sind zugegebenermaßen die Schnittstellenmodalitäten noch nicht einheitlich. Die vielen Wahlmöglichkeiten des Lesens und Testens erfordern mehr denn je unaufdringliche Hypertextanker (Irler & Barbieri, 1990). Die circa 100 Knoten des Modells sind graphentheoretisch in Form eines Waldes (Poly-Baum) verbunden, d.h. einfach-zusammenhängend. Somit sind alle Erklärungspfade eindeutig. Die Belief-Propagierung und die Satzgenerierungen können demonstriert und getestet werden. In Entwicklung befinden sich noch der eigentliche Lehrtext und die Berechnungskomponenten für multiple Pfade und grammatikalische Feinstruktur.

Didaktisch interessant sind die lokalen Umgebungsgraphen einzelner Knoten, wenn sie z.B. im Unterricht sukzessive während der (verlangsamten) Berechnung projiziert und mitverfolgt werden können. Diese Art dynamischer Erläuterung von Denkabfolgen unterstützt sicherlich das im statischen Hypertext Gelernte, muß aber noch untersucht werden. Da ToolBook wegen der Speicheranforderung einer Ausweitung seiner Programme Grenzen setzt, ist für eine vollständige Version des beschriebenen Systems ein unmittelbar objektorientierter Ansatz vorgesehen. Die wesentlichen Teile wurden bereits als entsprechende Klassen in **Actor 4.** implementiert und getestet.

6 Vergleichbare Ansätze

Grundlegende Fragen der Satzformulierungen in Erklärungskomponenten sind schon aus dem Mycin-Projekt (Buchanan & Shortliffe, 1984) bekannt. Viele regelbasierte Systeme kombinieren ihre Antworten mit Hypertext. Vorherrschend sind Querverweise, ausgehend von in den Regeln verwendeten Begriffen. Konzeptuell am ähnlichsten dem unsrigen ist der Ansatz von KNET (Chaves & Cooper, 1990), bei dem ein BBN von einem HyperCard-Stack aus betrieben wird, wobei aber ein Hauptaugenmerk auf die graphische Ausgabe der Überzeugungswerte gelegt wird. Eine genaue Analyse der sprachlichen Abbildung von kausal-diagnostischen Einflüssen findet man bei Elsaesser (1989). In dem Generalized Bayesian Inferencing System (Norton, 1988) findet sich eine Erklärungskomponente, die gemischte textliche und numerische Erklärungsketten liefert. Das kommerzielle BBN-System Hugin (Andersen, Olesen, Jensen & Jensen, 1989) erlaubt die Einbindung der Belief-Propagation in eine eigene X-Windows-Schnittstelle; zum Standard gehören eine Netzgraphik und Balkendarstellungen der Beliefwerte. In Janus-CRACK (Fischer, McCall & Morch, 1989) dient der Hypertext-Teil zur Argumentationsunterstützung beim Entwurf einer Kücheneinrichtung.

In den übrigen Ansätzen dient die Wissensrepräsentation zur Mensch-Maschine-Kommunikation. Der Konstanzer WISKREDAS-Prototyp (Yetim, 1991) reagiert adäquat auf eine identifizierte Erklärungsituation, um seinen Entscheidungsvorschlag aus dem Bankwesen zu begründen. Eine hypertextlich integrierte Analyse und Generierung von natürlichsprachlichem Text mit illustrierenden Bildern über italienische Malerei unternimmt das AlFresco System (Stock, Carenini, Ponzi & Samek-Lodovoci, 1990); im IDAS Projekt (Reiter, Mellish & Levine, 1992) werden Benutzerfragen mit hypertextlich verknüpften Textbausteinen beantwortet.

7 Schlußfolgerungen

Die automatische Generierung von Hypertextteilen auf der Basis einer formalen Darstellung weist einen Weg zu Systemen, die etwas über ihren eigenen Zustand mitteilen können [3], abgesehen davon, daß sie durch die Denksimulationen eine aktive Rolle einnehmen. Solche hybriden Systeme entfernen sich von den ursprünglichen Ausgangsparadigmen und lassen neue Entwicklungsnischen entstehen: das Hypothesentesten im Hypertext und Hypertexttransformationen von numerischen Überzeugungswerten. Als Lehrmaterial bieten solche Systeme Vorteile sowohl für den Lernenden als auch für den Lehrenden. In einer Lernsituation ist die schrittweise, strenge Argumentationssequenz auf der Basis einer symbolischen Wissensdarstellung didaktisch durchaus angemessen und eine Textplanung auf höherem Niveau dem Benutzer freigestellt, der sich die nötigen Erläuterungen selbst anklicken kann. Weiterdenkend wäre noch ein Benutzermodell vorstellbar, das – eventuell wiederum als kausales Netz realisiert – den Ansprüchen des Benutzers individuell entgegenkommt und Dialoge oder Erklärungen den Lesesituationen anpaßt.

Anmerkung:

Das Modell wurde während einer Zusammenarbeit mit SEAC SpA, Trento entwickelt. Die wirtschaftswissenschaftliche Seite betreut Prof. G. Cerea von der Universität Trient.

Fußnoten:

[1] Eine Abhängigkeit gerade dieser beiden Konzepte steht – da zeitlich versetzt – außerhalb des atemporären Modells.

[2] Eine engagierte Argumentation für "canned text and other cheats" liefern Reiter, Mellish & Levine (1992).

[3] Zum Studium der philosophischen KI-Problematik siehe Leidlmair (1991).

Literatur

Andersen, S. K., Olesen, K. G., Jensen, F. V., Jensen, F. (1989). Hugin - a shell for building Bayesian belief universes for expert systems. In *IJCAI '89*, Detroit, 1080-1085.

Buchanan, B. G., Shortliffe, E. H. (1984). *Rule-Based Expert Systems*. Reading, MA: Addison-Wesley.

Cerea, G., Irler, W. J., Spazzini, R. (1991). *Un sistema esperto per la valutazione gestionale delle piccole imprese del terziario*. Technical Report 09-91, Università di Trento.

Chaves, R. M., Cooper, G. F. (1990). KNET: integrating hypermedia and normative Bayesian Modeling. In R. D. Shachter et al. (eds.), *Uncertainty in Artificial Intelligence 4*, North-Holland: Elsevier, 339-350.

Collier, G. H. (1987). Toth-II: Hypertext with explicit semantics. In *Hypertext '87* . New York: ACM, 269-289.

Elsaesser, C. (1989). Explanation of probabilistic inference. In L. N. Kanal et al. (eds.), *Uncertainty in Artificial Intelligence 3*, North-Holland: Elsevier, 387-400.

Fischer, G., McCall, R., Morch, A. (1989). JANUS: Integrating hypertext with a knowledge-based design environment. In *Hypertext '89*, New York: ACM, 105-117.

Geiger, D., Verma, T., Pearl, J. (1990). Identifying independence in Bayesian Networks. *NETWORKS*, Vol.20, 507-534.

Halasz, F. G. (1988). Reflections on NoteCards: Seven issues for the next generation of hypermedia systems. *Comm. ACM, Vol.31, n.7, July 1988*, 836-852. In *Hypertext '87*. New York: ACM, 345-365.

Hammwöhner, R., Thiel, U. (1987). Content oriented relations between text units - a structural model for hypertexts. In *Hypertext '87* . New York: ACM, 155-174.

Irler, W. J., Barbieri, G. (1990). Non-intrusive hypertext anchors and individual colour markings. In A. Rizk, N. Streitz, J. André (eds.), *Hypertext: Concepts, Systems, and Applications (Proc. of ECHT'90)*. Cambridge, UK: Cambridge Univ.Press, 261-273.

Irler, W. J., Barbieri, G. (1991). Farbmarkierungen im Hypertext als Orientierungs- und Lernhilfe. In H. Maurer (Hrsg.), *Hypertext/Hypermedia '91*. IF 276, Berlin-Heidelberg: Springer:, 135-144.

Lauritzen, S. L., Spiegelhalter, D. J. (1988). Local computations with probabilities on graphical structures and their application to expert systems. *J. R. Statist, Soc.* , B, Vol.50, n.2, 157-224.

Leidlmair, K. (1991). *Künstliche Intelligenz und Heidegger: Über den Zwiespalt von Natur und Geist*. München: Fink.

Norton, S. W. (1988). An explanation mechanism for Bayesian inferencing systems. In J. F. Lemmer, L. N. Kanal, *Uncertainty in Artificial Intelligence 2*, North-Holland: Elsevier, 165-173.

Pearl, J. (1988). *Probabilistic Reasoning in Intelligent Systems: Networks of Plausible Inference*. San Mateo, CA: Morgan Kaufman.

Reiter, E., Mellish, C., Levine, J. (1992). Automatic Generation of on-line documentation in the IDAS project. In *ANPL '92 Proceedings*, Mar. 1992, Trento, Italy, ACL:.c/o D Walker, Bellcore, Morristown, NJ.

Stock, O., Carenini, G., Ponzi, G., Samek-Lodovoci, V. (1990). Some new perspectives in information access and interface design. In M. Carnevale, M. Lucertini (eds.), *Preprints Modelling the Innovation*. TC-7 IFIP Int.l Conf. Rome, Italy, 555-562.

Stotts, P. D., Furuta, R. (1991). Dynamic adaptation of Hypertext structure. In *Hypertext '91*. New York: ACM, 219-231.

Yetim, F. (1991). Eine Hypertext-Komponente zu einem Expertensystem: Benutzerfragen für Erklärungsdialoge. In H. Maurer (Hrsg.), *Hypertext/Hypermedia '91*. IF 276, Berlin-Heidelberg: Springer:, 286-298.

Das Hypermedia-Autorensystem SEPIA

Jörg Hannemann und Manfred Thüring
Institut für Integrierte Publikations- und Informationssysteme (IPSI)
Gesellschaft für Mathematik und Datenverarbeitung (GMD)
Dolivostr.15, 6100 Darmstadt

1   Einleitung

Die faszinierende Grundidee von Hypertext besteht nach Conklin (1987) darin, daß gedankliche Einheiten und ihre assoziativen Verknüpfungen zu diskreten, manipulierbaren Bildschirmobjekten korrespondieren. Durch Erzeugung und Veränderung derartiger Objekte kann Wissen in einer nichtlinearen Organisationsform dargestellt und erworben werden ("non-linear writing and reading"). Der innovative Gehalt dieser Idee liegt darin, daß sie dem Nutzer einen sehr viel aktiveren und flexibleren Umgang mit Informationen gestattet, als dies bislang üblich war. Es ist daher nicht überraschend, daß das Hypertextkonzept von Anfang an auch eine starke Faszination auf den Lehr- und Lernbereich ausgeübt hat und zwar besonders auf Vertreter einer konstruktivistischen Konzeption, die Lernen nicht als passive Wissensaufnahme, sondern als aktiven Aufbau einer kohärenten Wissensstruktur begreifen. Vor diesem Hintergrund sind tradierte Konzepte des *explorativen* und *entdeckenden Lernens* neu belebt und ihre möglichen Auswirkungen auf die Ausbildung eines neuen Denkstils ("non-lineal thinking") diskutiert worden (Beeman et al., 1987; Jonassen & Mandl, 1990).

Außerdem stellten eine Reihe von Autoren weiterführende Überlegungen an, die über das reine Explorationskonzept hinausgehen (Streitz & Hannemann, 1990). Ihnen geht es vor allem um die Stärkung der aktiven Rolle des Lerners durch die Bereitstellung zusätzlicher Funktionen innerhalb eines Hypertextsystems, die neben dem Navigieren auch das *Operieren* auf einer Datenbasis beinhalten und somit den *Aufbau einer individuellen Datenbasis* durch den Leser ermöglichen. Am deutlichsten haben diese Forderung Duffy und Knuth (1990, p. 202) in ihrer Kategorisierung von Hypertextfunktionen für den Lernprozeß formuliert: "The tools are ones that will permit us to go beyond exploring the database. These may include tools for compiling or pulling together relevant information, analyzing, or computing, and comparing or contrasting. The goal here is to make sense of the data by reorganizing them in some fashion. The

Informatik aktuell
U. Glowalla, E. Schoop (Hrsg.), Hypertext und Multimedia:
Neue Wege in der computerunterstützten Aus- und Weiterbildung

emphasis on "building a database" is on *authoring information* . . . Thus the user may be able to add nodes of information to an existing database."

Diese Konzeption geht über herkömmliche Lernansätze vor allem in einem Punkt hinaus: sie weist dem Lerner nicht nur eine ausgeprägt aktive Rolle bei der Rezeption zu, sondern erweitert diese um selbstgesteuerte, gestalterische Anteile. Auf diese Weise verwischen die traditionellen Unterschiede zwischen Autor und Leser. Das Ergebnis des Autorenprozesses verliert den Charakter eines unveränderbaren Produkts und wandelt sich zu einem Input, der vom Leser annotiert, modifiziert und restrukturiert werden kann. Dieser aktiv rezipierende und elaborierende Umgang mit Information sollte zu einer wesentlich tieferen Verarbeitung führen und über die Schaffung neuer semantischer Bezüge Verständnis und Behalten nachhaltig verbessern - eine Annahme, die sich anhand vieler experimenteller Befunde zur Verarbeitungstiefe beim Textverstehen (vgl. Anderson & Reder, 1979) begründen läßt.

Für den aktiven und gestalterischen Umgang mit Information schlagen Duffy und Knuth (1990) speziell ausgelegte **Autorenumgebungen** vor, die die Generierung, Reorganisierung und Erweiterung einer Datenbasis unterstützen sollen, um dem Lerner die Schaffung einer *persönlichen Informationsbasis* zu ermöglichen. Dabei ist anzunehmen, daß die Interaktion mit einer solchen Informationsbasis nur selten einzelne Akteure betrifft. In den meisten Fällen erfolgt sie vielmehr durch mehrere Nutzer, die miteinander kooperieren. Diese innerhalb neuer Lehr-Lernkonzeptionen propagierte Form des „kooperativen Lernens" kann sich sowohl auf die Kooperation mit einem Lehrer als auch auf die Zusammenarbeit mit anderen Lernern beziehen. Insofern hat eine Autorenumgebung nicht nur Anforderungen aus der Tätigkeit eines einzelnen Autors zu berücksichtigen, sondern auch jene, die aus der Zusammenarbeit mehrerer Autoren resultieren.

Mit der Entwicklung des Hypermedia-Autorensystems SEPIA[1], dessen Benutzungsoberfläche, Aktivitätsräume und Objekverwaltung in Kapitel drei beschrieben werden, haben wir in der Abteilung WiBAS[2] den Versuch unternommen, den komplexen Anforderungen gerecht zu werden, die sich aus der Tätigkeit einzelner sowie aus der Kooperation mehrerer Autoren ableiten lassen. Leitlinie der Systementwicklung war dabei die Erkenntnis, daß Unterstützungssysteme für den Autorenprozeß nur begrenzt erfolgreich sind, wenn sie sich allein auf subjektive Einsichten der Systementwickler und adhoc-Analysen des Aufgabenfeldes stützen. Die Schaffung einer neuen Generation von Autorenumgebungen sollte vielmehr auf einer kognitionspsychologischen Analyse des Autorenprozesses basieren (Kintsch, 1987). Im Rahmen des von uns verfolgten benutzerorientierten und aufgabenzentrierten Ansatzes (Streitz, 1987) haben wir eine derartige kognitive Rahmenkonzeption ausgearbeitet und sie zur Basis der Entwicklung von SEPIA gemacht. Sie wird im folgenden Kapitel dargestellt.

2 Kognitive Grundlagen: Schreiben als Designproblem

Basierend auf neueren Ergebnissen einer prozeßorientierten Schreibforschung läßt sich die Erstellung eines Dokuments als „Entdeckungsreise" charakterisieren, bei der Ideen nicht nur *in* Sprache übersetzt, sondern auch *aus* Sprache entwickelt werden - eine Erkenntnis, die bereits Kleist treffend formuliert hat: „... weil ich doch irgend eine dunkle Vorstellung habe, die mit dem, was ich suche, von fern her in einiger Verbindung steht, ... prägt das Gemüt, während die Rede fortschreitet, jene verworrene Vorstellung zur völligen Deutlichkeit aus." (v. Kleist, 1965, pp. 319). Im Zuge dieser Entwicklung interagieren eine Vielzahl unterschiedlicher Teilprozesse miteinander, die es zu koordinieren gilt. Dies macht Schreiben zu einem komplexen Problem, dessen Lösung sich vor allem durch Zyklen von Produktions- und Überarbeitungsschritten, umfangreiche Planung und kontinuierliche Änderung mentaler Repräsentationen auszeichnet. Wie die Schreibforschung gezeigt hat, sind folgende Prozeßmerkmale für das Schreiben typisch:

- Bei der Formulierung eines Textes wechseln Generierung und Revision ständig miteinander ab und gewährleisten auf diese Weise eine sukzessive Verbesserung und rekursive Fortschreibung des Textes.

- Textproduktion und -überarbeitung werden durch intensive Planungsprozesse gesteuert, die auf der Wort-, Satz- und Textebene verlaufen und sicherstellen, daß bereits erarbeitete Lösungen (Zwischenprodukte) den Ausgangspunkt für nachfolgende Arbeitsschritte bilden. Ein derartiges Planungsverhalten, bei dem erreichte Lösungszustände zu Zielrevisionen führen, wird „opportunistisch" genannt (Hayes-Roth & Hayes-Roth, 1979).

- Die enge Interaktion von rhetorischem und inhaltlichem Denken führt letztlich nicht nur zur Erstellung eines Textes, sondern auch zu einer ausgeprägten Nutzung und ständigen Erweiterung des Autorenwissens („epistemischer Aspekt").

Sowohl die Merkmale der Schreibsituation als auch die des Schreibverlaufs stimmen mit den wesentlichen Charakteristika von **Designtätigkeiten** überein (Hannemann, Thüring & Streitz, 1990), die sich u.a. durch intensive Wissensnutzung, das Fehlen von unmittelbaren Rückmeldungen und die enge Verschränkung von Planung und Gestaltung auszeichnen. Dies spricht dafür, Schreiben als Designtätigkeit zu charakterisieren und ermöglicht es, die drei grundlegenden Komponenten des Schreibprozesses – Textproduktion, Schreibplanung und Wissenserweiterung – in einem einheitlichen Rahmenkonzept zu integrieren, das eine gute Ausgangsbasis für die Entwicklung eines kognitionswissenschaftlich fundierten Autorensystems darstellt.

Für die Beschreibung der mentalen Repräsentation eines Problems haben Newell & Simon (1972) das **Konzept des Problemraums** eingeführt. In einer Erweiterung dieses Ansatzes durch Newell (1980) wurde der Problemraum zur grundlegenden Organisationseinheit jeder Art von kognitiver Aktivität erhoben. Dieses als **Problemraumhypothese** bezeichnete Postulat, bildet auch die Basis unserer Modellierung des Schreibens: Ausgehend von den grundlegenden Prozessen der Autorentätigkeit, lassen sich unterschiedliche wissensabhängige Basis-Problemräume differenzieren, die auf kognitiver Ebene miteinander interagieren. Ausgehend von dieser Konzeption fassen wir den Autorenprozeß als die Lösung eines komplexen Designproblems auf, die als **Interaktion multipler Problemräume** beschrieben werden kann (Hannemann, Thüring & Streitz, 1990)

Aus der Analyse des Schreibprozesses und aus der Differenzierung der hierfür relevanten Wissensbereiche wird deutlich, daß drei Probleme den Kern des Schreibproblems ausmachen (Hayes & Flower, 1981; Scardamelia & Bereiter, 1987):

- das Inhaltsproblem,
- das rhetorische Problem und
- das Planungsproblem.

Entsprechend differenzieren wir zwischen drei Problemräumen[3]:

- dem Inhaltsraum,
- dem rhetorischen Raum und
- dem Planungsraum.

Im **Inhaltsraum** wird das Inhaltsproblem bearbeitet. Es besteht darin, unter der allgemeinen Anforderung, einen Text sprachlich kohärent zu gestalten, ein zusammenhängendes Modell des Textinhalts zu entwickeln. Wir haben hierfür die Bezeichnung **Inhaltsmodell** gewählt[4]. Am Aufbau des Modells sind neben Generierungsmechanismen auch Prüf- und Integrationsprozesse beteiligt (Kintsch, 1988), die die potentiell erzeugbare Ideenflut des Autors einschränken. Auf diese Weise wird nach und nach ein Inhaltsmodell geschaffen, das sich aus recherchierten Informationen, abgerufenen Gedächtnisinhalten sowie abgeleiteten Inferenzen zusammensetzt.

Inhaltliche Ideen werden nicht nur in das Inhaltsmodell integriert, sondern auch in ein dazu korrespondierendes Modell des Textes, das **Dokumentenmodell**, eingefügt. Das Dokumentenmodell wird im **rhetorischen Raum** konstruiert, und sein Aufbau steht unter dem Einfluß rhetorischer und leserspezifischer Zielsetzungen. Es stellt eine abstrakte, kohärente Repräsentation des Textes dar, die aus einer *Mikro-* und einer *Makrostruktur* besteht und hierarchisch strukturiert ist (van Dijk & Kintsch, 1983): Mikropropositionen werden zu Makropropositionen aggregriert, welche wiederum in anderen, abstrakteren Makropropositionen zusammengefaßt sind. Die hierarchische Repräsentation des Textes ist die Basis für den unmittelbaren Schreibvorgang, durch den neue Teile der Textrepräsentation in eine Oberflächenstruktur und damit in geschriebene Sprache überführt werden. Im ständigen Wechsel mit dieser Textproduktion (Externalisierung) werden bereits bestehende Textteile rezipiert und gegebenenfalls in die Textbasis integriert (Internalisierung).

Ein entscheidender Anteil der Kontrolle kognitiver Schreibprozesse basiert auf dem datengetriebenen Wechselspiel von Externalisierung und Internalisierung. Hinzu kommen andere Kontrollprozesse, die sich auf den Einfluß aktivierter, übergeordneter Schreibziele zurückführen lassen. Die Erzeugung einer Zielstruktur, die den Schreibprozeß aufrechterhält, wird im **Planungsraum** geleistet. Wir nennen diese Struktur den **Schreibplan**. Seine Konstruktion stellt bei der Dokumenterstellung ein eigenständiges Problem dar (Bereiter & Scardamalia, 1987). Da der Schreibprozeß opportunistisch verläuft, ist die Planerstellung kein einmaliger Akt zu Beginn des Schreibens, sondern begleitet kontinuierlich den gesamten Schreibprozeß.

Während neue Anforderungen an die Zielgenerierung aus Lösungsbemühungen im Inhaltsraum und im rhetorischen Raum resultieren, stoßen neue Ziele ihrerseits wiederum Folgeprozesse in diesen beiden Räumen an. Durch diese fortlaufende Interaktion der Problemräume wird das Designproblem sukzessive seiner Lösung zugeführt, so daß am Ende zwei Produkte stehen: ein internes, nur dem Autor im vollen Umfang zur Verfügung stehendes Gedankengebäude, und ein nach außen hin sichtbares Produkt, der fertige Text.

Basierend auf dieser Konzeptualisierung des Schreibprozesses wurde in Wi-BAS die Autorenumgebung SEPIA entwickelt, die darauf abzielt, die kognitiven Prozesse eines Autors gezielt, umfassend und integrativ zu unterstützen - und zwar sowohl beim Schreiben traditioneller, linearer Dokumente als auch bei der Generierung neuartiger, nichtlinearer Hyperdokumente.

3   SEPIA

SEPIA ist in Smalltalk-80 Release 4 unter X-Windows auf einer Sun Sparc-2 Workstation unter Unix implementiert. Die Basisarchitektur des Systems berücksichtigt folgende Kriterien, die sich unmittelbar aus dem Designansatz für den Schreibprozeß ergeben:

- Differenzierung der angebotenen Systemfunktionalität entsprechend dem Konzept multipler Problemräume.
- Unterstützung der „allmählichen Verfertigung" von Gedanken und Text durch ein Angebot von Designobjekten und Operatoren, die für alle Stadien der Dokumenterstellung adäquat sind.
- Repräsentation und Speicherung von Zwischenprodukten des Autorenprozesses zur weiteren Bearbeitung.
- Sicherung eines schnellen Zugriffs auf Designobjekte in den einzelnen Problemräumen und Unterstützung des Wechsels zwischen den Räumen, wann immer der Autor die korrespondierenden Objekte zu manipulieren wünscht.
- Keine Vorgabe eines Lösungsweges, der einen Autor auf eine bestimmte Abfolge von Aktivitäten festlegt.
- Hilfen zur Identifizierung und Revision früherer Designentscheidungen und zur Umstrukturierung des Dokuments.

Den ersten beiden Punkten wird in SEPIA durch die Einführung sog. „Aktivitätsräume" Rechnung getragen[5], die den Kern der Systemarchitektur ausmachen (vgl. Abbildung 1). Ihre Differenzierung folgt der im vorangegangenen Kapitel vorgenommenen Unterscheidung verschiedener Problemräume. Entsprechend ist für die jeweiligen Teilaktivitäten bei der Dokumenterstellung ein Inhaltsraum, ein rhetorischer Raum und ein Planungsraum vorgesehen. Darüber hinaus stellt SEPIA einen zusätzlichen Raum, den sog. Argumentationsraum, bereit, der vor allem die Erstellung „argumentativer Texte" unterstützt (siehe hierzu auch Schuler & Smith, 1990). Seine Einführung basiert auf der Erkenntnis, daß Argumentieren eine spezifische, komplexe sprachliche Handlung darstellt, die neben bereichsspezifischem Wissen vor allem auch Kenntnisse über abstrakte Argumentationsstrukturen verlangt.

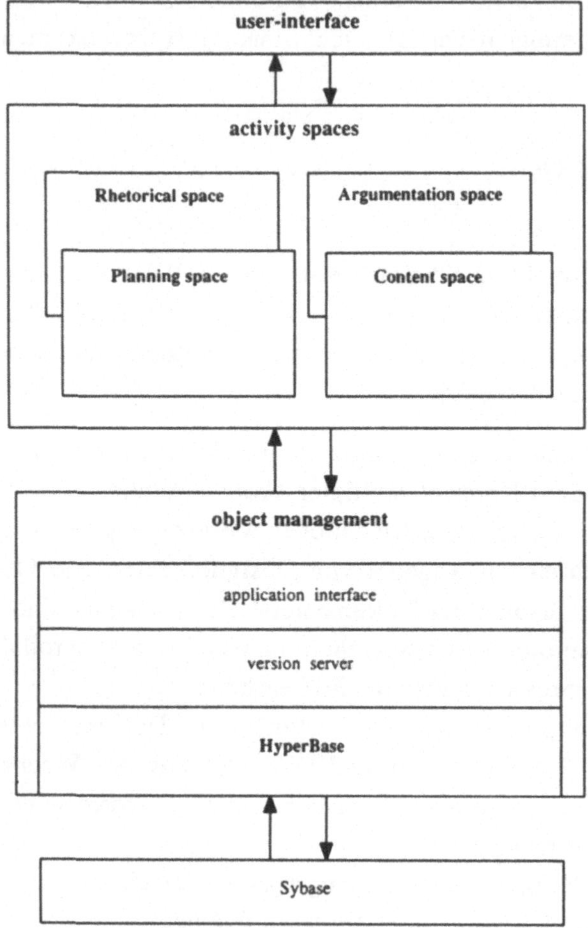

Abb. 1:   Systemarchitektur von SEPIA

3.1   Die Benutzungsoberfläche

Jeder der vier Aktivitätsräume ist auf der Systemoberfläche durch ein Fenster repräsentiert und hebt sich durch eine spezifische Hintergrundfarbe von den anderen Räumen ab. Abbildung 2 zeigt die Räume bei der Erstellung eines Hyperdokuments, das die von Searle (1980) ausgelöste Diskussion um die Intelligenz von Computern behandelt.

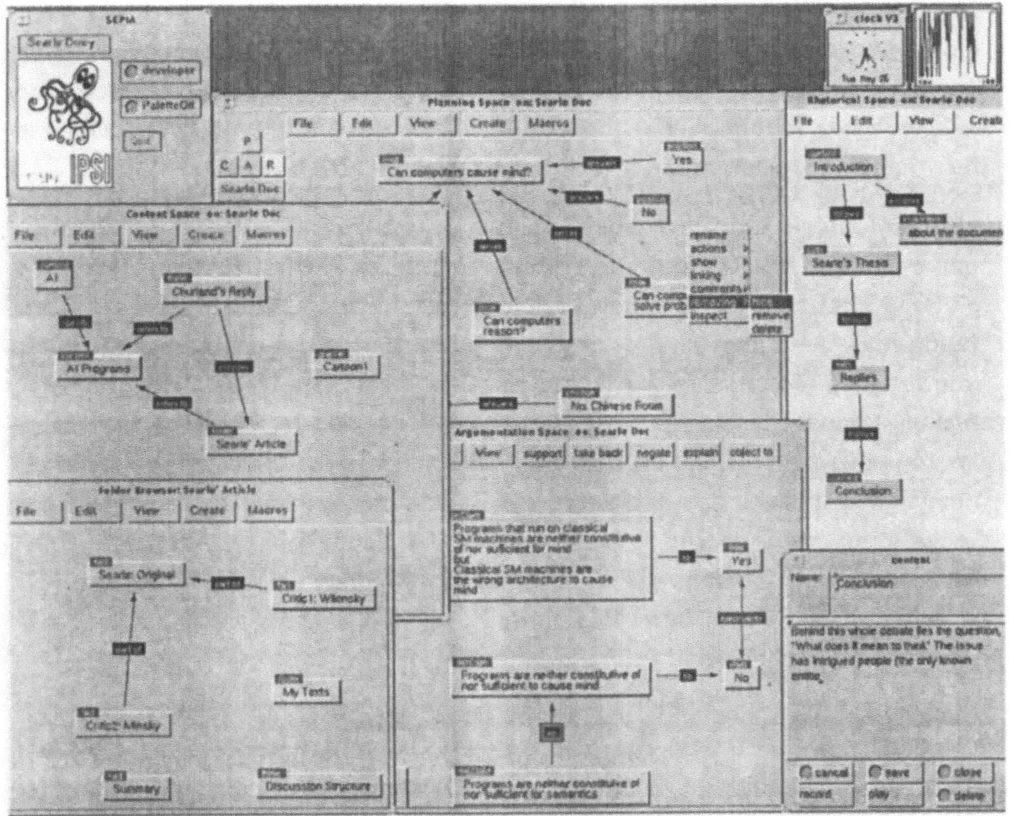

Abb. 2: Die Benutzungsoberfläche von SEPIA

Innerhalb eines jeden Raumes wird zwischen zwei Operationsebenen, der
Netzebene und der **Knotenebene**, unterschieden.

Auf der *Netzebene* lassen sich Hypertextnetze erzeugen und modifizieren.
Diese Netze bestehen aus atomaren Knoten, Links und sog. zusammengesetzten
Knoten ("composite nodes"), die die Möglichkeit bieten, Knoten-Link-Struktu-
ren zu Einheiten höherer Ordnung zusammenzufassen. Netzstrukturen werden
graphisch auf dem Bildschirm präsentiert (vgl. z.B. den Argumentationsraum
in Abbildung 2). Zu ihrer Manipulation stehen dem Nutzer neben generischen
Operatoren eine Menge spezifischer Funktionen zur Verfügung, die aus den
Erfordernissen des jeweiligen Raumes abgeleitet worden sind. Die generischen
Operatoren werden in einer Menüleiste am oberen Rand eines jeden Aktivitäts-
raumes angeboten. Zu ihnen zählen Funktionen des Ladens, Speicherns und
Edierens sowie des Generierens von Sichten.

Objekte der generischen Operationen sind atomare Knoten und Links aber auch aggregierte Knoten-Link-Konstellationen, wie sie in zusammengesetzten Knoten gruppiert werden können. Der Status eines Objektes wird durch eine entsprechende Farbmarkierung angezeigt. So werden z. B. selektierte Objekte durch einen gelben Farbton von anderen Objekten abgehoben.

Auf der *Knotenebene* steht die Generierung und Veränderung der Inhalte atomarer Knoten im Vordergrund. Designobjekte sind hier Textelemente, wie Wörter, Sätze und Paragraphen (vgl. den geöffneten Knoten im rhetorischen Raum von Abbildung 2). Zu ihrer Manipulation steht die Funktionalität eines komfortablen Texteditors zur Verfügung. Er bietet die Möglichkeit, Knoteninhalte zu modifizieren, einen Knoten aufzuteilen oder verschiedene Knoten zu vereinigen sowie Links in Textteile innerhalb eines Knotens einzubetten ("embedded links"). Die **multimediale Erweiterung** des Systems erlaubt die Generierung von Ton und Sprache als auditive Knoteninhalte und als Annotationen an jeden Knoten, die Erzeugung, Einbindung und Veränderung von Graphiken und Bildern mit Hilfe eines Zeichenprogramms sowie die Integration von Videosequenzen.

Raumspezifische Operatoren werden in einem pop-up Menü angeboten, dessen Konfiguration sich in Abhängigkeit vom jeweilig selektierten Designobjekt ändert. Wird beispielsweise im Argumentationsraum ein Knoten vom Typ „Behauptung" (claim) ausgewählt, so enthält das Menü argumentationsspezifische Operatoren, wie „unterstützen" und „widersprechen". Diese Operatoren repräsentieren spezifische Sprechakte, so daß der Autor in dem Denkstil unterstützt wird, der seiner jeweiligen kognitiven Aktivität entspricht. Ihre Anwendung führt zum Aufbau eine Netzes, das aufgrund seiner graphischen Präsentation eine tiefere Einsicht in die erstellten argumentativen Strukturen vermittelt.

3.2   Die Aktivitätsräume

Im **Inhaltsraum** dienen die Designobjekte und Operatoren dazu, den Aufbau eines kohärenten Inhaltsmodells zu erleichtern. Die Unterstützung konzentriert sich auf drei Prozesse, die sowohl die konstruktiven als auch integrativen Anteile bei der Generierung eines Inhaltsmodells widerspiegeln: die Sammlung von Ideen, die Erschließung von themenrelevanten Sachgebieten und die sachlogische Strukturierung des Textinhalts. Durch Nutzung der Basisfunktionalität von Hypertextsystemen können Einfälle und Ideen in einzelnen Knoten abgelegt, gruppiert und über Links miteinander verknüpft werden (s. Abbildung.

2). Entscheidendes Hilfsmittel beim Aufbau einer sachlogischen Struktur ist die Vorgabe einer in WiBAS ausgearbeiteten Taxonomie von Relationen, mit denen die einzelnen Verbindungen zwischen den Knoten bezeichnet werden können (vgl. Thüring, Haake & Hannemann, 1991). Basierend auf Untersuchungen mit verschiedenen Strukturierungsansätzen ("networking", "mapping", "schemata") aus dem Bereich des Textlernens (Holley & Danserau, 1984), gehen wir davon aus, daß eine derartige Externalisierung und Explizierung von Komponenten und Relationen eines Wissensbereichs in einer manipulierbaren, netzartigen Repräsentationsform zu einem tieferen Verständnis des Sachgebiets beiträgt. Auf diese Weise wird eine entscheidende Voraussetzung zum Aufbau eines kohärenten Modells des Textinhalts geschaffen.

Im **rhetorischen Raum** findet die Transformation des inhaltlichen Materials in eine leserbezogene, kohärente Dokumentversion statt. Das intendierte Dokument kann sowohl eine konventionelle, linearisierte Textversion sein, die sich hierarchisch in einzelne Kapitel, Paragraphen und Sätze gliedert, als auch eine Hypertextversion, die durch eine netzartige Knoten-Link-Struktur gebildet wird. Beide Dokumentformen liegen an den Endpunkten einer Skala, die mit „linear" versus „nicht-linear" bezeichnet werden können. Zwischen diesen Polen lassen sich unterschiedliche Dokumentversionen ansiedeln, die Mischformen aus linearen und nicht-linearen Anteilen darstellen. Sie entsprechen den Realisierungen differentieller, lesergruppenspezifischer Organisationsformen für Hyperdokumente.

Bei aller Unterschiedlichkeit haben diese Dokumente eines gemeinsam: Um vom Leser akzeptiert und genutzt zu werden, müssen sie dem Kriterium textueller **Kohärenz** genügen. Wir gehen davon aus, daß die Kohärenz eines Textes eine unabdingbare Voraussetzung für den Aufbau einer angemessenen mentalen Repräsentation des Textes darstellt. Sie bestimmt daher in entscheidendem Maße inwieweit der Leser ein Hyperdkument versteht und sich in ihm zurechtfindet (Haake, Hannemann & Thüring, 1991; Thüring, Haake & Hannemann, 1991). Die Erstellung von Dokumenten, die dem Kriterium der Kohärenz genügen, erfordert nicht nur den Einsatz tradierter sprachlicher Mittel zur Signalisierung von Zusammenhängen auf Satz- und Paragraphenebene, sondern auch eine Organisierung des Gesamttextes, die seine globale Kohärenz verdeutlicht (vgl. van Dijk & Kintsch, 1983) Im rhetorischen Raum stehen dem Autor deshalb sowohl Möglichkeiten der hierarchischen Gliederung für den Aufbau konventioneller, linearer Dokumente zur Verfügung, als auch Mittel zur effizienten Strukturierung von Hyperdokumenten. Zu den letzteren zählen Bezeichner für Links (z.B. „detaillieren", „illustrieren", „widersprechen"), die in Anlehnung an die Rhetorical Structure Theory (Manns &

Thompson, 1987) formuliert und nach intentionalen Gesichtspunkten (z.B. „erklären" oder „diskutieren") zu übergeordneten Einheiten in einer Taxonomie zusammengefaßt sind. Hinzu kommen Möglichkeiten zur Definition größerer Organisationseinheiten. Sie betreffen die Festlegung von sequentiellen, verzweigten und bedingten Pfaden durch ein Hypertextnetz, die Einbindung von Ausschnitten aus größeren Netzen in ein Dokument und die Zusammenfassung inhaltlich verbundener Einheiten in einer übergeordneten Organisationseinheit, den bereits erwähnten zusammengesetzten Knoten. Durch die Bereitstellung dieser Designeinheiten wird nicht nur der Autor bei seinen Strukturierungsbemühungen entlastet, sondern auch der Leser von Hyperdokumenten bei der Rezeption und Navigation effektiv unterstützt.

Der **Planungsraum** dient der Externalisierung von Komponenten der Schreibplanung. Mit Hilfe der in diesem Raum verfügbaren Objekte und Operatoren soll ein Autor in die Lage versetzt werden, Ziele zu formulieren und zu strukturieren, eine Agenda zu führen sowie die im Dokument zu behandelnde Fragestellung in Teilprobleme zu gliedern. Über den Planungsraum wird damit die wichtige Koordinierung der Einzelaktivitäten in den anderen Räumen geleistet. Durch die Externalisierung von Zielen und die Führung einer Agenda können Aktivitäten in den drei anderen Räumen aufeinander abgestimmt sowie die einzelnen Phasen des Designverlaufs überwacht werden. Aus der Formulierung von Fragestellungen resultieren thematische Vorgaben für die Materialaufbereitung im Inhaltsraum, für die Strukturierung von Positionen und Begründungen im Argumentationsraum oder für die Gliederung des Dokumentes im rhetorischen Raum. Diese Form der Planungsunterstützung wird in Anlehnung an das IBIS-Modell geleistet (Kunz & Rittel, 1970), mit dem ein komplexes Problem in Unterprobleme ("issues") gegliedert und mit entsprechenden Lösungsvorschlägen ("positions") und deren Begründungen ("arguments") verknüpft werden kann. Die Abbildung der Planungsstrukturen auf eine Hypertextstruktur, die sowohl eine hierarchische als auch netzartige Strukturierung ermöglicht, hat den Vorteil, daß damit den wesentlichen Anforderungen entsprochen wird, die eine professionelle Autorentätigkeit kennzeichnen (vgl. Hayes & Flower, 1986).

Positionen im Planungsraum werden automatisch in den **Argumentationsraum** übertragen und können dort unterstützt oder angegriffen werden. Die dazu notwendigen Designeinheiten und Operatoren sind in Anlehnung an ein Schema zur Beschreibung von Argumenten entwickelt worden, das von Toulmin (1959) stammt. Es kann in der von uns vorgenommenen Erweiterung über eine Widerspruchsrelation mit einem Gegenargument verbunden oder durch Hinzufügung von weiteren Daten oder Behauptungen zu einer Argumentationskette verlängert werden (vgl. Streitz, Hannemann & Thüring, 1989). Auf diese Weise entsteht ein Hypertextnetz, das das Für und Wider einer Kontroverse in beliebiger Ausweitung und Komplexität repräsentiert. Es hat sich gezeigt, daß die Explizierung einer Argumentation in einer Hypertextstruktur mit `getypten' Knoten und Links sehr hilfreich ist, um Ungenauigkeiten, Inkonsistenzen und Lücken zu entdecken (Conklin & Begeman, 1989). Sie versetzt Autoren in die Lage, sowohl ihre inhaltliche Struktur widerspruchsfrei und kohärent zu organisieren, als auch Dokumente gezielt leserbezogen zu gestalten.

In den einzelnen Aktivitätsräumen entstehen durch Anwendung der jeweiligen Operatoren spezifische **Zwischenprodukte**, die nicht nur eine Entlastung des Gedächtnisses des Autors bewirken, sondern auch Designentscheidungen erleichtern, die im Verlauf der opportunistischen Textplanung getroffen werden müssen. Aus einer Reihe von Untersuchungen geht hervor, daß Personen, die Zugang zu adäquaten Repräsentationen von Zwischenprodukten haben, Designprobleme schneller und besser lösen (Malhotra, Thomas, Carroll & Miller, 1980). Derartige Zwischenprodukte bilden nicht nur die Basis für unmittelbare Designentscheidungen, sondern sie lassen sich auch zur Anreicherung einzelner Dokumentversionen verwerten ("value-added information"). So kann z. B. durch die Einbindung der elaborierten Argumentationsstruktur in das endgültige Dokument ein Leser in die Lage versetzt werden, den „roten Faden" des Gesagten besser nachzuvollziehen.

Der opportunistische Charakter des Schreibprozesses verbietet es, Autoren auf eine vorgegebene **Reihenfolge von Planung, Ideengenerierung und Textproduktion** festzulegen. Auf welche Weise sie ihren Schreibprozeß gestalten und die angebotenen Aktivitätsräume nutzen, können Autoren in SEPIA deshalb völlig frei entscheiden. Um die hierzu notwendige Flexibilität zu gewährleisten, können Hypertextstrukturen zwischen den verschiedenen Räumen referenziert und ausgetauscht sowie anschließend weiterverarbeitet werden. Zur Vermeidung von Inkonsistenzen, die aufgrund von Aktionen in verschiedenen Räumen entstehen können, legt SEPIA besonderes Gewicht auf die Unterstützung des Wechsels von Arbeitskontexten. Diese Unterstützung besteht in erster Linie im Verfolgen und Aufzeigen von Querbeziehungen zwischen den einzelnen Bestandteilen der Hypertextstuktur, die dem Autor die Möglichkeit gibt, zu entscheiden, ob Änderungen in einem Raum auch in andere Räume übernommen werden sollen. Mit dieser Möglichkeit der Konsistenzwahrung wird vor allem der letzten, aus dem Designansatz abgeleiteten Systemanforderung Rechnung getragen, die verlangt, daß die Revision von Designentscheidungen erleichtert werden muß.

Ebenso unproblematisch wie der Wechsel zwischen den verschiedenen Arbeitskontexten erfolgen kann, ermöglicht SEPIA denÜbergang zwischen individuellem und **kooperativem Arbeiten** (vgl. Haake & Wilson, 1992). Hierbei spielen zusammengesetzte Knoten eine zentrale Rolle, die in SEPIA alle Informationen, die zu einer Aufgabe oder einem Themenbereich gehören, zusammenfassen. Dieses Strukturierungselement bildet auch die Grundlage zur Organisierung der Zusammenarbeit von Autoren. Um zu kooperieren, müssen diese – analog zum Aufsuchen eines Konferenzraumes – denjenigen zusammengesetzten Knoten „aufsuchen", der den für sie relevanten Aufgabenkontext oder die themenrelevante Information organisiert. Dabei werden drei verschiedene Arbeitsmodi unterschieden:

1. Jede Tätigkeit innerhalb eines zusammengesetzten Knotens, die ohne einen Partner erfolgt, ist als **individuelle Arbeit** innerhalb eines größeren kooperativen Zusammenhangs anzusehen. Dieser Modus wird in SEPIA bereits durch den Zugriff auf eine gemeinsame Datenbasis unterstützt.

2. Wird beim Navigieren durch ein Hypertextnetz zufällig oder gewollt ein zusammengesetzter Knoten aktiviert, der bereits von einem anderen Autor bearbeitet wird, so befinden sich beide Autoren automatisch in einem **locker gekoppelten Kooperationsmodus** ("loosely coupled mode"). Dieser Modus wird durch zusätzliche Komponenten der graphischen Browser in den einzelnen Aktivitätsräume unterstützt:

   • Jeder Autor sieht die Anzahl, Namen und Aktionen jener Koautoren, die mit ihm gleichzeitig an einem zusammengesetzten Knoten arbeiten. Er kann innerhalb des Knotens navigieren, ohne daß davon seine Partner beeinflußt werden. Verändert er beispielsweise den Bildschirmausschnitt des im Knoten enthaltenen Netzes, so wird dies allein für ihn sichtbar, nicht jedoch für seine Koautoren.

   • Jede Selektion eines atomaren Knotens führt zur Sperrung dieses Knotens für die anderen Partner und wird ihnen durch eine rote Farbmarkierung angezeigt. Die Sperrung verhindert, daß ein Autor die Arbeit eines Koautors versehentlich überschreibt.

3. Eine Arbeitssituationen, in der Autoren eine gemeinsame Datensicht auf den Inhalt eines zusammengesetzten Knotens haben, wird **eng gekoppelter Kooperationsmodus** genannt. Dieser zeichnet sich durch folgende Funktionsmerkmale aus:

- durch eine identische Sicht der Autoren auf die Objekte des zusammengesetzten Knotens, um allen Autoren denselben Ausschnitt des Knotens sowie etwaige Veränderungen anzuzeigen ("shared view"),
- durch einen mit dem Namen des jeweiligen Autors belegten "Telepointer", um auf Objekte des gemeinsamen sichtbaren Auschnittes zu verweisen und
- durch eine Audioverbindung, um synchrone, verbale Kommunikation zu ermöglichen.

Während der Wechsel vom individuellen Arbeitsmodus in den lose gekoppelten Kooperationsmodus einfach dadurch geschieht, daß man einen zusammengesetzten Knoten aufsucht, in dem bereits andere Autoren arbeiten, muß beim Wechsel in den eng gekoppelten Kooperationsmodus die Zustimmung der gewünschten Kooperationspartner eingeholt werden. Die Partner, die ihre Zustimmung geben, befinden sich anschließend im engen Modus. Auf diese Weise ist der Übergang zwischen den drei Modi sehr einfach zu realisieren und erfordert vom Benutzer kaum zusätzlichen Aufwand. Insbesondere wird hierbei die ungeplante und zufällige Kooperation unterstützt, die sich beim gleichzeitigen Zugriff zweier Autoren auf einen zusammengesetzten Knoten ergibt. Eine Grundvoraussetzung zur Realisierung aller drei Kooperationsmodi ist der Zugang zu einer gemeinsamen Datenbasis, um die unterschiedlichen Anforderungen der verschiedenen SEPIA-Installationen zu synchronisieren. Dies wird mit Hilfe einer "hypermedia engine", *HyperBase* genannt, realisiert, die den Kern der Objektverwaltung bildet.

3.3   Die Objektverwaltung

HyperBase übernimmt die Verwaltung der in den Aktivitätsräumen erzeugten Hypertextobjekte, wie atomare Knoten, zusammengesetzte Knoten und Links (Schütt & Streitz, 1990; Schütt, 1992). Sie stellt eine Bibliothek von Funktionen zur Verfügung, die in C implementiert wurde und zum Erzeugen, Lesen, Schreiben und Ändern der verschiedenen Hypertext-Objekte dient. *HyperBase* realisiert ein anwendungsunabhängiges, objektorientiertes Datenmodell, das folgende Merkmale aufweist:

- Unabhängigkeit von der physikalischen Speicherstruktur,
- Trennung der Speicherverwaltung von der Interpretation der gespeicherten Daten und

- Bereitstellung von Transaktionskonzepten, die Mehrbenutzerzugriff (*concurrency control*) sowie Datensicherheit (*recovery*) gewährleisten.

Hyperbase-Objekte können beliebig viele benutzerdefinierte Attribute tragen. Darüber hinaus haben die Objekte eine bestimmte Menge systemdefinierter Eigenschaften, wie z.B. einen Autor und ein Erzeugungsdatum.

In einem ersten Prototyp wurde *HyperBase* mit Hilfe des relationalen Datenbanksystems Sybase realisiert. Gegenwärtig wird sie auf Basis des bei GMD-IPSI entwickelten Datenbanksystems VODAK (Klas, Neuhold & Schrefl, 1990) reimplementiert.

Die Objektverwaltung von HyperBase wird durch einen kontextbasierten "versionserver" (CoVer) für Hyperdokumente (Weber & Schoepf, 1991) ergänzt. Um die besonderen Probleme bei der Versionsverwaltung von Hyperdokumenten zu lösen, bietet CoVer neuartige Konzepte, die die Information des Entstehungskontextes von Versionen zur späteren Identifikation persistent speichern (Weber, 1991) und die Realisierung anwendungsspezifischer Versionsstrategien erlauben. Aufsetzend auf HyperBase und CoVer ermöglicht eine Applikationsschnittstelle, die spezifischen Objekte einer Anwendung auf das gewünschte Daten- und Versionsmodell abzubilden.

4   Zusammenfassung

Die Umsetzung des Designansatzes für die Dokumenterstellung in SEPIA stellt den Versuch dar, Autoren eine Unterstützung zu geben, die den spezifischen kognitiven Anforderungen komplexen Problemlösens entspricht. Mit der Konzentration auf den Autorenaspekt in unserem Hypermediasystem erhält ein Autor nicht nur eine flexible Arbeitsumgebung, sondern es werden damit auch neue Formen des Lernens eröffnet, die Lesern eine wesentlich aktivere Rolle zuweisen, als dies im Rahmen des selbständigen Explorierens von Informationsräumen bereits geschieht. Die Grenzen zwischen einem Autor und seinem Leser werden fließend. Der Leser bzw. Lerner wird zum Koautor, indem er sich aktiv mit dem vom Autor externalisierten Wissensstrukturen auseinandersetzt. Dies kann geschehen durch:

- Hinzufügen von Kommentaren (textuell oder auditiv)
- Einbinden eigenen Materials oder eigener Ideen im Inhaltsraum

- Weitere Ausdifferenzierung oder Umorganisierung der Issue-Struktur im Planungsraum
- Formulierung von Gegenpositionen und Gegenargumenten im Argumentationsraum
- Umorganisierung der Dokumentstruktur (z. B. alternative Pfade) im rhetorischen Raum.

Diese Alternativen zur herkömmlichen Präsentation als auch Aneignung von Information stellen allerdings auch neue Anforderungen an Autoren und Lernende. Im Unterschied zu linearen Texten kann ein Autor beim Schreiben von Hyperdokumenten nicht auf vertraute Konventionen der Dokumentgestaltung zurückgreifen. Für die Entwicklung von Autorensystemen zur Erstellung von Hyperdokumenten stellt deshalb die Ausarbeitung einer Rhetorik für diese Dokumentklasse eine der aktuellsten Forschungsthemen dar (Haake, Hannemann & Thüring, 1991; Thüring, Haake & Hannemann, 1991). In gleicher Weise gilt es, neue Ausbildungskonzepte zu entwerfen und zu realisieren, die es einem Lernenden erlauben, eine aktive und gestalterische Rolle beim Umgang mit komplexen und sich ständig im Wandel befindlichen Informationsräumen zu übernehmen (Streitz & Hannemann, 1990).

Danksagung

Dieser Beitrag ist Ergebnis von Forschungsarbeiten der Abteilung WiBAS am Institut für Integrierte Publikations- und Infromationssysteme (IPSI) der GMD in Darmstadt. Allen Mitarbeiter dieser Abteilung sei deshalb für ihre Unterstützung gedankt. Besonders bedanken möchten wir uns außerdem bei N.A. Streitz und J. Haake für ihre kritische Durchsicht des Artikels sowie ihre zahlreichen Kommentare und hilfreichen Vorschläge.

Fußnoten

[1] SEPIA steht für Structured Elicitation and Processing of Ideas for Authoring.

[2] WiBAS ist die Abteilung für Wissensbasierte Hypermedia- und Autorensysteme des Instituts für integrierte Publikations- und Informationssysteme (IPSI) der Gesellschaft für Mathematik und Datenverarbeitung (GMD) in Darmstadt.

[3] Eine ausführliche Darstellung dieser drei Aspekte des Schreibens findet sich in Thüring und Hannemann (1991).

[4] Im Kontext des Verstehens und Generierens *narrativer* Texte verwenden Van Dijk und Kintsch (1983) für derartige Modelle den Begriff „Situationsmodell".

[5] Eine detailliertere Darstellung geben Streitz, Hannemann und Thüring (1989).

Literatur

Anderson, J.R. & Reder, L.M. (1979). An elaborative processing explanation of depth of processing. In L.S. Cermak & F.U. Craik (eds.), *Levels of processing in human memory.* Hillsdale, N.J.: Lawrence Erlbaum.

Beeman, O.W., Anderson, K.T., Bader, G., Larkin, J., McClard, A.P., McQuilan, P. & Shields, M. (1987). Hypertext and Pluralism: From lineal to non-lineal thinking. In *Proceedings of the 1st ACM Conference on Hypertext (Hypertext `87).* Chapel Hill, North Carolina, November 13-15, 1987, 67-88.

Bereiter,C. & Scardamalia, M. (1987). *The psychology of written composition.* Hillsdale, NJ: Lawrence Erlbaum.

Conklin, J. (1987). Hypertext: An introduction and survey. *IEEE Computer Magazine,* **20** (9), 17-41.

Conklin, J. & Begeman, M.L. (1988). gIBIS: A Hypertext Tool for Argumentation. *ACM Transactions on Office Information Systems,* **6** (4), 303-331.

van Dijk, T.A. & Kintsch, W. (1983). *Strategies of discourse comprehension.* New York: Academic Press.

Duffy, Th.M. & Knuth, R. A. (1990). Hypermedia and instruction: Where is the match? In D.H. Jonassen & H. Mandl (Eds.), *Designing hypermedia for learning.* Heidelberg: Springer, 199-225.

Flower, L. & Hayes, J.R. (1981a). Plans that guide the composing process. In C.H. Frederiksen & J.F. Dominic (Eds.), *Writing: The nature, development, and teaching of written communication.* Hillsdale, NJ: Lawrence Erlbaum, 39-58.

Haake, J. & Wilson, B. (1992). *Supporting cooperative writing of hyperdocuments in SEPIA.*

Haake, J., Hannemann, J. & Thüring, M. (1991). Ein Ansatz zur Organisation von Hyperdokumenten. In H. Maurer (Hrsg.), *Tagungsband der Fachtagung Hypertext/Hypermedia '91 vom 27.-28. Mai 1991 in Graz.* Berlin: Springer.

Hannemann, J., Thüring, M. & Streitz, N.A. (1990). Schreiben als Designproblem: Ein integrativer Ansatz. Vortrag auf dem 37. Kongreß der Deutschen Gesellschaft für Psychologie, Kiel, 23.-27. September, 1990. An abbreviated version is published in D. Frey (Hrsg.) *Bericht über den 37. Kongreß der Deutschen Gesellschaft für Psychologie.* Göttingen: Hogrefe, 60-61.

Hayes, J.R. & Flower, L. (1980). Identifying the organisation of writing processes. In L.W. Gregg & E.R. Steinberg (Eds.), *Cognitive processes in writing.* Hillsdale, NJ: Lawrence Erlbaum, 3-30.

Hayes, J.R. & Flower, L. (1986). Writing Research and the writer. *American Psychologist,* **41** (10), 1106-1113.

Hayes-Roth, B. & Hayes-Roth, F. (1979). A cognitive model of planning. *Cognitive Science,* **3** (4), 275-310.

Jonassen, D. H. & Mandl, H. (1990). *Designing hypermedia for learning.* Heidelberg: Springer.

Kintsch, W. (1987). Foreword. In C. Bereiter & M. Scardamalia, *The psychology of written composition.* Hillsdale, NJ: Lawrence Erlbaum.

Kintsch, W. (1988). The role of knowledge in discourse comprehension: A construction-integration model. *Psychological Review*, **95** (2), 163-182.

Klas, W., Neuhold, E. J. & Schrefl M. (1990). Using an Object-Oriented Approach to Model Multimedia Data. *Computer Communications* **13** (4), 204-216.

v. Kleist, H. (1965). Über die allmähliche Verfertigung der Gedanken beim Reden. In H. Sembder (Hrsg.), *Sämtliche Werke und Briefe*, Bd. 2. München: Carl Hanser, 319-324.

Kunz, W. & Rittel, H. (1970). *Issues as elements of information systems* (Working paper 131). Berkeley, CA: University of California, Center for Planning and Development Research.

Malhotra, A., Thomas, J. C., Carroll, J. M. & Miller, L.A. (1980). Cognitive processes in design. *International Journal of Man-Machine Studies*, **12**, 119-140.

Manns, W. C. & Thompson, S. A. (1987). Rhetorical Structure Theory: A theory of text organisation. In L. Polanyi (Ed.), *The structure of discourse*. Norwood, NJ: Ablex.

Newell, A. (1980). Reasoning, problem solving, and decision processes: The problem space as a fundamental category. In R.S. Nickerson (Ed.), Attention and performance, Vol. 8. Hillsdale, NJ.: Lawrence Erlbaum, 693-718.

Newell, A. & Simon, H.A. (1972). *Human Problem solving*. Englewodd Cliffs, NJ: Prentice-Hall.

Schütt, H. & Streitz, N.A. (1990). HyperBase: A Hypermedia Engine Based on a Relational Database Management System. In A. Rizk, N. Streitz, and J. André (Eds.), *Hypertext: Concepts, Systems, and Applications*, Proceedings of the European Conference on Hypertext 1990, November 27 - 30, 1990. Cambridge: Cambridge University Press, 95-108. (Also available as: Arbeitspapiere der GMD No. 469. St. Augustin: GMD, 1990.)

Schütt, H. (1992). *HyperBase: Eine Hypertextmaschine im praktischen Einsatz.*

Schuler, W. & Smith, J. B.(1990). Author's Argumentation Assistent (AAA): A hypertext-based authoring tool for argumentatvie texts. In A. Rizk, N. Streitz, and J. André (Eds.), *Hypertext: Concepts, Systems, and Applications*, Proceedings of the European Conference on Hypertext 1990, November 27 - 30, 1990. Cambridge: Cambridge University Press, 95-108. (Also available as: Arbeitspapiere der GMD No. 470. St. Augustin: GMD, 1990.)

Streitz, N.A. (1987). Cognitive compatibility as a central issue in human-computer interaction: Theoretical framework and empirical findings. In G. Salvendy (Ed.), *Cognitive engineering in the design of human-computer interaction and expert systems*. Amsterdam: Elsevier, 75-82.

Streitz, N.A. & Hannemann, J. (1990). Elaborating Arguments: Writing, learning, and reasoning in a hypertext based environment for authoring. In D.H. Jonassen & H. Mandl (Eds.), *Designing hypermedia for learning*. Heidelberg: Springer, 407-437.

Streitz, N.A., Hannemann, J. & Thüring, M. (1989). From Ideas and Arguments to Hyperdocuments: Travelling through Activity Spaces. *In Proceedings of the 2nd ACM Conference on Hypertext* (Hypertext `89). Pittsburgh, PA, November 5-8, 1989, 343-364.

Thüring, M. & Hannemann, J. (1991). Der Schrecken des Stils oder Schreiben ... was ist das überhaupt?. *GMD-Spiegel*, **21** (1), 14-21.

Thüring, M. , Haake, J. & Hannemann, J. (1991). What's Eliza doing in the Chinese Room? - Incoherent hyperdocuments - and how to avoid them. In *Proceedings of the 3rd ACM Conference on Hypertext* (Hypertext '91). San Antonio, Texas, December 15-18, 1991. (Also available as: Arbeitspapiere der GMD No. 533. St. Augustin: GMD, 1991.)

Toulmin, S. (1959). *The uses of argument*. Cambridge: Cambridge University Press.

Weber, A. (1991). Publishing tools need both: state-oriented and task-oriented version support. In G.J. Knafl (ed.) *Proceedings of the 15th Annual International Computer Software & Applications Conference* (COMPSAC 91). Kogakuin University, Tokio, Japan, Sept. 11 - 13, 1991. Los Alamitos, CA: IEEE Computer Society Press, 633-639.

Weber, A. & Schoepf, V. (1991). Konzepte zur Versionsverwaltung für die Hyperdokument-erstellung in einer hypertextbasierten Publikationsumgebung. In H. Maurer (Hrsg.), *Proceedings der Hypertext/Hypermedia `91*. Graz, Austria, May 27 - 28, 1991. Heidelberg: Springer, 274-285.

Flusser-Hypertext
Prototyp und Entwicklungserfahrungen

Bernd Wingert
Kernforschungszentrum Karlsruhe
Abteilung für Angewandte Systemanalyse
Postfach 3640, 7500 Karlsruhe

Zusammenfassung

Der „Flusser-Hypertext" basiert auf einem Vortrag des Technikphilosophen Vilém Flusser am 2.3.1989 in einem projektbegleitenden Institutsseminar. In der derzeit vorliegenden 3. Version des auf Grundlage von HyperCard 2.0 programmierten Prototyps erhält der Leser diesen Text am Bildschirm sowie einen erläuternden Apparat zu bestimmten Textstellen, die er auf der „Vortragsebene" über entsprechende Zeichen erkennen und auswählen kann. Zusätzlich steht der Vortrag als „Ton" zur Verfügung sowie als Papierausdruck. In diesen unterschiedlichen Medien liegt der Kern unseres Nutzungskonzeptes: Der Anwender kann sich wahlweise zum Zuhörer des Redners oder zum Leser und Studierenden des Textes machen.

1 Übersicht

Da ich mich im folgenden auf Funktionalität und Design sowie einige Entwicklungserfahrungen zu diesem Prototypen beschränke, soll der Projektkontext wenigstens skizziert werden, weil erst aus diesem der Ansatz und die generelle Zielsetzung verständlich werden. Die Leitlinie war, aus einem gegebenen Texttyp heraus die passende Hypertextorganisation bzw. die adäquate Umsetzung in ein elektronisches Buchdesign zu entwickeln. Entsprechend wurden neben dem „Flusser-Hypertext" noch zwei weitere Prototypen erstellt. Auf der einen Seite eine „Projektkurzdarstellung als Hypertext", die auf dem Symposium ebenfalls präsentiert wurde und eine prägnante Kurzinformation zu unserem Projekt liefert (und folglich zu einer ganz anderen Hypertext-Struktur gelangt). Auf der anderen Seite ein Buchkapitel, das „Autoren – elektronische Manuskripte – Verlage" zum Thema hat, darin unweigerlich auf SGML eingehen muß, und dies nicht nur mit einem entsprechenden Text beschreibt, sondern zugleich mit einem eingebundenen SGML-Editor verständlich macht. Die zentrale Idee dieser Anwendung liegt also in der Möglichkeit, daß

Informatik aktuell
U. Glowalla, E. Schoop (Hrsg.), Hypertext und Multimedia:
Neue Wege in der computerunterstützten Aus- und Weiterbildung
© Springer-Verlag Berlin Heidelberg 1992

Benutzer mit dem Editor selbst „hantieren" können, um so eine Erfahrung zu machen, die textlich nur schwer zu vermitteln ist. [1]

2 Funktionalität und Design anhand von Beispielen

Anhand ausgewählter Abbildungen werden im folgenden die Funktionalität des „Flusser-Hypertextes" erläutert sowie einige Designentscheidungen kommentiert. Ausgangspunkt ist naheliegenderweise die bei uns „Startkarte" genannte Übersicht, die der Idee einer "homecard" folgt. Sie soll in der gewählten Darstellungsweise aber nicht nur eine Übersicht und die zentrale „Wählscheibe" für die verschiedenen Teile sein, sondern das Organisationsprinzip selbst verdeutlichen (s. Abb. 1).

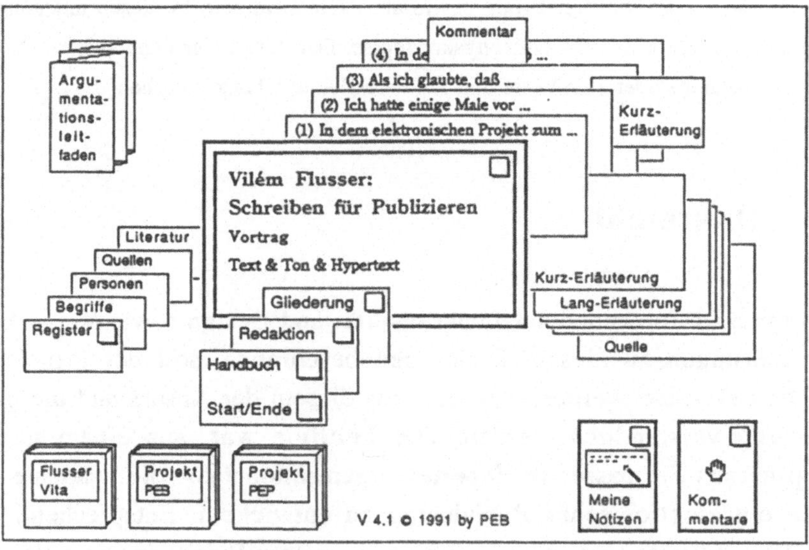

Abb. 1: Start- und Übersichtskarte

Im Zentrum steht der Vortrag von Vilém Flusser (doppelt umrandet); die ersten vier der insgesamt 49 Textkarten sind mit den realen Textanfängen angedeutet. In diesem Kartenstapel befinden sich an bestimmten Stellen Kommentare (von Zuhörern des Vortrages und Lesern des Textes) sowie Kurz-Erläuterungen; an anderen Stellen erhält der Benutzer den gesamten Apparat angeboten, der neben einer Kurz-Erläuterung auch (unterschiedlich viele) Lang-Erläuterungen sowie Quellentexte umfaßt. Eine einführende

Sequenz soll zum Kern, dem Vortrag, hinführen (Start/Ende und Handbuch; Redaktion; Gliederung). Ein „Register" erschließt Vortragstext und Apparat. Unter „Meine Notizen" verwaltet das System selbsttätig die vom Benutzer angefertigten Notizkarten, und unter „Kommentare" die von uns als Redaktion aufgenommenen Kommentare, die nur gelesen werden können. Die Startkarte enthält neben den derzeit zugänglichen Teilen auch solche, die noch einer Vervollständigung harren. [2]

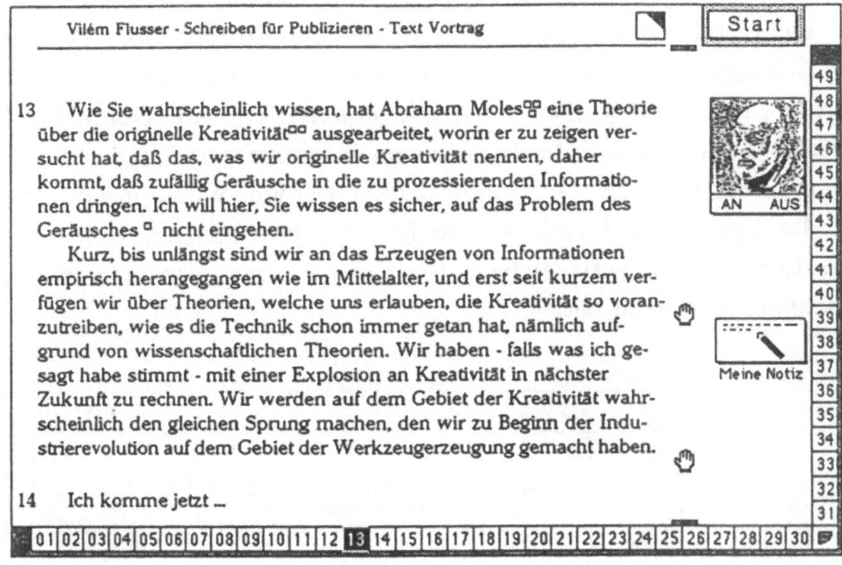

Abb. 2:   Vortragskarte zu TZ 13

Hat der Benutzer (bzw. die Benutzerin) das hier nicht dargestellte Startmenü absolviert und sich erinnern lassen, daß vor einer Benutzung die Lektüre des Handbuches nützlich wäre, gelangt er über die Taste in der rechten oberen Ecke des Titelfeldes auf die erste „*Vortragskarte*". Die einzelnen Elemente werden am Beispiel der „Textziffer [TZ] 13" erläutert (Abb. 2). Flusser beschäftigt sich an dieser Stelle mit der Frage, wie man Kreativität technisch unterstützen könnte und verweist auf Abraham Moles [gesprochen „mo:l"], der als einer der Begründer einer Informationstheorie ästhetischer Wahrnehmung gilt. Die wichtigen funktionellen Merkmale solcher Vortragskarten sind folgende: die „Textziffernleiste" listet alle Bildschirmseiten des Vortrages auf; die jeweils gewählte TZ wird invers gestellt. Mithilfe dieser Ziffernleiste bewegt sich der Benutzer im Text vor oder zurück; es gibt also im strengen Sinne kein

„Blättern". Unter dem Photo von Flusser kann der Leser über „AN" den „Ton" zuschalten, dem Redner zuhören, auch für längere Sequenzen, weil das System automatisch auf die nächste Vortragsseite geht. Beim Ikon zu „Meine Notiz" öffnet das System eigens gestaltete „Notizkarten", wobei selbsttätig bis zu fünf Karten verwaltet werden. Ein Klick auf die „Händchen" macht die Kommentare (anderer!) zugänglich.

Die für die Rezeption wichtigsten Zeichen sind die kleinen Quadrate. Sie signalisieren dem Leser, wo es Erläuterungen gibt. Sinnfälligerweise steht ein Quadrat für das Vorhandensein einer Kurz-Erläuterung, zwei stehen für Kurz- sowie Lang-Erläuterungen und drei für alle drei Ebenen inkl. Quellentexte. Diese Kleinigkeit ist mir wichtig: die rudimentäre Link-Semantik orientiert den Leser differenziert über den beigegebenen Apparat. Durch die unaufdringliche Gestaltung soll die Hypertexten inhärente zentrifugale Bewegungsrichtung („Hier ist noch was!") eingedämmt werden. Wenn gewünscht, „markiert" das System punktuell, welche Ebene schon konsultiert wurde. Auch andere Tasten (z.B. Notizzeichen, Textziffern) kann man sich mit solchen „Eselsohren" markieren lassen.

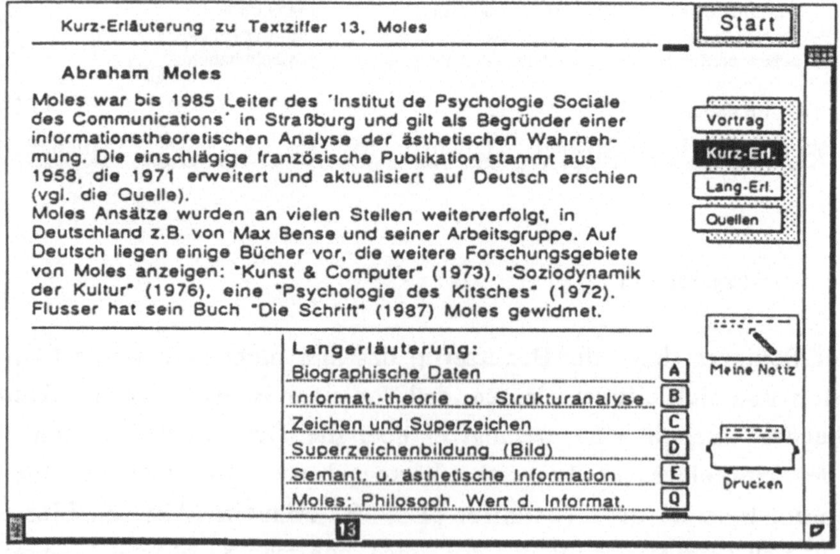

Abb. 3:   Kurz-Erläuterung zu Moles

Ein Klick auf die drei kleinen Quadrate bei „Moles" führt zur *„Kurz-Erläuterung"* (s. Abb. 3). Auch sie folgt im Design dem Prinzip, orientierende Informationen nach Möglichkeit zusammenzuziehen, selbst auf Kosten geringerer

Übersichtlichkeit. Denn die Karte mit der Kurz-Erläuterung enthält nicht nur die erwartete kurze Erläuterung zur gewählten Vortragsstelle, sondern zugleich die Gliederung der Lang-Erläuterungskarten (sofern es welche gibt), auch eine Taste „Q" für Quellentext. Diese Ebene ist also nicht nur die erste Stufe der Vertiefung, sondern zugleich Vermittlungsebene für darüber hinausgehende Informationen. Wie ersichtlich, wurde hier (auch bei den folgenden Lang-Erläuterungen und den Quellentexten) eine andere Typographie gewählt (naheliegenderweise verwenden die Notizkarten dann eine Schreibmaschinenschrift).

Ein wichtiges Designprinzip bei dieser Karte (und den anderen) ist die strikte Trennung zwischen Textfeld und Funktionsfeld. Der Leser (natürlich auch die Leserin) soll den Text rezipieren, diesen selbst aber nicht manipulieren – eine womöglich konservative Einstellung angesichts einer gerade mit „Hyper"-texten propagierten Entwicklung, die Integrität von Texten zu verabschieden. Das „Orientierungszeichen" im Funktionsfeld der Kurz-Erläuterungskarte zeigt im übrigen, auf welcher Ebene sich der Benutzer befindet.

Abb. 4: Lang-Erläuterung A zu Moles

Wählt der Benutzer die Taste „A", gelangt er zur ersten Karte der *„Lang-Erläuterungen"* (s. Abb. 4). Sie enthält bei den Erläuterungen zu den im Vortragstext aufgerufenen Personen (Kant, Picasso, Maxwell u.a.) typischerweise auch eine Abbildung (hier ein Photo). Der Aufbau der in der Hierarchie nun folgenden „*Quellen-Gliederungskarte*" sowie der Textkarten zu den „*Quellen*" haben den gleichen Aufbau, so daß auf eine eigene Darstellung verzichtet werden kann. Stattdessen soll auf einen typischen Designkonflikt hingewiesen werden: Inhalt versus Gestaltung! Der Text zu einer Lang-Erläuterungskarte umfaßt ca. 160 Wörter. Das ist für jeden Autor, der etwa (wie hier) das Verhältnis von „Zeichen und Superzeichen" erläutern soll, oder etwa bei Kant (TZ 21) die „Entwicklung der kritischen Fragestellung", wahrlich nicht viel. [3] Und doch zuviel in den Augen eines Designers, dem eine „leichtere" Seiten- und Textgestaltung mehr am Herzen liegt als dem Autor, der angesichts der Knappheit um einen Rest an Differenzierung ringt. [4]

3   Entwicklungsschritte und einige Erfahrungen

Der Vortrag von Vilém Flusser fand Anfang März 1989 statt. Die Idee, gerade diesen Vortrag als Vorlage für einen Hypertext heranzuziehen, wurde durch drei Umstände nahegelegt. Zunächst unternahm Flusser auch hier eine für ihn nicht untypische Tour d'horizon durch die Technik-, Wissenschafts- und Kulturgeschichte, so daß jeder Leser bei der einen oder anderen Stelle mit seinem Latein am Ende sein dürfte. Zum zweiten war angesichts der heterogenen Zitate (von Picassos Desmoiselles bis zu Maxwells Teufel) die multimediale Ausgestaltung unumgänglich. Schließlich ist Flusser [5] ein faszinierender Redner, der es mit überraschenden Argumentationsschritten und der nötigen Emphase in der Stimme versteht, seine Zuhörer in Bann zu schlagen.

Die Zuhörer beim Vortrag sowie andere Interessierte bekamen das Transkript des Vortrages mit der dreifachen Bitte ausgehändigt, a) Fragen zum Text zu stellen, b) Kommentare zu den Argumenten abzugeben und c) Wünsche bzgl. eines „Hypertextes" zu äußern (n=23 Teilnehmer beteiligten sich an dieser Befragung). Das erhobene Material wurde inhaltsanalytisch ausgewertet und nach entsprechender Sichtung zur Grundlage jener Vortragsstellen, zu denen erläuternde Texte abgefaßt wurden. Zu über 200 Vortragsstellen gab es Nachfragen, etwa 130 haben wir ausgewählt. Es war eine gewisse Tendenz festzustellen, dem Wunsch nach Erläuterung keine zu strenge Disziplin aufzuerlegen — eine angesichts eines im Prinzip nach „hinten offenen" Hypertextes zwar verständliche, aber nicht realistische Haltung. Ein Motiv, etwas genauer in diese Rezeption des Textes hineinzuleuchten, lag in der Hypertexten impliziten Programmatik nach einer „Individualisierung" von Textangeboten. Nicht die Fragen, aber die Vielfalt der Fragehinsichten verbietet es nach unserer Erfahrung, bei solcher „Individualisierung" von allzu hochfliegenden Erwartungen auszugehen.

Ein erster Prototyp war bis August 1990 erstellt. Mit diesem erfolgte eine Evaluation nach einem quasi-experimentellen Design (n=10 Teilnehmer, Kollegen und Kolleginnen aus der Abteilung). Die Teilnehmer waren „Zuhörer" und „Leser" oder „Nur-Leser". Im wesentlichen ging es in dieser Evaluation um ein Abklären der Funktionalität und deren „Benutzerfreundlichkeit". Es gab interessante Aufschlüsse. So geht eine Veränderung am „Orientierungszeichen" direkt auf diese Benutzerreaktionen zurück; die einzelnen Einträge („Kurz-Erl." usw.) wurden nun als Tasten eingerichtet; sie waren zuvor nur passive Orientierungshilfsmittel. Dagegen wurde einem anderen Benutzerwunsch nach Vereinfachung der „Kurz-Erläuterungskarte" nicht nachgegeben. Design muß gelegentlich auch „gegen" die Benutzer durchgesetzt werden.

Nach diesen Benutzerreaktionen und eingehender Analyse, auch externen Designanregungen, wurde ein umfassendes Redesign durchgeführt (Mai 1990; Version 2) und das HyperCard-Programm komplett neu erstellt. [6] Auf dieser Grundlage erfolgte die inhaltliche Ausarbeitung der Texte. Die derzeit noch in Arbeit befindliche Version 3 enthält gegenüber der vorherigen Version zwei wichtige Erweiterungen: zum einen wurden die o.g. Markierfunktionen aufgenommen; zum anderen erfolgen nun der Import von Texten und die Festlegung von Tasten über einen eigenen „admin"-Stack, so daß die entwickelte Struktur partiell generalisierungsfähig ist.

Zwei Erfahrungen, die man beide als *Designdilemmata* einordnen kann, seien aus den Entwicklungserfahrungen herausgegriffen. Einer dieser Konflikte, das Spannungsverhältnis zwischen notwendigem Erläuterungsumfang und ansprechender Gestaltung, wurde schon erwähnt. Um einen ähnlichen - nun aber umgekehrt ausgerichteten - Konflikt ging es bei der Gestaltung der Verweiszeichen in Form der kleinen Quadrate. Hier hat nun der Hypertext-Autor u.U. das Bedürfnis, „dick aufzutragen", will sagen, dem Leser mit dicken Pfeilen, Kasten oder Fettschrift zu bedeuten, wo es in Hypertexten weitergeht - wohingegen der Designer auf schlichte Form pocht! Wo liegt der Kompromiß zwischen „gut lesbar" und „noch unauffällig"? Typographie schied als „Buttoninformation" schon bald aus; die anfänglich verwandten Sternchen als den Text zu stark sprengend ebenfalls. Die nun eingesetzten Quadrate messen drei mal drei Pixel, und obwohl das „Eselsohr" nur einen Pixel ausmacht, ist es als Gestalt gut lesbar.

Im Laufe der Entwicklungs- und Designarbeit hat sich auch die Sensibilität für „Text" und „Sprache" weiterentwickelt. Zwar heißt es im Handbuch, daß mit

„AN" der „Ton" zugeschaltet werden kann, aber handelt es sich bei einer in einer bestimmten historischen Situation gehaltenen „Rede" deshalb um „Ton", weil eben der „Originalton" aufgezeichnet wurde und die Technik die Sichtweise auf das Geschehen diktiert? Stellt das Transkript – obwohl den Lesern auch „gedruckt" vorliegend – im herkömmlichen Sinne „Text" dar? Es lohnt sich, über die genaue mediale Charakteristik solcher „Medienangebote" weiter nachzudenken.

4 Ausblick: Evaluationen

Die Hypertext-Literatur ist reich an Wirkungsthesen, gelegentlich auch an recht weitreichenden. So erscheint es mir problematisch, Hypertexte ohne Vorbehalt als Inbegriff eines benutzergesteuerten, frei individualisierten und dem „assoziativen Netzwerk" noch kongenialen Informationszugangs darzustellen. Was nottut, sind kritische Evaluationen der Wirkungsweise von Hypertexten (und anderer elektronischer Buchartefakte). Diesem Ziel werden auch die hier berichteten Forschungen folgen.

Fußnoten:

[1] Dieses Buchkapitel entstammt einer kürzlich erschienenen Monographie zum „Elektronischen Publizieren" (vgl. Riehm u.a., Springer-Verlag 1992), das zugleich das Vorgängerprojekt darstellt. SGML bedeutet "standard generalized markup language", eine mittlerweise international normierte „Sprache" zur Entwicklung von Dokumenttypdefinitionen.

[2] So ist zwar das Sonderbuch „PEB" (Projekt Elektronisches Buch) schon erstellt (s.o.), nicht jedoch die anderen „Bücher" zum Vorgängerprojekt PEP (Projekt Elektronisches Publizieren) und zu „Flusser-Vita". Auch der „Argumentationsleitfaden", der nach Art eines Faltplanes den Vortrag als Argumentationsstruktur verdeutlichen soll, ist zwar schon konzipiert, aber noch nicht ausgearbeitet.

[3] Beim Erstellen der Texte zu Kant, wie auch zu anderen Personen wie Picasso, Cézanne, Cusanus u.a. sei die tatkräftige Hilfe von Frau Dr. Ursula Köhler, Universität Mannheim, dankbar verzeichnet.

[4] Von diesem Konflikt zwischen Textumfang und Bildschirmdesign zeugen viele Diskussionen, die wir im Rahmen dieser Anwendung mit Professor Klaus Bessau, FHS für Gestaltung Mannheim, geführt haben. Wir verdanken seinen kritischen Hinweisen und Vorschlägen viel.

[5] Vilém Flusser kam Ende November 1991 bei einem Verkehrsunfall ums Leben. Die gewählte Präsensform ist dennoch gerechtfertigt, da sein Vortrag als Originalaufzeichnung ja aufbewahrt ist.

[6] Die effektive und gute Kooperation mit dem Karlsruher „Team Fidelitas" (Harms u.a.) bei dieser Programmierung sowie bei nachfolgenden Verbesserungen sei festgehalten.

MIAS - Medizinisches Informations- und Ausbildungssystem:

EIN KONZEPT FÜR DIE COMPUTERGESTÜTZTE LEHRE IN DER MEDIZIN

Martin Fischer
DA GAMA Gesellschaft für Medizin & Pharmazie mbH
Brombergstr. 17 c, 7800 Freiburg

1 Einleitung

Die Informationsflut in der Medizin steigt besonders schnell – man geht von einer Verdoppelung des medizinischen Faktenwissens alle 6 Jahre aus. Angesichts immer noch überfüllter Hörsäle und einer großen Praxisferne in der medizinischen Ausbildung besteht Bedarf für neue didaktische Konzepte. Computergestützte Lernprogramme stellen eine interessante Komponente im Kanon möglicher Innovationen dar.

Das Medizinische Informations- und Ausbildungssystem (MIAS) wurde 1989 ins Leben gerufen und hat sich seitdem mit einigen Modifikationen weiterentwickelt. Als rahmengebende Struktur kann es Bemühungen im Hinblick auf die überregionale Erstellung von Lern- und Ausbildungssystemen in der Medizin koordinieren helfen. Es wird auf Apple-Macintosh Computern produziert und ist zur Zeit auch nur auf diesen Rechnern lauffähig. Eine DOS/Windows-kompatible Version ist in Arbeit.

Der Beitrag versucht, das Profil des MIAS-Modells aufzuzeigen und mit den bereits in Angriff genommenen Teilmodulen zu illustrieren.

2 Das MIAS-Konzept

MIAS ist als eine Reihe von interaktiven Lernprogrammeinheiten geplant, die das medizinische Curriculum modular und systematisch abdecken. Die Umsetzung hat sich bisher auf einzelne Segmente aus diesem Rahmenplan konzentriert.

Informatik aktuell
U. Glowalla, E. Schoop (Hrsg.), Hypertext und Multimedia:
Neue Wege in der computerunterstützten Aus- und Weiterbildung
© Springer-Verlag Berlin Heidelberg 1992

Nach Entwicklung einer einheitlichen und anwenderfreundlichen Benutzeroberfläche und eines detaillierten Pflichtenheftes werden klinische Experten als Storyboardautoren zu ihrem Spezialgebiet tätig. Nach den Vorgaben dieses Storyboards wird dann ein Programm-Modul – z.B. zur Herzphysiologie – von einem technischen Entwicklerteam umgesetzt.

Alle Elemente eines multimedialen Systems stehen zur Nutzung zur Verfügung. Akustische Dopplersonographiebefunde, 3D-animierte anatomische Modelle, Trickfilme, Grafiken und histologische Befunde, Videosequenzen und Hypertextanteile werden dabei verbunden.

Durch die zentrale Abstimmung seitens des Herstellers werden außer einer einheitlichen grafischen Gestaltung, die eine leichte Erweiterbarkeit und Quervernetzung der Programm-Module ermöglicht, Doppelbearbeitungen von Themenstellungen vermieden.

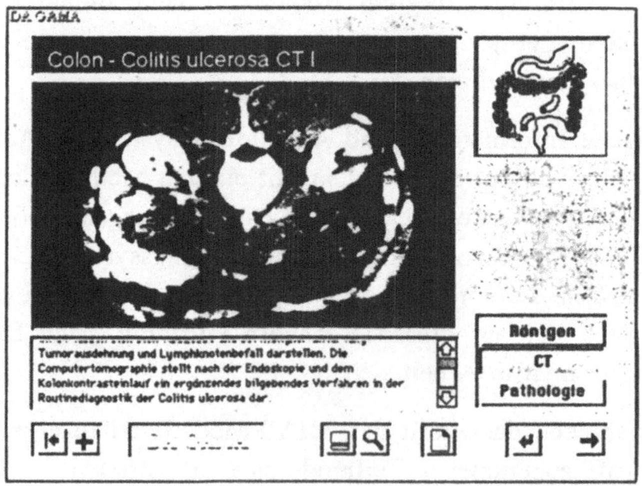

Abb. 1 MIAS-Benutzeroberfläche

Wie Abbildung 1 zeigt, beschränken sich die grafischen Bedienelemente auf wenige, wesentliche Programmfunktionen. Die Anordnung ist über die verschiedenen Programme hinweg konstant und ermöglicht dem Benutzer eine schnelle Orientierung in allen MIAS-Modulen, auch wenn sie von verschiedenen Autoren- und Entwicklerteams stammen.

Die thematische Auswahl mit klarer inhaltlicher Zielsetzung und eine medien-
gerechte Beschränkung des Umfanges der einzelnen MIAS-Teilprogramme
sind weitere wichtige Gesichtspunkte in Bezug auf eine zeitlich überschaubare
und didaktisch sinnvoll einsetzbare Entwicklung. Stellvertretend für andere
Teilbereiche sei hier die Dopplersonographie genannt und illustriert. Sie ist
Beispiel für ein Modul, das ausschließlich aus dem Lehrbuch, ohne die Verbindung von visueller und akustischer Information, vom Lernenden nur äußerst
schwer zu erfassen ist (vgl. Abbildung 2).

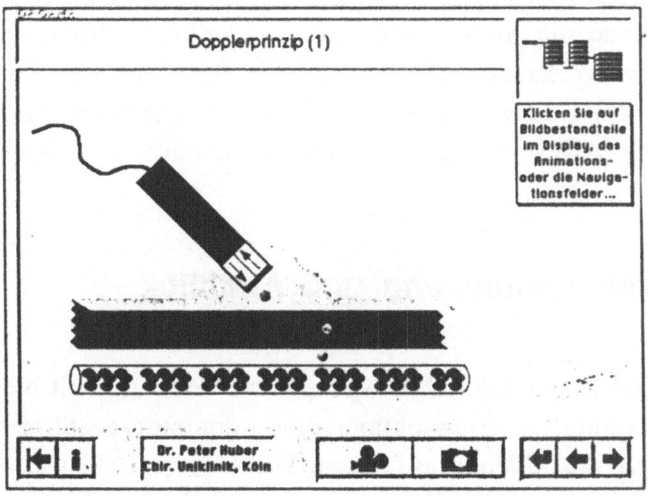

Abb. 2   Beispiel für eine multimediale Lernkomponente im MIAS-System

MIAS enthält neben systematisch gegliederten Lerninhalten auch Abfragemo-
dule in Form von Multiple-Choice-Tests und von Fragen, die durch Textein-
gabe beantwortet werden.

Als Beispiele für den thematisch gegliederten Teil von MIAS können zur Zeit
die folgenden Applikationen genannt werden:

- „Die Venöse Doppleruntersuchung" in Kooperation mit der Me-
  dizinischen Akademie Magdeburg und der Unversität Freiburg,
- „Die Arterielle Doppleruntersuchung" in Kooperation mit der
  Universität Köln,

- „GIT - Der Gastrointestinaltrakt" in Kooperation mit der Universität Nürnberg-Erlangen und dem Krankenhaus Forchheim,
- „Das Herz" in Kooperation mit der Universität Ulm.

Neben dem systematischen Teil soll MIAS in Zukunft auch durch fallbezogene Lernmodule didaktisch ergänzt werden. Gerade durch diese an klinische Probleme angelehnten Programmteile kann der diagnostisch-hypothetische Denkprozess in einer Weise geschult werden, die weit über die Möglichkeiten bisher verwendeter Lehrmittel hinausgeht. Da die patientenorientierten MIAS-Module noch in Entwicklung sind, können die Vorzüge und Probleme dieses didaktischen Ansatzes bislang nur mit Hilfe kurzer Programmbeispiele diskutiert werden. Aufgrund der bisher an deutschen Medizinhochschulen nur in sehr geringem Maße vorhandenen Lerncomputer für Studenten und wegen der aufwendigen Entwicklung gibt es bisher keine wissenschaftlichen Evaluationen zum Lernen mit MIAS im Vergleich zu herkömmlichen Methoden.

3   Zusammenfassung und Ausblick

Das MIAS-Konzept der DA GAMA-Gruppe aus Freiburg soll die Möglichkeiten einer koordinierten Entwicklung eines computergestützten Lehr- und Lernsystems für die Medizin aufzeigen. Die Notwendigkeit eines interdisziplinären Ansatzes zwischen Informatikern, Psychologen, Grafikern und Medizinern soll dabei deutlich werden. Die Schaffung eines didaktischen Forums bzw. ein intensiveres Engagement bereits vorhandener Gremien für die medizinische Lehre unter Einbeziehung aller erwähnten Disziplinen wäre wünschenswert. Die Einrichtung einer größeren Zahl von Computerlernplätzen an den Hochschulen stellt dabei eine Grundvoraussetzung für die Integration von digitalen Ausbildungsprogrammen in das medizinische Curriculum dar.

Durch die Beteiligungung von erfahrenen Autoren lassen sich in dem vorgestellten System mit den vorhandenen technischen Mitteln hochwertige Programme entwickeln, die geeignet sind, die medizinische Lehre und Ausbildung anzuregen. Anhand der Demonstration der bereits umgesetzten Programmteile werden Fehler und Vorteile des Konzeptes deutlich und können möglicherweise als Diskussionsgrundlage oder Anregung für weitere Entwicklungen dienen.

Benutzernavigation im Hypermedia Lehr-/Lernsystem HERMES

Eric Schoop
Lehrstuhl für Betriebswirtschaftslehre und Wirtschaftsinformatik,
Universität Würzburg, Neubaustr. 66, 8700 Würzburg

Zusammenfassung

Lernen am Computer und mit dem Computer unterliegt, je nach Aufgabenstellung und Zielgruppe, unterschiedlicher Motivation und kann diverse Formen der Systemunterstützung erfahren. In diesem Beitrag wird ein umfangreiches Lehr-/Lernsystem über die Betriebswirtschaftslehre vorgestellt, das für ein veranstaltungsergänzendes, vor- und nachbereitendes Erarbeiten betriebswirtschaftlicher Zusammenhänge im Rahmen des Universitätsstudiums konzipiert wurde. Das System HERMES ist als Hypertext organisiert und wird mittlerweile in zweiter Auflage auf optischem Datenträger (CD ROM) für Apple Macintosh Arbeitsplatzrechner angeboten. Das Lehr-/Lernprogramm entstand am Lehrstuhl für BWL und Wirtschaftsinformatik an der Universität Würzburg, Prof. Dr. R. Thome, unter Leitung des Verfassers, befindet sich in kontinuierlicher Fortschreibung und steht seit Mitte 1991 Studenten der Wirtschaftswissenschaften an der Universität Würzburg zur Verfügung.

In einer im Wintersemester 1991/92 mit einer kleinen Probandengruppe durchgeführten Einsatzstudie wurde untersucht, inwieweit das reichhaltige Angebot alternativer Navigationsmöglichkeiten im HERMES-System in der Praxis erkannt und tatsächlich genutzt wird und auf welche Akzeptanz das Lernen betriebswirtschaftlichen Grundlagenwissens im Selbststudium am Computer generell stößt.

1 Projekt

Das Studium der Betriebswirtschaftslehre an bundesdeutschen Hochschulen ist in den letzten Jahren zunehmend gekennzeichnet durch gravierende Kapazitätsengpässe hinsichtlich Lehrpersonal und Räumlichkeiten. Das sich trotz Numerus Clausus weiter verschärfende Massenproblem geht zu Lasten der Qualität von Lehre und Forschung. Daher ist es dringend erforderlich, alternative Methoden der Wissensvermittlung und -vertiefung in Ergänzung zum klassischen Frontalunterricht in überfüllten Vorlesungen und Seminaren zu er-

Informatik aktuell
U. Glowalla, E. Schoop (Hrsg.), Hypertext und Multimedia:
Neue Wege in der computerunterstützten Aus- und Weiterbildung
© Springer-Verlag Berlin Heidelberg 1992

forschen und schnellstmöglich nutzbar zu machen. Eine vergleichsweise wirtschaftliche Lösung kann im Einsatz computerunterstützter Selbstlernarbeitsplätze zum veranstaltungsvorbereitenden, -begleitenden und -ergänzenden Erwerb insbesondere von Grundlagen- und Zusammenhangswissen liegen (vgl. Schoop, 1991).

1.1   Motivation

Der Hypertext-Form des Informationsmanagements (vgl. Schoop, 1992, im vorliegenden Band) wurde von ihren ersten Befürwortern (Bush, Engelbart, Nelson) die Fähigkeit zugesprochen, durch die flexible Verknüpfung von Ideen den menschlichen Intellekt zu erweitern und durch das einfache Bilden und Umgestalten von Assoziationen Informationen zu personalisieren und ihnen freie Annotierbarkeit, individuelle Sichten und jederzeitige Erreichbarkeit zu verleihen. Hypertextsysteme sollen den Benutzer damit als aktiven Teilnehmer in den Austausch von Informationen integrieren und so den selbständigen Umgang mit Wissen auf eine neue Stufe stellen. Leggett, Schnase und Kacmar (1990) nehmen hierzu jedoch kritisch Stellung und weisen darauf hin, daß primär die Eigenschaften des jeweils verwendeten Hypertextsystems (sie unterscheiden in ihrer Taxonomie die Klassen *literary, structural, presentational, collaborative* und *explorative systems*) für Effektivität und Akzeptanz einer Lernanwendung von entscheidender Bedeutung sind.

Jonassen und Grabinger (1990) erachten aus der Vielzahl von Auffassungen über Lernen die drei nachstehenden Ausprägungen von Lernprozessen als am ehesten durch Hypermediasysteme unterstützbar:

- <u>Informationssuche</u>: Genauigkeit, Verständlichkeit, geringe Zugangszeit und die Möglichkeit alternativer Präsentationsformen der verwalteten Informationen sind die Hauptcharakteristika von Hypertextsystemen. Die Informationsaufnahme ist Grundvoraussetzung für weitere Lernaktivitäten.

- <u>Wissenserwerb</u>: Gemäß der kognitiven Auffassung von Lernen als Reorganisation vorhandener Wissensstrukturen infolge des Einbindens neuer Informationen können computerunterstützte Lernsysteme bei entsprechender Funktionalität die Prozesse der Akkumulation, Umstrukturierung und verfeinernden Anpassung des verarbeiteten Wissens als Werkzeug nachvollziehen und sichtbar machen. Hier werden die Hauptvorteile des Hypertextansatzes vermutet.

- <u>Problemlösung</u>: Bei Konzeption als „offenes System" mit der Möglichkeit der unmittelbaren Einbindung externer Programme können Hypertext-Lernsysteme zur Problemlösung beitragen, indem sie neben der Problemdarstellung dem Lerner Hilfsmittel zur Lösung (Algorithmen, Sekundärinformationen etc.) als „Werkzeugkasten" zur Verfügung stellen und im Anschluß das Ergebnis anhand erwarteter Zielvorgaben überprüfen.

Allerdings sehen die Autoren neben der Schwierigkeit der Umsetzung der oben genannten Systemeigenschaften auch eine Reihe von Fragen bezüglich Grad, Ausprägung und Nutzen der im Hypertext per definitionem vorherrschenden Lernerkontrolle für verschiedene Zielsetzungen und Anwendergruppen als noch ungelöst an.

Ungeachtet dieser Fragestellungen stehen Lernanwendungen neben Präsentationsaufgaben mit an erster Stelle bei den heute realisierten Hypertextsystemen (vgl. etwa die Übersicht bei Nielsen, 1990, S. 64-72).

1.2   Entwicklung

Vor diesem Hintergrund war es aus Sicht der Wirtschaftsinformatik von besonderem Interesse, zu untersuchen, inwieweit ein Hypertextsystem als modernes Konzept einer individuellen, interaktiven Informationsverarbeitung am Computer unter einer einfach zu bedienenden, grafischen Benutzeroberfläche auch von Studenten der Betriebswirtschaftslehre, die dem Computereinsatz gemeinhin eher reserviert gegenüberstehen, als Lernsystem akzeptiert und genutzt werden würde.

In einem prototypischen Entwicklungsprozeß wurden seit August 1989 auf Basis des Hypertextwerkzeuges HyperCard der Firma Apple Computer sukzessive drei Versionen eines Informationssystems mit alternativen Oberflächen und Interaktionskonzepten ausgearbeitet und im Rahmen von Messevorführungen und Vorträgen in Lehrveranstaltungen zunächst vorgestellt, später auch während eines Seminars in praktischer Arbeit von Studenten zur Stoffvorbereitung genutzt. Seit Mai 1990 entstand auf Basis dieser Vorarbeiten eine Autorenumgebung, mit deren Hilfe die heute verfügbaren Ausarbeitungen erstellt wurden und künftige Ergänzungen vorgenommen werden (vgl. Schoop, 1992).

Das Grundkonzept des HERMES-Projektes besteht darin, mit vergleichsweise einfachen Mitteln in kurzer Zeit möglichst viele Wissensbausteine des großen

Fachgebietes der Allgemeinen Betriebswirtschaftslehre abzubilden. Zurückgegriffen wird dabei auf eine Vielzahl von Autoren, die in der lehrstuhleigenen Autorenumgebung unter koordinierender Betreuung ihre Themenblöcke im Rahmen von Diplomarbeiten aufbereiten. Hinsichtlich der Medienauswahl für die Wissensumsetzung werden Erkenntnisse aus einer begleitenden Untersuchung (Hartenstein, 1990) berücksichtigt. Während zunächst der Schwerpunkt der Ausarbeitungen darin bestand, die Wissensgebiete breitgefächert mit Querverweisen zwischen den einzelnen Themenstellungen für eine selbstgesteuerte Informationsaufnahme abzudecken, ergänzen mittlerweile neue Ausarbeitungen diese Plattform um vertikale Sockel in Form von Simulationen und Fallstudien für ein entdeckendes, problemlösendes Lernen an einzelnen Beispielen. Die Themendarstellungen sind um ein umfangreiches, integriertes Testsystem zur Erfolgskontrolle ergänzt, das jederzeit aufgerufen werden kann und auch wieder Rücksprünge in die Ebene der Wissenspräsentation erlaubt. Es wird am Lehrstuhl zentral aufbereitet und ständig erweitert. In diesem Bereich des Lehr-/Lernsystems fanden auch erste Versuche einer Einbindung von Elementen der „künstlichen Intelligenz" zur Erfolgsbeobachtung und -auswertung statt (PROLOG-Implementierung unter HyperCard; Dehli, 1991).

1.3   Eigenschaften

Das HERMES-System basiert auf dem Hypertextprinzip. Die einzelnen Wissensbausteine werden in einer Anzahl von untereinander unabhängigen, in der Regel nur einzelne Bildschirmansichten umfassenden Informationsknoten (Objekte) in jeweils thematisch geeigneter Darstellungsform präsentiert. Zum Einsatz kommen Text, Grafik, Bild, manuell gesteuerte Grafik- oder Bildfolgen, Sprache und automatisch ablaufende Trickfilm- oder Videosequenzen. Die aufeinanderfolgende Abarbeitung dieser Knoten wird durch den Anwender selbst realisiert, indem er auf der Basis des von Autoren und System vorgegebenen, komplexen Verweissystems individuell durch die Wissensbasis navigiert. Er kann mit Hilfe der Maus in der grafischen Benutzerumgebung jederzeit aktiv entscheiden, *was* er *wann, wie oft, in welcher Reihenfolge* und *wie detailliert* durchsehen und ob er sich zu bestimmten Abschnitten einer *Lernerfolgskontrolle* unterziehen möchte.

Im Juni 1991 erschien die erste, umfassende Version des Lehr-/Lernsystems mit 13 weitgehend abgeschlossenen Themenstellungen im Umfang von ca. 80 Megabyte auf CD ROM Datenträger. Im März 1992 folgte die zweite, stark erweiterte sowie inhaltlich und funktional verbesserte Auflage. Der heutige Stand von HERMES umfaßt (ungefähre Angaben):

- 150 Megabyte Datenvolumen auf Apple Macintosh CD ROM,
- 21 Themengebiete (BWL, Wirtschaftsinformatik, Logistik),
- 8.500 Bildschirmseiten mit Text- und Grafik-Informationen,
- 4 bis 8 Stunden durchschnittliche Bearbeitungszeit je Thema (im Modus Vertiefungswissen),
- 350 Testfragen (Multiple Choice mit Einfach-, Mehrfach- und freien Antworten),
- 30 Animationen,
- 15 Video-Einblendungen,
- 20 Fallstudien (Interaktive Übungsbeispiele, Simulationen).

2 Anwendung

Das Mengengerüst des HERMES-Systems zeigt, daß es sich nicht um ein von einer bestimmten Anwendergruppe nur einmal zu benutzendes Tutorial eng begrenzten Umfangs handelt. Vielmehr sollen mit dem Informationssystem mehrere Verwendungsmöglichkeiten unterstützt werden. Die anschließend aufgezeigten Zielgruppen und Nutzungsalternativen bilden die Grundlage für die Formulierung von Hypothesen als Ausgangspunkt für die durchgeführten Untersuchungen.

2.1 Benutzer

Der Anwender steht im Mittelpunkt des im HERMES-System vorherrschenden Hypertextkonzeptes. Die Informationsaufnahme ist nach dem Prinzip des "open learning" ausschließlich benutzergesteuert. Zwar werden durch die Autoren der Beiträge alternative Routen durch die Wissensbausteine vorgeschlagen und grafische Strukturübersichten zur Verfügung gestellt, doch die tatsächliche Navigationsentscheidung liegt zu jedem Zeitpunkt beim Benutzer.

Wenngleich die Applikation in erster Linie für Studenten als – freiwillige – Alternative zur herkömmlichen Stoffvermittlung in Vorlesungen und Seminaren gedacht ist, ergeben sich noch weitere Nutzungsmöglichkeiten, wie die nachfolgende Tabelle zeigt.

Tab. 1: Nutzungsalternativen des HERMES-Systems

Anwender	Nutzungsschwerpunkte
Student	• Erarbeiten neuen Wissens • Wiederholung bekannten Wissens • Konkrete Prüfungsvorbereitung
Dozent	• Zusammenstellung von Veranstaltungsunterlagen • Themenstrukturierung • Sammeln von Beispielen
Praktiker	• Aufarbeitung der theoretischen Grundlagen seines Arbeitsgebietes • Einblick in angrenzende Tätigkeitsgebiete

2.2 Navigation

Die oben aufgezählten Nutzungsarten sind teilweise stark voneinander abweichend und können nur bei Verfügbarkeit unterschiedlicher Interaktionskonzepte für alternative Lernstrategien erreicht werden. Wie Abbildung 1 zeigt, sind die einzelnen Bildschirmseiten in jedem HERMES-Hauptfenster grundsätzlich so strukturiert, daß dem Lerner in Ergänzung zur eigentlichen Informationsfläche am rechten und unteren Bildschirmrand zwei Menüleisten für die Navigation zur Verfügung stehen. Grundgedanke der Objektanordnung ist, daß die untere rechte Ecke des Fensters für beide Leisten zentraler Ausgangspunkt der Mausansteuerung ist. Die einzelnen Objekte sind nach ihrer – vermuteten – Nutzungshäufigkeit von hier aus mit abnehmender Wichtigkeit sortiert. Während die rechte Leiste die Hauptnavigationsformen

- Pfadverfolgung,
- Aufruf der grafischen Strukturübersicht („Hierarchiegrafiken") und
- Rücksprung zur letzten Bildschirmansicht bzw. Beenden des Programms

beinhaltet, stellt die Fußleiste alle anderen Funktionen zur Verfügung. Neben dem Wechsel zu ergänzenden Beispielen (Bildfolgen, Animationen, Video oder auch simulative Fallstudien), dem Aufruf des Testprogramms zur kapitelorientierten Lernerfolgskontrolle und dem Einblenden der für den aktuellen Ab-

schnitt relevanten Referenzliteratur erlauben sieben weitere Menüpunkte die
Auswahl aus ihren jeweiligen Unterfunktionen.

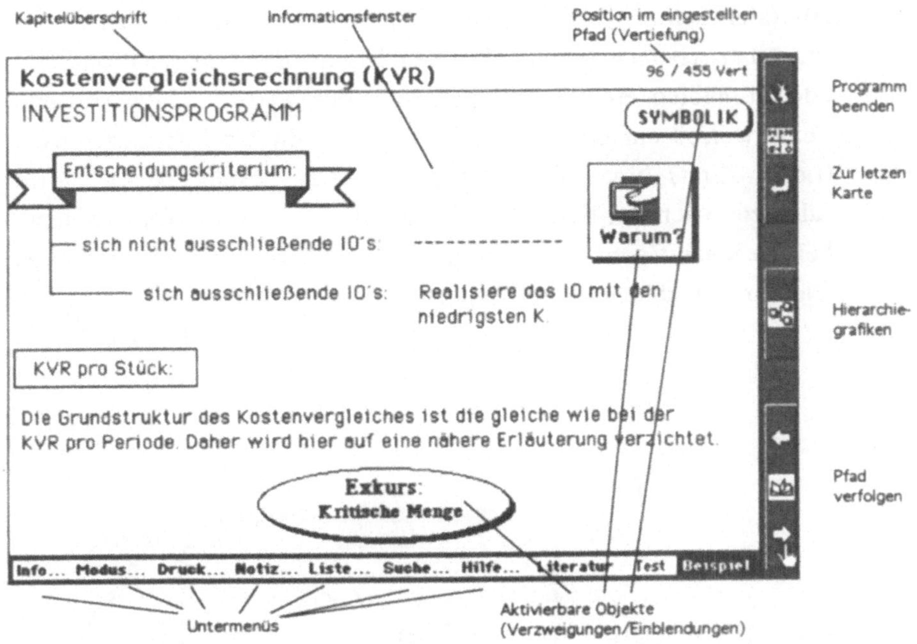

Abb. 1: Benutzeroberfläche des HERMES-Systems

Die Abbildungen 2 und 3 stilisieren die Alternativen, die dem Lerner im HER-
MES-System für den Wechsel zwischen den einzelnen, voneinander unabhängig organisierten Wissensbausteinen (einzelne Bildschirmseiten) zur Verfügung stehen. Dabei läßt sich grundsätzlich unterscheiden zwischen

- direkter Objektmanipulation (das Anklicken mit der Maus führt zu
  einem unmittelbaren, vom Autor oder System vorgegebenen
  Wechsel auf eine assoziierte Information) und
- Nutzung von Hilfsmechanismen (Browser, Listen, Dialoge), die
  einen indirekten, vom Lerner spezifizierten Wechsel erlauben.

Durch direkte Objektmanipulation werden folgende Konzepte verwirklicht:

- Lernpfade: Die Autoren geben Verweisketten als "guided tours"
  vor, die in unterschiedlicher Detaillierung (Kurzorientierung ca.
  $1/2$ Stunde, Vertiefung ca. 6 - 8 Stunden Lernzeit) durch das Thema führen und auf denen vorwärts und rückwärts geblättert

werden kann. Das „Modus..."-Menü erlaubt das Umschalten zwischen den Pfaden.

- <u>Direkte Verknüpfung</u>: Das Aktivieren von fettgeschriebenen Texten oder schwarz schattierten Objekten im Informationsfenster führt zur assoziierten inhaltlichen Ergänzung (Informationsseite oder eingeblendeter Zusatzkommentar des Autors). Unterstrichene Texte weisen auf einen unmittelbar zugeordneten Literaturverweis (i.d.R. Zitat) hin, das Anklicken normal geschriebener Worte führt zur nächsten Seite, auf der das Wort erneut auftaucht, bzw. bei gleichzeitigem Drücken der "shift"-Taste in ein spezielles Glossar zur näheren Begriffsbestimmung.

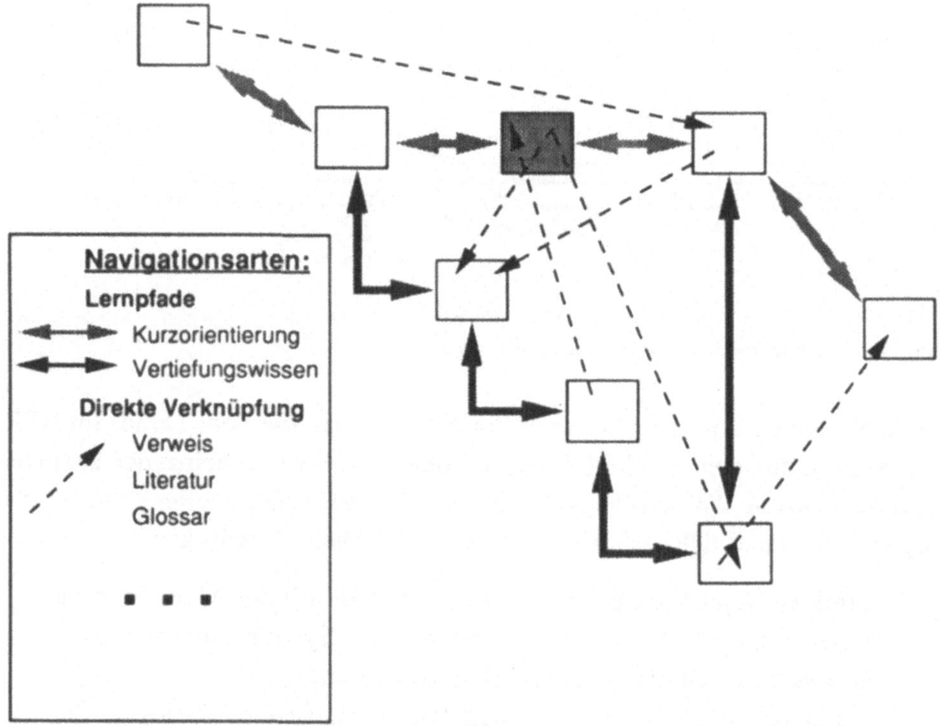

Abb. 2: Navigation im HERMES-System durch direkte Objektmanipulation ("link following")

Weiterführende Navigationskonzepte, insbesondere für geübte Anwender, ermöglicht der Einsatz folgender Hilfsmechanismen:

- <u>Grafischer Browser</u>: Jeder Beitrag ist von seinem Autor in gewohnter Weise hierarchisch gegliedert in Ober- und Unterkapitel. Diese Struktur wird als quergelegter Baum grafisch angezeigt. Die einzelnen Äste können durch Anklicken mit der Maus nach „oben" (= links) bzw. nach „unten" (= rechts) durchwandert werden. Die Aktivierung eines Blattes (= Textfeld) führt an den Anfang des entsprechenden Kapitels. Der aktuelle Standort in der Wissensbasis bei Aufruf der Hierarchiegrafik wird durch Fettschrift verstärkt hervorgehoben.

- Index-Listen: Der Lerner kann während jeder Arbeitssitzung beliebig viele Bildschirmseiten in freier Reihenfolge memorieren, indem er sie in eine Hauptspeicherliste einstellt. Dieser Index läßt sich in linearer Folge rückwärts (= zurück zum letzten, relevanten Merkposten vor eventuellem Abschweifen vom Thema) oder sprunghaft durch direktes Aktivieren einer bestimmten Zeile (= Kapitelname und relative Position der Bildschirmseite im Vertiefungspfad) abarbeiten. Listen können jederzeit abgespeichert, neu geladen, fortgeschrieben oder modifiziert werden. Die indizierten Bildschirmseiten lassen sich unmittelbar in der in einer Liste aufgeführten Reihenfolge ausdrucken.

- Suche: HERMES erlaubt neben der Kapitelanwahl über lineare Inhaltsverzeichnisse auch klassisches Information Retrieval. Hierfür stehen beitragsbezogene, zweistufig gegliederte Thesauri zur Verfügung. Die Schlagworte – sie werden für jedes Thema von den Projektmitarbeitern am Lehrstuhl zentral vergeben – können nach der "bool'schen Logik" mittels „und" bzw. „oder" zu komplexeren Suchtermen kombiniert werden. Weiterhin ist eine Volltextsuche nach beliebigen, über Tastatur einzugebenden Begriffen oder Textkombinationen in bestimmten Kapiteln oder in ganzen Beiträgen möglich. Die Treffer einer erfolgreichen Suche (= gefundene Bildschirmseiten) werden in eine Hauptspeicherliste eingestellt und lassen sich vorwärts und rückwärts durchblättern.

Eine weitere Möglichkeit des aktiven Erarbeitens von Wissen bietet die Funktion des Annotierens beliebiger Bildschirmseiten. Zwar ist das HERMES-System aufgrund seiner Distributionsform auf CD ROM Datenträger prinzipiell als reines Lesesystem konzipiert, doch eröffnen die mitgelieferten Installationsroutinen die Möglichkeit, auf einer vom Anwender frei definierbaren Festplatte (oder Diskette) allgemein zugängliche und private Annotationen als separate Dokumente, die mit den Originalseiten über automatisch verwaltete Indizes verknüpft sind, anzulegen. Die Kommentarseiten können selbst wiederum untereinander oder mit anderen Dateien (Textdokumente, Tabellen, Grafiken) als Hypertext verknüpft werden.

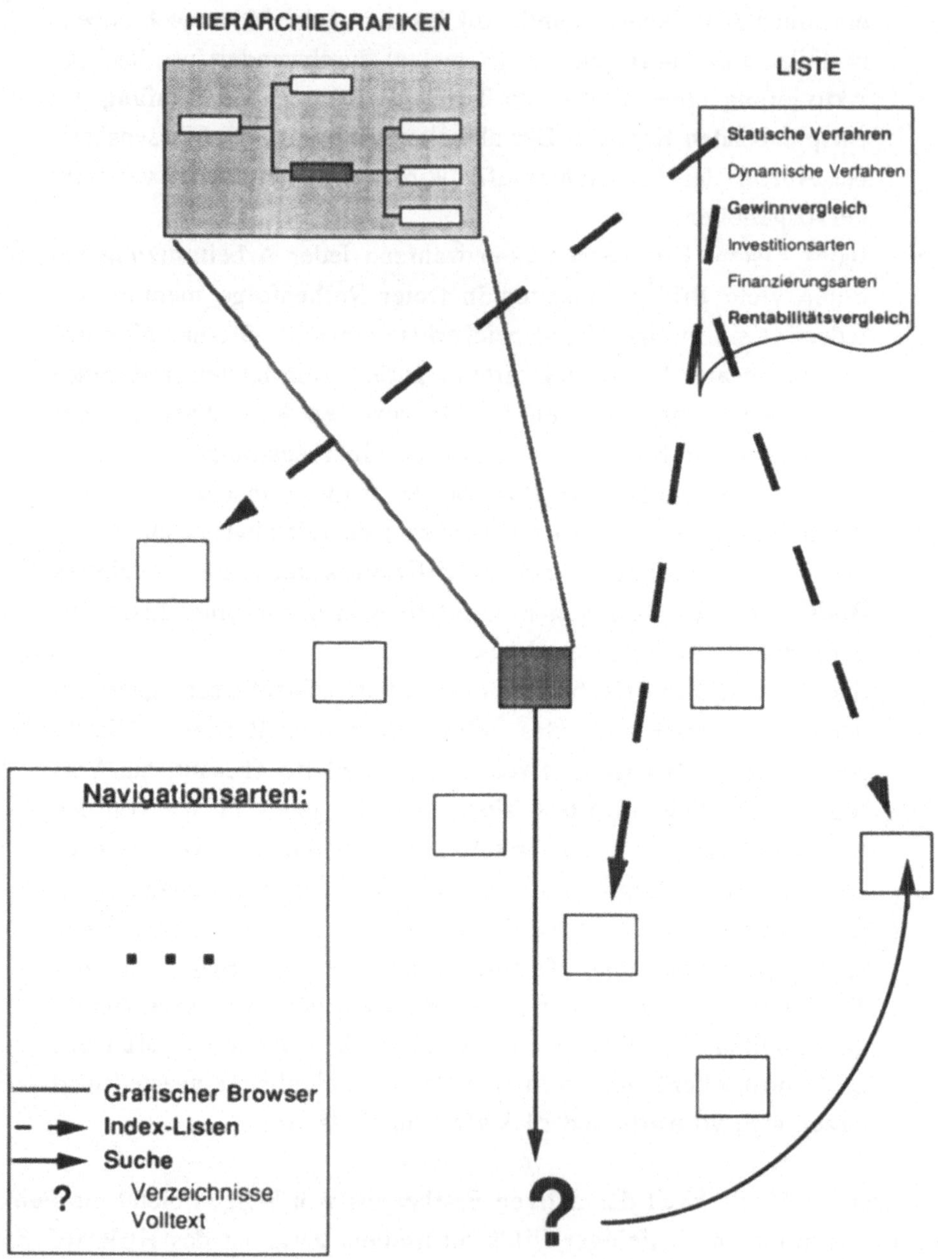

Abb. 3:   Navigation im HERMES-System über Hilfsmechanismen

2.3   Hypothesen

Nielsen (1990) schreibt auf Seite 65: *"Hypertext is well suited for open learning applications where the student is allowed freedom of action and encouraged to take the initiative. ... On the other hand, hypertext may be less well suited for the drill-and-practice type learning that is still necessary in some situations"* (vgl. auch die Abgrenzung in Schoop, im vorliegenden Band).

Ausgehend von dieser Aussage und der zuvor aufgezeigten Systemfunktionalität müßte die Anwendung HERMES als exemplarische "open learning" Umgebung auf Hypertextbasis sich also in erster Linie für ein <u>wiederholendes Lernen weniger von detaillierten Fakten als vielmehr von strukturiertem Grundlagenwissen</u> eignen. Reduziert auf die Zielgruppe der BWL-Lerner im universitären Studien- und Prüfungszyklus bedeutet diese Hypothese, daß HERMES prädestiniert sein müßte für eine stoffwiederholende Vorbereitung auf mündliche Prüfungen oder Themenklausuren im Hauptstudium, die dem Lerner hohe Freiheitsgrade in der Aufbereitung seiner Antwort und deren Ergänzung um persönliche Stellungnahme bieten. Die aufgrund von Kapazitäts- und Ressourcenengpässen immer mehr um sich greifenden Multiple-Choice-Prüfungen dürften dagegen aufgrund der ausführlichen Themenerörterungen in HERMES, wegen des Fehlens zwingender Reihenfolgenvorgaben im System und aufgrund der allgemein vorherrschenden Abneigung gegenüber diesem Prüfungstypus weniger gut vorzubereiten sein.

Das in HERMES implementierte Hypertextkonzept mit Maus, grafischer Benutzeroberfläche und den geschilderten, flexiblen Navigationskonzepten sollte für die Zielgruppe auch ohne vorherige Computerkenntnisse nach kurzer Einführung und bei Verfügbarkeit einer „Online-Hilfe" intuitiv eingängig sein, auf breite Akzeptanz stoßen und intensiv ausgenutzt werden.

Die nachfolgend kurz zusammengefaßten Ergebnisse einer ersten Einsatzstudie zeigen jedoch, daß diese Hypothesen sich vor dem Spiegel der Realität nur mit erheblichen Einschränkungen bestätigen lassen.

3   Untersuchung

Im Wintersemester 1991/92 hatte der Lehrstuhl für Betriebswirtschaftslehre und Wirtschaftsinformatik an der Universität Würzburg, Prof. Dr. Rainer

Thome, die Aufgabe, für ca. 250 Studenten der Betriebswirtschaftslehre nach bestandenem Vordiplom zu Beginn ihres Hauptstudiums das Fach „Allgemeine Betriebswirtschaftslehre" zu lesen und hierfür einen Schein anzubieten. Ergänzend zu der herkömmlichen Lehrform (2-stündige Vorlesung) wurden ein betriebswirtschaftliches Praktikum am Rechner (Projekt VULCAN, vgl. Thome, 1989) für ca. 20 Kommilitonen, ein betriebswirtschaftliches Seminar für ca. 70 Studenten und das Projekt „HERMES-Evaluation" für ca. 30 freiwillige Probanden angeboten. Im Falle der VULCAN- und Seminarteilnehmer waren Seminararbeiten und eine 2-stündige Abschlußklausur zu schreiben, bei Vorlesungsteilnehmern und HERMES-Probanden zwei 2-stündige Klausuren (Semestermitte und -ende). Begleitend zu der Untersuchung wurde die zweite Version der HERMES-CD fertig entwickelt. Erste Erkenntnisse konnten so unmittelbar umgesetzt werden.

3.1   Szenario

Untersuchungsziel war die Beobachtung des Verhaltens von BWL-Studenten als wiederholende Lerner im Rahmen ihrer Prüfungsvorbereitungen nahezu ausschließlich am HERMES-System. Der Prüfungsinhalt entsprach in großen Teilen dem Stoff des gerade absolvierten BWL-Vordiploms. Es stand den Probanden frei, ob sie ergänzend zu ihren Lernsitzungen am Computer noch die Vorlesung besuchen oder Vertiefungsliteratur zur Klausurvorbereitung heranziehen wollten. Auf beide Optionen wurde jedoch nur vereinzelt zurückgegriffen.

Um den vermuteten Hauptvorteil des Hypermedia-Lernsystems – seine im Zeitablauf durch alternative Navigationsstrategien veränderbare Nutzung – evaluieren zu können, wurden die Lernerfolgskontrollen unterschiedlich gestaltet. Während die erste Prüfung Ende Dezember 1991 in Multiple-Choice Form (wie beide Klausuren der Vorlesungsteilnehmer) abgehalten wurde, bestand die Abschlußprüfung im Februar aus einer Themenklausur mit zwei Verständnisfragen, die jeweils mehrere Bereiche eines größeren Stoffgebietes berührten. Hier durfte das HERMES-System zur Beantwortung unmittelbar hinzugezogen werden. Den Probanden war dies von vornherein bekannt, und es wurde auch mehrfach darauf aufmerksam gemacht, daß die Anwendung in den beiden Phasen vor den jeweiligen Prüfungen unterschiedlich genutzt werden sollte (erst vertiefendes Detail-Lernen, später strukturorientiertes Zusammenhangs-Lernen).

Abbildung 4 verdeutlicht die Vorgehensweise im Untersuchungszeitraum.

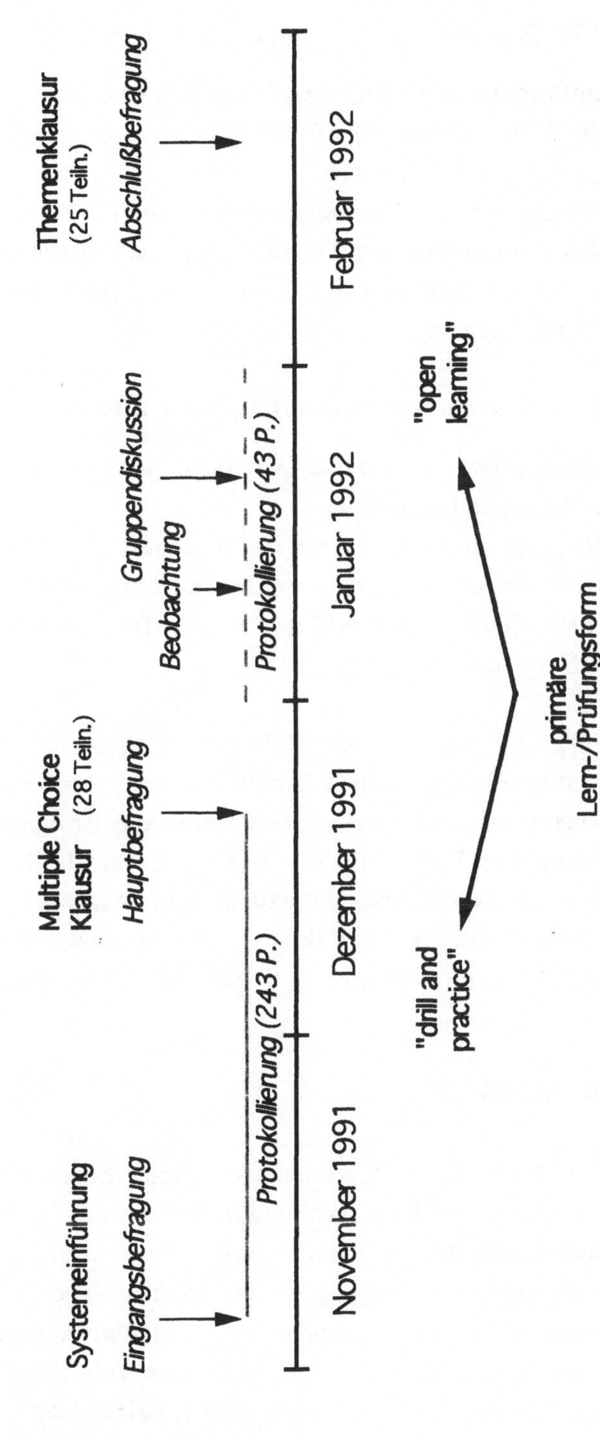

Abb. 4:   Untersuchungen im Zeitzusammenhang

Die Lern- und Prüfungsinhalte teilten sich wie folgt auf:

- <u>Vorbereitung auf die Multiple-Choice Klausur</u>: Thema „Finanzbereich der Unternehmung", 455 Bildschirmseiten, Lernzeit im Vertiefungsmodus ca. 8 Stunden.
- <u>Vorbereitung auf die Themenklausur</u>: Thema „Finanzbereich ..." (wie oben), zusätzlich die Themen „Personalwirtschaft" (498 Seiten, ca. 5-6 Stunden Lernzeit) und „Controlling" (491 Seiten, ca. 6-7 Stunden Lernzeit).

Die Analyse des Anwenderverhaltens erfolgte mit Hilfe von

- drei <u>Befragungen</u> (subjektive Angaben der Probanden), ergänzt um eine Gruppendiskussion,
- einer <u>Beobachtung</u> der Lerner beim Lösen gestellter Aufgaben (subjektive Bewertung durch das Untersuchungsteam) und
- einer mitlaufenden <u>Protokollierung</u> der Benutzeraktivitäten im HERMES-System (objektive Zählung).

Auch wenn aufgrund der äußeren Rahmenbedingungen der Untersuchung (siehe unten) statistisch signifikante Ergebnisse von vornherein nicht erwartet und nur Trendaussagen angestrebt wurden, sollte die Kombination von Befragung, Beobachtung und Protokoll eine gewisse Kontrolle der zu erwartenden Trendaussagen ermöglichen. Die Untersuchungen wurden von Studenten des Faches Wirtschaftsinformatik im Rahmen eines Seminars über Informationssysteme durchgeführt (vgl. Göbig & Schlunek, 1992; Sonntag, 1992).

3.2 Ergebnisse

Die Auswahl der Probanden erfolgte auf freiwilliger Basis. Für die HERMES-Lernsitzungen standen im Untersuchungszeitraum nur 4 Rechner mit beschränkter Plattenkapazität in einem stark frequentierten Computerlabor (insgesamt 7 Systeme) zur Verfügung, so daß wöchentliche Belegungslisten geführt werden mußten und die Studenten über schlechte äußere Lernbedingungen klagten. Von den in Kapitel 2 aufgeführten Interaktionsmöglichkeiten konnten die Funktionen „Test" (es standen noch keine Fragen zur Verfügung) und „Notiz..." (mangels Speicherkapazität) nicht verfügbar gemacht werden.

Die Wiedergabe der wichtigsten Ergebnisse erfolgt summarisch.

- <u>Vorkenntnisse</u>: Grafische Oberflächen und Textverarbeitung am Computer waren etwas mehr als der Hälfte der Probanden bekannt (zu über 80 % jedoch unter dem Betriebssystem MS-DOS), das Apple Macintosh System der HERMES-Umgebung kannte nur jeder fünfte Teilnehmer, das Prinzip Hypertext war nicht geläufig (Ergebnisse aus der Eingangsbefragung).

- <u>Nutzeneinschätzung</u>: Der Hauptvorteil des Lernsystems wurde gegenüber der Wissensvermittlung im Rahmen von Vorlesungen gesehen. Im Vergleich zur Literatur waren die Probanden geteilter Meinung (wenngleich mit zunehmender Systemerfahrung die HERMES-Anwendung leichte Vorteile verbuchen konnte), hinsichtlich des Vergleichs mit dem Lernen in einer Lerngruppe schnitt der Computer mit 70 : 30 eindeutig schlechter ab. Hier wurden die Antworten gleichlautender Fragen aus der Eingangs- und der Hauptbefragung einander gegenübergestellt.

- <u>Systembewertung</u>: Die Kriterien „Orientierung", „Übersicht" und „Oberfläche" erhielten durchschnittliche, „Eignung" und „Informationsniveau" gute Noten. Die Bewertungen wurden mit zunehmender Einsatzerfahrung durchweg deutlich besser (Antworten aus der Eingangs- und Hauptbefragung).

- <u>Funktionsnutzung in Phase I</u>: Für die Multiple-Choice Klausur wurde erwartungsgemäß „gründlich" gelernt, indem nahezu ausschließlich linear im Pfad „Vertiefungswissen" geblättert wurde. Die grafische Strukturübersicht und die Möglichkeit der direkten Verfolgung von Verweisen blieben weitgehend unberücksichtigt (Auswertung von 243 automatischen Lernsitzungs-Protokollen).

- <u>Funktionsnutzung in Phase II</u>: Die subjektiven Angaben der Teilnehmer, jetzt verstärkt die Funktionen „Suche...", „Liste...", „Hierarchiegrafiken" und „Verweisverfolgung" genutzt zu haben (Abschlußbefragung), ließen sich aufgrund der Protokollauswertung (43 Protokolle in der zweiten Beobachtungsphase) nicht bestätigen. Das Lernerverhalten blieb trotz bekannter, kontroverser Rahmenbedingungen unverändert, die Freiheitsgrade des Systems wurden nicht genutzt, die Lerner „klebten" nach wie vor am linear vorgegebenen Pfad.

- <u>Prüfungsergebnisse</u>: Die erste Klausur war in 13 von 65 Fragen identisch mit der Klausur der Vorlesungsteilnehmer. Die Ergebnisverteilung in den einzelnen Fragen wie auch das Gesamtresultat waren vergleichbar, die HERMES-Probanden schnitten insgesamt um über 10 Prozentpunkte, in den Vergleichsfragen um ca. 7 Prozentpunkte besser ab. Demgegenüber waren die Ergebnisse der Themenklausur enttäuschend. Die Freitextantworten waren überwiegend reine Wiedergaben der entsprechenden Inhalte der HERMES-Bildschirmseiten. Eigene Strukturierung der Fragestellung, persönliche Stellungnahme, Ergänzungen oder auch kontroverse Diskussion fanden nur in Ausnahmefällen statt.

- <u>Abschlußbeurteilung</u>: Die Kombination von Lernsystem und anschließender Themenklausur wie auch ein flankierender Einsatz computerunterstützten Lernens mit HERMES in Lerngruppen stießen auf sehr geringe Akzeptanz. Eine Vorlesungsvor- oder -nachbereitung scheint den Teilnehmern denkbar, die Vorbereitung auf Multiple-Choice Klausuren wird jedoch mit deutlichem Abstand favorisiert. 27 % der Probanden werden auf jeden Fall weiter mit HERMES lernen, 59 % sind diesbezüglich indifferent, 14 % lehnen eine künftige Systemnutzung ab (Ergebnisse der Gruppendiskussion und der Abschlußbefragung).

3.3 Interpretation

Nur wenige Probanden beherrschten am Ende des Untersuchungszeitraumes den Funktionsreichtum des HERMES-Systems vollständig. Er konnte weder in der Einführungsveranstaltung noch durch die mitgelieferte Online-Hilfe in seinen differenzierten Nutzeffekten hinreichend verdeutlicht werden. Die Untersuchungsergebnisse stellen zwar das Konzept des selbstbestimmten, individuellen Lernens am Computer scheinbar gänzlich in Frage, sind jedoch vor dem Hintergrund zu sehen, daß eigentlich keiner der Probanden zu einem "open learning" im engeren Sinne bereit gewesen war. Grund ist sicherlich, daß die mittlerweile selbst im universitären Umfeld vorherrschende, durch die Massensituation hervorgerufene Prüfungsatmosphäre mehr Fakten- als Zusammenhangswissen und mehr Abfragestoff als persönliche Stellungnahmen oder gar zu ergreifende Maßnahmen in den Mittelpunkt der Bewertungen stellt. Bei dieser Situationseinschätzung ist die übervorsichtige, vollständige und „einfallslose" Nutzung des neuen Lernmediums durch die Probanden nachvollziehbar, die weder das Lernsystem noch den bevorstehenden Klausurtypus einschätzen konnten. Hier kann nur eine längerfristige, vorsichtige Klimaverbesserung auch im Prüfungsumfeld Abhilfe schaffen, indem eine Änderung der Leistungserwartungen durch die Prüfer gegenüber den Studenten hin zu mehr Zusammenhangs- und weniger Faktenwissen diesen rechtzeitig und glaubhaft nahegebracht wird.

Die im HERMES-System vorhandenen Leistungen unterstützen in erster Linie die Auffassung des Lernens als schnelle, zeitsparende Form der Informationsaufnahme und -gegenüberstellung in alternativen Präsentationsformen. In dieser Eigenschaft wurde das HERMES-System von den Probanden akzeptiert, allerdings unter der Einschränkung der gegebenen Prüfungssituation. Hier liegen mittlerweile auch vergleichbare, durchweg sehr positive Erfahrungen aus Dozentensicht vor. Auf mittlere Sicht könnte das bestehende System unter leicht modifizierter Oberfläche – insbesondere in Verbindung mit einer ausgereiften, abgestuften, jederzeit erreichbaren Online-Hilfe – in einem anderen Lernumfeld als Unterstützung eines wiederholenden Lernens im Sinne eines Repetitoriums eingesetzt werden. Die positiven Ergebnisse zum Wiederlernen von Wissen, über die von der Fachgruppe Glowalla in diesem Band berichtet wird, stimmen optimistisch hinsichtlich dieser Erwartung (vgl. Glowalla, Häfele, Hasebrook, Rinck & Fezzardi, 1992, im vorliegenden Band).

Die eigentlich mit Hypertextansätzen für das Lernen verbundenen, visionären Hoffnungen, den kognitiven Prozeß des Lernens als Reorganisation von schon vorhandenen Wissensstrukturen unter Eingliedern neuer Bausteine zu begreifen und zu unterstützen, können durch das vorgestellte System wie auch durch vergleichbare Hypertextansätze im Lernbereich noch nicht erfüllt werden. Dazu fehlt dem Lerner die Möglichkeit, die vorgegebenen Strukturen aufbrechen zu können, umzustrukturieren, zu streichen, hinzuzufügen. Wollte man diese Erwartungen erfüllen, wäre ein gänzlich neuer Systemansatz erforderlich. Allerdings wäre es aufgrund der bisherigen Einsatzerfahrungen weit verfrüht, wollte man ein solches Konzept ohne vorherige, gründliche Umgestaltung des Prüfungssystems und -klimas mit entsprechendem Gewöhnungsvorlauf bei Dozenten wie Studenten einführen.

Literatur

Dehli, D. (1991). *Konzeption eines Lernkontrollsystems und Realisierung mit einer KI-Sprache für das Lehr- und Lernsystem HERMES*. Diplomarbeit. Universität Würzburg: Lehrstuhl für Betriebswirtschaftslehre und Wirtschaftsinformatik.

Glowalla, U., Häfele, G., Hasebrook, J., Rinck, M. & Fezzardi, G. (1992). Wiederlernen von Wissen. In U. Glowalla, E. Schoop (Hrsg.), *Hypertext und Multimedia: Neue Wege in der computerunterstützten Aus- und Weiterbildung*. Berlin, Heidelberg: Springer.

Göbig, H., Schlunek, D. (1992). *Erhebung und Auswertung von Daten über das Anwenderverhalten bei der Nutzung des HERMES-Informationssystems des Lehrstuhls mittels Befragung und Beobachtung*. Seminararbeit. Universität Würzburg: Lehrstuhl für Betriebswirtschaftslehre und Wirtschaftsinformatik.

Hartenstein, H. (1991). *Darstellungsformen von Erklärungsobjekten der BWL für das Hypermedia-Informationssystem HERMES*. Diplomarbeit. Universität Würzburg: Lehrstuhl für Betriebswirtschaftslehre und Wirtschaftsinformatik.

Jonassen, D. H., Grabinger, R. S. (1990). Problems and Issues in Designing Hypertext/Hypermedia for Learning. In D. H. Jonassen, H. Mandl (Eds.), *Designing Hypermedia for Learning*. NATO ASI Series F, Vol. 67. Berlin, Heidelberg: Springer, 3-25.

Leggett, J. J., Schnase, J. L., Kacmar, C. J. (1990). Hypertext for Learning. In D. H. Jonassen, H. Mandl (Eds.), *Designing Hypermedia for Learning*. NATO ASI Series F, Vol. 67. Berlin, Heidelberg: Springer, 27-37.

Nielsen, J. (1990). *Hypertext & Hypermedia*. San Diego, CA: Academic Press.

Schoop, E. (1991). HERMES – Ein Hypermediasystem für die betriebswirtschaftliche Ausbildung. In J. Encarnaçáo (Hrsg.), *Telekommunikation und multimediale Anwendungen der Informatik*. GI-21. Jahrestagung, Darmstadt, 14.-18. Oktober 1991, Proceedings. Berlin, Heidelberg: Springer, 608-617.

Schoop, E. (1992). Entwicklung einer Hypermedia-Autorenumgebung für die Erstellung interaktiver Lehr-/Lernsysteme. In J. Wallmannsberger (Hrsg.), *Hypertext: State of the Art*. München, Wien: Oldenbourg (im Druck).

Schoop, E., Glowalla, U. (1992). Computer in der Aus- und Weiterbildung: Potentiale, Probleme und Perspektiven. In U. Glowalla, E. Schoop (Hrsg.), *Hypertext und Multimedia: Neue Wege in der computerunterstützten Aus- und Weiterbildung*. Berlin, Heidelberg: Springer.

Sonntag, R. (1992). *Entwicklung einer systemgesteuerten Analyse des Anwenderverhaltens bei der Nutzung des HERMES-Informationssystems des Lehrstuhls*. Seminararbeit. Universität Würzburg: Lehrstuhl für Betriebswirtschaftslehre und Wirtschaftsinformatik.

Thome, R. (1989). Betriebswirtschaftliche Ausbildung in virtuellen Unternehmen. In F. Roithmayer (Hrsg.), *Der Computer als Instrument der Forschung und Lehre in den Sozial- und Wirtschaftswissenschaften*. Schriftenreihe der Österreichischen Computergesellschaft, Band 50. Wien, München: Oldenbourg, S. 133-138.

TEIL 3

ANWENDUNG

Die in diesem Themenblock zusammengefaßten Beiträge befassen sich primär mit dem Aspekt der Systemanwendung. Da Lehrsysteme aus recht verschiedenen Disziplinen vorgestellt werden und diese Systeme darüber hinaus entweder in der betrieblichen oder universitären Aus- und Weiterbildung zum Einsatz kommen, ist dieser Themenblock durch eine vergleichsweise hohe Heterogenität gekennzeichnet. Das betrachten wir allerdings als einen Vorteil. Allein daran wird offensichtlich, in welch unterschiedlichen Anwendungsbereichen heutzutage Lehrsysteme zum Einsatz kommen. Man ist versucht zu sagen, daß moderne Informationstechnologien auf breiter Front in den Ausbildungssektor vordringen.

Der Block beginnt mit einem reinen Universitätsprojekt aus dem Bereich der Ingenieurwissenschaften. *Jörg Sauerbrey* und *Nikolaus Schaller* beschreiben die Konzeption und vor allem den Einsatz eines computerunterstützten Simulationssystems für die Ausbildung zum Thema „Cachespeicher". Cachespeicher sind aus den heutigen Datenverarbeitungsanlagen nicht mehr wegzudenken. Ihre Struktur und Arbeitsweise ist allerdings sehr komplex, so daß gerade hier die computerunterstützte Simulation Vorteile gegenüber traditionellen Lehrmethoden versprach. Die bislang vorliegenden Evaluationsergebnisse bestätigen diese Erwartungen. Auch bei dem Lehr- und Trainingssystem, das *Freimut Bodendorf* vorstellt, stand die Gewinnung von Einsichten in die Funktionsweise eines sehr komplexen Systems im Vordergrund. Da eine Vielzahl von Parametern auf Logistikketten größerer Industriebetriebe einwirkt, stellt ihre Steuerung eine sehr komplexe Aufgabe dar, die wiederum mittels computerunterstützter Simulation sicherlich besser erlernt werden kann.

Beim Entwurf des computerunterstützten Lehrsystems zur Auftragsbearbeitung bei der Siemens AG, das *Gerald Knabe, Ulrich Glowalla, Michael Klatt* und *Gerhard Vetter* vorstellen, stand ein ganz anderer Gesichtspunkt im Vordergrund: Anläßlich der Gründung der Siemens/Nixdorf Informationssysteme AG (SNI) mußten die etwa 1.000 Auftragsbearbeiter der ehemaligen Nixdorf Computer AG so schnell wie möglich die Bedienung der von den Kollegen der Siemens AG benutzten Software erlernen. Um die Schulung so vieler Mitarbeiter in möglichst kurzer Zeit zu gewährleisten, bot sich die Entwicklung eines Lehrsystems an. Noch deutlicher wird der Zwang, eine Bildungsmaßnahme mit Hilfe interaktiver Lehrsysteme so schnell wie möglich durchführen zu müssen, bei dem Beitrag von *Rudolf Hundt*, der über den Einsatz von CBT bei der Deutschen Bundespost berichtet. Vor dem Hintergrund sehr kurzer Innovationszyklen und der großen Zahl zu schulender Mitarbeiter wäre man überhaupt nicht mehr in der Lage, die notwendigen Bildungsmaßnahmen mit herkömmlichen Methoden wie Seminar- oder Schulungsbetrieb durchzuführen. Der Beitrag von Hundt ist einer der beiden Aufsätze, die wir in unseren Sammelband aufgenommen haben, obwohl sie auf Grund von Terminschwierigkeiten auf dem Symposium nicht präsentiert werden konnten. Da uns beide Beiträge wichtig und interessant erschienen, haben wir uns dennoch für ihre Aufnahme in den vorliegenden Band entschieden.

Es folgen drei Beiträge aus dem Bereich der Medizin. *Ulrike* und *Heike Scheffler* sowie *Hansjörg Teschemacher* berichten über die Integration eines interaktiven Trainingsprogramms zum Thema „Herzstillstand" in eine Lehrveranstaltung für Studenten der Humanmedizin im praktischen Jahr. Wir haben diesen Beitrag den beiden anderen Referaten aus der Medizin vorangestellt, da er mit einigen allgemeinen Einschätzungen des Einsatzes von Lernsoftware in der Ärzteausbildung beginnt. *Klaus Kuhn, Dietmar Rösner, Manfred Reichert, Veit Schwegler, Johannes G. Wechsler, Paul Janowitz, Werner Swobodnik* und *Hans Ditschuneit* berichten über ein elektronisches Tutorensystem für die medizinische Ultraschalluntersuchung. Durch den Einsatz dieses Lehrsystems kann im Vergleich zum Buch eine weit höhere klinische Variationsbreite abgedeckt werden, so daß Mediziner bzw. Medizinstudenten über wesentlich mehr und differenzierteres Wissen in Bezug auf die Sonographie verfügen, bevor sie die Nutzung dieser Technologie am Gerät selbst einüben. *Florian Eitel, Jürgen Kuprion, Manfred Prenzel, Alfred Bräth, Leonhard Schweigerer* und *Heinz Mandl* schließlich stellen ein rechnergestütztes Lernprogramm mit Bildplatte zum Thema „Bauchschmerz" vor. Mit Hilfe dieses Lehrsystems können Studenten der Medizin wesentlich effizienter auf einen wesentlichen Bereich der medizinischen Praxis, die Arbeit am Krankenbett, vorbereitet werden.

Der Beitrag von *Ralf Witt* stellt eine Hypertextanwendung für die kaufmännische Aus- und Weiterbildung vor. Er schildert insbesondere, wie der Umgang mit Wissen – speziell mit dem Begreifen von Abstraktionen und Konkretisierungen – mit Hilfe des Lehrsystems erleichtert wird. *Hans Freibichler* stellt insgesamt fünf Lernmodule vor, die das Verständnis und den Umgang mit Warenwirtschaftssystemen fördern sollen. Neben der Darstellung dieser Module werden auch einige Evaluationsergebnisse angedeutet, die den Schluß nahelegen, daß der Einsatz dieser Lernmodule tatsächlich Verstehensleistungen intensiviert.

In dem Beitrag von *Thomas Flum* über computerunterstütztes Lernen in der Pilotenausbildung werden zwei interaktive Lernprogramme geschildert, die insbesondere auf Grund ihrer multimedialen Eigenschaften dazu beitragen, daß das sehr kostenintensive "Training on the job" in der Pilotenausbildung verkürzt werden kann. Aus der Beschreibung der Lehrprogramms "Security" wird darüber hinaus deutlich, wie mit Hilfe dieses Systems Fertigkeiten – z.B. das Verhalten bei einer Flugzeugentführung – eingeübt werden können, die ansonsten kaum oder gar nicht vermittelbar wären. Der nächste Beitrag von *Jan Koch* beschreibt streng genommen keine Lernanwendung, sondern zeigt an Hand eines Vorstandsberichtes für die Jahreshauptversammlung eines namhaften deutschen Unternehmens auf, wie das Verstehen eines Vortrages mittels einer multimedialen Präsentation unterstützt werden kann. Dieses ist übrigens der zweite der beiden Beiträge, die nicht auf dem Symposium zu hören waren. Den Abschluß dieses Themenblocks bildet der Beitrag von *Hanns-Johann Ehlen*, der die Bibel – organisiert als Hypercard-Stack – vorstellt. Obgleich man bei dem Stichwort Bibel wohl nicht sofort an den Einsatz neuer Informationstechnologien denkt, vermag der Autor seinen Lesern deutlich zu machen, daß die Bibel als Hypertext in vielen Anwendungsbereichen und bei vielen Zielgruppen hervorragende Dienste leisten wird.

Konzeption, Entwicklung und Einsatz eines computerunterstützten Simulationssystems für die Ausbildung zum Thema „Cachespeicher"

– Ein Erfahrungsbericht –

Jörg Sauerbrey, H. Nikolaus Schaller
Lehrstuhl für Datenverarbeitung
Technische Universität München, Arcisstr. 21, 8000 München 2

1　　Einleitung

Im Rahmen der Studentenausbildung der Datenverarbeitungstechnik im Studium der Elektrotechnik ist Wissen über Cachespeicher von elementarer Bedeutung. Cachespeicher spielen in heutigen Datenverarbeitungs- (DV-) Anlagen eine wichtige Rolle, um Leistungssteigerungen zu erzielen. Ihre Struktur und Arbeitsweise ist sehr komplex. Daher bestehen besondere Schwierigkeiten bei der Wissensvermittlung durch traditionelle Lehrmethoden. Es galt daher, eine neue Methode zu entwickeln. Eine Möglichkeit haben wir in der computerunterstützten Simulation gesehen. Über dieses Projekt soll hier berichtet werden.

Bei der Konzeption der Lehrsoftware konnte auf den Erfahrungen aufgebaut werden, die bei der Entwicklung und dem Einsatz eines Simulationsprogramms aus dem Bereich Kommunikationsprotokolle (Sauerbrey, 1991) gemacht wurden. Dieser Bericht schildert den Ablauf der einzelnen Phasen von der Konzeption bis zum Einsatz des Systems.

2　　Zu vermittelnde Lernziele und Beschreibung der Zielgruppe

In der 1. Phase wurden eine Bestandsaufnahme bezüglich der Lernziele und der Zielgruppe gemacht. Zu vermitteln waren im wesentlichen die folgenden Themen:

Informatik aktuell
U. Glowalla, E. Schoop (Hrsg.), Hypertext und Multimedia:
Neue Wege in der computerunterstützten Aus- und Weiterbildung
© Springer-Verlag Berlin Heidelberg 1992

1. Wissen über den prinzipiellen Aufbau und die Funktionsweise eines Cachespeichers;

2. Kenntnisse über die verschiedenen Organisationsformen eines Cachespeichers;

3. Verständnis von unterschiedlichen Zugriffs-, Schreib- und Verdrängungsstrategien;

4. Kenntnis über die prinzipielle Leistungsfähigkeiten eines Cachesystems und deren Untersuchungsmöglichkeiten;

5. Beziehungen zwischen Simulationsmodell und Realität auf Grund der Tatsache, daß das Simulationsmodell auf einem Rechner implementiert ist, der selbst einen eingebauten Cachespeicher besitzt.

Die Punkte 1 und 2 umfassen die Wissensvermittlung von Begriffen und Strukturen, während bei Punkt 3 Algorithmen im Vordergrund stehen. Die Punkte 4 und 5 umfassen die Vermittlung der Vorgehensweise bei wissenschaftlichen Untersuchungen an Modellen sowie die Meßmethodik und Interpretation von Ergebnissen.

Die Zielgruppe für die Lernsoftware sind Studenten[1] der Fachrichtung Elektrotechnik mit Schwerpunkt Informationstechnik im Hauptstudium (o. V., 1991). Merkmale dieser Zielgruppe (vgl. Euler, 1991) sind:

1. Es besteht Vertrautheit im Umgang mit Computern.

2. Thematisches Orientierungs- und Konzeptwissen bzgl. der Lerninhalte wurde bereits in Vorlesungen vermittelt.

3. Die Akzeptanz des Computers als Lernmedium kann als hoch angenommen werden, da dieser im Studium – und meistens auch in der Freizeit – benutzt wird.

4. Aufgrund der in dieser Studienrichtung üblichen Lehrmethodik dominiert der sachbetonte Lerner.

5. Bei Studenten im Hauptstudium herrschen im wesentlichen ein aktiver Lernstil und ein hohes Abstraktionsvermögen vor.

3 Konzeption des computerunterstützten Lernsystems

Aufgrund der organisatorischen Einbettung der Wissensvermittlung in den Rahmen eines Praktikums stehen als Arbeitszeit an einem Rechner nur 4 Stunden zur Verfügung. Aus diesem Grund erfolgt die Wissensvermittlung der

Lernziele 1 und 2 mit Hilfe eines konventionellen, lehrbuchartigen Textes mit eingestreuten Wiederholungs- und Überprüfungsfragen zur Lernerfolgskontrolle. Dieser begleitende Text wird als Praktikumsvorbereitung zu Hause durchgearbeitet, wofür etwa 4 Stunden angesetzt werden.

Für die Lernziele 3 und 4 eignet sich, insbesondere auch im Hinblick auf Thematik und Zielgruppenmerkmale, eine Wissensvermittlung durch eine Computersimulation mit grafischer Benutzeroberfläche. Das Lernziel 3 wird vermittelt, indem der Student, durch die grafische Oberfläche unterstützt, selbst die Aufgaben eines Cachecontrollers übernimmt und die den Zugriffs-, Schreib- und Verdrängungsstrategien entsprechenden Datentransporte mit der Maus vornimmt. Lernziel 4 wird vermittelt, indem am computersimulierten Modell mit Hilfe des Computers Messungen vorgenommen, Kurven aufgezeichnet und Parametereinflüsse nachvollzogen werden. Da bei der Benutzung des Simulators bei bestimmten Aktionen die Cacheproblematik „Seitenflattern" auf dem eingesetzten Rechner auftritt, wird implizit Lernziel 5 vermittelt.

Bei Problemen steht eine als Hypertext bzw. Hypergrafik strukturierte On-Line-Hilfe (Hyper-Help) zur Verfügung.

4 Aufbau und Bedienung des Cachesimulators

Bei der Gestaltung der Benutzeroberfläche wurde darauf geachtet, daß unterschiedliche funktionale Blöcke optisch zusammengehörig dargestellt sind. Die Interaktionselemente sind Knöpfe und Schieberegler (in Pseudo 3D-Darstellung) sowie Anzeigefelder zur Datenausgabe. Um einen guten Kontrast und eine gute Lesbarkeit der Textfelder zu ermöglichen, wurde die Farbauswahl auf Blautöne, Grautöne, Schwarz, Weiß und für wichtige Bedienungselemente (Reset-Knöpfe, Hilfe-Knopf) auf Rot und Grün begrenzt. Abbildung 1 gibt einen groben Eindruck von der Benutzeroberfläche des Cachesimulators.

Das Simulationssystem erlaubt das freie Experimentieren, das allerdings im Rahmen des Praktikums durch die gedruckte Anleitung didaktisch geführt wird. Es werden aber nur Eingaben zugelassen, die auch im realen System möglich sind. Zur Unterstützung des Studenten kann auch ein Vorschlagmodus eingeschaltet werden, bei dem die als nächstes zu erfolgende Eingabe durch farbige Hervorhebung vorgegeben wird.

Neben dem durch den Studenten gesteuerten Ablauf kann auch ein Automatikmodus gewählt werden. Dieser Modus gestattet dem Lernenden, das grafisch animierte Ablaufgeschehen zu studieren, und fördert so das nötige Verständnis für das Zusammenwirken der Systemkomponenten.

Wird der Hilfeknopf gedrückt, öffnet sich ein Hyperhelp-Fenster, mit dem weiter im Hilfesystem verzweigt werden kann. Dabei können durch einfaches Anwählen von Bedienelementen, Funktionsblöcken bzw. Begriffen mit der Maus genauere Informationen zu deren Bedienung, Funktion bzw. Bedeutung aufgerufen werden.

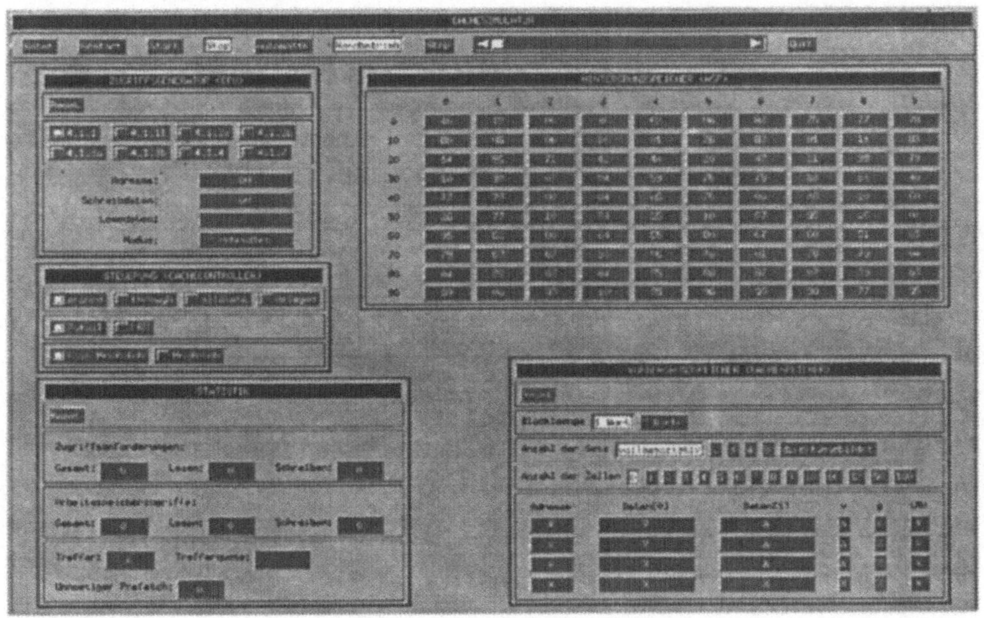

Abb. 1:   Benutzeroberfläche des Cachesimulators

5   Erstellung des Cachesimulators

Die Programmierung des Simulators erfolgte im Rahmen einer Diplomarbeit (Wiedemann, 1991), wobei hier darauf geachtet wurde, daß auch der Diplomand moderne Methoden und Werkzeuge zur Programmerstellung kennenlernte. Die Programme wurden aus mehreren Modulen zusammengesetzt, wobei je eines für die einzelnen Komponenten des Modells vorgesehen wurde. Ein Hauptmodul faßt die anderen zusammen und bildet die Schnittstelle zum Betriebssystem beim Programmstart.

Als Hardwaregrundlage für die Entwicklung diente eine HP/9000-Workstation mit Farbbildschirm, Tastatur und Maus in einer vernetzten Umgebung unter HP/UX 7.0. Als Programmiersprache wurde C unter dem Programmerstellungswerkzeug Softbench gewählt. Um die grafischen Bedienelemente auf dem Bildschirm anzuzeigen, dienten die Unterprogrammsammlungen X11 und Xt sowie der Widget-Satz Xw.

Das fertige Programm besteht aus 12 Modulen mit ca. 5000 ausführlich dokumentierten Zeilen und hat eine Größe von 920000 Bytes. Es läuft auf einer ausschließlich für den Praktikumsbetrieb reservierten, kompatiblen Workstation, die aber eine etwas geringere Hardwareausstattung aufweist als die Entwicklungsstation. Der Aufwand zur Programmierung bestand in einer Diplomarbeit (6 Monate) und Nachbesserungen durch einen im Programmieren erfahrenen Wissenschaftler (ca. 2 Monate).

6 Erstellung des begleitenden Lehrtextes

Nach Festlegung der Konzeption wurde neben der Programmerstellung auch der Lehrtext geschrieben (Schaller, 1991). Dieser gliedert sich in einen theoretischen Teil mit Wiederholungsfragen, wie in der Konzeption vorgesehen, eine Beschreibung des Simulators und schließlich die Anleitung zum Experimentieren.

Bei der Erstellung des Textes wurde auf fundierte Grundlagen im theoretischen Teil Wert gelegt (z.B. systematischer Aufbau, Vollständigkeit der beschriebenen Methoden, Literaturangaben). Die Beschreibung des Simulators wurde dagegen vergleichsweise kurz gehalten, da bei den Studenten eine gewisse Erfahrung im Umgang mit Rechnern vorausgesetzt wurde.

Die Experimentierphase wird durch gezielte Anweisungen („Stellen Sie den Simulator auf Automatik") geleitet. Außerdem werden Kontrollfragen gestellt, die erst während dieser Phase zu beantworten sind. Meßwerte sollen in vorgefertigte Diagramme eingetragen und anschließend interpretiert werden.

Durch die Angabe von stichwortartigen Lernzielen zu jedem Abschnitt kann der Lernende seinen Wissensstand überprüfen und bei der Vorbereitung zur Abschlußprüfung (mündlich am Ende des Semesters) auffrischen.

7 Test und Inbetriebnahme

Zunächst wurde das Programm in einem internen Test (d.h. durch Mitarbeiter des Lehrstuhls) überprüft. Dabei wurde auch ein Abgleich mit dem Lehrtext vorgenommen. Insbesondere die Forderung nach Vollständigkeit der vermittelten Methoden bedingte einige nachträgliche Ergänzungen an der Simulation. Nach dieser Konvergenzphase wurde der Betrieb mit Studenten aufgenommen.

Die Verbesserung des Lernsystems erfolgte in mehreren Zyklen. Die erste Studentengruppe erhielt die bisher erstellte Anleitung und wurde gebeten, sie ausführlich durchzuarbeiten. Am Versuchsnachmittag wurden dann die Probleme und Kommentare durch einen der Autoren direkt besprochen. Anschließend wurde die Experimentierphase gemeinsam durchgeführt, wobei auf folgendes geachtet wurde:

- Sind die einzelnen Formulierungen des Lehrtextes verständlich?
- Bietet der gelesene theoretische Teil eine ausreichende Grundlage zur Durchführung der Experimente innerhalb der Simulationsumgebung?
- Ist die Bedienung so erklärt, daß der Umgang mit dem Simulator leicht fällt?
- Kommt bei der Durchführung Langeweile auf?
- Ist die Abfolge der einzelnen Schritte logisch und kontinuierlich aufgebaut?
- Werden die Lernziele erreicht?
- Ist die Gestaltung der Bedienoberfläche zweckdienlich?

Die Ergebnisse führten sowohl zu Änderungen am Lehrtext als auch zu kleineren Modifikationen im Programm. Zum Beispiel erwies sich die Gestaltung der Knöpfe für verschiedene Parametereinstellungen als unnötig kompliziert. Die nächste Gruppe arbeitete bereits am verbesserten System.

Insgesamt war die Gestaltung nach dem dritten Zyklus stabil genug, um die dann erreichte Version bis zum Semesterende beizubehalten.

8 Erfahrungen bei Konzeption, Entwicklung und Einsatz des Systems

Die gewählte Vorgehensweise erwies sich als grundsätzlich richtig, um das Projekt in angemessener Zeit abzuschließen. Auch die Wahl der Werkzeuge und Hilfsmittel war sinnvoll. Für die Programmierung von Bedienoberflächen wäre aber das standardisierte System der OSF/Motif günstiger.

Bisher haben ca. 140 Studenten an diesem System gearbeitet. Die Resonanz ist vorwiegend positiv. Technische Probleme traten kaum auf.

Um die Motivation und das Lernverhalten zu erfassen, wurde außerdem ein Programm installiert, mit dem die Studenten einen Kommentar in ein Formblatt eintragen können. Dieses kann dann als elektronische Post an den Verantwortlichen geschickt werden. Die Ergebnisse waren zum Zeitpunkt der Erstellung dieses Berichts aber noch nicht ausgewertet.

Fußnote:

[1] Mit dieser Bezeichnung sind sowohl weibliche als auch männliche Studierende bzw. Lernende gemeint.

Literatur

Euler, D. (1991). Didaktische Voraussetzungen für den Einsatz von Computerunterstütztem Lernen. In P. Gorny (Hrsg.), *Informatik und Schule*. GI-Fachtagung, Oldenburg, Oktober 1991. Berlin, Heidelberg: Springer.

O.V. (1991). *Studienpläne für Studierende der Fachrichtung Elektrotechnik und Informationstechnik*. Fakultät für Elektrotechnik und Informationstechnik an der Technischen Universität München.

Sauerbrey, J. (1991). Visualisierung eines Datensicherungsprotokolls für die Studentenausbildung. In P. Gorny (Hrsg.), *Informatik und Schule*. GI-Fachtagung, Oldenburg, Oktober 1991. Berlin, Heidelberg: Springer.

Schaller, H. N. (1991). *Praktikum Rechnertechnik - Cache und Pipeline*. Lehrstuhl für Datenverarbeitung, TU München.

Wiedemann, M. (1991). *Visualisierung der Arbeitsweise eines Cachespeichers durch X-Windows*. Diplomarbeit, Lehrstuhl für Datenverarbeitung, TU München.

Ein multimediales Lehr- und Trainingssystem für Logistik-Entscheider

Freimut Bodendorf
Lehrstuhl Wirtschaftsinformatik II
Universität Erlangen-Nürnberg, Lange Gasse 20, 8500 Nürnberg

Zusammenfassung

Logistikketten in größeren Industriebetrieben sind so komplex, daß die Kombinatorik der Vielzahl von einwirkenden Parametern von den Logistik-Managern sehr schwierig beherrscht werden kann. Es wird ein Lehr- und Trainingssystem vorgestellt, das es gestattet, ein reales Logistiksystem in einem Modell abzubilden und anhand des Modells die Konsequenzen unterschiedlichen Entscheidungsverhaltens zu simulieren. Dieses entdeckende Lernen wird durch multimediales Anschauungsmaterial unterstützt. Vertieftes Logistik-Wissen bzw. Kenntnisse über Zusammenhänge können parallel dazu über eine Tutorial-Komponente problembezogen erworben werden.

1   Logistik-Modell

Mit Hilfe eines grafischen Konfigurations-Editors werden Modelle von Logistikketten bzw. -netzwerken im Rechner erstellt. Dazu bildet man die Materialfluß-Einheiten aus dem realen Betrieb auf Logistik-Objekte ab. Ziel ist dabei, hauptsächlich wirtschaftliche Gesichtspunkte, wie z. B. Kosten, Zeiten, Auslastungen oder Engpaßsituationen, von Transport-, Lager- und Bearbeitungseinheiten zu berücksichtigen. Diese Komponenten stellen die Elemente des modellierten Logistiksystems dar und sind durch gerichtete Materialflußbeziehungen miteinander verbunden (vgl. Abb.1).

Jedes Element wird dabei durch eine Reihe von Merkmalen beschrieben. Zu Lagerobjekten gehören u. a. maximale Bestände und Sicherheitsbestände. Transportmittel werden u. a. durch Transportzeiten und -kapazitäten charakterisiert. Den Bearbeitungseinheiten sind u. a. Bearbeitungszeiten, Rüstdauern sowie maximale und minimale Losgrößen zugeordnet. Die aktuelle Situation, in der sich das Logistiksystem befindet, ist durch verschiedene Zustandsgrößen gekennzeichnet, wie z. B. Zugangs-, Abgangs- und Bestandsmengen, Durch-

Informatik aktuell
U. Glowalla, E. Schoop (Hrsg.), Hypertext und Multimedia:
Neue Wege in der computerunterstützten Aus- und Weiterbildung
© Springer-Verlag Berlin Heidelberg 1992

lauf-, Transport- und Ausfallzeiten, Kapazitätsauslastungen oder Rüstzustände. Besonders wichtige Maßzahlen für das Systemverhalten sind differenzierte Kostenangaben. Hierzu können für die Lager-, Transport- und Bearbeitungsobjekte verschiedene Kostenfunktionen ausgewählt bzw. parametrisiert werden. Ein wichtiges Element des Logistikmodells ist auch die Vorgabe von Wahrscheinlichkeitsverteilungen für Stör- bzw. Ausfallfunktionen. Damit ist es unter Zuhilfenahme von Zufallszahlgeneratoren möglich, stochastische Beeinträchtigungen des Materialflusses, wie sie auch in der Realität zu beobachten sind, in das Systemverhalten zu integrieren.

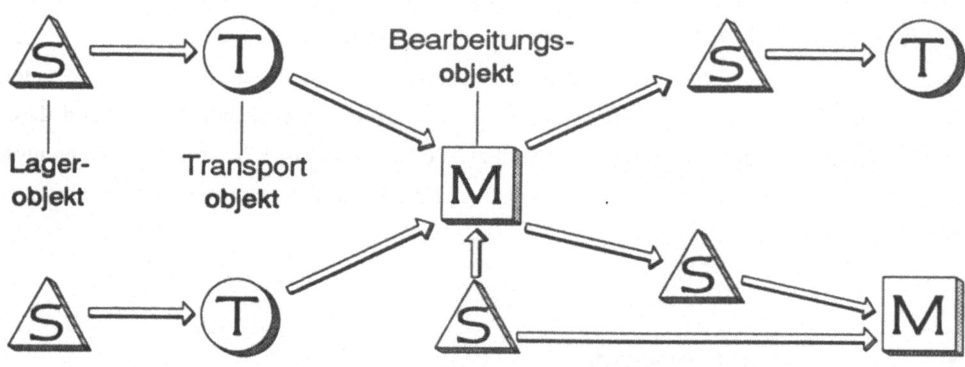

Abb. 1:   Beispiel eines Logistiknetzwerkes

2   Systemaufbau

Das Lehr- und Trainingssystem besteht aus drei Hauptkomponenten (vgl. Abb. 2):

a)   Ein Tutorial vermittelt Informationen über logistische Einzelaufgaben, Zusammenhänge und Entscheidungsprobleme. Der Benutzer kann sich so Wissen aneignen, das er benötigt, um komplexe betriebliche Situationen beurteilen zu können.

b)   Ein Training bietet dem Benutzer die Möglichkeit, selbst Entscheidungen zu treffen. Diese Entscheidungen werden vom System umgesetzt und führen zu Zustandsänderungen im Simulations-Modell. Durch die Ergebnisse seines Experiments entdeckt der Benutzer die Funktionsweise von Logistikketten und erlernt Problemlösungsstrategien.

c) Eine multimediale Präsentation vermittelt die Zusammenhänge optisch und akustisch durch möglichst realitätsnahe Darstellungen aus der betrieblichen Praxis. Dabei steht die Veranschaulichung mit Video, Ton, Animation und Grafik im Vordergrund.

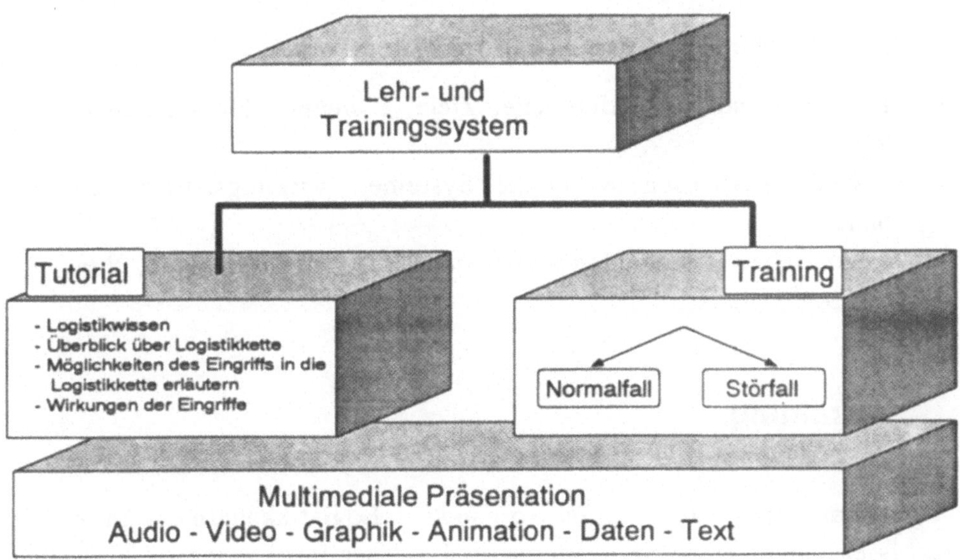

Abb. 2: Systemaufbau

3 Tutorial

Durch den Tutorialbaustein wird Hintergrundwissen zur Logistik vermittelt. Er kann auf zwei unterschiedliche Weisen verwendet werden. Im Regelfall ist vorgesehen, daß sich der Lernende zunächst mit dem Modell einer realen Logistikkette beschäftigt und die Funktionsweise dieses Systems "spielend" erforscht. So kann er beispielsweise selbst einen Materialfluß aufbauen und die einzelnen Modellobjekte bei der Abwicklung dieses Flusses beobachten. Dabei wird er auch mit plötzlichen Störungen, die zufällig erzeugt werden, konfrontiert. Um spezielle Verhaltensmuster des Systems besser verstehen zu können oder Hilfestellung bei der Behandlung von Störungen zu bekommen, verzweigt das System gezielt zu entsprechenden Stellen des Tutorials.

Die zweite Anwendungsmöglichkeit des Tutorials besteht darin, daß man sich zunächst dort mit bestimmten Lernsequenzen beschäftigt und dann versucht, die erworbenen Kenntnisse an einem konkreten Beispiel anzuwenden. Hier wird also in umgekehrter Richtung vom Tutorial zu entsprechenden Aufgabenstellungen in dem Logistikmodell verzweigt.

Der Inhalt des Tutorials gliedert sich in folgende Abschnitte:

- Logistikgrundlagen (Merkmale, Ziele, Elemente, Modelle, Strategien),
- Querschnittswissen (vernetzte Systeme, Wirkungszusammenhänge),
- Logistische Entscheidungssituationen (Beschaffungslogistik, Produktionslogistik).

4 Training

In dem Trainingsbaustein sollen vorhandene Logistikkenntnisse in Handlungswissen umgesetzt werden. Hierzu sind auf der Basis eines vorgegebenen Logistiknetzwerkes Managemententscheidungen zu treffen (vgl. Abb. 3). Diese können operativer oder auch strategischer Natur sein. Im ersten Fall trifft der Anwender beispielsweise Entscheidungen über Bestellungen bei Fremdlieferanten, Lagerabrufe oder den Einsatz von Transportmitteln. Er kann Bearbeitungsmaschinen umrüsten oder Lager bevorraten. Im Rahmen einer strategischen Planung ist es z. B. möglich, Bearbeitungskapazitäten durch die Beschaffung neuer Maschinen zu erhöhen, neue Lager einzurichten bzw. bestehende aufzulösen oder auch Teile des Materialflußsystems umzuorganisieren, d. h. die Topologie des Logistiknetzwerkes zu ändern. Die Entscheidungen gehen als Eingangsgrößen in den Logistik-Simulator ein, der den Materialfluß "durchrechnet" und auch die schon erwähnten Zufallsstörungen erzeugt. Er präsentiert die Ergebnisse in Form einer Reihe von Zustandsgrößen, die das Systemverhalten widerspiegeln. Hierzu gehören z. B. Bestandsmengen, Durchlaufzeiten, Kapazitätsauslastungen, Warteschlangenlängen und vor allem Kostendaten.

5   Multimediale Präsentation

Ein wesentliches Ziel des Systems ist, das Lernen und das Training möglichst anschaulich zu gestalten. Neben Texten, Grafiken und übersichtlichen Datenausgaben in Form von Spreadsheets wird intensiv von Animations- und Videodarstellungen Gebrauch gemacht. So läßt sich der Materialfluß in dem als Netzwerk dargestellten Logistikmodell gut in einer Art Trickfilm darstellen. Besonderes Gewicht wurde auf die Präsentation realer Situationen durch Videoeinblendungen gelegt. Zu diesem Zweck steht eine umfangreiche Sammlung von Tonfilmsequenzen zur Verfügung, die in dem Logistikbereich eines großen Automobilherstellers gedreht wurden. Durch die Speicherung auf einer Bildplatte sind die Ausschnitte direkt zugreifbar und damit modular in das Lehr- und Trainingssystem einzubinden. Sowohl der Normalbetrieb wie auch unterschiedlichste Störungssituationen werden anschaulich genau zu dem Zeitpunkt als Videoausschnitt präsentiert, zu dem im Simulator die entsprechende Situation auftritt. Man gewinnt dadurch einen plastischen Eindruck von der Arbeitsweise der Maschinen, der Verhaltensweise der Mitarbeiter und von der Geräuschkulisse im realen Tagesbetrieb. Die Multimedia-Sequenzen sind nicht nur vom Trainingsbaustein aus abrufbar, sondern können auch in bestimmte Passagen des Tutorials als Anschauungsmaterial eingebunden werden.

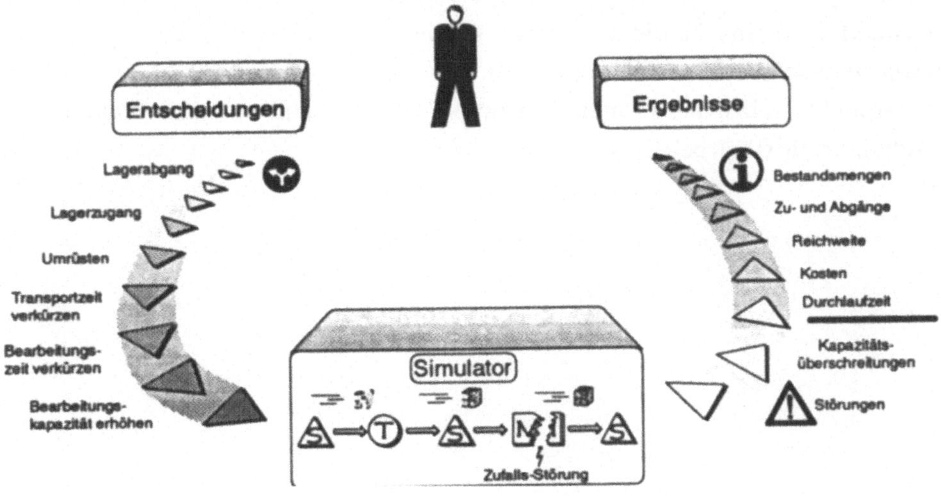

Abb. 3:   Training

6   Systemanwendung

Nach einer Einführung, die die Möglichkeiten des Tutorials, des Trainings und der Präsentation erklärt, hat der Benutzer die Aufgabe, eine Logistikkette in einer vorgegebenen Konfiguration zu beurteilen. Anschließend sind Entscheidungen zu treffen, um die Funktionsweise zu verbessern. Der Benutzer bekommt die Auswirkungen seiner Maßnahmen angezeigt. Hier wird der Normalfall und der Störfall unterschieden: Während im Normalfall die Zustandsübergänge nur von den konkreten Maßnahmen des Entscheiders abhängen, können bei einer Störung auch nicht-deterministische Einflüsse auftreten.

Ergeben sich bei der Benutzung des Systems Fragen zum Thema oder Verständnisschwierigkeiten, so wird in das Tutorial verzweigt. Dieses vermittelt allgemeines logistisches Fachwissen und Kenntnisse über Systemzusammenhänge. Über die Benutzeroberfläche, von der aus das System gesteuert wird, können daneben Informationen zum Zustand der einzelnen Objekte in der gegebenen Logistikkette abgefragt werden. Hierzu wird die Kette durch Symbole auf dem Bildschirm dargestellt.

Nachdem der Benutzer die Konsequenzen seiner Entscheidungen analysiert und sich eine neue Strategie zur Verbesserung des Logistiksystems zurechtgelegt hat, verändert er gezielt Einflußgrößen oder konfiguriert die Logistikkette neu. Entsprechend wird ein neues Systemverhalten präsentiert und teilweise multimedial veranschaulicht, worauf wiederum reagiert werden kann. Durch diesen gemischten Tutorial- und Trainingsdialog kann der Benutzer die Lernschwerpunkte selbst bestimmen und im Verlauf der Anwendung erkannte Wissensdefizite flexibel beheben.

Neue Entwicklungskonzepte für computergestützte Lehrsysteme am Beispiel einer Auftragsbearbeitung in der Computer-Industrie

Gerald Knabe[1], Ulrich Glowalla[2], Michael Klatt[1] und Gerhard Vetter[1]

[1]Q-Team Dr. Knabe, Gesellschaft für Informations- und Qualifikationssysteme mbH
Brauereistr. 11, 4052 Korschenbroich 1

[2]Fachbereich Psychologie der Justus-Liebig-Universität Gießen
Otto-Behaghel-Str. 10/F, 6300 Gießen

Zusammenfassung

Die Erfahrungen während der Entwicklung eines computergestützten Lernprogramms mit neuen Werkzeugen und Konzepten bilden den Inhalt dieser Ausarbeitung. Es wird dargelegt, wie das Lernsystem auf die unterschiedlichen Anforderungen von mehreren Zielgruppen flexibel reagiert. Das entstandene Programm wird gleichzeitig als Lernprogramm zum Lernen und als Informationssystem zum Nachschlagen eingesetzt. Hochqualifizierte und -bezahlte Software-Experten konnten durch den Einsatz dieser Software wirkungsvoller eingesetzt werden.

1 ADVOKAD – Was ist das?

ADVOKAD ist der Name der Siemens-Software, von der im folgenden die Rede sein soll. Der Name ADVOKAD bedeutet: Arbeitsablauf steuerndes Datenbankverfahren für Vertrieblich Orientierte und Kaufmännische Aufgaben im Geschäftsbereich Datentechnik. ADVOKAD unterstützt die Arbeitsabläufe im vertrieblichen und kaufmännischen Bereich des SNI-Geschäftes. Darüber hinaus liefert ADVOKAD Daten für die vertriebliche Berichterstattung und die Auswertungen des Rechnungswesens.

Der Anlaß für die Erstellung des Lernsystems für die ADVOKAD-Auftragsbearbeitung war die Gründung der **Siemens Nixdorf Informationssysteme AG (SNI)**. Die ca. 1000 Auftragsbearbeiter der ehemaligen **Nixdorf Computer AG** mußten so schnell wie möglich die Bedienung der von den Kollegen der **Siemens AG** benutzten Software erlernen, die sie zum Stichtag 1. Oktober 1990 bedienen können mußten. Zur Zielgruppe gehören zusätzlich die ehemaligen Siemens-Auftragsbearbeiter, deren Zahl sich ebenfalls auf ca. 1000 beläuft. Eigentümerin der Lernsoftware ist SNI.

Informatik aktuell
U. Glowalla, E. Schoop (Hrsg.), Hypertext und Multimedia:
Neue Wege in der computerunterstützten Aus- und Weiterbildung
© Springer-Verlag Berlin Heidelberg 1992

Das Lernsystem wurde innerhalb von dreieinhalb Monaten erstellt und in Auszügen in die englische Sprache übersetzt. Es umfaßt rund 3000 Items
(Bildschirmseiten mit dazugehörigem Programmcode) und benötigt etwa 2,3
MByte Speicherplatz. Die Lernzeit beträgt ungefähr 15 Stunden. Eingesetzt
wird das Programm auf MS-DOS- und SINIX-Rechnern. Zur Entwicklung des
Lernprogramms wurde das Autorensystem IICL (Gerald Knabe, Korschenbroich) verwendet.

Zur Veranschaulichung der grundsätzlichen Problematik folgt ein kleiner Exkurs zum Schulungsgegenstand: Die folgende Abbildung zeigt einen Ausschnitt
einer Originalmaske aus der ADVOKAD-Auftragsbearbeitung.

```
BZK1                     AUFTRAGSKOPFDATEN
VS:    WA :       -      -      ANZPOS:      SYST:      ST:      AC:
-----------------------------------------------------------------------------
AWK-P :                                AWK-A :
AWK-EB:                                AWK-FB:
BZ-DAT:           HINW:
KDADR :                                VSADR :




AKZ1 :
AKZ2 :                          L-BED :      PRV-KZ :  NEUTR :  SYS:
KDAZ :                                                          SYS:
VA : BA : LTG :          TL :      VERTRG-DAT:      AUSTAUSCHKZ:
RABATT    : / ,          SS :      M-VNR    :          /
ANL-ART   :                        GS-NR    :
ANL-NR    :       /                ANL-NR-ALT:        /




-----------------------------------------------------------------------------
AKZ1:        - -      -        BESTNR:
BILD:     VS:    WA:     -      -        KDNR:            VSADR:
```

Abb. 1:   Maskenausschnitt aus der Auftragsbearbeitung ADVOKAD

1982 wurde die hier geschulte "ZN-Funktion AB = Auftragsbearbeitung" eingeführt. Das Verfahren ADVOKAD läuft im DI RID RZ zentral in München-
Perlach. Die Hardware-Ausstattung umfaßt u.a. eine Zentraleinheit 7.592-F (H
120) mit derzeit 128 MB Hauptspeicher, daran angeschlossen sind momentan
44 Plattenspeicher mit einer Gesamtkapazität von 100 Gigabyte. Ende dieses
Jahres soll das Nachfolgeverfahren eingeführt werden.

2 Entwicklungskonzept für das Lernsystem

Die Entwicklung wurde von der Firma Q-Team Dr. Knabe – Gesellschaft für Informations- und Qualifikationssysteme mbH – in Korschenbroich in Zusammenarbeit mit entsprechenden Instanzen der Siemens AG durchgeführt. Der Prototyp des Lernsystems wurde dem Auftraggeber zu Testzwecken vorab zur Verfügung gestellt und mit entsprechenden Kommentaren an die Autoren zurückgegeben. Dieses Wechselspiel wiederholte sich solange, bis ein abschliessender Workshop die Qualität des Lernsystems sicherstellte. Es kamen auf diese Weise die Fachkompetenz der Anwender, Trainer und Entwickler der zu schulenden Software auf der einen Seite und die Fachkompetenz der Lernprogrammentwickler (Didaktiker, Psychologen, Techniker und Kaufleute) auf der anderen Seite zusammen. Für einige Projektphasen mochten die Autoren nicht auf externes Know-How verzichten, so daß für diese Tätigkeiten erfahrene Psychologen der Universitäten Gießen, Trier und Aachen engagiert wurden, um die psychologischen, didaktischen und pädagogischen Aspekte der Lernprogrammerstellung in die Tat umzusetzen. Die Qualitätssicherung lag in den Händen von Ulrich Glowalla von der Justus-Liebig-Universität Gießen.

2.1 Aufbau des Lernprogramms

Das Lernprogramm wurde derart konzipiert, daß der gesamte Schulungsbedarf mit einem einzigen Programm gedeckt werden kann, auch wenn die verschiedenen Einsatzgebiete scheinbar unvereinbar miteinander sind. Abbildung 2 soll das Design verdeutlichen.

Die in der Grafik dargestellten Lernwege stellen eine Abbildung der drei Haupt-Zielgruppen dar, ADVOKAD-Beginner und ADVOKAD-Kenner, wobei letztere in solche mit geringem und solche mit umfangreichem Vorwissen unterteilt werden. Daraus resultieren die drei Lernwege. Darüber hinaus wird dieses Lernsystem auch unterschiedlichen Lerntypen gerecht. Es werden in einem einzigen Lern-Werkzeug drei alternative Methoden angeboten. Abhängig von den Lernvoraussetzungen, der Lernintention und der bevorzugten Art des Lernens – etwa eine Vorliebe für die „Versuch und Irrtum"-Methode – wird das Lernsystem fast jedem Lerner gerecht. Die Einschränkung ist nötig, da Spezialwissen ab einem gewissen Grad unter anderem aus Gründen der Wirtschaftlichkeit nicht in das Lernsystem aufgenommen wurde. Besonders großer

Wert wurde auf die Realitätsnähe (*fidelity*) der eingearbeiteten Beispiele, Tips, Hinweise, etc. gelegt. In den Testphasen während der Entwicklung zeigte sich, daß auch bei kleinsten Unterschieden zur Praxis oder zum Originalprogramm die Glaubwürdigkeit des Lernsystems und damit dessen Akzeptanz in den Augen der Lerner rapide sank. Es entstand der Eindruck, als müsse das Lernsystem sich seine Akzeptanz immer wieder aufs neue verdienen, in dem es jeden zu schulenden Aspekt immer aus dem jeweiligen Blick der Lernenden betrachtet und dabei die Besonderheiten und Erfahrungen der Zielgruppe berücksichtigt.

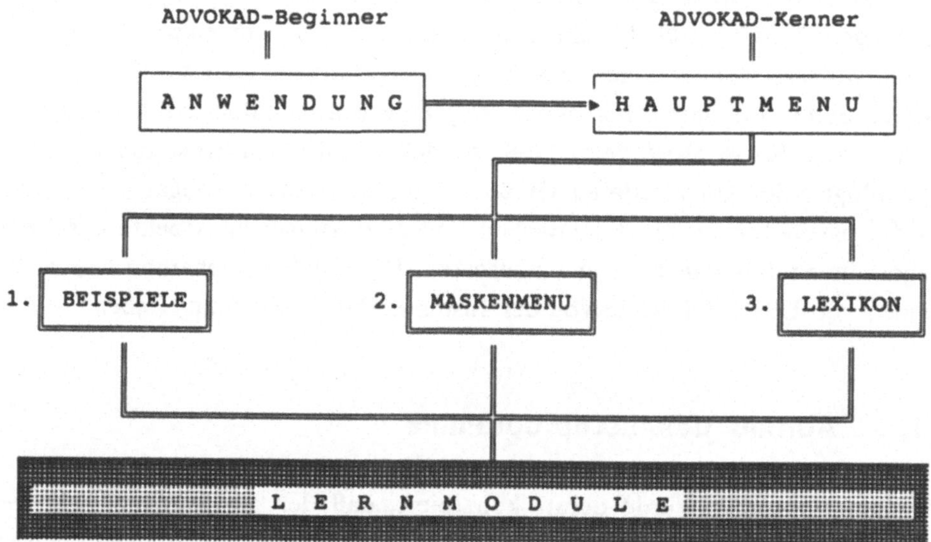

Abb. 2: Konzept des ADVOKAD-Lernprogramms

In diesem Beitrag soll besonders auf die beispielorientierte Beginneranwendung eingegangen werden, die den Zugang zu dieser überaus komplexen und zunächst recht unübersichtlichen Großrechnersoftware (vgl. Abbildung 1) ermöglichen soll. In der Beginner-Anwendung wird anhand einer realen Situation, einem „typischen" Auftrag, die Software interaktiv vorgestellt. Der Lerner wird Schritt für Schritt geführt, wobei er die notwendigen Eingaben selbst tätigen muß. Der Lerner hat in dieser Phase wenig Bewegungsspielraum, um systemseitig sicherzustellen, daß der angestrebte Überblick tatsächlich gewonnen wird. Nach Abschluß dieser Anwendung haben dann auch die Neulinge die Möglichkeit, sich ihren Lernweg frei zu gestalten.

Die Lerninhalte ändern sich durch die Wahl eines Lernweges nur unwesentlich. Der Zugang zu diesem Wissen unterscheidet sich jedoch sehr. Er kann eingebettet in ein Beispiel vonstatten gehen, wobei ein realistisches Beispiel den Rahmen für die „Lern-Handlung" bildet. Die weiteren Vorgehensweisen beziehen sich auf die Software selbst. Beim Betrachten der einzelnen Masken kann ein Eingabefeld markiert werden, worauf die losgelöste Lernsequenz just zu diesem Feld gestartet wird. Beim Lernweg über einen Index, in diesem Fall das Lexikon, wird unmittelbar auf die Lernsequenz zu einem bestimmten Feld zugegriffen.

2.2 Lernkomfort durch maßgeschneiderte Werkzeuge

Einige herausragende Aspekte des ADVOKAD-Lernsystems werden im folgenden angesprochen, die nicht unbedingt selbstverständlich sind für Lernsoftware. Es handelt sich um Funktionen, die dem Lerner alle zu jeder Zeit zur Verfügung stehen, das heißt, von jedem Bildschirm aus aufgerufen werden können. Zwei dieser sogenannten Dienste sollen hier vorgestellt werden.

Individualisierte Lernempfehlungen. Durch die Möglichkeit, sich innerhalb des Lernsystems frei bewegen zu können, ergibt sich die Konsequenz, daß dem Lerner „Navigationshilfen" an die Hand gegeben werden müssen. Feldversuche haben gezeigt, daß es zwar ein großer Vorteil ist, zwischen den Lernwegen willkürlich wechseln zu können. Ein dadurch verursachter Nachteil ist aber die Gefahr, den Überblick über den eigenen Lernweg beziehungsweise über den Lernstandort zu verlieren. Bei diesem komplexen System besteht die Lernempfehlung aus den benutzerspezifischen Informationen, welche Programmteile vom <u>aktuellen Lerner</u> bereits bearbeitet worden sind und ob sie vollständig bearbeitet wurden. Diese Daten werden für jeden Lerner abgespeichert und stehen auch nach einem Wiedereinstieg zur Verfügung.

Darüber hinaus wird eine Empfehlung dahingehend ausgesprochen, welche Schritte folgen sollten. Eine Verzweigung aus dem dargestellten Fenster zu diesen Programmteilen ist leicht möglich.

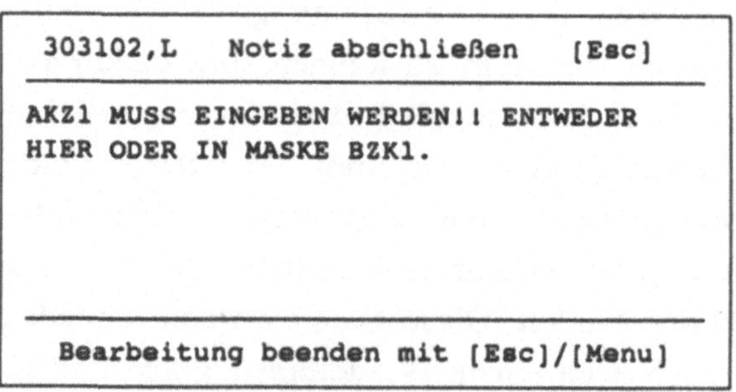

```
                    L E R N - E M P F E H L U N G

Feld            Ihr persönlicher Lernstand in den Lernmodulen

AWK             ●  Fertig bearbeitete Lektion
BILD            ●  Fertig bearbeitete Lektion
VS              ●  Fertig bearbeitete Lektion
AKZ1            ½  Die Lektion wurde (gerade?) von Ihnen abgebrochen
KD-NR           ‼  Dieses Feld haben Sie noch nicht bearbeitet
VSADR           ‼  Dieses Feld haben Sie noch nicht bearbeitet
POS             ‼  Dieses Feld haben Sie noch nicht bearbeitet
BESTELL-NR      ‼  Dieses Feld haben Sie noch nicht bearbeitet
WA              ‼  Dieses Feld haben Sie noch nicht bearbeitet


Unsere Lernempfehlung an Sie...    (...z.B. mit [◄──┘] abrufbar)

‼ --> Bearbeiten Sie dieses Feld im Beispiel oder im Maskenmenu
½ --> Bearbeiten Sie die abgebrochene Lektion weiter...
```

Abb. 3: Lernempfehlung durch das System

Persönliche Notizen. Das Lernsystem bietet die Möglichkeit, auf jeder beliebigen Bildschirmseite eine Notiz zu machen. Dazu ruft der Lerner ein Fenster auf (vgl. Abbildung 4).

```
303102,L    Notiz abschließen    [Esc]

AKZ1 MUSS EINGEBEN WERDEN‼ ENTWEDER
HIER ODER IN MASKE BZK1.




Bearbeitung beenden mit [Esc]/[Menu]
```

Abb. 4: Notizfunktion

In dieses Fenster kann er beliebigen Text, Formeln oder ähnliches eingeben. Dem Lerner soll auf diese Weise die Möglichkeit gegeben werden, den Lernstoff in eigenen Stichworten zusammenzufassen oder etwa eigene „Eselsbrükken" an Ort und Stelle aufzuschreiben. Die Funktion der Notizen ist mit der einer Bleistiftnotiz in einem Buch oder den kleinen gelben Haft-Zetteln vergleichbar. Die Notizen werden in separaten Dateien gespeichert und können z.B. auch ausgedruckt werden. Einmal geschriebene Notizen stehen dem Lerner auch in folgenden Lern-Sessions zur Verfügung.

3 Ausblick auf neue Entwicklungsmethoden und -werkzeuge

Das beschriebene computergestützte Lernsystem stellt einen neuen Typ von CBT vor. Bis dato hatte kaum jemand gewagt, ein einziges System für scheinbar unvereinbare Aufgaben zu konstruieren. Im vorliegendenden Fall ist ein Beispiel gegeben, daß dieses möglich ist. In Lernsystemen, die nach dem beschriebenen Projekt erstellt worden sind, wurde ein weiterer Aspekt berücksichtigt. Um vom reinen Faktenwissen zum Wissen um die Zusammenhänge zu kommen, wurde das aufgaben- oder problemorientierte Lernen durch die Schaffung eines entsprechenden Lernweges geschaffen. Durch die Schaffung von Lernsequenzen zu typischen Fallbeispielen, Problemen, Aufgaben und Fehlern wächst dem Lernen mit diesem System eine weitere Dimension zu. Indem die Lernsoftware nicht nur einmalig zum Kennenlernen benutzt wird und gegebenenfalls ein weiteres mal nach größeren Fehlern, sondern vor neuen oder ungewohnten Aufgaben konsultiert wird, kommen die Anwender der Idealvorstellung der Verknüpfung von Arbeiten und Lernen einen großen Schritt näher (*"training on the job"*).[1]

Die Kosten für das ADVOKAD-Auftragsbearbeitung-Lernsystem waren unbestritten höher als bei einem herkömmlichen Lernprogramm. Preiswert war es auf jeden Fall, denn in der Aus- und Fortbildung werden jetzt Routineaufgaben vom Computer übernommen. Dies spart Kosten. Die Entlastung der Hotline führte zu einer besseren, d. h. produktiveren Arbeitssituation für die dort eingesetzten, hochbezahlten Spezialisten. Auch wenn hier keine exakten Zahlen genannt werden dürfen, kann man doch ausdrücken, daß die Amortisationszeit der Investition weit geringer sein wird als ex ante geschätzt.[2]

Nachdem sich die inhaltliche Struktur dieses Lernsystems erfolgreich auch in Folgeaufträgen bzgl. anderer ADVOKAD-Module bewährt hat, hat Q-Team Dr. Knabe in Zusammenarbeit mit Siemens eine neue Technik entwickelt, um Produktionskosten - und damit die Projektkosten insgesamt - zu senken und andererseits gleichzeitig die Produktionszeiten drastisch zu verkürzen. Objektorientierte Programmiertechnik unter voller Ausnutzung der Leistungsfähigkeit des verwendeten Autorensystems IICL – insbesondere in Hinsicht auf die

Datenbankstruktur – führt zu mehr Wirtschaftlichkeit. Anforderungen dieser Art werden nach unserer Auffassung nicht nur an die Lernsysteme für diesen Auftraggeber gestellt, sondern sie werden in allernächster Zukunft den Standard darstellen.[3]

Anmerkungen der Herausgeber:

[1] Vgl. hierzu auch Abschnitt 5 des Beitrages von *Jan Koch*, ebenfalls in diesem Teil 3.

[2] Vgl. den einleitenden Beitrag „Entwicklung und Evaluation von Lehrsystemen" von *Glowalla* und *Schoop* in Teil 1.

[3] Vgl. den einleitenden Beitrag „Computer in der Aus- und Weiterbildung: Potentiale, Probleme und Perspektiven" von *Schoop* und *Glowalla* in Teil 1.

CBT am Lernort Betrieb am Beispiel der Deutschen Bundespost POSTDIENST

Rudolf Hundt
Zentralredaktion für computerunterstützten Unterricht
Deutsche Bundespost – Postdienst
Ringbahnstr. 130, 1000 Berlin 42

1 Konzept

Das Konzept heißt „Lernen am Lernort Betrieb" und bedeutet, daß der Unterricht dahin verlegt wird, wo das zu Lernende tatsächlich gebraucht wird. Dadurch ist es möglich, schnell eine gerichtete Botschaft von einer Zentrale aus an jeden Mitarbeiter in gleicher und objektivierter Form weiterzugeben. Ziel ist dabei, daß gelernt und nicht nur informiert wird. Zu diesem Zweck stellt die Berufliche Bildung dem Betrieb ein Lernsystem zur Verfügung, und die betriebsleitenden Kräfte sorgen dafür, daß die Adresssaten einer Bildungsmaßnahme das Instrumentarium nutzen.

Kernstück eines Lernsystems ist ein PC, der durch eine spezielle Software so vorbereitet wird, daß jeder auch ohne besondere PC-Kenntnisse ihn bedienen kann. Um alle Lerntypen anzusprechen, werden audiovisuelle Begleitmedien verwendet und zum Mitnehmen von Texten sowie für Arbeitsanleitungen und Teilnahmebescheinigungen wird ein Drucker beigestellt. Die Konfiguration bezeichnen wir als Lernstation, in deren unmittelbarer Nähe sich beim Einsatz jeweils ein Telefon befinden sollte.

2 Hintergrundphilosophie

Das System Computerunterstützter Unterricht (CUU) beruht auf den Regeln des programmierten Unterrichts, für welche die Psychologie, die Kybernetik und die Informationstheorie den Grundstein legten. Das Lernsystem dient als Mittler zwischen dem Lerngegenstand und dem Lernenden. Es gibt den Lernweg vor und wertet die Eingaben des Lernenden aus. Durch eine besondere Bedienoberfläche kann aber auch ein individueller Lernweg gewählt werden,

Informatik aktuell
U. Glowalla, E. Schoop (Hrsg.), Hypertext und Multimedia:
Neue Wege in der computerunterstützten Aus- und Weiterbildung
© Springer-Verlag Berlin Heidelberg 1992

so daß auch die Möglichkeit des selbstgesteuerten Lernens und des Einholens von Informationen gegeben sind.

Herkömmlicher Untericht besteht zu 20 % aus Information und zu 80 % aus Wiederholen, Üben und Anwenden. Genau für die letztgenannten Funktionen eignet sich der Computer als Lernpartner:

- er ist geduldig,
- er läßt jede Lerngeschwindigkeit zu,
- gefahrlose bzw. folgenlose Erprobung wird ermöglicht (Simulation),
- durch unterschiedliche Medien (Bild, Ton,Text) werden verschiedene Lerntypen angesprochen und
- Unterschiede im Kenntnisstand der Lerner können in gewissen Grenzen berücksichtigt werden.

CUU eignet sich somit für Aus-, Fort- und freiwillige Weiterbildung. Im vorliegenden Beitrag geht es im wesentlichen um Fortbildung, weil durch die Konzeption „Lernort Betrieb" und die Möglichkeiten von CUU sich in erheblichem Maße Ausfallzeiten sowie Reisekosten einsparen lassen, da die Berufliche Bildung zum Adressaten kommt und nicht umgekehrt. Durch die Nähe zum Betrieb und die verkürzten Ausfallzeiten ergeben sich zudem hohe Reaktionsgeschwindigkeiten bei neu auftretendem Bildungsbedarf.

3   Infrastruktur

Die **Hardware** bilden die Lernstationen, bestehend aus einem Nokia PC Alfaskop Desktop m 336 SX mit einer DVA-4000-Video-Karte sowie einem Epson-Drucker SQ 850 und einem Bildplattenspieler Lasermax von Sony. Für die Tonausgabe stehen wahlweise eine Aktivbox oder Kopfhörer zur Verfügung. Ein Teil der Lernstationen ist mit einem Btx-Einsteckmodem ausgestattet, um Kommunikationsmöglichkeiten herzustellen und Berichtigungen ausführen zu können. Insgesamt sind damit folgende medialen Darstellungsformen möglich:

- Bewegtbild und Ton,
- Standbild und Ton („Diaschau"),
- Text und Grafik (auf Wunsch auch zum Mitnehmen).

Alle Medien sind miteinander kombinierbar, so daß z. B. Computertexte und -grafiken durch gesprochene Erklärungen unterstützt werden können, was erheblich zum Verständnis und zum Behalten beiträgt.

Exkurs. Es wird immer wieder die Frage gestellt, warum wir noch mit der Bildplatte arbeiten. Die Antwort ist einfach: Wir haben über 1000 Systeme, die ausgezeichnet funktionieren. Wir beherrschen inzwischen diese Technik und können alle denkbaren Aufträge damit ausführen. Die neue Technologie mit DVI-Karte und CD-ROM ist noch nicht hinreichend erprobt. Die meisten uns bekannten Anwendungen sind noch im Entwicklungsstadium. Die Reaktionszeiten beim Bildaufbau sind noch nicht so schnell wie bei unserem System. Wir beobachten allerdings die Entwicklung sehr aufmerksam, weil die neue Technologie natürlich bei einem entsprechenden Reife- und Nutzungsgrad Einsparungen bei der Hardware verspricht.

Als **Software** zur Konfigurierung des Lernplatzes verwenden wir das von uns entwickelte Teachware Management System (TMS). Es verwaltet alle Lernprogramme, ist eine Bedienerhilfe für den Systembetreuer, stellt die Datensicherheit her und enthält Kommunikationssoftware.

Zur Administration des Lernerverhaltens dient das Teachware Service System (TSS). Es liefert die Bedienoberfläche und ermöglicht individualisierte Lernformen. Außerdem sichert es den Datenschutz und reduziert den Programmieraufwand durch Bereitstellen bestimmter, gleichbleibender Routinen.

Das Lernprogramm selbst, die sog. Teachware, wird mit der Autorensprache *TenCORE* erstellt.

Die **personale** Struktur gliedert sich wie folgt:

- Die Zentralredaktion, bestehend aus sechs Kräften (davon drei Projektmanager, ein Hard- und Softwarespezialist und zwei Mitarbeiter) übernimmt die Produktion, Verteilung und Pflege der Lernprogramme sowie die Administration des gesamten Systems.
- 20 Autoren sind zuständig für die Fachinhalte der Lernprogramme sowie das Erstellen der Drehbücher. Gegebenenfalls übernehmen sie auch die Programmierung und die Korrektur.
- 156 Berater sichern die didaktische Nutzung der Lernstationen.
- 390 Betreuer stellen die Stationen auf und beraten die Lerner im Umgang mit dem System.

4 Planung und Realisierung

Grundsätzlich lassen sich zwei Planungsphasen unterscheiden:

- die Installationsphase, also die Einführungsphase von CUU und
- die Planung jeder einzelnen Bildungsmaßnahe mit dieser Vermittlungsform.

In der Installationsphase müssen zunächst die Infrastruktur aufgebaut und eine Gesamtkonzeption nach den betrieblichen Gegebenheiten entwickelt werden. Dabei muß CUU zur Chefsache erklärt werden, weil ohne massive Unterstützung der Führungskräfte der Erfolg fraglich ist. Für alle Unternehmensangehörigen muß der Nutzen des neuen Systems erkennbar werden. Wir haben mit Plakataktionen, Informationsbroschüren und -veranstaltungen nachhaltig für unsere Sache geworben. Wichtig ist in diesem Zusammenhang auch die Einbeziehung der Personalvertretung bereits in der Planungs- und Entscheidungsphase.

Jede einzelne Bildungsmaßnahme mit CUU muß geplant werden wie ein konventionelles Projekt:

1. Was soll vermittelt werden und in welcher Form?
2. Wer soll geschult werden?
3. In welchem Zeitraum soll die Schulung stattfinden, welche Lerndauer ist für den Einzelfall als Durchschnitt anzusetzen?
4. Wie sind die Einsatzbedingungen?
5. Wie läßt sich der Bildungserfolg feststellen?
6. Welche Mittel stehen zur Verfügung; ist Eigenproduktion möglich?

5 Erfahrungen

Das Projekt CUU wurde 1985/86 begonnen. Seitdem gabe es Pilot- und Feldversuche. Letztere wurden durch wissenschaftliche Untersuchungen der TU Braunschweig, der Universität Karlsruhe sowie des BIFOA Köln begleitet. Im Wirkbetrieb befindet sich CUU seit dem 01.10.90. Die Erfahrungen beruhen auf Rückmeldungen von 12 Oberpostdirektionen, 153 Postämtern und 3 Postschulen sowie eigenen Beobachtungen der Zentralredaktion.

Ergebnisse:

- Das System hat sich als brauchbares Unterrichtsmedium herausgestellt, das sich in den Betrieb integrieren ließ.
- Es gab keine nennenswerten Einwendungen der Personalvertretungen.
- Die Akzeptanz durch die Lernenden war hoch.
- Die Systemkomponenten waren sehr zuverlässig.
- Die Qualität von Darstellung und Technik wurden allgemein gelobt.
- Probleme traten nahezu ausschließlich bei der Organisation des Lernprozesses auf (Zuweisung von Lernzeiten und deren Realisierung).

Im ersten großen Projekt sind mit dem Lernprogramm „Allgemeine Geschäftsbedingungen" 40.000 Schalterkräfte in einem Zeitraum von vier Monaten geschult worden. Dabei ergaben sich rechnerisch Einsparungen in Höhe von

- rd. 12 Mio. DM durch Wegfall von Ausfallzeiten und
- rd. 2 Mio. DM durch Wegfall von Lehrtätigkeit.

6 Öffnung nach außen

Die einzelnen Lernprogramme sowie die Basissoftware (TMS und TSS) repräsentieren einen hohen Wert. Das Unternehmen Postdienst hat daher den Markennamen „CLIP" (computerunterstütztes Lernen im Postdienst) eingeführt, um die Rechte an dem System kenntlich machen zu können. Ferner wird geplant, das Know-How zu vermarkten. Dabei kann der Postdienst folgende Leistungen zu Marktkonditionen anbieten:

- Beratung von Interessenten über den Aufbau der Infrastruktur und die Durchführung von CUU,
- Qualifizierungsmaßnahmen für die Beteiligten an CUU und
- Lizenzen für Software und Lernprogramme.

Reanimation von Patienten mit Kreislaufstillstand am Computer

Integration eines interaktiven Trainingsprogramms („Herzstillstand") in eine Lehrveranstaltung für Studenten der Humanmedizin im Praktischen Jahr

Ulrike Scheffler[1], Heike Scheffler[2] und Hansjörg Teschemacher[2]
1) Kreiskrankenhaus Lich
2) Rudolf-Buchheim-Institut für Pharmakologie
Universität Gießen, Frankfurter Str. 107, 6300 Gießen

1 Einsatz von Computerprogrammen bei der Ärzteausbildung in der Bundesrepublik Deutschland

1.1 Einsatz von Lernsoftware in der Ärzteausbildung

Kein Zweifel – der Einsatz von Computern auf dem Sektor Medizin nimmt rapide zu: Das Angebot an Expertensystemen, Datenbanken, Krankenhaus-Organisationssystemen, Arzneimittel-Therapiesystemen, computergestützten Diagnose- und Behandlungsverfahren in der Fachpresse oder auf Ausstellungen (MEDICA, 1991) signalisiert es. Insbesondere in den Arztpraxen setzt sich die EDV durch (Mohr, 1990; 1991) – gelegentlich noch kritisch beleuchtet (Schäfer, 1992). Offenbar gibt es hier einen „Markt", d.h. eine finanziell gestützte Nachfrage des Verbrauchers oder Nutzers aufgrund einer gewinnversprechenden Kosten-Nutzen-Analyse. Demgegenüber nimmt sich die Zuwachsrate an computergestützten Unterrichtsverfahren in der Ärzteausbildung – übrigens auch im Vergleich zu anderen Ländern, etwa USA oder Canada – eher bescheiden aus. Woran liegt dies?

1.2 Einige Voraussetzungen für den Einsatz von Lernsoftware

Die Benutzung marktwirtschaftlicher Begriffe mag der Charakterisierung einiger Voraussetzungen für den Einsatz von Lernsoftware dienlich sein.

Informatik aktuell
U. Glowalla, E. Schoop (Hrsg.), Hypertext und Multimedia:
Neue Wege in der computerunterstützten Aus- und Weiterbildung
© Springer-Verlag Berlin Heidelberg 1992

1.2.1 Das Kosten-Nutzen-Verhältnis

Obschon es grundsätzliche Grenzen der Lernsoftware gibt (Klar, 1990), kann beispielsweise der problemorientierte Lernansatz der Fallsimulation, der bei guten computergestützten Lernsystemen exzellent repäsentiert wird (Klar, 1990), eine wichtige Lernhilfe darstellen. Die Fallsimulation ermöglicht den „Erwerb von Grundlagenwissen in anwendungsfähiger Form" (Renschler, 1990). Gerade im Hinblick auf das – verglichen mit den USA – eklatante Defizit an Fällen langfristiger Patientenbetreuung im Praktischen Jahr kann die Fallsimulation am Computer nicht nur eine Ergänzung, sondern sogar eine (das Ausbildungsziel allerdings noch keineswegs erreichende) Verbesserung der Ausbildung bieten (Renschler, 1990). Der Einsatz von Lernsoftware ist somit wünschenswert, wenn auch nicht generell unabdingbar. Eine Meßskala hierfür ist allerdings nicht definiert: der Beurteilungsspielraum ist somit beträchtlich.

Für den Verbraucher oder Nutzer dieser Art von Lernsoftware, d.h. den Studierenden, fällt jedenfalls die Kosten-Nutzen-Analyse gewinnversprechend aus, sofern sein Zeitaufwand für das Erlernen der Software/Hardware-Nutzung gering bleibt. Letzteres ist in der Regel durch EDV-Kurse im Rahmen der ärztlichen Ausbildung (Michaelis, 1990), durch entsprechende Einführungsliteratur (Kalb, 1991) oder durch anderweitige Hilfestellung gegeben – zumal sich diese Kenntnisse auch unter anderen Nutzungsaspekten amortisieren.

1.2.2 Die Nachfrage und deren finanzielle Stützung

Nun ist der Gewinn des Verbrauchers, d.h. des Studierenden, nicht materieller, sondern ideeller Natur; die Nachfrage wird somit finanziell nicht „selbsttragend" vom Verbraucher, sondern von seiten universitärer oder anderer öffentlicher Institutionen gestützt. Noch schwerer wiegt, daß der Nachfragende in der Regel gar nicht der Studierende, sondern der Hochschullehrer ist.

Dieser stand in seiner Gesamtheit nach Evaluierungsstudien aus der Startphase des computergestützten Unterrichts in der Bundesrepublik der Nutzung von Lernsoftware mit großer Zurückhaltung und Ablehnung gegenüber (Renschler, 1990), woran sich in der Zwischenzeit zwar einiges geändert hat, jedoch keineswegs „flächendeckend". Gründe hierfür sind die ohnehin gegebene Auslastung durch Lehre, Forschung, klinische Tätigkeit und Administration, welche zusätzliche Belastungen – wie die Beschaffung der Hardware über Finanzierungsanträge, die Auseinandersetzung mit Hard- und Software des computergestützten Unterrichts inclusive Abstimmung mit herrschenden Lehrmeinungen – nur unter Schwierigkeiten zuläßt. Weitere Faktoren kommen hinzu. Die Nachfrage ist somit zögernd bis lustlos, die Hardware-Finanzierung auf niederem Anspruchsniveau (PC) allerdings meist möglich (CIP), auf höherem Anspruchsniveau (Bildplatten-Videosysteme) dagegen i.d.R. nicht realisierbar.

1.2.3 Das Angebot

Kein Wunder, daß das Angebot angesichts dieser „Marktlage" hinter dem Bedarf des eigentlichen Verbrauchers zurückbleibt. Dieses Angebot rekrutiert sich einerseits aus Programmen des angloamerikanischen Sprachraums (Klar & Schneider, 1989). Programme in englischer Sprache sind dabei wohl für den Unterricht nur begrenzt nutzbar, da angesichts der hohen Anforderungen an den Erwerb nuancierter Kenntnisse im Rahmen des Medizinstudiums die Lösung von Interpretationsproblemen kaum zumutbar scheint. Auch „1:1-übersetzte Programme", d.h. Programme, die nicht auf die Lehrinhalte der Bundesrepublik abgestimmt wurden, kann der Student unter Verweis auf existentielle Probleme im deutschen Examen zu Recht ablehnen. Somit verbleiben nur einige Programme aus dem angloamerikanischen Sprachraum, die übersetzt und auf deutsche Lehrinhalte abgestimmt wurden.

Neben den aus dem Ausland beziehbaren Programmen steht auch deutsche Lernsoftware zur Verfügung – jedoch nur in geringem Umfang. Die enorm zeitaufwendige Entwicklung von Programmen stößt nämlich aus der oben geschilderten Situation der Hochschullehrer heraus an den Universitäten in Deutschland auf Schwierigkeiten; die „Einbindung fachlicher Kompetenz ist schwierig" (Klar, 1989). Nur in Fällen, in denen auf der Basis persönlicher Motivation unter finanzieller Stützung Nachfrage und Angebot in Personalunion vorhanden oder auf engstem Raum vereinigt waren, kam es zur Entwicklung von Programmen. Produkte dieser „marktunterlaufenden Selbstversorgung" (Fuchs, 1990; Olbing, 1990; Wiemer, 1990) waren dann allerdings zum Teil von bewundernswertem Niveau. Im Falle von Bildplatten-Video-Systemen erfordert die Nutzung dieser Programme jedoch wiederum hohe finanzielle Investitionen zur Beschaffung der Hardware – außerdem auch die Bereitstellung entsprechender Räumlichkeiten.

1.2.4 Einige zur Zeit relevante Bedingungen für den Einsatz von Lernsoftware in der Ärzteausbildung.

Im Hinblick auf die oben beschriebene Situation scheint der Einsatz von computergestützten Unterrichtshilfen in der Bundesrepublik – von Ausnahmen wie „Selbstversorgern" abgesehen – zur Zeit an folgende Bedingungen geknüpft:

1) Die Qualität des Programms muß bestimmten technischen und didaktischen Anforderungen genügen (Selbmann 1990),
2) Das Lernziel kann eher mit computergestützten als mit konventionellen Methoden erreicht oder approximiert werden,
3) Das Lernziel muß einen hohen Dringlichkeitsgrad aufweisen,
4) Die Beschaffung bzw. Nutzung von Hard- und Software muß finanziell und räumlich gesichert sein,
5) Beim Lehrkörper müssen EDV- und Fachkompetenz, Motivation und schließlich die zeitlichen Möglichkeiten zur Umsetzung genannter Eigenschaften in organisatorische Aktivitäten gegeben sein.

Die oben ausgeführten Überlegungen sind nicht apodiktisch, sondern als Diskussionsgrundlage zu verstehen. Der vorliegende Beitrag soll die Problematik des Einsatzes von Lernsoftware im Unterricht für Studenten der Humanmedizin vor Augen führen.

2 Das interaktive Trainingsprogramm "Cardiac Arrest" („Herzstillstand")

2.1 Autoren, Übersetzer, Vertrieb

Das Programm wurde von Bruce Argyle, MD, Salt Lake City, Utah, USA auf der Basis der "Algorhythms For Cardiac Dysrhythmias" der AHA (American Heart Association) erstellt. Bruce Argyle ist Chefarzt der Abteilung für Notfallmedizin und Leiter der Schule für Rettungsassistenten und Intensivpflegepersonal am Orem Hospital; er ist Dozent an der University of Utah. Die deutschen Übersetzer arbeiten als Anästhesisten am Krankenhaus Itzehoe. Das Programm wird vertrieben von der Firma Kieseritzky und Wolters, Langer Peter 10, 2210 Itzehoe.

2.2   Technische Hinweise

Das Programm läuft auf IBM-, auf IBM-kompatiblen und auf Atari-Konfigu-
rationen in Deutsch und Englisch, auf Apple Macintosh und Apple II/Amiga-
Systemen nur in Englisch. Weitere Daten: Mindestens 512 kB RAM, DOS >
2.0 Grafikkarte (Hercules, CGA, EGA, VGA) .

2.3   Programminhalt und Programmablauf

Es handelt sich um ein interaktives Trainingsprogramm mit 45 Fallsimulatio-
nen, von denen jede wiederum randomisiert verändert werden kann. Tutorielle
Hilfestellung gewährt ein Handbuch, sie ist nicht in das Programm integriert.
In allen Fällen handelt es sich um Patienten mit Kreislaufstillstand.

Nach Auswahl des Patienten aus einer von fünf vorgegebenen Kategorien werden zuerst die Basisinformationen zum Status des Patienten gegeben. Sodann
erscheinen Vitalparameter wie Blutdruck, Herzfrequenz, Atmung und EKG,
wobei die manuelle Herz-Lungen-Wiederbelebung jeweils bereits „läuft", wie
das Programm vermerkt. Die Situation ist wirklichkeitsnah ausgestaltet –
inclusive spitzer Bemerkungen des Pflegepersonals. Von seiten des „Arztes"
können nun eine Reihe diagnostischer oder therapeutischer Maßnahmen – medikamentöse wie nicht-medikamentöse – durchgeführt werden. (Zuordnung in
der Regel: eine Maßnahme pro Minute). Der „Patient" reagiert darauf. Nach
20 Minuten kann er verlegt werden, und eine Analyse des Falles unterrichtet
über die Effizienz der Behandlung.

3   Position des Programms „Herzstillstand" im Rahmen der Ausbildung auf dem Gebiet „Notfallmedizin"

3.1   Dringlichkeit des Ausbildungsprozesses

„Ein großes Defizit im Bereich des Medizinstudiums stellt heute immer noch
die Notfallmedizin dar. An den meisten Universitäten wird diese Disziplin in
der Ausbildung der jungen Ärzte sehr stiefmütterlich behandelt" (Andersen &
Raetzell, 1990). Obwohl der gesetzliche Rahmen geschaffen wurde, die Notfallmedizin in die medizinische Ausbildung zu integrieren, liegen Theorie und

Praxis häufig nicht so eng zusammen, wie es wünschenswert wäre (Luxem, 1992). Es zeigte sich dementsprechend in einigen Studien, daß sowohl bei Ärzten als auch bei Medizinstudenten, Rettungssanitätern und Krankenschwestern die Beherrschung der beim Kreislaufstillstand zu treffenden Maßnahmen nicht in ausreichendem Maß gegeben war. Der Schluß hieraus war, daß nur durch Intensivierung der theoretischen und praktischen Ausbildung eine langfristige Verbesserung des Kenntnisstandes in der kardiopulmonalen Reanimation zu erreichen sein würde (Rossi, Lindner, Lotz & Ahnefeld, 1989). Keine Frage – hier besteht massiver Handlungsbedarf, wenn die Ergebnisse der präklinischen Reanimation nicht auf dem erschreckend niederen Stand von einigen Prozent sekundären Reanimationserfolgs (Waldeck & Janten, 1990) verbleiben sollen.

3.2 Einbindung des Programms „Herzstillstand" in die Vorbereitung von Ärzten, Pflege- und Sanitätspersonal auf den Rettungsdienst

Fundierte Zusammenstellungen aller notwendigen Maßnahmen und Ausbildungspläne zur kardiopulmonalen Reanimation (Herz-Lungen-Wiederbelebung) existieren (Ahnefeld, Lindner & Rossi, 1991; Sefrin, 1990) – größtenteils gestützt auf die Richtlinien der AHA (American Heart Association, 1986). Die Behandlungsschemata unterliegen darüber hinaus permanent kritischer Beobachtung (Gattiker, 1989).

Folgende Ausbildungsstufen der Herz-Lungen-Wiederbelebung lassen sich aufführen: 1.) Basismaßnahmen (Erste Hilfe): theoretische Ausbildung. 2.) Basismaßnahmen (Erste Hilfe): Simulation der Praxis mit Beatmung und Herzdruckmassage am Phantom. 3.) Erweiterte Maßnahmen: theoretische Ausbildung in EKG-Diagnostik etc. 4.) Erweiterte Maßnahmen: Klinische Ausbildung mit Erlernen der Intubation, Defibrillation etc. 5.) Erweiterte Maßnahmen: Simulation der Praxis mit Fallbeispielen unter Benutzung computergestützter Lernhilfen.

Das simultane Training von Basismaßnahmen und erweiterten Maßnahmen als Simulation der Praxis ist unter Einsatz des sog. MEGA-CODE-Systems möglich (Fertig, 1989). Die Kosten hierfür sind jedoch sehr hoch. Eine finanziell eher erschwingliche Lösung besteht in der Nutzung des interaktiven Trainingsprogramms „Herzstillstand" für die Simulation der Praxis an Fallbeispielen im Sinne „erweiterter Maßnahmen". Basismaßnahmen werden hiervon getrennt trainiert.

3.3 Einbindung des Programms „Herzstillstand" in ein Seminar über Notfallsituationen für Studenten der Humanmedizin im Praktischen Jahr

3.3.1 Einsatz

Am Lehrkrankenhaus Wetzlar der Universität Gießen wird von Internisten und Pharmakologen ein klinisch-arzneitherapeutisches Kolloquium für Studenten der Humanmedizin im Praktischen Jahr veranstaltet: Themenschwerpunkte sind Notfallsituationen auf dem Gebiet der Inneren Medizin. Im Rahmen des Kolloquiums findet eine aus drei Veranstaltungen bestehende Einführung in die „Behandlung von Patienten mit Kreislauf-Stillstand" statt.

In der ersten Veranstaltung werden medikamentöse und nicht-medikamentöse Maßnahmen der Reanimation von Patienten mit Kreislauf-Stillstand vorgestellt („Theorie"). In der zweiten Veranstaltung wird an einem Phantom Herz-Lungen-Wiederbelebung (HLW) geübt, wobei die Maßnahmen mechanisch/elektronisch registriert und in ihrer Wirksamkeit beurteilt werden („Simulation der Praxis"). In der dritten Veranstaltung werden (erweiterte) Reanimationsmaßnahmen bei Patienten mit Kreislauf-Stillstand im Rahmen des interaktiven Trainingsprogrammes „Herzstillstand" am Computer durchgeführt, wobei die „HLW bereits läuft", wie das Programm durchgehend vermerkt („Simulation der Praxis").

3.3.2 Akzeptanz

Eine quantitative und statistisch gesicherte Auswertung des Lehrerfolgs im Rahmen dieser Veranstaltungen wurde bisher nicht vorgenommen. Die Akzeptanz der Veranstaltungen ist jedoch hoch: Der Besuch der „Theorie der Reanimation" liegt – ebenso wie der Besuch der übrigen Lehrveranstaltungen im Rahmen dieses Kolloquiums – bei 60 bis 70 % der angesprochenen Studenten. Die Teilnahme an der „Praxis der Reanimation", also der HLW an der Puppe und der Reanimation am Computer, liegt in der Regel bei 90 % bis 100 % der angesprochenen Studenten.

4 Gründe und Voraussetzungen für die Integration des interaktiven Trainingsprogramms „Herzstillstand" in eine Lehrveranstaltung für Studenten der Humanmedizin im Praktischen Jahr

Die Gründe bzw. Voraussetzungen für die Nutzung des Programms „Herzstillstand" im Rahmen einer Lehrveranstaltung über Notfallsituationen für Studenten der Humanmedizin im Praktischen Jahr lassen sich wie folgt zusammenfassen.

1) Gute Qualität des Programms:

A) Kompetente, ausreichend auf deutsche Lehrinhalte abgestimmte Übersetzung aus dem Englischen.

B) Ausreichende Aktualität des Stoffinhalts.

C) Vorteile gegenüber Multiple-Choice-basierter Lernsoftware. Die zu treffenden Maßnahmen müssen auf der Basis theoretischer Lehrveranstaltungen und unter Rückgriff auf das Handbuch frei assoziiert werden. Das praxisferne Multiple-Choice-Verfahren findet keine Anwendung.

2) Vorteile des Programms gegenüber konventionellen Methoden:

Es handelt sich um ein interaktives Trainingsprogramm zu Diagnostik und Behandlung des Kreislaufstillstandes mittels Fallsimulationen. Die solchermaßen erfolgende Vorbahnung von Entscheidungsprozessen ist aufgrund des enormen Zeitdrucks und anderer belastender Faktoren bei diesem Krankheitsbild weit wichtiger als bei subakut oder chronisch verlaufenden Erkrankungen. Konventionelle Lehrmethoden sind hier unterlegen.

3) Hoher Dringlichkeitsgrad des Lehrinhalts:

A) Es handelt sich um die Vermittlung von Kenntnissen und Fähigkeiten, die nicht nur der Spezialist einer bestimmten Fachrichtung, sondern jeder Arzt beherrschen sollte. Zumindest erwartet dies der Laie.

B) Die Ausbildung im Rahmen des Studiums, d. h. die Vermittlung der Beherrschung von Diagnostik und Behandlung des Kreislaufstillstands, ist zur Zeit noch nicht ausreichend.

C) Die Beherrschung des Kreislaufstillstandes gehört zum Aufgabengebiet einer im Aufbau begriffenen Fachdisziplin (Notarzt); sie eröffnet berufliche Chancen.

D) Der psychische Druck der Situation ist enorm: Sie präsentiert sich, da die Versorgung des Patienten sofort und mit Hilfestellung weiterer Personen erfolgen muß, meist vor fachkundigem oder fachfremdem Publikum. Fachliche Inkompetenz wird publik.

E) Das schwerstwiegende Argument betrifft den Patienten: Sein Zustand ist lebensbedrohend: Fachliche Inkompetenz hat den Tod des Patienten zur Folge.

F) Wichtigstes operationales Argument: Der Zeitdruck der Situation erfordert es, diesbezügliches Wissen sofort parat zu haben (bei akuten, jedoch nicht lebensbedrohenden, bei subakuten oder chronischen Krankheitsbildern kann Information „nachgereicht" werden).

4) Räumliche und finanzielle Förderung der computergestützten Unterrichtshilfe:

A) Bereitstellung einer PC-Konfiguration von seiten des Instituts für medizinische Informatik der Universität Gießen.

B) Bereitstellung eines Arbeitsplatzes im Vorzimmer des Direktors der Abt. Innere Medizin II des Lehrkrankenhauses Wetzlar.

5) Organisatorischer Einsatz von Dozenten:

A) Motivation und Fachkompetenz einer Notärztin mit Praxis auf dem Notarzteinsatzfahrzeug und in der Klinik.

B) Motivation und EDV-Kompetenz eines Hochschullehrers bzw. seiner wissenschaftlichen Mitarbeiterin.

5 Zusammenfassung

Der Einsatz von computergestützten Unterrichtshilfen im Rahmen der Ärzteausbildung in der Bundesrepublik schreitet nur langsam fort, obwohl der Einsatz dieser Methode wünschenswert erscheint. Von punktuellen Ausnahmen abgesehen, ist die Nutzung von Lern-Software zur Zeit an folgende Bedingungen geknüpft: Gute technische und didaktische Qualität allgemeiner Art sowie Überlegenheit der computergestützten Unterrichtshilfe gegenüber konventioneller Lehrmethodik; hoher Stellenwert des Lehrinhalts; Sicherung räumlicher und finanzieller Voraussetzungen für die Nutzung der Lern-Software; Motivation, EDV- und Fachkompetenz der betreffenden Dozenten. Für die Nutzung des interaktiven Trainingsprogramms „Herzstillstand" (Fallsimulationen) im Rahmen einer Lehrveranstaltung über Notfallsituationen für Studenten der Humanmedizin im Praktischen Jahr waren sämtliche Voraussetzungen gegeben. Besonders fördernd wirkte sich der hohe Stellenwert des Lehrinhaltes aus: Die Dringlichkeit der Ausbildung auf dem Gebiet der Notfallmedizin.

Literatur

American Heart Association (1986). Standards and guidelines for cardiopulmonary resuscitation (CPR) and emergency cardiac care (ECC). *JAMA*, **255**, 2905-2989.

Ahnefeld, F.W., Lindner, K.H. und Rossi, R. (1991). *Kardiopulmonale Reanimation (CPR)*. Stuttgart: Wissenschaftliche Verlagsgesellschaft.

Andersen, M. und Raetzell, M. (1990) Notfallkurs für Medizinstudenten. *Rettungsdienst*, **13**, 472-473.

Fertig, B. (1989). MEGA-CODE Reanimationsausbildung als integriertes gruppendynamisches Teamtraining. *Rettungsdienst*, **12**, 360-366.

Fuchs, U. (1990). Computerausbildung in der Gynäkologie. In M.P. Baur, J. Michaelis (Hrsg.), *Computer in der Ärzteausbildung*. München: Oldenbourg, 99-112.

Gattiker, R. (1989). Neuere Gesichtspunkte und Kontroversen der kardiopulmonalen Reanimation (CPR). *Anästhesiologie und Intensivmedizin*, **7**, 190-193.

Kalb, R. (1991). *Computer für Mediziner*. Stuttgart: Schattauer.

Klar, R. (1989). Computerunterstütztes Lernen in der Medizin. *Biomedical Journal*, **22**, Juli 1989, 4-6.

Klar, R. (1990). Verfügbare Software für die Ärzteausbildung. In M.P. Baur, J. Michaelis (Hrsg.), *Computer in der Ärzteausbildung*. München: Oldenbourg, 51-69.

Klar, R. und Schneider, H.-J. (1989). *Lernsoftware für die Aus- und Fortbildung in der Medizin*. Katalog für IBM-Systeme. Version 7.11.89.

Luxem, J. (1992). Notfallmedizinische Ausbildung im Rahmen des studentischen Unterrichts. *Rettungsdienst*, **15**, 7-10.

MEDICA, Deutsche Gesellschaft zur Förderung der medizinischen Diagnostik (1991). *Softwareführer MEDIZIN, MEDIENSTRASSE '91*. (Herstellung: MEDISOFT, Frankfurt).

Michaelis, J. (1990). Medizinische Informatik im Unterricht für Medizinstudenten. In M.P. Baur, J. Michaelis (Hrsg.), *Computer in der Ärzteausbildung*. München: Oldenbourg, 195-208.

Mohr, G. (1990). EDV erobert die Arztpraxis der neunziger Jahre. *D. Ärztebl.*, **19**, B 1129 - B 1130.

Mohr, G. (1991). PC-Aktuell: Die führenden Anbieter in den Facharztgruppen. *Praxis-Computer*, **7** (1991), Nr. 6, 10-16.

Olbing, H. (1990). Computerausbildung in der Pädiatrie. In M.P. Baur, J. Michaelis (Hrsg.), *Computer in der Ärzteausbildung*. München: Oldenbourg, 113-122.

Renschler, H. (1990). Die Unterstützung der Medizinerausbildung durch EDV. In M.P. Baur, J. Michaelis (Hrsg.), *Computer in der Ärzteausbildung*. München: Oldenbourg, 1-29.

Rossi, R., Lindner, K.H., Lotz, P. und Ahnefeld, F.W. (1989). Voraussetzungen zur optimalen kardiopulmonalen Reanimation. *Anästhesiologie und Intensivmedizin*, **6**, 158-163.

Sefrin, P. (1990). Reanimation beim Kleinkind. *Start* (Hrsg. Fa. Hoechst, Frankfurt), **9**, Nr. 2, 23-29.

Selbmann, H.-K. (1990). Validierung von Software und Teachware. In M.P. Baur, J. Michaelis (Hrsg.), *Computer in der Ärzteausbildung*. München: Oldenbourg, 165-173.

Schäfer, O.P. (1992). Chancen und Grenzen der EDV. *Praxis-Computer*, **8** (1992), Nr. 1, 3 -7.

Waldeck, I.-J. und Janten, J.-P. (1990). Ergebnisse der präklinischen Reanimation. *Der Notarzt*, **6**, 99-102.

Wiemer, W. (1990). Computerausbildung in der Physiologie. In M.P. Baur, J. Michaelis (Hrsg.), *Computer in der Ärzteausbildung*. München: Oldenbourg, 123-146.

Ein elektronisches Tutorsystem zur Aus- und Weiterbildung für die medizinische Ultraschalluntersuchung

Klaus Kuhn, Dietmar Rösner[1], Manfred Reichert, Veit Schwegler,
Johannes G. Wechsler, Paul Janowitz, Werner Swobodnik[2], Hans Ditschuneit
Medizinische Klinik und Poliklinik der Universität Ulm, Abteilung Innere Medizin II
Robert-Koch-Str. 8, 7900 Ulm
[1] *Forschungsinstitut für anwendungsorientierte Wissensverarbeitung (FAW), Ulm,*
[2] *Medizinische Klinik und Poliklinik der Technischen Universität München*

1   Einleitung

Der Medizinstudent sowie der in der Aus- und Weiterbildung stehende Arzt sehen sich heute mit einem explosionsartigen Anwachsen des medizinischen Wissens und einer kaum zu bewältigenden Datenflut konfrontiert. Als eine Konsequenz werden neue, effektive Methoden der Wissensvermittlung gefordert, die nicht mehr auf reinem Auswendiglernen, sondern einer Organisation des Wissens im problemspezifischen Kontext basieren (Greenes, 1989).

Die Sonographie ist ein nichtinvasives, bildgebendes diagnostisches Verfahren, das sowohl in Kliniken als auch bei niedergelassenen Ärzten eine große Bedeutung und auch eine weite Verbreitung aufweist. Das Verfahren liefert unter minimaler Patientenbelastung zweidimensionale Schnittbilder des Körpers. Das Spektrum der Fachgebiete, in denen die Sonographie eingesetzt wird, ist breit und reicht von der Radiologie über die Geburtshilfe bis zur Inneren Medizin mit Gastroenterologie und Kardiologie.

Aufgrund der hohen Verbreitung und der klinischen Bedeutung der Methode ist die Aus- und Weiterbildung in der Ultraschalldiagnostik für fortgeschrittene Medizinstudenten wie auch für Ärzte in der Weiterbildung eine wichtige Aufgabe. Wie für jede klinische Tätigkeit ist die praktische Erfahrung am Gerät und vor allem am Patienten unerläßlich und von zentraler Bedeutung. Als Grundlage und die Ausbildung begleitend ist jedoch eine theoretische Einarbeitung mit Hilfe von Lehrbüchern und/oder Atlanten erforderlich. Hier kann ein elektronisches Tutorsystem mit großem Gewinn eingesetzt werden.

Die Hauptvorteile eines solchen Systems sind die folgenden:

Informatik aktuell
U. Glowalla, E. Schoop (Hrsg.), Hypertext und Multimedia:
Neue Wege in der computerunterstützten Aus- und Weiterbildung
© Springer-Verlag Berlin Heidelberg 1992

- Durch die Möglichkeit der Verwendung sehr vieler Bilder (> 5000) kann im Vergleich zum Buch eine weit höhere klinische Variationsbreite abgedeckt werden, die auch höher ist als in einem praktischen Kurs. Wichtig ist zudem, daß Befunde in verschiedenen Schnittebenen dargestellt werden können.
- Das Bildmaterial kann so organisiert werden, daß verschiedene, konventionell getrennte Problemstellungen bearbeitet werden können. Dies sind vor allem der übliche Lehrbuchansatz (Beschreibung typischer Befunde bzw. sonographischer Merkmalskombinationen für bestimmte Krankheiten) sowie die umgekehrte Fragestellung, bei der ausgehend vom Fall bzw. den Befunden mögliche Diagnosen erörtert werden (Differentialdiagnostik). Dieser zweite Fall kann um eine wichtige Option erweitert werden: durch gezielte Darstellung einzelner Merkmale oder auch Merkmalskombinationen kann der Lernende seine kognitiven Fähigkeiten auf der Basis eines breit gefächerten Bildmaterials trainieren. Hinzu kommt die Möglichkeit, zwischen diesen Sichten frei zu wechseln.
- Insbesondere bei den einführenden Kapiteln zur Technik und zur Anatomie kann der Detaillierungsgrad durch den Lernenden selbst variiert werden.
- Eine Komponente zur interaktiven Wissensüberprüfung kann unmittelbar angeschlossen werden. Der Lernende erhält so vom System Rückmeldungen bzw. Vorschläge zu weiteren Lernschritten, evtl. auch zu Wiederholungen.

Ziel des Systems ist es also, wesentlich breiter als ein Buch den Studenten mit (sonographischen) Fällen zu konfrontieren.

Der Ansatz grenzt sich bewußt von der (unverzichtbaren) praktischen Tätigkeit ab: Es wird kein Versuch einer Simulation der Schallkopfbewegung unternommen (vgl. Simulatoren der Endoskopie!).

Das Hauptziel ist die Präsentation von Fällen mit einer großen klinischen Breite. Für das Fachgebiet Gastroenterologie, in dem die Applikation realisiert wurde, ist der Einsatz von Einzelbildern hierfür medizinisch sinnvoll. Eine Ergänzung durch eingebundene Bewegtbildserien ist auf einer späteren Ausbaustufe angestrebt.

2 Methodik

2.1 Hintergrund

Das interaktive Tutorsystem ist in ein größeres Gesamtkonzept eingebettet (Kuhn, Doster, Roesner, Kottmann, Swobodnik & Ditschuneit, 1990), das in 2 Teilaspekten wesentliche Berührungspunkte aufweist:

- strukturierte Befundbeschreibung durch Bildschirmformulare und
- elektronische Bildspeicherung.

Hauptziel der seit mehr als einem Jahr in der Routinedokumentation eingesetzten strukturierten Befundung (Kuhn, Swobodnik, Zemmler, Heinlein, Reichert, Janowitz, Wechsler & Ditschuneit, 1991) ist die schnelle Erstellung eines kompletten und präzisen Befundberichtes unmittelbar im Anschluß an die Untersuchung. Nach Auswahl zutreffender Merkmalsbeschreibungen auf den Bildschirmformularen wird sofort der Bericht generiert und ausgedruckt. In Abbildung 1 wird eine solches Formular abgebildet.

Bisher wurden mit dem System an drei Arbeitsplätzen über 7500 Befundberichte erstellt, eine umfangreiche Evaluationsstudie steht kurz vor dem Abschluß. Für diesen Ansatz war die Erstellung einer praxisgerechten Terminologie von wesentlicher Bedeutung. Die Arbeiten werden derzeit auf der Ebene der medizinischen Fachgesellschaft fortgeführt. Großer Wert wurde auf eine klare Trennung von Deskription und Interpretation gelegt; die Interpretation erfolgt erst nach vollständiger Deskription. Die Verwendung derselben Terminologie sowohl im Lehrsystem als auch im Routinesystem erleichtert die Ausbildung erheblich.

Die Möglichkeit einer elektronischen Bildspeicherung direkt am Routinearbeitsplatz wurde ebenfalls realisiert. Sie ist eine starke Vereinfachung für die Phase der Bildakquisition. Für die große Mehrzahl der Ultraschallgeräte, die noch immer nur einen Videoausgang besitzen, ist eine Digitalisierung des Videosignales erforderlich, obwohl im Gerät selbst digitale Bilder verarbeitet werden. Wir haben in der Anfangsphase Bilder über das Zwischenmedium Röntgenfilm (Scopix, Agfa) aus einer bestehenden Sammlung mit einem Scanner eingelesen und gehen für die weitere Übernahme von Bildern derzeit den Weg über Videodigitalisierung. Eine direkte digitale Ausgabe (zunächst evtl. auf Diskette) scheint in absehbarer Zeit möglich. Unabhängig von den technischen Lösungen zur Übernahme von Bildern erfolgt jedoch immer noch explizit eine Kontrolle des Bildes und der zugehörigen Beschreibung durch einen sehr erfahrenen Arzt.

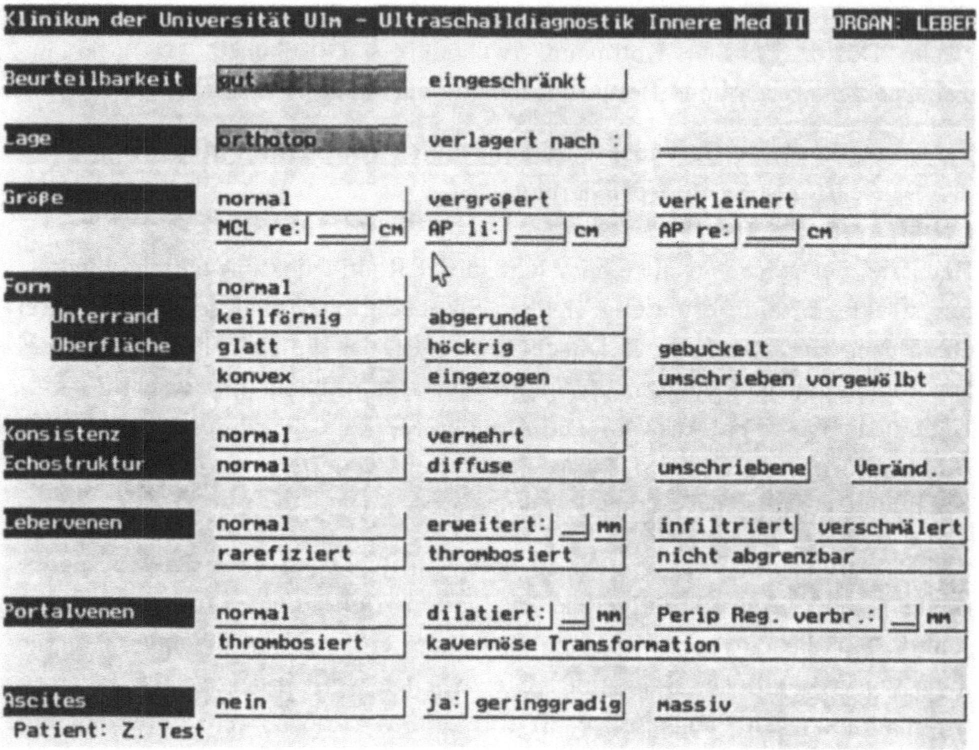

Abb. 1: Bildschirmformular zur strukturierten Datenerfassung

Der Gedanke, auch in das Routinedokumentationssystem zumindest eine vereinfachte Tutorkomponente zu integrieren, liegt nahe (vgl. Swett, Fisher, Mutalik, Miller & Wright, 1989). Daneben wird jedoch zusätzlich ein Ausbildungsplatz benötigt, der dem Lernenden voll zur Verfügung steht: unter diesem Gesichtspunkt konnte eine gewisse Systemheterogenität in Kauf genommen werden.

2.2 Technische Daten

Das System zur strukturierten Befundung ist Bestandteil eines gastroenterologischen Abteilungssystemes, das auf vernetzten Workstations unter Unix basiert. Die Erstellung von Befundberichten für die Sonographie kann auf VT220-kompatiblen Terminals oder Frontendrechnern mit Intel-Prozessoren unter MS-DOS oder Unix (SCO oder Interactive) ablaufen, im derzeitigen Routineeinsatz befinden sich MS-DOS Frontends mit graphischer Benutzeroberfläche (Abbildung 1).

Das erweiterte System zur Bildspeicherung verwendet ebenfalls Unix und die graphische Benutzeroberfläche X-Windows/Motif. Die Videodigitalisierung erfolgt mit einer Karte von Parallax Graphics. Alternativ dazu wird eine Digitalisierungskarte unter MS-DOS eingesetzt.

Die in der Routine eingesetzte Datenbank ist INGRES (Ingres Corp, Alameda, CA, USA), die Frontend/Backend-Kopplung wird durch die Komponente IN-GRES/NET (auf der Basis von TCP/IP) unterstützt.

Das Lehrsystem wurde auf Apple Macintosh Rechnern realisiert. Als Hypertextsoftware wird SuperCard (Aldus, Seattle, WA, USA) verwendet. Die Benutzerführung ist interaktiv, die Bedienung des Programms erfolgt ausschließlich durch Anklicken von Buttons mit Hilfe einer Maus.

Als Datenbanksystem wurde dieser Anwendung die Netzwerkdatenbank db_Vista (Raima Corp., Bellevue, WA, USA) zugrundegelegt. Wichtig für eine breit einzusetzende medizinische Anwendung war hier die Randbedingung, daß keine Runtime-Lizenzgebühren anfallen. Die Datenbank wird über externe Kommandos und Funktionen (XCMDs bzw. XFCNs) unter SuperCard eingebunden. Die Bildkompression erfolgt mit dem JPEG-Algorithmus. Die erreichte Dekompressionszeit bei einem Kompressionsfaktor von ca. 8 liegt derzeit bei deutlich weniger als einer halben Sekunde. Bei einer Bildgröße von 500 x 500 Punkten und einer Speichertiefe von 8 bit (256 Graustufen) sind damit die Voraussetzungen für eine spätere Distribution von ca. 10.000 Bildern auf CD-ROM gegeben.

3   Ergebnisse

Das Tutorsystem wurde prototypisch für die gastroenterologische Oberbauchsonographie realisiert. Es umfaßt die folgenden Komponenten:

- Technische Einführung: Hierzu gehören Bilder zur Erläuterung verschiedener Darstellungsverfahren, Bilder zur Geräteeinstellung und zu Artefakten, außerdem Hinweise zur Aussagekraft der Methode und zur Lagerung des Patienten.

- Einführung in die Anatomie: Das System enthält sonographische und anatomische Schnittbilder des menschlichen Körpers (vgl. Swobodnik, Herrmann, Altwein & Basting, 1988). Die Beschriftung der dargestellten Organe/Strukturen kann konventionell mittels Übersichtsskizze abgerufen werden; daneben besteht die Möglichkeit, die Beschreibung einzelner Strukturen durch Anklicken im Bild zu erhalten.

- Erlernen des Erkennens und Beschreibens sonographischer Merkmale: Auf den Bildschirmformularen sind Parameter wie *echoreich* und *echoarm* unter kognitiven Achsen wie *Oberfläche* oder *Echostruktur* angeordnet. Nach Auswahl einzelner Merkmale (oder gewisser Kombinationen) kann hierzu eine Bildserie abgerufen werden. Zum Vergleich kann eine Serie von Normalbefunden gleichzeitig auf dem Schirm dargestellt werden (s. Abbildung 2).

- Von der Diagnose zum Befund: Nach der Wahl einer Diagnose von einer Liste werden Befundbilder mit (strukturierter) Beschreibung dargestellt.

- Vom Merkmal/Befund zur Diagnose: Der Lernende kann jederzeit für einen betrachteten Parameter (etwa „*echoreich*") die Taste „*kommt vor bei*" wählen und erhält dann eine Liste möglicher (Differential-) Diagnosen. Diese Liste enthält zudem Häufigkeitsangaben. Die Diagnosen können wie in der Option „von der Diagnose zum Befund" durch Bildserien erläutert werden.

- Das Hauptziel des Systems ist die gezielte Vermittlung von Bildinformation. Textelemente werden sehr sparsam verwendet. Die dargestellten Bilder sind mit kurzen Erläuterungen versehen, zudem werden orientierende Angaben zu Häufigkeiten gemacht (Häufigkeit einer Erkrankung, Wahrscheinlichkeit der Erkrankung bei Vorliegen eines Merkmals, Häufigkeit des Auftretens eines Merkmals unter einer Erkrankung).

- Wissensüberprüfung: Das System erfragt die Beschreibung/Beurteilung von Einzelmerkmalen oder von Merkmalskombinationen, wobei auch das Zeigen von Veränderungen im Bild wichtig ist. Das System kann mit gezielten Vorschlägen auf Fehler reagieren.

- Variationen der Schnittebene sind möglich.

- Zur Großdarstellung der Bilder steht eine Zoom-Funktion zur Verfügung.

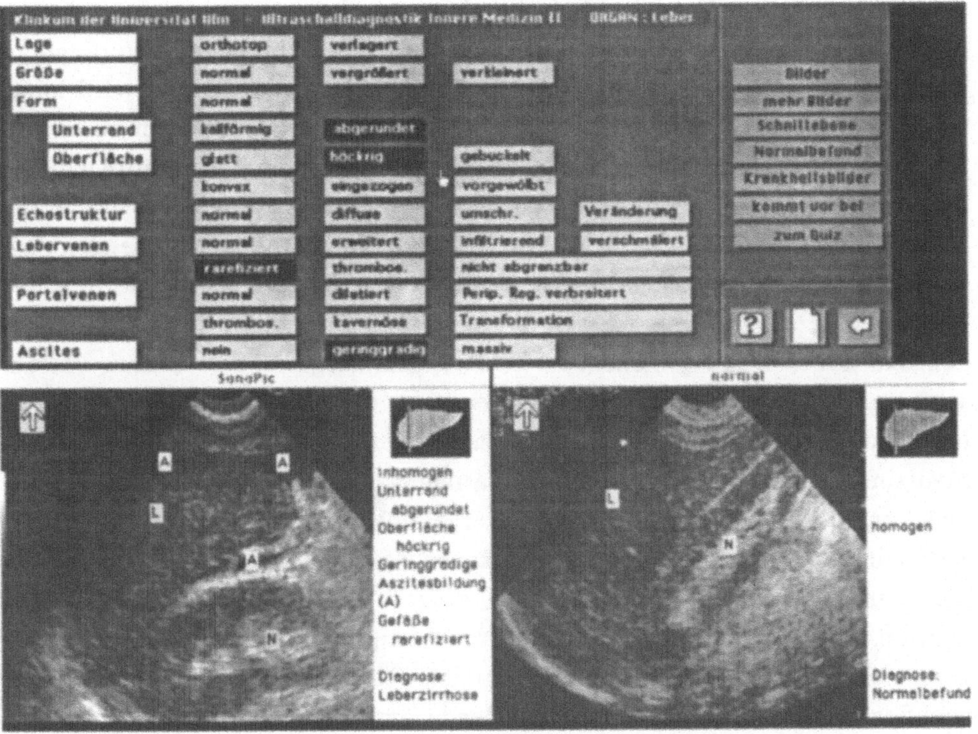

Abb. 2: Bildschirmabzug des Tutorsystems. Nach Auswahl von „Oberfläche höckrig" auf
dem Formular „Leber" kann eine Serie von Bildern abgerufen werden. Weitere gut
erkennbare Veränderungen sind in der Beschreibung mit angegeben (z.B. „Unter-
rand abgerundet")

Die vom Lernenden bereits bearbeiteten Paragraphen und die Ergebnisse des
Quizteils werden protokolliert, um so einen Wiedereinstieg in der nächsten
Sitzung zu erleichtern; Ziel ist eine optimale Anpassung von Teil-Lernzielen
an den Kenntnisstand des Benutzers.

4 Diskussion und anstehende Aufgaben

Das vorgestellte System ist voll funktionsfähig, es vermittelt einen sehr hohen
Anteil an visueller Information sowie die Integration verschiedener konventioneller Sichten.

Da der Anwendungsbereich durch die Konzentration auf nur ein Verfahren – die Sonographie – zur Zeit noch einer gewissen Einschränkung unterliegt, ist die Einbettung in ein umfangreicheres Lehrkonzept sinnvoll und wird angestrebt. Ein Übergang von rein sonographischen Fallbeschreibungen zu umfassenderen Fallbeispielen liegt nahe, allerdings muß hierbei sorgfältig auf die Zielgruppe geachtet werden: das vorgestellte System wurde - aus der klinischen Praxis kommend - zunächst für den in der Weiterbildung stehenden Arzt konzipiert. Er steht normalerweise bereits unter erheblichem Zeitdruck und benötigt eine knappe und gezielte Wissens- und Informationsvermittlung, die den ihm zur Verfügung stehenden Erfahrungshintergrund als bekannt voraussetzt und voll miteinbezieht. Hieraus resultiert, daß das System für die beiden Hauptzielgruppen, Ärzte in der Aus- und Weiterbildung sowie fortgeschrittene Medizinstudenten, in verschiedenen Varianten weiterwachsen sollte. Für die hier vorgestellte Komponente ist von erheblichem Vorteil, daß das Tutorsystem konsequent in eine Applikation eingebettet wurde, die bereits seit über einem Jahr erfolgreich in der Routine eingesetzt wird. Die vorbereitenden Schritte, insbesondere die Erstellung, Ausreifung und Evaluation einer praxisgerechten Terminologie, wurden erfolgreich absolviert und bilden damit eine wichtige Basis dafür, daß der auszubildende Arzt auf einem adäquaten Niveau angesprochen wird.

In einem verwandten Bereich der Medizin, der Echokardiographie, wurde bereits erfolgreich ein Hypermedia - Lernsystem entwickelt (Jaffe, Lynch & Smeulders, 1989), wobei sich allerdings aus der Applikation Echokardiographie einige Unterschiede ergeben: das System verwendet Videosequenzen und Einzelbilder, die auf einer Bildplatte gespeichert sind (ca. 160 Fälle), die Hauptzugriffsrichtung ist die von der Diagnose zum Befund.

Die Vorteile eines auf Hypertext/Hypermediatechnologie basierenden Tutorsystemes gegenüber konventionellen Lehrmethoden sind offensichtlich: Abdeckung einer höheren Variationsbreite im Bildmaterial, außerdem Kombination von eingeführten, aber üblicherweise nicht miteinander zu vereinbarenden Sichten, insbesondere „klassisches" Lehrbuch und Lehrbuch der Differentialdiagnose, daneben auch Atlas der Sonographie und partiell der Anatomie (siehe Swobodnik et al., 1988).

Noch zu bewältigen ist die aufwendige Sammlung geeigneter Bilder. Von großer Bedeutung für das bisherige Projekt war die Tatsache, daß der Anstoß für die Entwicklungen von der ärztlichen Anwenderseite her kam. Entsprechend hoch ist die Motivation der medizinischen Projektmitarbeiter während der nun weiter erforderlichen Phase der Bildakquisition. Während für den

Prototyp nur einige hundert Bilder eingescannt werden mußten, sollen in den nächsten Monaten mehrere tausend Bilder aus der Routine übernommen werden. Zusätzlich stehen weitere Bilder auf festen Medien (Scopix, Dias) und Videoband (U-matic) bereits zur Verfügung. Endziel der Entwicklungen ist ein preisgünstiges System mit angestrebten Hardwarekosten von unter 15.000.-- DM. Auf diesem Arbeitsplatz sollen dann auch andere Lehrprogramme eingesetzt werden.

Literatur

Greenes R.A. (1989). "Desktop knowledge": a new focus for medical education and decision support. *Meth Inf Med*, **28**, 332-339.

Jaffe C.C., Lynch P.J., Smeulders A.W.M. (1989). Hypermedia techniques for diagnostic maging instruction: videodisk echocardiography encyclopedia. *Radiology*, **171**, 475-480.

Kuhn K., Doster W., Roesner D., Kottmann P., Swobodnik W., Ditschuneit H. (1990). n Integrated Medical Workstation With a Multimodal User Interface, Knowledge-Based User Support, and Multimedia Documents. In *Proc. 3rd Ann. IEEE Symp. Computer-Based Medical Systems*. Los Alamitos-Washington-Brussels-Tokyo: IEEE Computer Society Press, 469-476.

Kuhn K., Swobodnik W., Zemmler T., Heinlein C., Reichert M., Janowitz P., Wechsler J.G., Ditschuneit H. (1991). Die Entwicklung eines Systems zur elektronischen Befunddokumentation in der Sonographie. *Ultraschall Klin Prax*, **6**, 52-56.

Swett H.A., Fisher P., Mutalik P., Miller P.L., Wright L. (1989). "The IMAGE/ICON system: voice activated intelligent image display for radiologic diagnosis". In L.C.Kingsland ed), *Proc. 13th Symposium on Computer Applications in Medical Care 1989*. Los Alamitos-Washington-Brussels-Tokyo: IEEE Computer Society Press, p.977.

Swobodnik W., Herrmann M., Altwein J.E., Basting R.F. (1988). *Atlas der Ultraschallanatomie*. Stuttgart-New York: Thieme.

Interaktives, rechnergestütztes Lernprogramm „Bauchschmerz"

ENTWICKLUNG - IMPLEMENTIERUNG - EVALUATION

Florian Eitel [1], Jürgen Kuprion [1], Manfred Prenzel [2],
Alfred Bräth [1], Leonhard Schweiberer [1], Heinz Mandl [2]

[1] *Chirurgische Klinik und Chirurgische Poliklinik,*
Klinikum Innenstadt der Ludwig-Maximilians-Universität München
Nußbaumstr. 20, 8000 München 2

[2] *Institut für Empirische Pädagogik und Pädagogische Psychologie*
der Ludwig-Maximilians-Universität München
Leopoldstr. 13, 8000 München 40

Zusammenfassung

Die permanente Ausbildungsmisere in der Medizin verlangt innovative Lösungen. Die Erfahrungen mit moderner Unterrichtstechnologie im Hypermedia-Design werden anhand einer PC-Version des audiovisuellen, fallbasierten, problemorientierten Selbstlernprogrammes „Bauchschmerz" beschrieben. Das Programm wird in seiner Entwicklung, Struktur, Inhalt und innovativem Kontext sowie seiner Implementierung dargestellt. Didaktische Merkmale wie Interaktivität und motivationspsychologische Aspekte wurden evaluiert: Die implementierten und gemessenen Veranstaltungsmerkmale beeinflussen die Lernmotivation der Studenten. Das interaktive, computerbasierte Selbstlernprogramm „Bauchschmerz" geht mit intrinsischer Lernmotivation einher. Die extrinsische Lernmotivation ist bei diesem Lernsystem kaum ausgeprägt. Damit wird ein Programmziel und gleichzeitig ein Entwicklungsziel im Rahmen der curricularen Innovation erreicht. Das vorgestellte Programm ist eine prototypische Entwicklung in Richtung auf „intelligente" Tutorials für die Medizinerausbildung.

Angesichts der permanenten Ausbildungsmisere in der Medizin (Robert-Bosch-Stiftung, 1991) bietet es sich geradezu an, bei der Suche nach Lösungsmöglichkeiten auch diejenigen Konzepte zu prüfen, welche unter Verwendung der „Neuen Medien" entwickelt wurden und werden (siehe Moehr, 1990). Warum sollen dadurch curriculare Verbesserungen nicht erreicht werden können? Anglo-amerikanische Erfahrungen in dieser Richtung weisen auf Effizienzvorteile des computerunterstützten Unterrichts hin (Lyon, Soltanianzadeh, Hohnloser, Bell, O'Donnell, Hirai, Shultz, Wigton, Überla, Beck, Eitel & Mandl, 1992).

Informatik aktuell
U. Glowalla, E. Schoop (Hrsg.), Hypertext und Multimedia:
Neue Wege in der computerunterstützten Aus- und Weiterbildung
© Springer-Verlag Berlin Heidelberg 1992

In der Chirurgieausbildung bestehen folgende Grundanforderungen (Zielkriterien) an die Lern-/Lehrmedien im Hinblick auf die Erlangung in praxi anwendbaren Wissens (vgl. Bransford, Franks, Vye & Sherwood, 1989):

- Die diagnostische oder therapeutische Situation muß möglichst wirklichkeitsgetreu vom Medium abgebildet werden (Authentizität).
- Benutzerfreundlichkeit, Zugänglichkeit der Medien (Praktikabilität).
- Gewährleistung bzw. Unterstützung des Dialoges zwischen Lern-/Lehrsystem und Lerner (Interaktivität).
- Didaktische Wirksamkeit des Mediums (Förderung von situiertem, selbstgesteuertem Lernen und des Wissenstransfers).
- Angemessenes Kosten-Nutzen-Verhältnis.

Durch organisatorische Verwirklichung dieser medialen Bedingungen sollten Lernumgebungen geschaffen werden können, die selbstgesteuertes Lernen ermöglichen, günstigenfalls erleichtern und bestenfalls sogar gezielt fördern.

1 Entwicklung des Selbstlernprogrammes

Um die genannten Ziele zu erreichen, wurden im Rahmen der Innovation des Curriculums (Münchener curriculares Innovationsprojekt, MCIP, siehe Eitel, Kanz, Seibold, Sklarek, Feuchtgruber, Steiner, Neumann, Schweiberer, Holzbach & Prenzel, 1992) zunächt audiovisuelle Fallsimulationen (siehe Fuchs, 1990) aus verfügbaren, herkömmlichen Fallsimulationen (siehe auch Renschler, 1990) entwickelt (Schoenheinz, Eitel, Holzbach, Prenzel & Schweiberer, 1991). Der Lerner bearbeitet dabei anhand von beigegebenen Print-Unterlagen einen Videofilm, in den Aufforderungen eingeschnitten worden sind, den Film anzuhalten und konkrete Entscheidungen bei dem gezeigten Krankheitsfall auf einem beigelegten Arbeitsbogen aufzuschreiben oder Problemlösungen auf einem beigefügten Fragebogen auszuführen. Diese audiovisuellen Lehrmittel wurden bisher für insgesamt 5 Diagnosen vergleichsweise kostengünstig hergestellt. Sie wurden im Rahmen des MCiP in der Mediothek im Praktikum der Chirurgie (9. Fachsemester) eingesetzt.

Das innovierte Praktikum ist in 3 Lernebenen organisiert (Eitel et al., 1992):

A   Ebene des Kenntniserwerbs und der Wissensauffrischung bzw. -vertiefung (Tutorial; siehe Mandl, 1990),

B   Ebene der Fertigkeitsübungen (skills lab; siehe "cognitive apprenticeship", Collins, Brown & Newman, 1989),

C   Ebene des Unterrichts am Krankenbett (situiertes Lernen in authentischer Lernumgebung; siehe die „Fallmethode": Renschler, 1990).

Die Studenten durchlaufen die Veranstaltungen auf diesen Ebenen möglichst in der genannten Reihenfolge. Die AV-Version des Lernprogrammes „Bauchschmerz" ist auf Lernebene A (Kenntniserwerb bzw. Wissensvertiefung) angesiedelt. Die Innovation zeichnet sich insbesondere dadurch aus, daß die Studenten innerhalb der Lernebenen verschiedene Rollen ausüben können (siehe Eitel et al., 1992; Lernen in multiplen Perspektiven und Kontexten, Beitinger & Mandl, 1992).

Es lag nun im Rahmen dieser curricularen Zielsetzungen nahe, die lineare AV-Version des Lernprogrammes „Bauchschmerz" von den etwas umständlich handzuhabenden Print-Medien dadurch zu befreien, daß das gesamte AV-Lernprogramm auf PC installiert wurde. Damit konnten zugleich die Vorteile moderner Hypermedia-Technologie genutzt werden (PC-Version des Lernprogrammes „Bauchschmerz").

Das Ziel des PC-Programmes ist ähnlich dem der AV-Version:

1.   Die Kenntnisse über das akute Abdomen zu erweitern und zu vertiefen,

2.   Die problemorientierte Diagnosefindung (clinical reasoning; siehe Eitel et al., 1992) zu üben und

3.   Den extrinsisch motivierten Lernstil (surface approach) zugunsten des intrinsisch motivierten Lernverhaltens (deep approach) zu beeinflussen (Newble & Entwistle, 1986).

Es wurde ein Autorenarbeitsplatz installiert (Macintosh II FX mit Betriebssystem 7.0, interner und externer Festplatte, Fast ScreenMachine Multimedia, Scanner, Autorensoftware Course-Bilder 4.0, Sony-Bildplattenspieler LDP-3600D). Innerhalb von 10 Personen-Monaten wurde das AV-Programm „Bauchschmerz" mit Hilfe der genannten Hardware und Autorensoftware in ein Hypermedia-Selbstlernprogramm transformiert. Diese Entwicklungsarbeit wurde von einem Studenten, der zuvor über keine Computererfahrungen verfügte, unter fachlicher Anleitung geleistet. Die ursprüngliche AV-Version des

Programmes wurde innerhalb des rechnergestützten Lernprogrammes durch insgesamt 22 Entscheidungssituationen angereichert und durch zahlreiche Animationen ergänzt. Repräsentative Ausschnitte des ursprünglich 36-minütigen Videofilmes wurden auf Bildplatte gespeichert und in das Computerprogramm softwaremäßig integriert. Das Programm umfaßt 39 Dateien und 10 MB. Die Benutzerführung ist interaktiv und bietet in jedem Abschnitt zusätzlich zur Fallbearbeitung ansteuerbare Datenbanken für Entscheidungshilfen und Wissensergänzungen. Die Programmstruktur ist linear verzweigt (Abb. 1).

Nach einer Einführung in bezug auf die Ziele des Programms sowie Erklärung der Bedienungselemente und der damit gegebenen Erläuterung des Handlungsspielraumes für Lerner/innen innerhalb des Lernprogrammes wird eine Patientin vorgestellt. Als erstes soll die Anamnese erhoben werden; (Überprüfung der Vitalfunktionen erfolgt gleichzeitig; Schmerzanalyse: Dauer, Stärke, Art, Ort, Funktionsabhängigkeit; frühere Erkrankungen; spezielle Anamnese gegliedert nach Organsystemen). Es folgt die klinische Untersuchung in Gestalt von Aufgaben an den Nutzer (Inspektion, Palpation, Auskultation, Perkussion, Rektaluntersuchung, Feststellung der Kreislaufparameter und der Körpertemperatur). Nun soll der Student anhand eines pathogenetischen Modelles (Ursachenkomplex/Ätiologie – Krankheitsentwicklung/Pathogenese – Symptom, Befund/Diagnose) eine erste diagnostische Hypothese über den vorliegenden Fall bilden und eine Verdachtsdiagnose aus einer Reihe möglicher Differentialdiagnosen auswählen. Mit Hilfe weiterführender Untersuchungen (Labor, gynäkologisches Konsil, Sonographie etc.) soll dann die vorläufige Diagnose gestellt werden. Nach Erläuterungen zum Krankheitsbild der Appendicitis muß die Indikation (Therapiewahl) getroffen werden. Im weiteren werden die präoperativen Vorbereitungen (Labor, EKG, Röntgen) besprochen bzw. abgefragt und die Operationsdurchführung demonstriert (Wechselschnitt, Abtragung der Appendix, schichtweiser Wundverschluß). Mit dem makroskopischen und mikroskopischen Befund der Appendix wird die Diagnose bestätigt (Qualitätssicherung). Danach verfolgen die Studenten/innen anhand des Programmes die postoperative Nachbehandlung und schließlich die Entlassung der Patientin. Von jedem wesentlichen Programmpunkt aus bietet sich die Gelegenheit, auf eine Wissensdatenbank zurückzugreifen, die ausführliche Informationen über das gerade behandelte Thema in Form von Text, Grafik, Flußdiagrammen oder Filmausschnitten liefert. Diese Programmstruktur soll dem/der Studierenden eigene Lernzugänge eröffnen und den Handlungsspielraum innerhalb der vorgegebenen linearen Programmstruktur erweitern. Zusätzlich werden in den einzelnen Abschnitten zu dem jeweiligen Thema Aufgaben gestellt, die je nach Art mit Mausklick, Eingabe über die Tastatur oder

Zuordnung von Elementen auf dem Bildschirm mit der Maus beantwortet werden können. Daraufhin erhält man ein feedback in unterschiedlicher Ausführlichkeit und Wertigkeit.

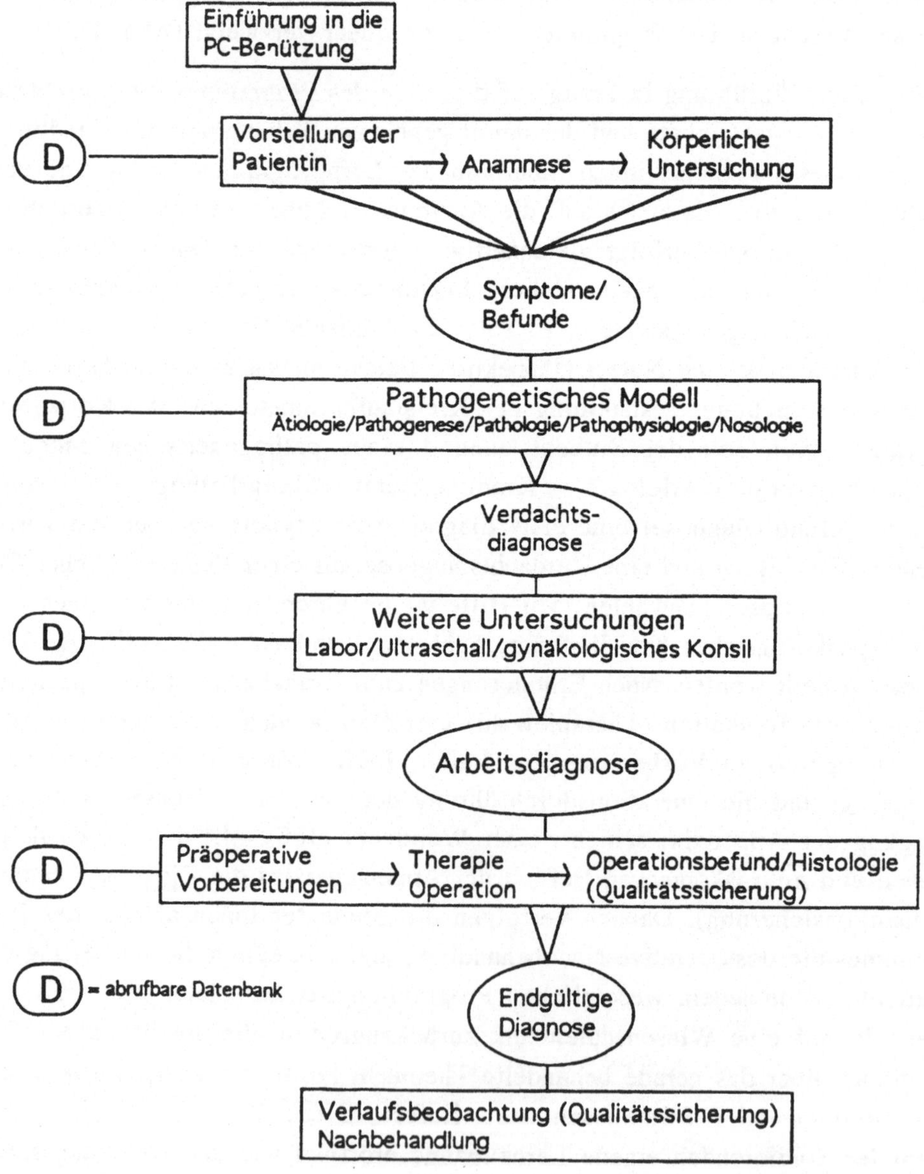

Abb. 1:   Struktur des linearen, interaktiven PC-Lernprogramms „Bauchschmerz"

Das Programm setzt keine Computerkenntnisse des Benutzers voraus. Fachlich wird Basiswissen in Anatomie, Pathologie, Pathophysiologie und Nosologie (Abdominalerkrankungen) vorausgesetzt. Das Programm endet in der Diagnose Appendicitis („Blinddarmentzündung"), einer der häufigsten und deshalb wichtigsten medizinischen Diagnosen.

Die Bildschirmoberfläche ist grafisch orientiert und einheitlich aufgebaut. Sie unterteilt sich in Menüleiste (Abb. 2) und Aktionsfeld (Abb. 3a).

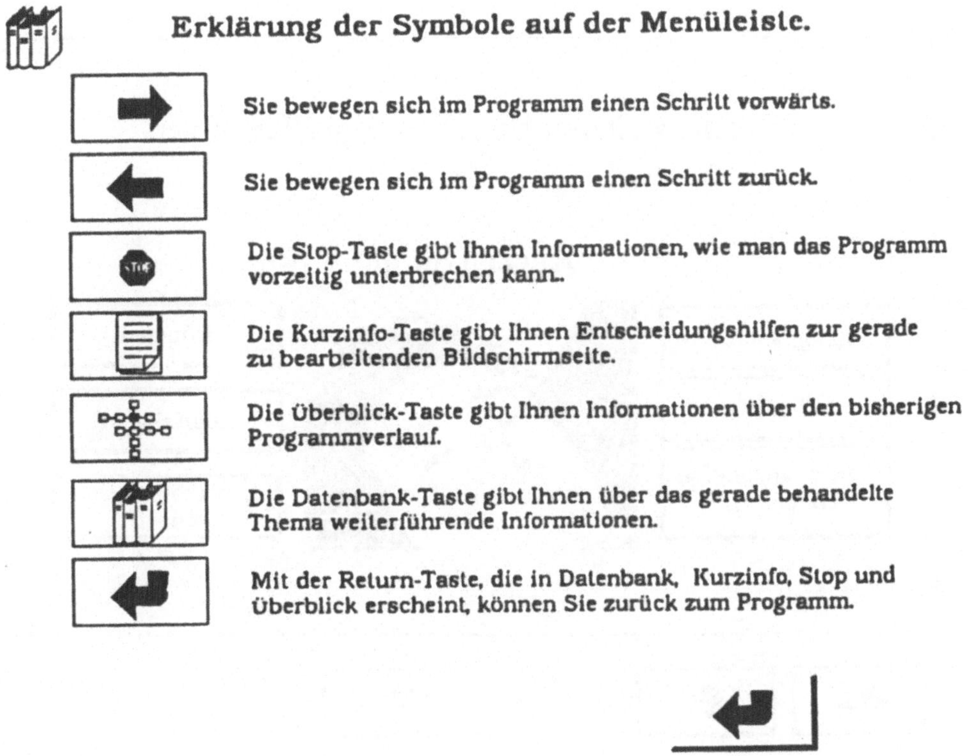

Erklärung der Symbole auf der Menüleiste.

Sie bewegen sich im Programm einen Schritt vorwärts.

Sie bewegen sich im Programm einen Schritt zurück.

Die Stop-Taste gibt Ihnen Informationen, wie man das Programm vorzeitig unterbrechen kann.

Die Kurzinfo-Taste gibt Ihnen Entscheidungshilfen zur gerade zu bearbeitenden Bildschirmseite.

Die Überblick-Taste gibt Ihnen Informationen über den bisherigen Programmverlauf.

Die Datenbank-Taste gibt Ihnen über das gerade behandelte Thema weiterführende Informationen.

Mit der Return-Taste, die in Datenbank, Kurzinfo, Stop und Überblick erscheint, können Sie zurück zum Programm.

Abb. 2: Darstellung der Symbole auf der Menüleiste in der Orientierungseinheit des Programmes

Mit der Menüleiste, die mit der Maus bedient wird, wird das Selbstlernprogramm gesteuert. Man kann frei entscheiden, ob man sich innerhalb der Fallbearbeitung vorwärts oder rückwärts bewegen will. Das Programm kann jederzeit unterbrochen werden. Der bis dahin bearbeitete Fall wird dann gespeichert und kann jederzeit dort wieder aufgenommen werden. Außerdem hat man die Möglichkeit, zusätzlich Informationen über Wissensdatenbanken zu dem jeweilig gerade behandelten Thema zu bekommen. Dieses „Blättern" ist dadurch im Vergleich zu einem Lehrbuch erleichtert. Allerdings ist der Einstieg in das Programm im Gegensatz zum Lehrbuch nur am Anfang möglich. Lerninhalte können nur zum Teil übersprungen werden. Diese Einschränkungen und die Entscheidung für eine lineare, sequentielle Programmstruktur ergaben sich einerseits aus den Zielsetzungen des Programmes (Vermittlung kognitiver Lerninhalte an Studenten niedrigerer Semester) und andererseits aus den beschränkten Ressourcen, die eine anspruchsvollere Programmierung zunächst ausschlossen.

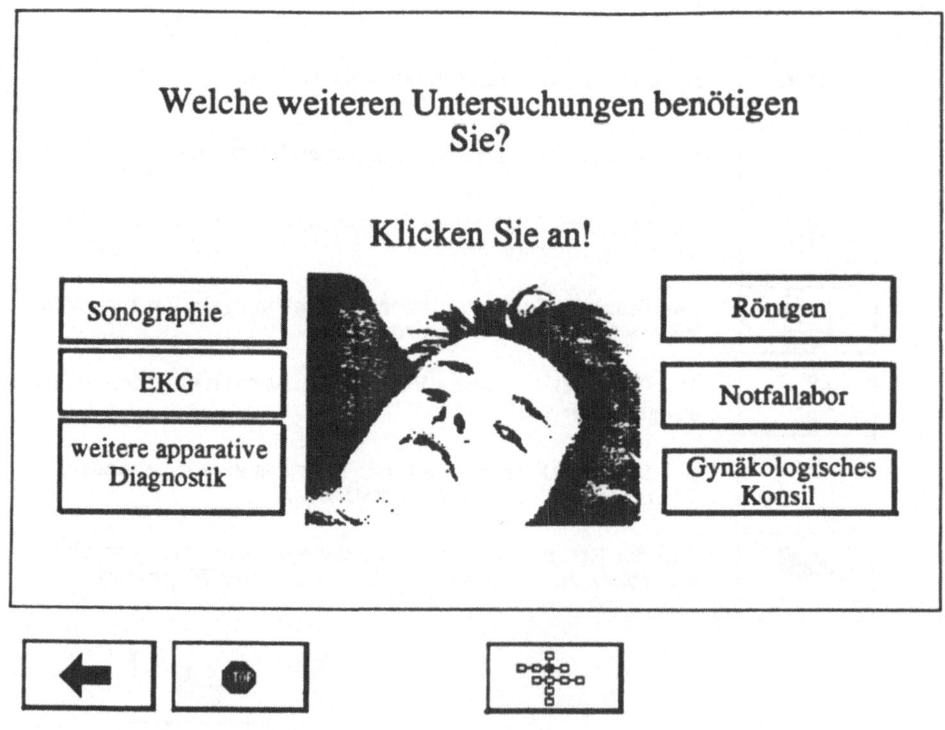

Abb. 3a: Darstellung des Bildschirms mit 6 Entscheidungsfeldern (oben im Bild, Menüleiste darunter).

Auf dem Aktionsfeld (Bildschirm, Abb. 3b) findet die eigentliche Fallbearbeitung statt. Hier werden die Informationen in Form von Text, Grafik, Animationen und Film dargestellt. Relevante Informationen werden mit folgenden Techniken hervorgehoben:

- unterschiedliche Schriftgröße,

- verschiedene Schriftarten,

- optische Strukturierung anhand von Farben und Schattierungen,

- Animation,

- Visualisierungen,

- akustische Signale.

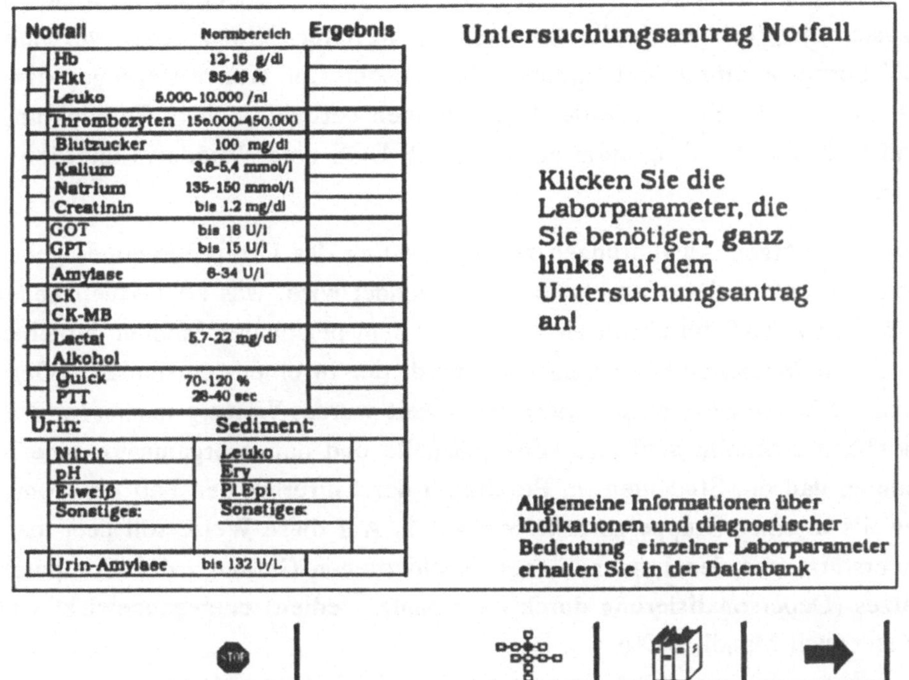

Abb. 3b: Wenn der Entscheidungsknopf „Notfallabor" (siehe Abb. 3a rechts Mitte) angeklickt wird, erscheint auf dem Bildschirm der „Untersuchungsantrag Notfall". Es kann in den Kästchen links der jeweilige gewünschte Befund für die Patientin angeklickt werden. Er erscheint dann rechts in der Ergebnisspalte. Dieses Design entspricht dem Originalformat der Klinik.

2 Implementierung

Das Programm wird in seiner PC-Version seit Wintersemester 91/92 im Praktikum der Chirurgie routinemäßig für den Gruppenunterricht in der Mediothek eingesetzt. Die Bearbeitungszeit beträgt maximal 90 Minuten. Das Programm steht aber auch im Rahmen der Öffnungszeiten der Mediothek (derzeit

20 Wochenstunden) für alle Semester bei freier Bearbeitungszeit zum Selbststudium zur Verfügung .

Es läuft auf einem Apple Macintosh II ci, der mit einer Fast ScreenMachine-Karte und einem Bildplattenspieler für die produzierte Bildplatte versehen ist. Das Programm ist an das Betriebssystem 7.0 des Macintosh gebunden. Eine parallele Nutzung anderer Applikationen ist an diesem Arbeitsplatz möglich. Das Programm ist mittels Autorensystem jederzeit änderbar. Es dient prototypisch als Vorlage für die Entwicklung weiterer PC-Versionen vorhandener AV-Lernprogramme mit anderen Diagnosen. Ein Konvertierungsprogramm für mit Coursebilder erstellte Anwendungen befindet sich in Entwicklung, so daß in Kürze das Programm auch auf MS-DOS unter Windows lauffähig sein wird.

Aus den obigen Ausführungen zur Zielsetzung des Lernprogrammes geht hervor, daß es auf der „Lernebene A" verwendet wird, was kontextuell bedeutet, daß dieses PC-Tutorial mit anderen, vor allem personalen Medien der Ebene C in einem Medienverbund eingesetzt wird, der in einem curricularen Gesamtkonzept (siehe Eitel et al. 1992) entwickelt wurde. Wichtig in diesem Zusammenhang erscheint auch die konzeptionelle und damit organisatorische Maßnahme, daß die Studenten im Praktikum der Chirurgie den Fall am Computer jeweils in einer Gruppe zu dritt bearbeiten. Auf diese Weise soll peer-learning unterstützt und den immer wieder beschworenen Gefahren des Computereinsatzes (Depersonalisierung durch apersonale Medien) entgegengewirkt werden (siehe auch Mandl, 1990).

3 Evaluation

Die Evaluation beschäftigt sich in einem ersten, deskriptiven Schritt (siehe Eitel, 1992) mit dem Zusammenhang zwischen Anwendung computergestützter Selbstlernprogramme (CAI) und Lernmotivation von Studenten. Da aus technisch-institutionellen Gründen (unter anderem: in der Approbationsordnung fehlende Experimentierklausel) keine Vergleichsgruppe gebildet werden konnte, wurde eine theoriegeleitete Evaluation durchgeführt. Grundannahme ist, daß Studenten primär hochmotiviert sind, ärztliche Kompetenzen zu erwerben, die zur Berufsausübung erforderlich sind. Die theoretische Grundlage der Evaluation kann wie folgt beschrieben werden: Die intrinsische Motivation, sich mit dem Lernstoff Chirurgie zu beschäftigen und das eigene Wissen zu

konstruieren, wird nach der Theorie von Deci und Ryan (1987) von folgenden
Faktoren beeinflußt:

1. Unterstützung der Autonomie,
2. Feedback über den erzielten Kompetenzzuwachs,
3. Sozialer Bezug.

Diese 3 exogenen Faktoren wurden in dem von uns entwickelten Fragebogen
in 3 Veranstaltungsparametern operationalisiert (siehe Abb. 4):

1. Freiheitsgrade (der Studenten, zu handeln),
2. Feedback (vom Medium an die Studenten),
3. Perspektivenübernahme (durch das Medium in Bezug auf die Belange der Studenten).

Zusätzlich wurde die Veranstaltungswahrnehmung der Studenten durch die
Variable „Lehrqualität" erfaßt. Die abhängige Größe „intrinsische Motivation"
wurde mit Items für die Indikatoren Neugier, Spaß, Flow (Csikszentmihalyi,
1975) und Problemorientierung (siehe Abb. 4) erfaßt. Daneben wurde eine im
Sinne der Deci-Theorie vorgeordnete Komponente (Kompetenzgefühl) untersucht.

Daraus ergibt sich als Kern der Evaluation folgende theoretische Prozeßstruk-
tur: wahrgenommene Veranstaltungsmerkmale (Freiheitsgrad, Feedback, Perspektivenübernahme, Lehrqualität) beeinflussen direkt das Kompetenzgefühl
und über den letztgenannten Faktor indirekt die intrinsische Motivation. Das
faktoriell zwischen Kompetenzgefühl und intrinsischer Motivation ansiedelbare
Konstrukt „Selbstbestimmung" (siehe Prenzel, Eitel, Holzbach, Schoenheinz &
Schweiberer, 1990) bzw. Wahrnehmung des selbstgesteuerten Lernens wurde
in dieser Untersuchung aus Ökonomiegründen (Umfang des Fragebogens)
nicht weiter verfolgt. Der Motivationsteil des Fragebogens umfaßt 16 Items.
Auf einer 4-stufigen Skala von 0 – 3 müssen Auftretenshäufigkeiten (nie, gelegentlich, häufig, sehr häufig) der theoretisch vorgebildeten Prozesse oder Ereignisse eingeschätzt werden. Erfaßt wurden die Mittelwerte der Auftretenshäufigkeiten bei 40 Probanden, die im Rahmen des Pflichtpraktikums turnus-
gemäß zur Vorbereitung auf den Unterricht am Krankenbett in die Mediothek
eingeteilt waren. Für den gegebenen Zeitraum der Erfassung vom 01.01.1992
bis 31.03.1992 handelt es sich um eine Totalerfassung. Darüberhinaus umfaßt
der Fragebogen Teile, die das Vorwissen untersuchen, die eine allgemeine Beurteilung des Programmes abfragen, die den Lernerfolg einschätzen lassen,
und die schließlich die Benutzerfreundlichkeit erfassen sollen.

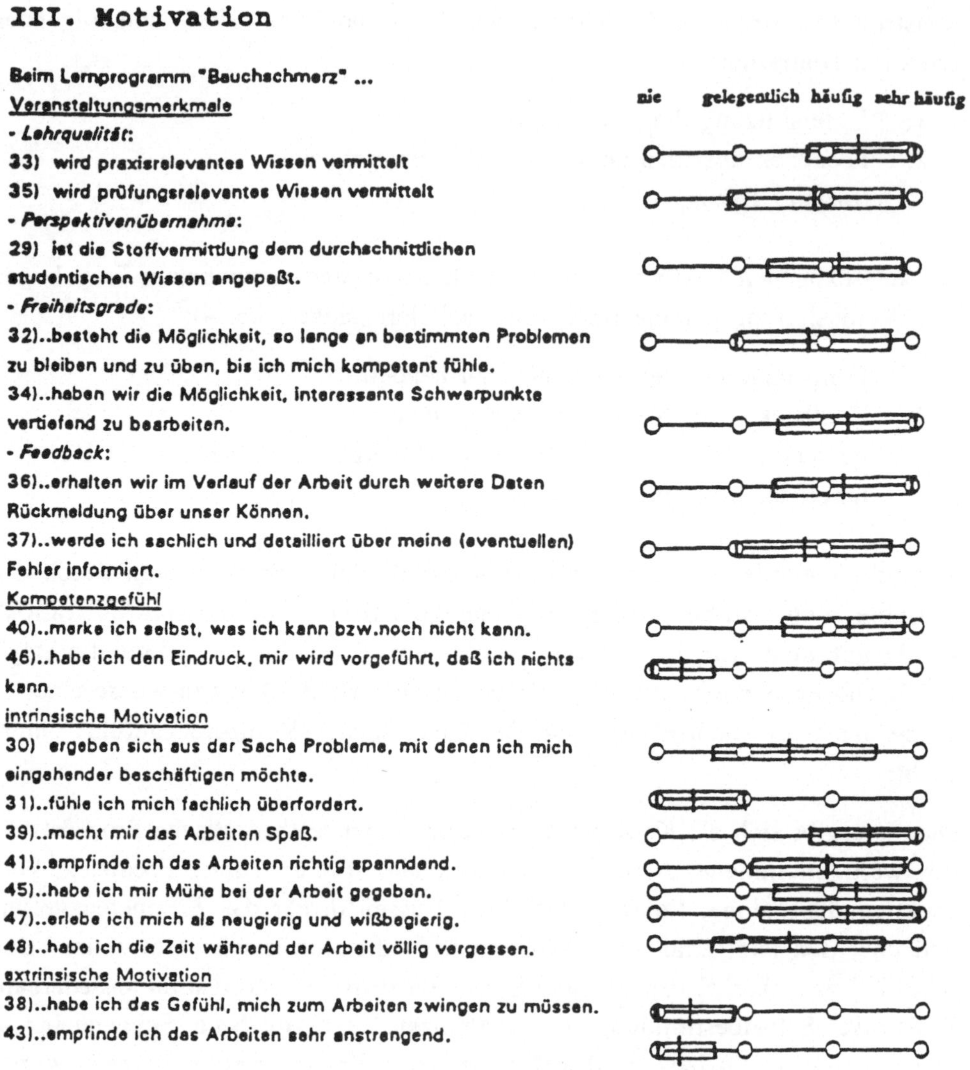

III. Motivation

Abb. 4: Auswertung des Teils des Fragebogens zur Motivation entsprechend der theoretisch zugrundegelegten lerntheoretischen Konstrukte (Veranstaltungsmerkmale usw., siehe Prenzel et al., 1990; Eitel, 1992). Durch vertikale Striche auf der vierstufigen Skala sind die durchschnittlichen Häufigkeiten der von den Lernern nach der Fallbearbeitung abgegebenen Einschätzungen angezeichnet. Die Standardabweichungen erscheinen als horizontale Kästchen. Die Positiv-Antworten um die Einschätzung „nie". Die extrinsische Motivation, die mit einem oberflächlichen Lernstil einhergeht, ist kaum ausgeprägt.

Im Ergebnis zeigt sich, daß die wahrgenommenen Veranstaltungsmerkmale des interaktiven Selbstlernprogrammes „Bauchschmerz" die intrinsische Lernmotivation der Studenten/innen positiv beeinflussen (Abb. 4). Weiterhin ergibt die Evaluation eine hohe Benutzerfreundlichkeit des Programmes und in der Selbsteinschätzung des Lernerfolges ein zufriedenstellendes Ergebnis.

4 Diskussion

Die vorgelegten Ergebnisse bestätigen die wenigen hierzulande vorliegenden, positiven Erfahrungen mit computerunterstütztem Unterricht (Fuchs, 1990; Olbing, 1990; Wiemer, 1990). Die vorliegende Untersuchung verdeutlicht den Nutzen eines betont evaluatorischen Ansatzes in der Reorganisation des Unterrichtes.

Pfadanalytische Untersuchungen zur Korrelation der exogenen Veranstaltungsmerkmale mit der intrinsischen Motivation stehen zum gegenwärtigen Zeitpunkt für die PC-Version noch aus. Für die inhaltlich gleiche AV-Version des Lernprogramms liegt die Pfadanalyse mit positiver Korrelation vor (Prenzel et al., 1990). Die Konstruktvalidität der Items wurde bereits für die AV-Version des Lernprogrammes (Schoenheinz et al., 1991; Prenzel et al., 1990) nachgewiesen. Die Reliabilität des Motivationsfragebogens, dem die motivationsrelevanten Items für die vorliegende Untersuchung entnommen wurden, liegt mit Cronbach's alpha über 0,85. Der Fragebogen ist praktikabel; dies zeigte sich in der Evaluation eines anderen CAI-Programmes (siehe Lyon et al., 1992; Mandl, Gräsel, Prenzel, Bruckmoser, Lyon & Eitel, 1991).

Die evaluatorische Absicherung organisatorischer Entscheidungen bei der Reorganisation des Curriculums begründete und förderte den Einsatz der vorgestellten Lernsoftware im Münchener curricularen Innovationsprojekt (MCIP).

Das Selbstlernprogramm „Bauchschmerz" hat eine verzweigte, lineare Struktur. Vom Softwaredesign her gesehen ist das Programm vergleichsweise primitiv (siehe Klar, 1990). Andererseits verspricht die Praxisnähe, erzielt durch das Hypermedia-Design, Vorteile in bezug auf den Erwerb anwendbaren Wissens (Bransford et al., 1989; Collins et al., 1989). Das vorgestellte Lernprogramm belegt im didaktischen Innovationskonzept des MCIP eine mittlere Entwicklungsstufe. Die Weiterentwicklung dieses Tutorials in Richtung auf ein „intelligentes" Tutorial (Sleeman & Brown, 1982; Fischer, 1989) mit Diagnosemodul für die Lernervoraussetzung und einer vernetzten Programmstruktur unter Verwendung mehrerer Fälle ist vorgesehen. Erst dann könnte dieses

Programm zur Simulation (siehe Hasman, 1990) genutzt werden und wäre auch für Wissensüberprüfungen geeignet.

Schlußfolgernd aus dieser ersten Untersuchung der PC-Version des Selbstlernprogrammes „Bauchschmerz" zeichnet sich die Hypothese ab, daß durch einfache organisatorische Maßnahmen, zu denen der Routineeinsatz des beschriebenen Lernprogrammes gehört, sogenannte „Lernplätze" (fachspezifische Lernumgebungen) geschaffen werden können, die eine meßbare, didaktisch relevante Auswirkung auf das Lernverhalten haben: Die Verwendung dieser modernen PC-Technologien (inclusive Hypertext-strukturierter Software) in Verbindung mit audiovisuellen Medien (Hypermedia-Design) ermöglicht Authentizität, Interaktivität und intrinsische Motivation durch situiertes, selbstgesteuertes Lernen. Die vorgestellte Lösung ist praktikabel. Mit der Erfüllung der genannten Zielkriterien sind wesentliche Voraussetzungen für den Erwerb **anwendbaren** Wissens geschaffen.

Die Messung des Wissenstransfers ist bislang noch nicht erfolgt und bleibt im Rahmen der curricularen Gesamtkonzeption der Weiterentwicklung dieses Tutorials zu einem „intelligenten" Tutorial (Fischer 1989) vorbehalten.

Die Relevanz des hier vorgestellten, prototypischen Ansatzes in bezug auf eine Behandlung des Ausbildungsnotstandes in der Medizin ist offensichtlich. Die Übertragbarkeit des Programms an andere Institutionen wird derzeit untersucht.

Literatur

Beitinger G., Mandl H. (1992). *Konzeption und Entwicklung eines Medienbausteins zur Förderung des selbstgesteuerten Lernens im Rahmen der betrieblichen Weiterbildung.* Forschungsbericht Nr. 08 (März 1992), Ludwig-Maximilians-Universität München, Institut für Empirische Pädagogik und Pädagogische Psychologie, Eigenverlag.

Bransford J.D., Franks J.J., Vye N.J., Sherwood R.D. (1989). New approaches to learning and instruction: Because wisdom can't be told. In S. Vosniadou, A. Ortony (Eds.), *Similarity and analogical reasoning.* Cambridge: Cambridge University press, 470-497.

Collins A., Brown J.S., Newman S.E. (1989). Cognitive apprenticeship: Teaching the crafts of reading, writing, and mathematics. In L.B. Resnick (Ed.), *Knowing, learning and instruction.* Hillsdale, N.J.: Erlbaum, 453-494.

Csikszentmihalyi M. (1975). *Beyond Boredom and Anxiety.* San Francisco: Jossey-Bass.

Deci E.L., Ryan R.M. (1985). *Intrinsic motivation and self determination in human behavior.* New York: Plenum.

Eitel F. (1992). Wege zur problemorientierten studentischen Ausbildung und deren Evaluation, Vortrag X, Münchener Innenstadtsymposion (20.09.1991). In Schweiberer L., Izbicki J.R. (Hrsg.), *Akademische Chirurgie*. Heidelberg: Springer, im Druck.

Eitel F., Kanz K.G., Seibold R., Sklarek J., Feuchtgruber G., Steiner B., Neumann A., Schweiberer L., Holzbach R., Prenzel M. (1992). Verbesserung des Studentenunterrichts - Sicherung der Strukturqualität medizinischer Versorgung. In D. Habeck, Schagen H., Wagner G. (Hrsg.), *Neue Wege der ärztlichen Ausbildung*. Universitätsverlag Jena, im Druck.

Fischer P.M. (1989). Grundsätzliche Erwägungen zum Begriff der „Interaktivität". In Fischer P.M., Mandl H., Meynersen K. (Hrsg.), *Interaktives Lernen mit neuen Medien* (pp. 43-59). Deutsches Institut für Fernstudien an der Universität Tübingen, Eigenverlag.

Fuchs U. (1990). Computerausbildung in der Gynäkologie. In M. P. Bauer, J. Michaelis (Hrsg.), *Computer in der Ärzteausbildung*. München: Oldenbourg, 99-112.

Hasman A. (1990). Use of authoring systems for constructing medical teachware. In M. P. Bauer, J. Michaelis (Hrsg.), *Computer in der Ärzteausbildung*. München: Oldenbourg, 147-163.

Lyon H. C., Soltanianzadeh H., Hohnloser J., Bell J.L., O'Donnell J.F., Hirai F., Shultz E.K., Wigton R.S., Überla K., Beck R.J., Eitel F., Mandl H. (1992). *Significant Efficiency Findings from Research on Computerbased Interactive Medical Education Programs for Teaching Clinical Reasoning*. Paper submitted to the 7th World Congress on Medical Informatics (MEDINFO92) Geneva, Switzerland, Sept. 6-10, 1992, for Publication by Elsevier.

Mandl H. (1990). Lernen mit Computern aus pädagogisch-psychologischer Sicht. In M. P. Bauer, J. Michaelis (Hrsg.), *Computer in der Ärzteausbildung*. München: Oldenbourg, 85-89.

Mandl H., Gräsel C., Prenzel M., Bruckmoser J., Lyon H.C., Eitel F. (1991). *Clinical Reasoning in the Context of a Computer-based Learning Environment*. Research Report Nr. 04, Ludwig-Maximilians-Universität München, Institut für Empirische Pädagogik und Pädagogische Psychologie, Typoscript.

Moehr J.R. (1990). Computerunterstützter Unterricht in Kanada und den USA. In M. P. Bauer, J. Michaelis (Hrsg.), *Computer in der Ärzteausbildung*. München: Oldenbourg, 31-50.

Newble D.I., Entwistle N.J. (1986). Learning styles and approaches: implications for medical education, *Medical Education*, **20**, 162-175.

Olbing H. (1990). Computerausbildung in der Pädiatrie. In M. P. Bauer, J. Michaelis (Hrsg.), *Computer in der Ärzteausbildung*. München: Oldenbourg, 113-121.

Prenzel M., Eitel F., Holzbach R., Schoenheinz R.J., Schweiberer L. (1990). *Motivationale Prozesse im studentischen Unterricht in der Chirurgie*. Vortrag AG „Interessentheorie", 37. Kongreß der Deutschen Gesellschaft für Psychologie, Typoscript.

Renschler H. (1990). Die Unterstützung der Medizinerausbildung durch EDV. In M. P. Bauer, J. Michaelis (Hrsg.), *Computer in der Ärzteausbildung*. München: Oldenbourg, 1-29.

Robert-Bosch-Stiftung (1991). *Reform der Medizinerausbildung - Widerstreit und Konsens*. Materialien und Berichte, Band 33. Gerlingen: Bleicher.

Schoenheinz R.J., Eitel F., Holzbach R., Prenzel M., Schweiberer L. (1991). Problemorientierte Video-Fallsimulationen in der chirurgischen Studentenausbildung - beliebter als Seminar und Vorlesung. *Dt. Ärztebl.*, **46**, B2621-26.

Sleeman D., Brown J.S. (1982). *Intelligent Tutoring Systems*. London: Academic Press.

Wiemer W. (1990). Computerausbildung in der Physiologie. In M. P. Bauer, J. Michaelis (Hrsg.), *Computer in der Ärzteausbildung*. München: Oldenbourg, 123-146.

Lehrstoffstrukturen für Hypertext-Anwendungen in der kaufmännischen Aus- und Weiterbildung

Ralf Witt
Institut für Berufs- und Wirtschaftspädagogik,
Universität Hamburg, Sedanstr. 19, 2000 Hamburg
z. Zt. Fachbereich Erziehungswissenschaft, Humboldt-Universität Berlin

Hypertext- bzw. Hypermedia-Systeme (HTS) bieten ein spezifisches didaktisches Potential zur Unterstützung autonomen (selbstgesteuerten) Lernens. Die ihnen zugrundeliegenden Netzwerke aus Informationseinheiten und Querverweisen eignen sich auf besondere Weise zur Explizierung und Optimierung von Informations- und Wissensstrukturen (Jonassen & Mandl, 1990; Simon, 1991). Da hierbei keine speziellen Wissensrepräsentationssprachen vorausgesetzt werden, wie sie bei der Entwicklung wissenbasierter Systeme (WBS) erforderlich sind, kann die Strukturierung des Wissens sehr flexibel und auf leicht handhabbare Weise erfolgen. Die in HTS einbeziehbare Vielfalt von Medien zur Repräsentation des Wissens durch Text, Graphik, Video und Ton gestattet es, der individuellen Differenzierung von Lerntypen (Vester, 1978) Rechnung zu tragen. Ebenso ermöglichen es die unterschiedlichen Navigations- und Browsing-Mechanismen, auf individuelle Strategien des Umgangs mit Wissen einzugehen (Schoop, im vorliegenden Band).

Die folgenden Ausführungen stehen vor dem Hintergrund des Projektes MUTUAL (Multimediales Tutorensystem zur Unterstützung autonomen Lernens; Witt, 1991). Angelaufen sind zwei Teilprojekte, die auf der Basis von TOOL-BOOK entwickelt werden: ein innerbetriebliches Trainingsprogramm für den Umgang mit dem Kundenbasisdatensystem einer Großbank und ein Seminarprojekt über die Vertragstypen Leasing und Franchising im Rahmen der fachdidaktischen Ausbildung von Diplom-Handelslehrern.

Leitidee von MUTUAL ist die Verbindung von strukturiertem, fachthematischen Lernen mit speziellen didaktischen Strategien zur Förderung von Meta-Lernen. Die an sich alte Idee des Meta-Lernens hat seit den siebziger Jahren neue Resonanz gefunden, insbesondere in der Forderung nach **Schlüsselqualifikationen**, die Mertens (1974) in zwei der von ihm unterschiedenen vier Fälle als **Meta-Wissen für den Umgang mit Fachwissen** interpretiert hatte: Suchstrategien zum Auffinden benötigten Informationen ('**Horizontalqualifikationen**') und Meta-Wissen zum Erkennen struktureller Gemeinsamkeiten in unterschiedlichen Wissensbereichen ('**Basisqualifikationen**'). Den Suchstrategien entsprechen auf HTS-Ebene die Navigations- und Browsing-

Informatik aktuell
U. Glowalla, E. Schoop (Hrsg.), Hypertext und Multimedia:
Neue Wege in der computerunterstützten Aus- und Weiterbildung

Mechanismen. Der Bezug auf Basisqualifikationen, denen 'vertikaler' Transfer zugrundeliegt, läßt sich in HTS sowohl durch geeignete Strukturierung des repräsentierten Wissens als auch durch Ausformung einer speziellen Form des Umgangs mit dem Wissen, die als 'vertikale Navigation' bezeichnet werden soll, herstellen. Im wesentlichen geht es dabei um die Idee, Abstraktion und Konkretisierung als spezifische, am Bildschirm präsentierbare kognitive Operationen zu realisieren.

* * *

Arbeitsobjekte und Arbeitsumgebung in kaufmännischen Berufen sind durch raschen technischen Wandel, dynamische Veränderung der Märkte und fortschreitende Verrechtlichung charakterisiert. Baethge und Oberbeck (1986) sprechen in diesem Zusammenhang von "systemischer Rationalisierung" und meinen damit, daß die "Zukunft der Angestellten" weniger durch die äußerlich sichtbaren Veränderungen bestimmt wird (z. B. durch die wachsende Zahl eingesetzter Computer), sondern vielmehr durch abstrakt definierte und auf sukzessive Ausweitung der einzubeziehenden Bereiche gerichtete Prinzipien des Einsatzes und der Nutzung dieser Potentiale. Diese sich von innen her ausbreitende Transformation der Arbeitswelt nach Maßgabe abstrakter Prinzipien wird in den Formen der wissenschaftlichen Modellbildung (in den Wirtschaftswissenschaften, in der Informatik, im Recht usw.) vorbereitet und in vielen Erscheinungsformen am Arbeitsplatz reproduziert. Hinter einem einzigen Formular, das ein kaufmännischer Angestellter zu bearbeiten hat, können komplexe und abstrakte ökonomische, datentechnische und rechtliche Zusammenhänge stehen, die auf eine intuitiv-praktische Weise nicht mehr ohne weiteres nachvollziehbar sind. Das vorliegende Arbeitsobjekt gewinnt dann trotz seiner scheinbaren Konkretheit den Charakter von 'virtueller Realität', die subjektiv nur zum Teil transparent ist.

Diese 'Virtualität' und partielle Intransparenz der Arbeitsobjekte (nicht bloß der Bildschirmmasken, sondern schon der Formulare und Verträge!) basiert auf auf deren spezifischem Modellcharakter und insbesondere darauf, daß **Verwendung** und **Konstruktion** der Modelle in ganz verschiedenen Kontexten stehen: Obzwar diese Objekte als vereinfachende, d. h. abstraktive Abbildung realer Sachverhalte gebraucht und bearbeitet werden, stellen sie ihrer Genese nach eine Konkretisierung abstrakter Prinzipien dar. Sie modellieren ihre Originale mithin nicht auf **direkte** (intuitiv nachvollziehbare), sondern auf **indirekte**, einen 'zwischengeschalteten' Formalismus konkretisierende

Weise. Diese **Indirektheit der Modellbildung** ist kein bloß peripheres, sondern ein zentrales Merkmal der modernen kaufmännischen Arbeitswelt und wirft spezifische didaktische Probleme in der Aus- und Weiterbildung auf, wenn sie mit den 'naiven', aber unmittelbar handlungsleitenden subjektiven Verhaltenstheorien (Laucken, 1974) nicht mehr hinreichend erhellt werden kann.

Um die Indirektheit dieser Form der Modellbildung theoretisch aufzuarbeiten, kann man daran anknüpfen, daß es zwei verschiedene, aber komplementäre Bedeutungen von 'Modell' gibt. Modelle sind einerseits und im eher alltäglichen Sinne nach pragmatischen Kriterien vereinfachte Abbildungen von Originalen. Diese Sichtweise hebt insbesondere Stachowiak (1973) in seiner "Allgemeinen Modelltheorie" hervor. Man kann diese Bedeutung von 'Modell' als die **repräsentationelle** bezeichnen. Modelle sind andererseits und in einem eher meta-theoretischen Sinne, wie er in der Mathematik und der Theorie der formalen Sprachsysteme behandelt wird (Carnap, 1939; Tarski, 1966), 'Interpretationen' bzw. 'Belegungen' abstrakt-formalsprachlicher Systeme durch mengentheoretische Gebilde. Man kann diese Bedeutung von 'Modell' als die **konstruktionelle** bezeichnen. So gesehen, steht bei der repräsentationellen Sicht das Moment der **Abstraktion** im Vordergrund, bei der konstruktionellen hingegen das Moment der **Konkretisierung**. Die Indirektheit der Modellbildung basiert auf einer engen Verschränkung beider Sichtweisen.

Das mit der indirekten Modellierung verbundene didaktische Hauptproblem besteht darin, diese Verschränkung in einer sowohl strukturell adäquaten als auch für die Lernenden subjektiv nachvollziehbaren Weise aufzulösen. Dieses Problem wird in der Praxis schulisch und betrieblich organisierter Lehr-Lernprozesse indessen nur selten wahrgenommen. In den meisten Fällen wird aus Gründen der 'didaktischen Vereinfachung' der pragmatisch-repräsentationelle Aspekt in den Vordergrund gestellt und der konstruktionelle Hintergrund vernachlässigt. Die Indirektheit der Modellbildung und das Zusammenspiel von Abstraktion und Konkretisierung kommen auf diese Weise kaum in den Blick.

Die Vernachlässigung des konkretisierenden Moments von Modellbildung ist nicht nur wegen seiner weitreichenden praktischen Bedeutung unhaltbar, sondern auch deshalb, weil gerade diese Perspektive zu den grundlegenden Ideen vieler 'kognitiver' Theorien gehört. Hierzu kann unmittelbar auf Chomsky's (1965) Theorie der 'interpretativen Semantik' verwiesen werden. Ebenso kann an die Assimilationstheorie Piaget's (1973) erinnert werden. Neuere Befunde aus der Wissenspsychologie (Schnotz, 1988) deuten darauf hin, daß 'mentale

Modelle', an denen sich subjektive Denkprozesse orientieren, auf der Basis abstrakterer Schemata generiert werden. Die Liste dieser Hinweise ließe sich erweitern.

So gesehen, gibt es eine zumindest prinzipielle Konvergenz, in der sich die Indirektheit der Modellbildung in der kaufmännischen Arbeitswelt und ihrer Bezugswissenschaften mit der Indirektheit der subjektiven Modellbildung im Sinne der eben angedeuteten Theorien treffen. Mit diesem Hinweis sollen die de facto gegebenen Diskrepanzen zwischen systemischer Rationalisierung in der Arbeitswelt und den subjektiven Verhaltenstheorien natürlich nicht weg-definiert werden. Vielmehr besteht das didaktische Problem ja gerade darin, diese Diskrepanzen durch Reflexion der Modellbildung zu reduzieren. Es liegt allerdings nahe, die angesprochene Konvergenz zur Grundlage einer auf dieses Ziel gerichteten didaktischen Strategie zu machen.

* * *

Wie eingangs erwähnt, sollen in dem Projekt MUTUAL die didaktischen Po-tentiale von HTS (Strukturierung des Wissens, Vielfalt der Repräsentations-medien, autonome Navigation usw.) zur Vermittlung von Fachwissen sowie zur Unterstützung von Meta-Lernen bereitgestellt werden. Dies soll im folgen-den speziell an dem Wechselspiel von Abstraktion und Konkretisierung als Formen des Umgangs mit Wissen verdeutlicht werden.

Hypertext bedeutet zunächst, daß die bereits aus dem konventionellen verbalen Lernen bekannten Typen von Lernobjekten wie Beispiele, Illustrationen, Auf-gaben, Übersichten, Texte sowie begriffliche oder ikonische Schemata aufge-griffen, zugleich aber stärker strukturiert werden. In dem Projekt MUTUAL soll deshalb eine Bibliothek von Objektklassen erstellt werden, die als Entwick-lungswerkzeug für die Ausarbeitung applikationsspezifischer Lernobjekte dient. Dabei steht die Strukturierung von Lehrstoff im Vordergrund, wobei ein doppelter Rückgriff sowohl auf Konzepte der Wissenspsychologie als auch auf Konzepte der disziplinenspezifischen Methodenlehren erfolgen soll. Vor-schläge zur wissenspsychologischen Strukturierung von Lernobjekten sind von Dubs (1989) vorgelegt worden. Ansätze zur Strukturierung von Lernobjekten auf der Grundlage wissenschaftstheoretischer Unterscheidungen (Definitionen, Deskriptionen, Rechtsnormen, Erklärungen usw.) sind in den Schulbuchanaly-sen von Reetz und Witt (1974), Krumm (1973) und Achtenhagen (1984) dis-kutiert worden. Dabei ging es auch um die didaktische Umsetzung der metho-dologischen Kritik an defizienten Formen der ökonomischen Modellbildung, wie etwa des 'Modell-Platonismus' (Albert, 1972) oder der 'Als-ob-Sprachen' (Kroeber-Riel, 1972).

Bei einer solchen methodologischen Typisierung von Wissen stehen die Merkmale seines Aufbaus (Standard-Komponenten) und der Art seiner Geltung (faktisch, logisch, normativ usw.) im Vordergrund. Die didaktische Relevanz dieser Typisierung besteht darin, daß Meta-Wissen zur Beurteilung der Brauchbarkeit von Fachwissen bereitgestellt wird, das beim Denken als 'Ordnen des Tuns' (Aebli, 1980 und 1981) gute Dienste leistet. Die Kritik, daß das vorherrschende verbale Wissen gerade diese Dienste sehr oft nicht leistet, ist zuletzt in der Denkschrift der DFG zur Berufsbildungsforschung (1990) wiederholt worden.

Werden Lernobjekte auf der Grundlage einer Typisierung von Wissen, d. h. als Instanzen vorstrukturierter Objektklassen entwickelt, so wird dadurch den in den Schulbuchanalysen kritisierten Tendenzen zur Konfusion von Wissenssorten entgegengewirkt. Zugleich wird auf diese Weise die Indirektheit der Modellbildung als solche in das didaktische Konzept einbezogen und somit die Möglichkeit eröffnet, die der Repräsentation von Wissenseinheiten zugrundeliegenden formalen Schemata als Lernobjekte eigener Art zur Geltung zu bringen. Dies geschieht so, daß den Schülern, die eine Definition oder eine Rechtsnorm lernen sollen, nicht nur ein linear formulierter Text angeboten wird, sondern auch eine strukturierte Darstellung, die das zugrundeliegende Schema erkennbar werden läßt. Die Definition läßt sich dann ausdrücklich als Definition und die Rechtsnorm ausdrücklich als Rechtsnorm aufarbeiten. Eine Konfusion wird erschwert, und zugleich kann ein schrittweise verallgemeinertes Meta-Wissen über Aufbau und Art der Geltung dieser Typen von Wissen ausgebildet werden.

Eine weitere didaktische Strategie in MUTUAL besteht in der schon angesprochenen 'vertikalen Navigation'. Damit ist eine Form des Umgangs mit Wissen gemeint, die speziell dazu dienen soll, das Mertens'sche 'gemeinsame Dritte' differenter Wissenssegmente zu verdeutlichen (Mertens, 1974). Grundgedanke ist dabei, kognitive Prozesse der Abstraktion und Konkretisierung als buttongesteuerte Operationen zu vollziehen, deren Objekte die am Bildschirm repräsentierten Lehrstoffsegmente sind. 'Umgang mit Wissen' bedeutet dann nicht nur, daß man Wissen braucht, um mit Dingen umzugehen, sondern auch, daß das Wissen selbst als das Objekt begriffen wird, mit dem man umgeht.

Wie dies im einzelnen gemeint ist, soll an einem Beispiel gezeigt werden. Es geht dabei um die fachliche Erörterung, aber auch um den ausdrücklichen Vergleich der in der modernen Wirtschaftspraxis bedeutsamen Vertragstypen von Leasing und Franchising. Ausgehend von Lernobjekten, die Beispiele und Lehrtexte enthalten, werden grafische Schemata nach dem Vorbild der semantische Netze in der Wissenspsychologie bereitgestellt. Abbildung 1 stellt ein solches Schema für Leasingverträge dar. Einige Felder dieses Schemas gestatten Verweise auf weitergehende Informationen, die in üblicher Weise 'angeklickt' werden können. Neben dieser sozusagen 'horizontalen' Navigation, bei der das jeweilige Abstraktionsniveau beibehalten wird, kann eine weitere Operation aufgerufen werden, durch die aus dem Leasing-Schema alle diejenigen Eintragungen ausgeblendet werden, die Leasing-spezifisch sind. Dieser Ausblendung, die durch entsprechende TOOLBOOK-Skripte sehr anschaulich gestaltet werden kann, entspricht auf kognitiver Ebene der Übergang auf ein höheres Abstraktionsniveau.

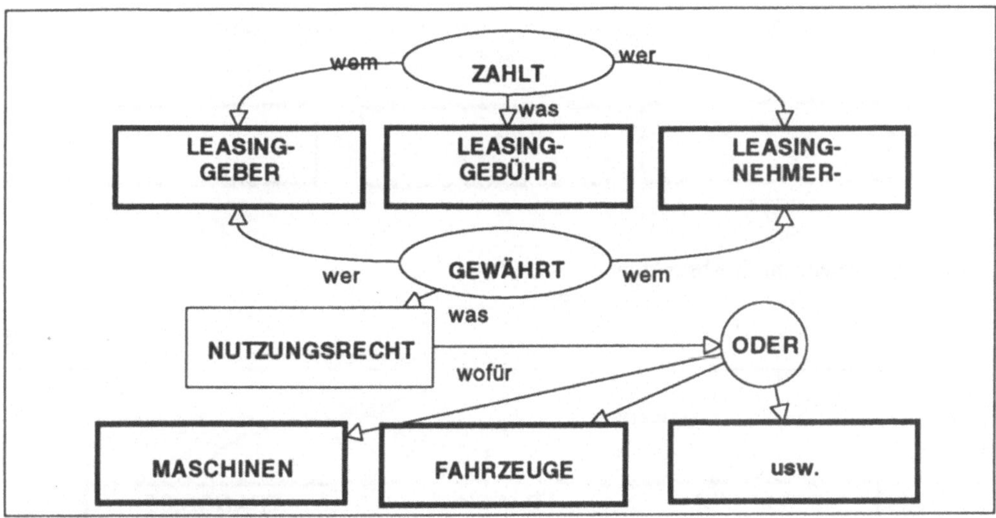

Abb. 1: Schema für Leasingverträge

Es entsteht dann ein abstrakteres Schema, das mehrere Leerfelder enthält (Abb. 2). Zusätzlich kann ein Fenster geöffnet werden, das die wörtliche Bedeutung von 'Abstraktion' durch Bezug auf das lateinische Verbum 'abstrahere' (= abziehen) erklärt. Da vorher am Bildschirm demonstriert wurde, wie sich dieses 'Abziehen' tatsächlich vollzieht, wird der operative Gehalt von 'Abstraktion' unmittelbar einleuchtend.

In analoger Weise kann der operative Gehalt von Konkretisierung (concrescere = zusammenwachsen) herausgearbeitet werden: Durch Anklicken eines Steuerfeldes für 'Konkretisierung' werden Auswahlmöglichkeiten für die Neubelegung der leergeräumten Felder angeboten. Der Schüler kann dann wieder das alte Bild für Leasing entstehen lassen oder eine thematisch andere Belegung aufrufen, beispielsweise für Franchising (vgl. Abb. 3). Auch hier kann das 'Zusammenwachsen' von neuer Belegung und zugrundeliegendem Schema optisch eindrucksvoll gestaltet werden.

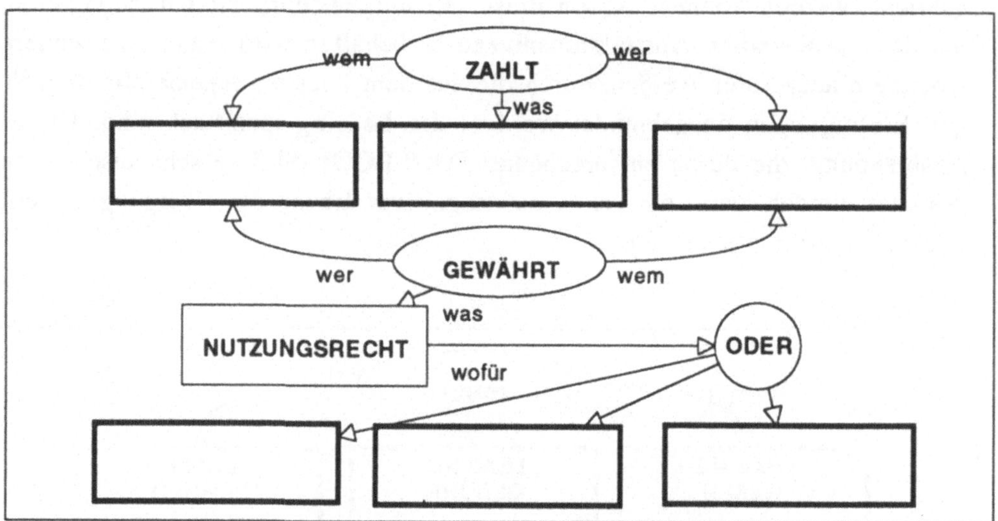

Abb. 2: Schema nach Abstraktion

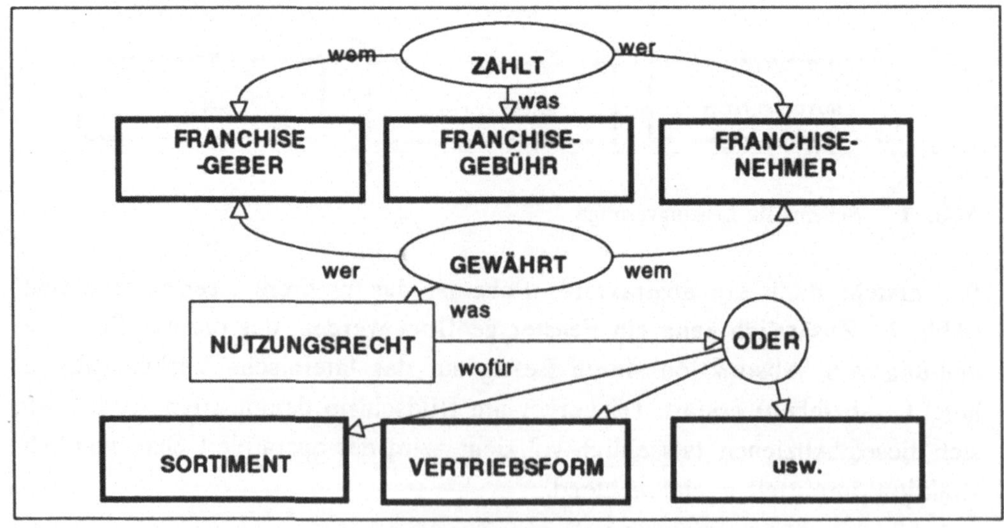

Abb. 3: Konkretisierung des Schemas zum Thema Franchising

Läßt man sich auf diese vertikale Navigation zwischen Abstraktion und Konkretisierung überhaupt erst einmal ein, so kann didaktische Phantasie entwikkelt werden. Seit langem bekannte Probleme in der Strukturierung von Lernmaterialien, z. B. die Schlüssigkeit der Zusammenhänge zwischen Beispiel und Prinzip, Text und Bild, behandeltem Stoff und Prüfung können in ein neues Licht gerückt werden. Auch ließen sich wissenstheoretische Konzepte wie etwa Isomorphie, die für gewöhnlich als 'viel zu abstrakt' eingeschätzt werden, durchaus aber für den Umgang mit Wissen relevant sind, auf handliche und einleuchtende Weise operativ nachvollziehen.

Wie immer diese Möglichkeiten ausgeschöpft werden, Grundidee bleibt das **Umgehen mit Wissen** durch Navigation in einem auch vertikal aufgespannten, d. h. sich über mehrere Abstraktionsebenen erstreckenden Wissensraum. Es auch ist gezeigt worden, daß diese Navigation in beiden Richtungen erfolgen kann und insofern (im Piaget'schen Sinne) reversibel ist. Dies ist gerade deshalb von Bedeutung, weil der beständige Wechsel von Abstraktion und Konkretisierung dazu beiträgt, die durch deren Verschränkung hervorgerufenen Eigentümlichkeiten der indirekten Modellierung transparent werden zu lassen.

* * *

Lauffähige Versionen der beiden Projekte werden Mitte 1992 zur Verfügung stehen, so daß dann auch erste Evaluationen möglich sind. Ein gewisses evaluatives Moment ist, wie im Bezug auf die Schulbuchanalysen angedeutet, bereits in die Konzeption von MUTUAL eingeflossen. Damit ist freilich noch nicht gesichert, daß die in diesem Beitrag vorgestellten Strukturierungs- und Navigationsprinzien auch tatsächlich diejenigen Lerneffekte hervorrufen, die von ihnen erwartet werden.

Eine abschließende Bemerkung zum weiteren Ausbau von MUTUAL: Ausgangspunkt waren die Strukturierung von Lehrstoff und Lernobjekten sowie die vertikale Navigation. Die Idee des Umgehens mit Wissen ist damit natürlich noch längst nicht ausgeschöpft. Angestrebt wird deshalb eine Weiterentwicklung des Systems durch Einbeziehung von WBS- und Simulationskomponenten.

Literatur

Achtenhagen, F.(1984). *Didaktik des Wirtschaftslehreunterrichts.*

Aebli, H.(1980/81). *Denken - Das Ordnen des Tuns. Bd. I + II.*

Albert, H.(1972). Modell-Platonismus. In E. TOPITSCH (Hrsg.), *Logik der Sozialwissenschaften.*

Baethge, M., Oberbeck, H.(1986). *Zukunft der Angestellten.*

Carnap, R.(1939). *Foundations of logic and mathematics.*

Chomsky, N.(1965). *Aspects of a theory of syntax.*

Deutsche Forschungsgemeinschaft (DFG) (1990). *Berufsbildungsforschung an den Hochschulen der Bundesrepublik Deutschland.*

Dubs, R. (1989). Der Stellenwert des Wissens im Unterricht der Wirtschaftsfächer. In *Zeitschr. f. Berufs- u. Wirtschaftspäd.*

Jonassen, D. H., Mandl, H. (Hrsg.) (1990). *Designing Hypermedia for Learning.*

Kroeber-Riel, W. (1972). Theoretische Konstruktionen und empirische Basis in mikroökonomischen Darstellungen des Konsumentenverhaltens. In G. Dlugos, G. Eberlein, H. Steinmann (Hrsg.), *Wissenschaftstheorie und Betriebswirtschaftslehre.*

Krumm, V. (1973). *Wirtschaftslehreunterricht.*

Laucken, U. (1974). *Naive Verhaltenstheorien.*

Mertens, D.(1974). Schlüsselqualifikationen. In *MittAB.*

Piaget, J.(1973). *Einführung in die genetische Erkenntnistheorie.*

Reetz, L., Witt, R. (1974). *Berufsausbildung in der Kritik. Curriculumanalyse Wirtschaftslehre.*

Schnotz, W. (1988). Textverstehen als Aufbau mentaler Modelle. In H. MANDL, H. SPADA (Hrsg.), *Wissenspsychologie.*

Schoop, E. (1992). Benutzernavigation im Hypermedia Lehr-/Lernsystem HERMES. In U. Glowalla, E. Schoop (Hrsg.), *Hypertext und Multimedia: Neue Wege in der computerunterstützten Aus- und Weiterbildung.* Berlin, Heidelberg: Springer.

Stachowiak, H. (1973). *Allgemeine Modelltheorie.*

Tarski, A. (1966). *Einführung in die mathematische Logik.* (Polnisches Original 1936).

Vester, F. (1978). *Denken, Lernen, Vergessen.*

Witt, R. (1991). *Didaktische Konzeption des Systems MUTUAL.* Internes Mskr.

Multimediales Lernen - Konsequenzen aus einem Modellversuch

Hans Freibichler
Freibichler Teach- und Softwareentwicklung
Neue Stücker 9, 6900 Heidelberg

1 Zielsetzung des Modellversuchs „Computergestützte Warenwirtschaft"

In den letzten Jahren hat das Interesse an der computergestützten Ausbildung ständig zugenommen. Dies gilt vor allem für die Bereiche, in denen der Computer als Arbeitsmittel eingesetzt wird. Hier liegt es nahe,die Aubildung für den Umgang mit dem Computer bereits am Computer vorzunehmen.Bisher stand der Einzelhandel weit am Rande der Entwicklung. Aus vielen Gründen. Zwar werden in Großbetrieben die Wareneingänge bereits seit längerer Zeit mit der EDV erfaßt, bis vor wenigen Jahren war es aber unmöglich, die Warenausgänge, also den Verkauf der einzelnen Artikel, zu vertretbaren Kosten artikelgenau und zeitnahe zu erfassen. Der technologische Durchbruch der EDV im Einzelhandel erfolgte erst mit der Einführung von Scannern, die Artikelnummern lesen und über verschiedene Konfigurationen speichern und auswerten.

Das Bundesinstitut für Berufsbildung entschloß sich auf Grund dieser Situation, einen Modellversuch zu planen und nahm Kontakt mit verschiedenen Trägern auf. Die Fa. Innomedia führte den Modellversuch schließlich ab Herbst 1987 bis Mitte 1990 in Kooperation mit der Zentralstelle für Berufliche Bildung (Köln) durch. Die wissenschaftliche Begleitung wurde durch Prof. Mönch von der Fachhochschule für Handel in Worms und vom Autor des vorliegenden Beitrags wahrgenommen.

In der ersten Phase ging es um eine Bestandsaufnahme und Bedarfsanalse. Nachdem auf dieser Basis eine Grobkonzeption erstellt worden war, ging es in einer längeren Phase um den Medienentscheid für verschiedene Branchen in verschiedenen Phasen der Einführung und Nutzung computergestützter Warenwirtschaftssysteme. Das Projektteam entschied sich für die Entwicklung von 4 Modulen, die im folgenden kurz skizziert werden.

Informatik aktuell
U. Glowalla, E. Schoop (Hrsg.), Hypertext und Multimedia:
Neue Wege in der computerunterstützten Aus- und Weiterbildung
© Springer-Verlag Berlin Heidelberg 1992

Modul 1

Inhalt: „Wenn aus Waren Daten werden." Die Funktionsweise von Warenwirt-
            schaftssystemen.
Medium: Interaktives Bildplattenprogramm. Allgemeine Einführung in Warenwirt-
            schaftssysteme.
Ziel: Motivation, Training neuer Mitarbeiter, Erstausbildung, Weiterbildung.
Technik: PC-AT, 640KB, Festplatte, Bildplattenspieler, Video-Overlaykarte.

Modul 2

Inhalt: „Lernen und Arbeiten mit einem Warenwirtschaftssystem." Arbeitsinhalte,
            Organisation und Systemfunktionen eines Warenwirtschaftsystems (Modell-
            warenwirtschaftssystem mit Begleitmaterial).
Medium: Modellwarenwirtschaftssystem.
Ziel: Einführung, Bedienung und Simulation anhand eines realistischen Modells,
            Erstausbildung, Weiterbildung, Training neuer Mitarbeiter.
Technik: PC-AT, 640 KB, Festplatte, monochromer bis VGA Bildschirm.

Modul 3

Inhalt: „EDV-Technik am Arbeitsplatz".
Medium: Lehrgangskonzept zur Bedienung einer Computerkasse.
Ziel: Training von Mitarbeiter(inne)n, die mit einer Computerkasse arbeiten sollen.
Technik: Computerkasse.

Modul 4

Inhalt: „Erfolgreich entscheiden mit Warenwirtschaftssystemen" und Begleitmaterial.
Medium: Entscheidungstraining auf der Grundlage EDV-generierter Daten (CBT und
            Simulation).
Ziel: Weiterbildung, teilweise Erstausbildung.
Technik: PC-AT, 640 KB, Festplatte, Farb- Grafikkarte, Farbmonitor.

2   Evaluation

Wesentlicher Bestandteil von Modellversuchen ist die wissenschaftlich abgesi-
cherte Begleitung; bei der Entwicklung von Lernmedien steht dabei die Erprobung mit den potentiellen Adressaten im Vordergrund. Nach Wissen des
Autors gibt es im deutschsprachigen Bereich bislang erst drei größere fundier-

te, wissenschaftlich begleitete Evaluationsstudien im Bereich des multimedialen Lernens (Interaktive Medien/CBT):

- Deutsche Bundespost,
- Daimler Benz,
- Modellversuch Warenwirtschaft.

Die 4 Module wurden in zwei Durchgängen mit ca. 500 Personen einer umfangreichen und wissenschaftlich fundierten Erprobung unterzogen. Kurzfristig wurde im Jahre 1990 noch ein umfangreicher Einsatztest auf dem Gebiet der ehemaligen DDR durchgeführt. Über die Zielsetzung, die entwickelten Medien sowie die Evaluationsverfahren und -ergebnisse des Modellversuchs soll im folgenden kurz berichtet werden (ausführliche Ergebnisse in Freibichler, Mönch & Schenkel, 1991).

Es zeigte sich, daß interaktive Medien in recht unterschiedlicher Form konzipiert und gestaltet sowie sehr spezifisch auf die jeweiligen Lernziele und Zielgruppen hin abgestimmt werden müssen - dabei wurde auf die zu Beginn des Projekts durchgeführte Bedarfs- und Situationsanalyse Bezug genommen. Ein detailliert begründeter Medienentscheid führte zur Entwicklung interaktiver Medien, wobei bei Modul 1 mit der Einbindung von Video ein experimenteller Ansatz im Vordergrund stand, da solche Medien im Einzelhandel völlig unbekannt sind. Mit dem schriftlichen Trainerleitfaden in Modul 3 wurde ein konventionelles Medium realisiert, da ein CBT-Programm aufgrund der unterschiedlichen Kassen-Systeme nicht sinnvoll erschien.

In den drei CBT-gestützten Modulen spielte der traditionelle Ansatz (in der tutoriellen Form, in Anlehnung an den Programmierten Unterricht) nur noch eine untergeordnete Rolle – am ehesten findet er sich noch in Modul 1, das leicht verständlich in eher kleinen Schritten an die Warenwirtschaft heranführen soll. Die mit unterschiedlichen Verfahren durchgeführte Erprobung (Teilnehmerbefragung, automatische Lernprotokollierung, Beobachtung, Diskussionen) erbrachte folgende Hauptergebnisse:

- Die entwickelten interaktiven Medien wurden überraschend und einhellig positiv aufgenommen; vor allem das multimediale Basismodul (interaktives Video) fand eine sehr gute Akzeptanz. Es zeigte sich jedoch, daß dieses Ergebnis kritisch hinterfragt werden muß, da meist nicht beachtete „Effekte" ein undifferenziertes Meinungsbild ergeben (neben dem Neuigkeitseffekt vor allem der sogenannte Image-Effekt).

- Die entwickelten Medien haben sich als lerneffizient erwiesen, was aus den Lernprotokollen abgeleitet werden kann; durch die zahlreichen Evaluationsdaten wurden schonungslos vorhandene Schwächen der Lernprogramme aufgedeckt, die dann in einer Revision angegangen wurden. Es überrascht, wie wenig bzw. wie methodisch unangemessen bislang CBT-Erprobungen durchgeführt wurden, obwohl der recht große Erstellungsaufwand sowie die zum Teil große Skepsis gegenüber diesen Medien eine Überprüfung der Effizienz dringend notwendig erscheinen lassen.

- Die entwickelten Medien lassen sich nach den Ergebnissen der Evaluation in unterschiedliche Aus- und Weiterbildungsinstitutionen (Handelsbetriebe, Bildungszentren) integrieren und werden von den maßgeblichen Personen (Entscheidern, Lehrkräften) überwiegend positiv aufgenommen. Auch diese Thematik wurde bislang ganz vernachlässigt: CBT-Entwickler und -anbieter sowie überzeugte CBT-Anwender wundern sich meist, warum die CBT-Akzeptanz hierzulande eher bescheiden ist; sie übersehen dabei die zentralen organisatorischen und personellen Bedingungen der Einführung bzw. Integration der interaktiven Medien.

3 Darstellung des neuen WWS-Moduls

Es gibt eine Reihe bekannter Design-Theorien (z.B. Gagné & Briggs, 1979), die sich im Detail wesentlich unterscheiden, aber viele Gemeinsamkeiten haben:

- Umfangreiche Vorüberlegungen (Inhalts-, Medien, Adressatenanalysen),
- Ein Phasenmodell, das nicht linear aufgebaut ist (wie die pragmatisch orientierten), sondern immer wieder regelkreisartig die aufgestellten Ziele und Hypothesen in Frage stellt,
- Frühe Evaluationsschritte, die sich nicht nur auf das Produkt beziehen, sondern auch den Entwicklungsprozeß und damit die Rolle der beteiligten Personen reflektieren (Offenheit),
- Bewertung der Medien und einzelnen Medienmerkmale nicht aus sich selbst heraus, sondern nur in der Funktionalität und Wirkung auf die Zielgruppe, in der Verschränkung mit den Lernaufgaben.

Das neue WWS-Modul 5 „Der Warenkreislauf" wurde auf dem Modell aufgebaut, das in Minnesota entwickelt wurde – und sich von anderen dadurch abhebt, daß es besonders auf die Belange und Probleme der beruflichen und betrieblichen Lernprozesse Bezug nimmt (Thomas & Englund, 1990). Der grundlegende didaktisch-methodische Ansatz des Moduls besteht darin, daß die Warenwirtschaft im Einzelhandelsbetrieb als ein logistisches System aus dem jeweiligen Blickpunkt der an warenwirtschaftlichen Prozessen Beteiligten/Beschäftigten dargestellt und einsichtig gemacht wird. Ausgangslage sind komplexe Praxissituationen bzw. Arbeitsumgebungen (*task environments*), wie sie teilweise in Darstellungen von organisatorischen Zusammenhängen in Form von Arbeitsplatzbeschreibungen vorliegen, wobei der Schwerpunkt im Modul 5 jedoch auf den jeweils erforderlichen kognitiven Leistungen beruht.

Nach der MRDC-Analse (Thomas & Englund, 1990, S. 17ff) sollten vor allem folgende 4 Faktoren berücksichtigt werden, um das Erreichen der gesetzten Lernziele zu unterstützen:

- **Fidelity**, d.h. realitätsnahe und problembezogene Situationsdarstellungen,
- **Visualization**, d.h. bildhafte Darstellung der Sachverhalte mit möglichst konkretem Bezug auf den Lerner mit dem Ziel der Wiedererkennung der eigenen Situation,
- **Range and depth of experience**, d.h. Zugriff auf reichhaltige und unterschiedliche Erfahrungen aus unterschiedlichen Perspektiven (*criss-crossing the landscape*),
- **Mediation**, d.h. Unterstützung des Verständnisses durch Hervorhebung wichtiger Aspekte.

Als Leitlinien für die Umsetzung warenwirtschaftlicher Abläufe dienen die Aufgabenkomplexe folgender Hauptfunktionsträger im Einzelhandelsbetrieb:

- Kassierer am Endpunkt des Warendurchlaufs im Betrieb,
- Verkäufer,
- Mitarbeiter im Wareneingang/in der Regalpflege,
- Disponent,
- Substitut/Abteilungsleiter,
- Filialleiter.

Es werden einerseits die Aufgabenkomplexe (Subsysteme) der einzelnen Funktionsträger vermittelt, andererseits deren Integration in das gesamte warenwirtschaftliche Sstem des einzelnen Handelsbetriebes. Grundidee ist die Einführung von realen Personen (Disponent, Kassierer(in) usw.), die konkrete Aufgaben ausführen und sich vor bestimmte Probleme gestellt sehen. Der Lernende steht entweder dieser Person gegenüber und kann mit ihr in Dialog treten (z.B. sie befragen, ihr auf einem Weg folgen), oder er kann die Rolle dieser Person übernehmen und versuchen, ihre Aufgaben und Probleme in deren konkreter Arbeitsumgebung zu lösen (z.B. optimale Bestellmenge ermitteln). Aus den vielfältigen Einzeltätigkeiten der Person werden Einzel-Aufgaben zu Themen (im Sinne von MRDC) verdichtet. Diese Themen sind als Grundbausteine des Moduls zu verstehen. Über den personalisierten Funktionsträger werden die Einzelbausteine wieder integriert und zwar jeweils aus dem Blickpunkt dieser Person. In diesem Sinne wird das Warenwirtschaftsystem eines Handelsbetriebes mehrfach und unterschiedlich beleuchtet, und zwar jeweils vom Standpunkt des Betroffenen/Beschäftigten aus (*landscaping*).

Um ein „Thema" realistisch und anschaulich einzuführen, werden jeweils folgende Ebenen geschildert:

- Die Situation als Tätigkeitsbild eines Aufgabenträgers,
- Das Handlungsumfeld, d.h. Darstellung der Abhängigkeit und des Zusammenwirkens innerhalb der Organisation und in technischer Hinsicht (Vernetzung),
- Die Ziele des Aufgabenträgers zum Verständnis seiner Handlungen und Pläne.

Themen können schwerpunktmäig einer oder mehreren der folgenden „Ebenen" zugeordnet werden:

- Handlungsorientierte Ebene,
- Entscheidungsorientierte Ebene,
- Systematische Ebene.

Die Wissensebene (Erklärung eines Begriffs, Sachverhaltes, einer Formel, Technik usw.) wird innerhalb der Themen bei Bedarf vom Lerner aufgerufen und über "buttons" zugänglich gemacht (Hypertext-Funktionen).

Mit diesem methodischen Grundansatz wird den vorher skizzierten 4 Faktoren (*fidelity, visualization, range and depth of experience, mediation*) Rechnung getragen. Inwieweit der Gesichtspunkt der Visualisierung ohne Video-Einbindung über fotorealistische Bilder ausreichend Berücksichtigung finden kann, muß die noch ausstehende Evaluierung zeigen.

Literatur

Freibichler, H., Mönch, C. T. & Schenkel, P. (1991). *Computergestützte Aus- und Weiter-bildung in der Warenwirtschaft.* Reihe „Multimediales Lernen in der Berufsausbildung", Bd. 2. Nürnberg: BW Bildung und Wissen.

Gagné, R. M. & Briggs, L. J. (1979). *Principals of instructional design.* New York: Holt, Rinehart & Winston.

Thomas, R. G., Englund, M. (1990). *Instructional Design for Facilitating Higher Order Thinking*, Vol. II. Minnesota Research and Development Center for Vocational Education. Minnesota.

Computerunterstütztes Lernen in der Pilotenausbildung:

Designprinzipien und Designprozeß in zwei Lernprogrammprojekten

Thomas Flum
LIS-Lufthansa Informationstechnik und Software GmbH
Sternplatz 2, 1000 Berlin 12

1   Einleitung

Mit dem Siegeszug der Kognitionspsychologie in der Empirischen Pädagogik traten in den 80er Jahren die inneren mentalen Vorgänge beim Lernen in den Vordergrund. Im Gegensatz zur klassischen Verhaltenspsychologie gehen die Kognitionspsychologen von der Notwendigkeit aus, die Denkvorgänge beim Lernprozeß zu verstehen und zu modellieren. Die Verhaltenspsychologie orientiert sich dagegen bei ihren Lernmodellen allein an beobachtbarem Verhalten; die inneren Vorgänge werden als "Black Box" betrachtet.

Der Vollzug dieser kognitiven Wende führte zu einen Wandel in der Diskussion über den Einsatz von Computerlernprogrammen. Der verhaltenspsychologische Ansatz, auf dessen Grundlage z.B. die Methode der Programmierten Unterweisung und eine Reihe von Computerlernprogrammen entwickelt wurde, verlor an Bedeutung.

Einhergehend mit dieser Entwicklung änderte sich auch die Funktion des Computers im Unterricht. Stand bei den „klassischen Lehrmaschinen" die Vermittlung von Begriffs- und Faktenwissen im Vordergrund, eröffnen sich nun neue Perspektiven für den Einsatz von Computerlernprogrammen beim Erlernen prozeduraler Fertigkeiten (Mandl, Gruber, Renkl, 1992, S. 13-15). Die Entwicklung der PC-Technik erleichtert zunehmend die Realisierung unterschiedlicher Methoden des computerunterstützten Unterrichts (vgl. Lernsoftwaretypen bei Bodendorf, 1990, S. 47-74). Für die Veranschaulichung von Vorgängen steht zudem modernste Multimedia-Techologie zur Verfügung.

Vor dem Hintergrund der aktuellen Diskussion über die Möglichkeiten und die Funktion von computerunterstützem Unterricht werden im folgenden zwei

Informatik aktuell
U. Glowalla, E. Schoop (Hrsg.), Hypertext und Multimedia:
Neue Wege in der computerunterstützten Aus- und Weiterbildung
© Springer-Verlag Berlin Heidelberg 1992

Beispiele aus der Praxis beschrieben: Die Computerlernprogramme "Security" und "Area Qualification" wurden von der LIS (Lufthansa Informationstechnik und Software GmbH Berlin) im Auftrag der Deutschen Lufthansa für den Bereich der Pilotenweiterbildung erstellt. Die LIS ist ein Tochterunternehmen der Deutschen Lufthansa AG und der PSI-Gesellschaft für Prozeßsteuerungs- und Informationssysteme mbH mit Kunden im Reise- und Verkehrsbereich, aber auch in Wirtschaft, Industrie und Handel.

Die beiden Lernprogramme und ihr Entwicklungsprozeß werden anhand des "Instructional-Design-Modells" des Minnesota Research and Development Centers beschrieben. Dieses "Instructional-Design-Modell" berücksichtigt einerseits moderne lernpsychologische Erkenntnisse und liefert andererseits anwendbare Kriterien für didaktische Entscheidungen bei der Entwicklung von Lernprogrammen. Hier wird es deshalb verwendet, um die didaktischen und methodischen Entscheidungen in beiden Projekten nachvollziehbar zu machen.

Im zweiten Abschnitt wird zunächst eine Kurzeinführung in beide Programme vorgenommen, im dritten Abschnitt werden anschließend die Instructional Design Prinzipien des Minnesota Centers erläutert und in den Abschnitten vier und fünf werden dann beide Lernprogrammprojekte aus dem Blickwinkel dieser Designprinzipien näher betrachtet.

2 Ausgangsituation und Problemstellung beim Lernprogramm "Security"

Das Lernprogramm "Security" ist Teil des Sicherheitstrainings der Piloten. Vor der Erstellung des Lernsystems wurde die „Security-Schulung" in einem zweitägigen Seminar mit den Einzelthemen „präventive Sicherheitsmaßnahmen", „Maßnahmen bei Bombendrohungen" und „Verhalten bei Entführungen" durchgeführt. Die Aufgabe von LIS war es zu untersuchen, ob das Seminar mit Hilfe eines interaktiven Lernsystems effektiviert und verkürzt werden könnte.

Als Ergebnis der Voruntersuchung schlug LIS die Durchführung eines Seminartages mit zwei Selbstlernphasen und zwei Plenumsphasen vor. Damit wird die Seminardauer um die Hälfte verkürzt.

Selbstlernphasen am Computer und Plenumsphasen sind eng verzahnt. Das Computerlernprogramm dient nicht nur zur Nivellierung der Wissens- und

Erfahrungsunterschiede. Ebenso soll ein Reflektionsprozeß initiert werden, an den die Seminarleiter in den Plenumsphasen anknüpfen können.

Fachlicher Projektleiter war ein aktiver Airbus-Pilot, der als Check-Kapitän über Ausbildungserfahrung verfügt. Als weitere Fachexperten standen die Sicherheitsexperten und Psychologen der Lufthansa zur Verfügung, die bisher die Security-Schulung durchgeführt hatten.

Die erstellten Konzepte wurden sukzessive von den Fachexperten, aber auch von weiteren Kapitänen und Kopiloten während der Konzeptphase evaluiert.

Für die technische Realisierung wurde das Bildplattensystem gewählt, das beim Beginn der Erstellung - Anfang 1990 - allein den Qualitätsanforderungen genügte. Um eine Intergration von Text, Grafik und Video zu erreichen, wird ein digitaler Videoadapter eingesetzt, der das Einfrieren von Bildern, das Ablaufen von Bewegtbildern in Fenstern und Ähnliches erlaubt.

Einführung

Thema: Präventive Sicherheitsmaßnahmen
Bombendrohungen

CBT

**Training
Sicherheitsexperten**

Thema: Entführungen

CBT

Training Psychologen

Abb. 1: Ablauf des neu konzipierten Seminartages

3 Ausgangsituation und Problemstellung beim Lernprogramm "Area Qualification"

Bevor ein Pilot zum ersten Mal z.B. nach Nordamerika fliegen darf, muß er die Besonderheiten des Streckengebietes erlernen. In das neue Streckengebiet einzufliegen, ist nur erlaubt, wenn eine Unterweisung in die Streckenbesonderheiten nachgewiesen werden kann. Diese spezielle Form der Berechtigung heißt im Fachjargon "Area Qualification".

Bisher haben sich die Piloten mit schriftlichem Material vorbereitet und sind dann ein Mal als Beobachter und zu Unterweisender im Cockpit mitgeflogen. Dabei hat der angehende Streckenpilot seine Einweisung von den "Pilots on Duty" erhalten.

In diesem Projekt war es das Ziel, das aufwendige und kostenintensive Mitfliegen durch eine Instruktion mit einem interaktiven Lernsystem einsparen zu können.

Als Fachexperten standen hier drei Copiloten aus jeder Flotte, die nach Nordamerika fliegt - Airbus, Boing 747, DC 10 - und ein Flugingenieur zu Verfügung.

In der ersten Phase des Projekts analysierte die Expertengruppe in Zusammenarbeit mit Mediendidaktikern von LIS bestimmte Flüge nach Nordamerika vom Start bis zur Landung. Als Ergebnis entstand eine Liste von Themen und Handlungen, die nur bei einem Nordamerikaflug relevant sind. Auf der Grundlage dieser Liste wurden drei zusammenhängende Flüge gebildet.

Als Hardware werden 386-PCs, Grafikkarten mit einer Auflösung von 1024 * 768 Bildpunkten und 256 Farben, Großbildschirme mit 20 Zoll Durchmesser und Audiokarten eingesetzt. Das System wird zudem im lokalen Netzwerk betrieben. Diese Hardwarekonfiguration ist Standard bei Lufthansa im fliegerischen Bereich und entspricht den Anforderungen einer Kommission internationaler Airlines (AICC-Aviation Industry Computer Based Training Committee).

4 Das Minnesota-Instructional-Design Modell

Das Minnesota Research and Development Center ist eine universitäre Einrichtung, die sich mit der beruflichen Ausbildung beschäftigt. Ein Projekt dieser Einrichtung ist das "Higher Thinking Research Program", in dessen Rahmen ein "Instructional-Design-Modell" für Computerlernprogramme entwickelt wurde (vgl. Thomas und Englund, 1990).

Die vier Hauptgestaltungsprinzipien für Lernprogramme nach diesem "Instructional-Design-Modell" sind:

- Fidelity,
- Visualization,
- Range and Depth of Experience und
- Mediation of Learners Experiences

Was heißt nun "Fidelity" bezogen auf eine Lernprogrammentwicklung? "Fidelity" meint eine glaubwürdige Nachbildung oder Simulation der realen Arbeitssituation in einem Lernprogramm. Bei der Darstellung konkreter Situationen sind dabei nicht nur die zentralen Tätigkeiten wichtig, sondern auch Details, die für Lernenden wichtige Erkennungsmerkmale ihrer Arbeitsumgebung oder des Arbeitsablaufes darstellen.

Der zweite Faktor "Visualization" zielt auf die bildhafte oder grafische Darstellung von Sachverhalten, die adressaten- und themengerecht sein muß.

Was meinen die Entwickler des Modells mit "Range and Depth of Experiences"? Betrachten wir dazu das Verhalten eines Experten näher. Experten unterscheiden sich von Novizen, insofern sie in Problemsituationen nicht nur die oberflächlichen Aspekte, sondern auch die tiefenstrukturellen Merkmale betrachten (vgl. Mandl, Gruber, Renkl, 1991, S. 15-17). Expertenleistungen müssen aber immer auf eine konkrete Situation bezogen betrachtet werden.

Ein Lernprogramm muß dem Lernenden daher ein „Durchdringen" konkreter Situationen ermöglichen. Der Lernende muß die Arbeitssituation wie eine Landschaft erkunden können. Ein Perspektivenwechsel erleichtert diese Durchdringung und hilft, die Fähigkeit auszubilden, Handlungskonzepte auf neue Situationen zu übertragen .

Was heißt schließlich "Mediation of Learners Experiences by external sources"? Hier wird der mediale Aspekt einer Informationspräsentation angesprochen. Im Unterricht lenkt der Lehrer die Aufmerksamkeit der Lernenden wie mit einer Linse auf bestimmte Vorgänge oder Sichtweisen. Ein Lernprogramm führt bei der medialen Präsentation den Lernenden normalerweise in ähnlicher Weise: z.B. indem durch einen Kommentarsprecher bestimmte Sichtweisen nahegelegt werden.

"Mediation" bedeutet aber auch immer „Führung". Hierbei muß berücksichtigt werden, auf welcher Stufe sich die Lernenden befinden, d.h. Anfänger, Fortgeschrittene oder Experten müssen unterschiedlich „geführt" werden.

5 Das Lernsystem "Security" aus Sicht der Minnesota-Kriterien

Das Lernprogramm "Security" ist vom Typ her ein tutorielles System mit Elementen von Lernersteuerung (Zusatzinformationen, Zusatzaufgaben, Hypertextbegriffe).

Fidelity:

Um Situationen und Szenen während einer Entführung glaubhaft im Sinne von "Fidelity" darstellen zu können, war der Einsatz von Filmsequenzen und damit Video unumgänglich. Videoszenen werden in zweifacher Hinsicht eingesetzt:

1. <u>Originalszenen als Dokumentaraufnahmen:</u> Auf diese Weise wird z.B eine Gepäckidentifizierung auf dem Flughafenvorfeld dargestellt.
2. <u>Spielfilmszenen:</u> Rahmenhandlung des Teils „Verhalten bei Entführungen" sind die verschiedenen Phasen einer Entführung.

Die Drehbücher wurden auf der Basis der Auswertung einer großen Anzahl von Entführungen durch Psychologen erstellt. Die Spielfilmszenen stellen also Situationen dar, wie sie in ähnlicher Form real aufgetreten sind. Um die Authenzität der Darstellung noch zu erhöhen, wurde außerdem Archivmaterial einbezogen, das Situationen während einer Entführung zeigt.

Für das Kriterium "Fidelity" sind auch die Plenumsphasen sehr wichtig. Durch die Gespräche und Diskussionen mit Sicherheitsexperten und Psychologen, die teilweise Mitglieder des Lufthansa-Krisenstabs sind, wird ein enger Praxisbezug gewährleistet.

Visualization:

Visualisierungen sind in allen Lernprogrammen von zentraler Bedeutung. Drei Visualsierungsarten sind beim Security-Lernprogramm hervorzuheben:

1. Vorgänge wie z.B. die Sprengung eines Flugzeugrumpfes werden im Videofilm gezeigt. Hier geht es darum, die Auswirkungen einer Bombenexplosion auf die Flugzeugzelle zu beurteilen.
2. Abläufe, bei denen es um das Verständnis eines Prinzips geht - wie z.B. bei den Sicherheitskontrollen von Reisegepäck - werden mit Hilfe von schematischen Animationen dargestellt. Spielszenen hätten hier vom Wesentlichen abgelenkt.
3. Handlungsabläufe werden durch Checklisten visualisiert, da diese Struktogrammart den Piloten bekannt ist. Checklisten sind die Form, in der auch die technischen "Procedures", also die alltäglichen Arbeitspapiere der Piloten, verfaßt sind.

Range and Depth of Experience:

Piloten sind von den Sicherheitsmaßnahmen in zweifacher Hinsicht betroffen: Ebenso wie die Passagiere sind auch sie vom Funktionieren präventiver Sicherheitsmaßnahmen abhängig. In diesem Bereich sind sie Betroffene, aber nicht Handelnde. Um im Falle einer Bombendrohungen oder sogar einer Entführung richtig und angemessen reagieren zu können, benötigen die Piloten allerdings bestimmte Informationen aus dem Themengebiet „präventive Sicherheitsmaßnahmen".

Im Lernsystem spiegelt sich dieser Sachverhalt wieder: Der Abschnitt „präventive Sicherheitsmaßnahmen" hat in Teilen Informationssystemcharakter. Zusatzinformationen, Fachwortlexikon oder Hypertexte ermöglichen ein individuelles, den unterschiedlichen Erfahrungen bzw. Wissensständen angepaßtes Informieren.

Im Lernprogramm werden konkrete Entscheidungssituationen abgebildet. Genau wie in der Realität muß sich der Pilot z.B. entscheiden, welche Maßnahmen er bei einer Bombendrohung bezüglich der Flughöhe und des Kabinendrucks ergreift.

Die Betrachterperspektive wechselt entprechend den Zielen des Programms: Einmal sind die Anwender in der Situation eines Lufthansa-Sicherheitsexperten, um über die Hintergründe von Sicherheitsmaßnahmen zu reflektieren. In anderen Programmteilen sind sie in der Rolle eines Kapitäns oder eines Kopiloten, der mit Entführern kommunizieren muß. Und schließlich sollen sich die Piloten auch in die Lage von Entführern versetzen, um deren Gefühle und Ängste besser verstehen zu können.

Wo ist, bezogen auf "Range und Depth of Experience", die Schnittstelle zu den Plenumsveranstaltungen? Das Lernprogramm kann nicht die persönlichen Erfahrungen der Piloten miteinbeziehen, die diese zum Beispiel beim Thema „Bombendrohungen" haben. Über diese Erfahrungen soll in den Plenumsveranstaltungen diskutiert werden. In den Selbstlernphasen soll ein Reflektionsprozeß beginnen, der im Gespräch mit Kollegen und Seminarleitern weitergeführt wird.

Mediation:

Im Lernprogramm wird die Spielhandlung der Schauspieler zumeist durch einen Kommentarsprecher erläutert. Die Stimmen der Schauspieler sind nur in kurzen Sequenzen zu hören. Manche Sequenzen werden in Verbindung mit Interaktionen mehrfach eingesetzt, wobei es die Aufgabe ist, zuerst die Situation ohne Kommentar zu beobachten und einzuschätzen.

Bei einem Thema des affektiven Bereichs - wie Verhalten bei Entführungen - kann Verhalten zumeist nicht mit stereotypen Kategorien wie „Falsch" oder „Richtig" bewertet werden. Die Fragen zielen vielmehr darauf ab, den Anwender zu einer Einschätzung einer konkreten Situation oder einer Person aufzufordern. Dies kann z.B. die augenblickliche Gefühlslage eines Entführers betreffen. Die individuell unterschiedlichen Bewertungen dienen als Diskussionsgrundlage im Plenum und tragen dazu bei, auch das eigene Verhalten zu reflektieren.

5 Das Lernsystem "Area-Qualification" aus Sicht der Minnesota-Kriterien

Das Lernprogramm Area-Qualification ist gegliedert nach drei Flugverläufen, deren Schwierigkeit schrittweise ansteigt. Zusätzlich gibt es einen systematischen Teil, wo z.B. alle relevanten Informationen über Themen wie Wetter oder Navigation zusammengefaßt sind. In einem separaten Testkapitel können sich die Piloten davon überzeugen, ob alle Tätigkeiten beherrscht und alle Informationen verstanden worden sind.

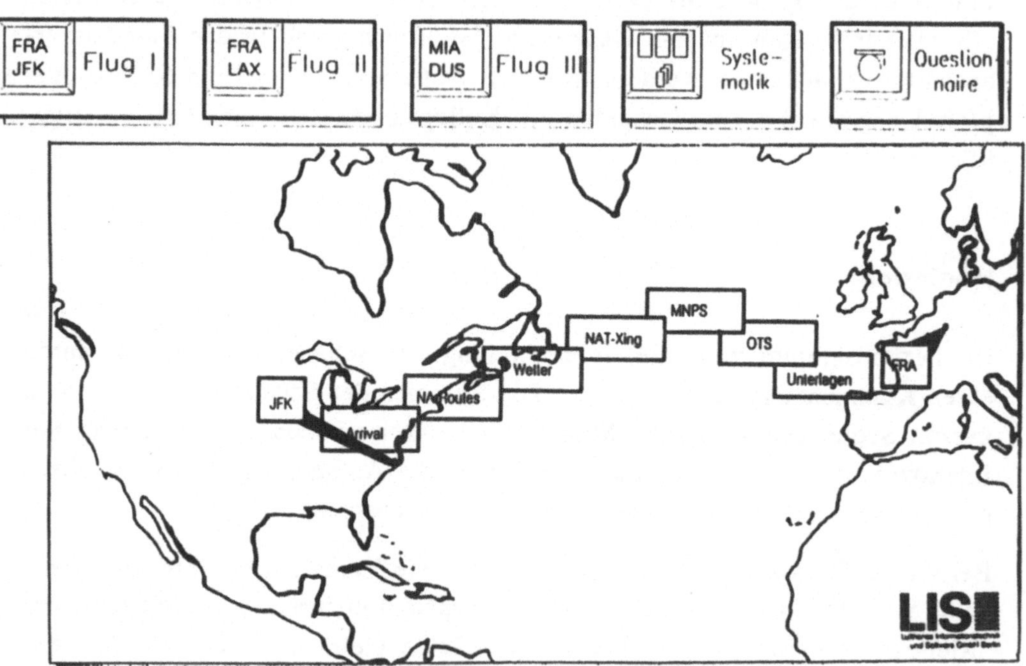

Abb. 2: Aufbau des Lernprogramms und Themenübersicht des ersten Fluges

Fidelity:

Die thematischen Schwerpunkte beim Thema Area-Qualification liegen u.a. auf dem Funkverkehr, Wetterbesonderheiten und der Arbeit mit Spezialkarten. Deshalb wurde Audio und hochauflösende Grafik eingesetzt.

Der im Lernprogramm verwendete Funkverkehr wurde im Cockpit auf realen Flügen von den Piloten aufgezeichnet. Im Simulator aufgenommener Funkverkehr kam nicht in Frage, da dieser als solcher erkennbar ist. Einzelne Situationen - z.B. ein Blick aus dem Cockpitfenster - werden durch digitalisierte Videostandbilder visualisiert, um den Eindruck eines wirklichen Flugverlaufs zu verstärken. Dazu dient auch die Arbeit mit Originalmaterialien in einem Arbeitsordner, zu deren Benutzung an bestimmten Stellen im Lernprogramm aufgefordert wird. Die Lösungen bestimmter Aufgaben müssen nicht in den Computer eingegeben, sondern auf Papier mitgeschrieben werden, da dies den Originalbedingungen während eines Fluges entspricht (z.B. Mitschreiben von Wetterberichten).

Arbeiten, die die Piloten während eines Fluges auf Papier erledigen, werden auch so bei der Bearbeitung des Lernprogramms behandelt; z.B. beim Mitschreiben von Wettermeldungen.

Der Eindruck eines wirklichen Flugverlaufs kann nur entstehen, wenn neben den Besonderheiten - z.B. eines Nordamerikafluges - auch Routinetätigkeiten dargestellt werden, die bei jedem Flug vorkommen. Diese bilden die Bindeglieder zwischen den einzelnen Lerninhalten.

Wie wichtig für das Lernen die Erzeugung einer authentischen Situation ist, verdeutlichen vielleicht die Äußerungen eines Piloten bei einem ersten Test des Programms. Sinngemäß äußerte er folgendes: „Bei der Arbeit mit dem Computer fehlt im Vergleich zu einem wirklichen Flug die Cockpitumgebung, der Geruch, die Arbeit im Team und einiges mehr. Wenn aber im Lernprogramm Funkverkehr zu hören ist und Entscheidungen getroffen werden müssen, so gleicht die gefühlsmäßige Belastung der im Cockpit - mit dem Unterschied, daß Entscheidungen revidiert und Passagen wiederholt werden können."

Visualization:

Ein Schwerpunkt des Lernprogramms liegt auf der Arbeit mit Kartenmaterial. Die bei der Verkehrsfliegerei verwendeten Karten eignen sich nicht für eine originalgetreue Wiedergabe, da die Fülle der Informationen auch nicht auf einem 20 Zoll-Computerbildschirm dargestellt werden kann. Die Karten wurden deshalb didaktisch reduziert und werden schrittweise während des Lernprogramms aufgebaut. Die Originalkarten befinden sich zusätzlich im Begleitmaterial.

Range und Depth of Experience:

Der Ansatz des Lernprogramms ist prozedural; d.h. die Unterweisung orientiert sich an Flugverläufen. Zusätzlich können die Themen des Lernprogramms systematisch bearbeitet werden. Falls der Abschnitt „Systematik" angewählt wird, finden die Anwender alle relevanten Informationen z.B. zu den Themen Wetter oder Nordatlantik-Tracksystem.

Zum Vertiefen bestimmter Themen dient eine Hypertextfunktion, die das Anklicken von Begriffen oder Grafiken am Bildschirm erlaubt.

Nach den ersten Monaten des Lernprogrammeinsatzes hat sich ergeben, daß die Anwender die Mailfunktion des Lernprogramms, mit der Kommetare abgespeichert und von der zuständigen Lufthansa-Dienststelle ausgewertet werden können, stark nutzen. So werden von den Piloten zum Teil flugzeugtypspezifische Besonderheiten als Kommentar eingegeben. Da sich darin meist die Frage anschließt „Wie machen es die anderen?", wird diskutiert, die direkte Kommunikation der Piloten über die Mailfunktion zu ermöglichen.

Mediation:

Eine Schwerpunktsetzung erfolgt durch den Kommentarton eines Sprechers und einer Sprecherin, der den roten Faden im Programm vorgibt. Besonders wichtige Themen werden in speziellen Hinweisboxen erklärt; auf diese Themen wird durch die erhobene Hand eines Kapitäns aufmerksam gemacht.

Durch die Arbeit mit dem Materialordner, der z.B. Vorschriften und flugzeugspezifische Informationen enthält, der Systematik oder der Hypertextfunktion wird eine Individualisierung des Arbeitens erreicht. Dies entspricht dem Adressatenkreis, der aus erfahrenen Flugzeugführern besteht, die nun ein neues Streckengebiet kennenlernen sollen.

6 Fazit und Perspektiven

Als Ergebnis beider Projekte kann festgestellt werden, daß die Bedeutung von "Fidelity" bei der Vermittlung prozeduraler Tätigkeiten nicht hoch genug eingeschätzt werden kann. "Fidelity" wird aber nicht schon erreicht, wenn z.B.

die Funktionen technischer Systeme dargestellt und simuliert werden. Abgesehen davon, daß ein PC-Lernprogramm nicht in Konkurrenz zu einem Flugsimulator treten kann, erscheint es wichtiger, durch Tätigkeitsanalysen Defizite zu erkennen. Diese Defizite bilden die Grundlage der konkreten Umsetzung im Lernprogramm.

Die Realisierung von "Visualization" hängt von den eingesetzten Medien ab. Eine große Bedeutung bekommt dabei Audio, da mit Ton der Aufbau von Computergrafiken sehr wirkungsvoll ergänzt werden kann. Eine weitere wichtige Erkenntnis aus den beiden beschriebenen Projekten war, daß Visualisierungen von Unterlagen, Cockpitsystemen oder Ähnlichem nur akzeptiert werden, wenn sie wirklichkeitsgetreu (Farbe, Gestaltung, Schrift) vorgenommen werden.

Bezüglich "Range and Depth of Experience" hat sich herausgestellt, daß bei den Adressaten ein hoher Bedarf an Kommunikation untereinander besteht. Deshalb sind kooperative Lernformen - die Arbeit in Kleingruppen, die Möglichkeit über E-Mail miteinander zu kommunizieren oder die Anwesenheit eines Instruktors in Selbstlernphasen - in die Überlegungen miteinzubeziehen.

Bewußt eingesetzte "Mediation" ist ein wirkunsgvolles Mittel in Lernprogrammen. Eine Situation kann z.B. zuerst unkommentiert und dann kommentiert (auch mit unterschiedlichen Kommentaren) eingeführt werden. Die Tiefe des Reflektionsprozeßes kann dadurch wesentlich vergrößert werden.

Am Ende sollen noch drei zentrale Vorteile genannt werden, die sich durch den Einsatz der beiden beschriebenen Lernsysteme ergeben:

- eine Standardisierung des Trainings,
- eine Verkürzung der Trainingsdauer,
- eine Kostenersparnis durch die Einsparung von Trainingstagen.

Die zukünftige Entwicklung im Bereich des computerunterstützten Unterrichts wird nach unserer Ansicht von folgenden Aspekten geprägt werden:

1. Arbeitsorientierte und handlungsorientierte Computerlernprogrammtypen werden in ihrer Bedeutung weiter steigen.
2. Besonders im Verhaltenstrainingsbereich werden kooperative Lernformen - z.B. Lernen das am Computer in Kleingruppen - in Unterrichtseinheiten integriert werden.
3. Zukünftige Lernsysteminfrastrukturen werden die technischen Möglichkeiten nutzen, die durch Breitbandnetze gegeben sind.

Literatur

Bodendorf, F. (1990). *Computer in der fachlichen und universitären Ausbildung*. München.

Collins, A., Brown, J.S. & Newman, S.E. (1989). Cognitive apprenticeship: Teaching the crafts of reading, writing, and mathematics. In L.B. Resnick (Ed.), *Knowing, learning, and instruction*. Hillsdale, 453-494.

Freibichler, H., Mönch, C., Schenkel, P. (1991). *Computergestützte Aus- und Weiterbildung in der Warenwirtschaft*. Nürnberg.

Mandl, H., Beitinger, G. (1992). *Konzeption und Entwicklung eines Medienbausteins zur Förderung des selbsgesteuerten Lernens im Rahmen der betrieblichen Weiterbildung*. Forschungsbericht Nr. 8. München.

Mandl, H., Gruber, H, Renkl, A. (1992). *Lernen mit dem Computer, Empirisch-pädagogische Forschung in der BRD zwischen 1970 und 1990*. Forschungsbericht Nr. 7. München.

Mandl, H., Gruber, H, Renkl, A. (1991). *Kontextualisierung von Expertise*. Forschungsbericht Nr. 2. München.

Martin, B.L. (1989). A Checklist for Designing Instruction in the Affective Domain. *Educational Technology*, August 1989, 7-19.

Thomas, R. G., Englund, M. (1990). *Instructional Design for Facilitating Higher Order Thinking*, Vol. II. Minnesota Research and Development Center for Vocational Education. Minnesota.

Entwicklung multimedialer Anwendungen bei der IBM

Jan D. Koch
IBM Deutschland GmbH, Geschäftssegment Multimedia
Lyoner Str. 13, 6000 Frankfurt

Zusammenfassung

Diese Abhandlung soll zum einen einen Überblick über die wesentlichen Funktionen der IBM Multimedia Hard- und Software geben. Zum anderen wird eine Firmenpräsentation beschrieben, welche einige der Multimedia-Komponenten nutzt. Den Schluß bildet ein Ausblick in den Bereich Ausbildung, der Ideen und Anregungen vermittelt, wie auf der Basis der Multimedia-Funktionen neue Ausbildungskonzepte denkbar werden.

1 Überblick über Multimedia-Funktionen

Um multimediale Anwendungen, von der einfachsten Präsentation bis hin zu komplexen Anwendungen, sinnvoll zu erstellen, muß es möglich sein, folgende Komponenten zu nutzen und sie bei Bedarf miteinander zu verbinden: Ton, Grafik (Bildschirmlayout, Grafikanimation), Text, Bild (Stillbild, Bewegtbild), Datenein- und -ausgabe, Programmierung, Einsatz berührungssensitiver Bildschirme, Unterstützung anderer Programme auf der Workstation – z.B. Datenbanken, und die Integration in die vorhandene Datenverarbeitung sowie die Netzwerkunterstützung. All diese Forderungen erfüllt das IBM Multimedia Programmprodukt IBM AVC (Audio Video Connection). Das Softwarepaket enthält ein Autorensystem, welches die Edierung der Komponenten Ton, Grafik, Grafikanimation, Bild und Text ermöglicht. Über eine ebenfalls vorhandene "ScreenCapture"-Funktion ist es möglich, aus bereits vorhandenen Grafikanwendungen fertige Bildschirmseiten zu übernehmen. Das IBM AVC läuft auf IBM PS/2-Systemen unter dem Betriebssystem IBM OS/2 1.3 bzw. OS/2 2.0. Für die lizenzfreien Runtime-Versionen kann je nach geforderten Funktionen eventuell auch DOS eingesetzt werden. Zusätzlich wird mit dem AVC die Programmiersprache AVA (Audio Video Authoring) ausgeliefert. Sie ist eine Interpretersprache und entspricht dem REXX-Standard (Restructured Extended Executor). Zwei wichtige Funktionen kommen noch hinzu, um eine

Informatik aktuell
U. Glowalla, E. Schoop (Hrsg.), Hypertext und Multimedia:
Neue Wege in der computerunterstützten Aus- und Weiterbildung
© Springer-Verlag Berlin Heidelberg 1992

gute Anwendung zu erstellen: das Bildschirmlayout und ein Konzept oder auch ein „Drehbuch". Diese haben natürlich mit der eigentlichen Hard- und Software nur insofern zutun, als daß hier eine Rückkopplung zum möglichen Einsatz und der Nutzung vorhandener Funktionen erfolgen muß.

2 Beschreibung der Komponenten

Ton. Tonmaterial kann aus den bekannten Einrichtungen der Unterhaltungselektronik (auch CD, Mikrofon) übernommen, digitalisiert und auf Festplatte gespeichert werden. Über die vorhandene Edierfunktion des AVC kann dieses Material bearbeitet werden. Dazu kommt die Möglichkeit der Vergabe von "Synchronlabels". Diese sind erforderlich, um vom Ton her das Programm oder vom Programm her den Toneinsatz zu steuern. Besonders wichtig ist diese Fähigkeit im Zusammenhang mit mehrsprachigen Anwendungen. Zu einem sprachunabhängigen Teil einer Anwendung kann die jeweils gewünschte Sprache ausgewählt werden. Ausgegeben wird der Ton über entsprechende Anschlußmöglichkeiten an die bekannten Geräte der Unterhaltungselektronik.

Grafik. Eine ganz wesentliche Funktion zur Gestaltung der Bildschirmoberfläche ist die Grafikfähigkeit eines solchen Systems. Das gilt auch für die Gestaltung von Oberflächen, die berührungssensitive Bereiche enthalten. Grafikanimation kann vom Bediener wie auch vom Programm unterstützt werden (siehe auch die Beschreibung der Präsentation).

Text. Es gibt mehrere Standard-Schriften im AVC. Der Autor kann selbst die Vorschläge in bezug auf Größe, Farbe und andere Kenngrößen mit dem Editor verändern. Die Anordnung und die Methode, wie Texte oder Daten auf dem Bildschirm erscheinen, ist individuell vom Autor oder vom Programm steuerbar.

Bild. Häufig ist es notwendig, Bildmaterial in die Anwendungen einzubeziehen. Dieses kann als sogenanntes „Stillbild" oder „Bewegtbild" geschehen. Aus folgenden Einrichtungen läßt sich das Bildmaterial generieren: Videokamera, Videorecorder, Bildplatte oder CD für Still- und Bewegtbilder und der Scanner für Stillbilder. Wenn dieses Material einmal in digitaler Form vorliegt, läßt es sich, wie andere Daten auch, auf Magnetplatten speichern. Damit können die Daten dann in Netzwerken oder über zentrale Datenverarbeitungsanlagen genutzt werden.

Mit der nunmehr zur Verfügung stehenden DVI-Technologie (Digital Video Interactive) ist es möglich, auch Bewegtbilder auf Magnetplatten zu speichern und wiederzugeben. Diese Technologie ist eine gemeinsame Entwicklung der Firmen Intel und IBM und ermöglicht eine "Realtime"-Digitalisierung und Komprimierung von Einzelbildern oder Bildsequenzen. Das schließt auch die Möglichkeit ein, Bewegtbilder mit einem entsprechenden Netzwerk über grössere Entfernungen hinweg verfügbar zu machen. Bewegtbilder können auch von der Bildplatte bzw. CD mit entsprechenden Hardwareeinrichtungen in eine multimediale Anwendung einbezogen werden.

Datenein- und -ausgabe. Die multimediale Anwendung kann es notwendig machen, Daten einzugeben. Neben der Tastatur oder der Maus können auch über einen berührungssensitiven Bildschirm Daten eingegeben werden. Die Datenausgabe kann in der gewünschten Form als Text, Daten, Grafik, Bild oder Kombination davon auf dem Bildschirm erscheinen. Wichtig dabei ist eine gute Benutzerführung mit ausführlichen Hilfefunktionen.

Programmierung. Für die Erstellung einer multimedialen Anwendung in AVC steht die Programmiersprache AVA zur Verfügung. Einfache Präsentationen wie auch komplexe Anwendungen lassen sich gleichermaßen erstellen. AVA läßt es zu, mit anderen Programmiersprachen wie z.B. „C" zusammenzuarbeiten. Netzwerkanbindungen können damit ebenso wie Datenbankunterstützungen Bestandteil einer multimedialen Anwendung sein.

Touch Screen (berührungssensitiver Bildschirm). Diese neue Eingabemöglichkeit läßt es zu, daß Endbenutzer ohne Tastatur oder Maus Funktionen im laufenden Programm aktivieren, einfach durch Berühren eines sensitiven Bereiches auf der Bildschirmoberfläche. Die Gestaltung einer Bildschirmoberfläche für diesen Einsatz muß sehr gut durchdacht werden. Mehrere berührungssensitive Bereiche auf dem Bildschirm zur gleichen Zeit sind möglich. Diese Bereiche werden übrigens auch als „Trigger-Felder" bezeichnet. Auch sollte bei dem Einsatz dieser Methode daran gedacht werden, dem Endbenutzer immer sofort eine Reaktion des Programmes zu geben, damit nicht der Eindruck eines „toten Kastens" entsteht.

Hardware. Als Basis für das IBM AVC kommen IBM PS/2-Systeme mit 386- oder 486-Prozessoren zum Einsatz. Zusammen mit dem OS/2 Betriebssystem bilden sie den Ausgangspunkt für das Autorensystem des AVC. Zur Unterstützung einzelner Multimedia-Komponenten ist es notwendig, die Hardwareplattform mit Hilfe von Adaptern zu erweitern. Z.B. macht es der Action Media II Adapter möglich, DVI-Bildmaterial wiederzugeben. Beste Bildqualitäten liefern derzeit der Bildschirmadapter 8514 mit den dazugehörigen Bildschirmen, wie z.B. IBM 8514, 8515 bzw. 8516 (der Touch Screen). Ein neues IBM PS/2 Mod 57 SLC ist derzeit verfügbar, welches schon für den Multimedia Einsatz vorbereitet ist: das IBM Ultimedia PS/2 (eingetragenes Warenzeichen). Audioequipment wie auch ein CD-Laufwerk sind unter anderem bereits Bestandteile der Basiskonfiguration. Vorbereitet ist dieses PS/2 schon für eine weitere Qualitätsverbesserung des Bildmaterials, nämlich dem XGA-Standard.

3 Beispiel einer multimedialen Präsentation

Im folgenden werden Teile aus einer Firmenpräsentation dargestellt und kommentiert. Sie wurde benutzt, weil in ihr das Werkzeug der Grafikanimation, zusammen mit einem sehr guten Bildschirmlayout, die Grundlage bildet, vortragsbegleitend immer gerade das zu präsentieren, was im Zusammenhang mit dem Sprechertext steht. Die Grafikanimation dient sozusagen der Synchronisierung zwischen dem Sprecher und seiner Präsentation.

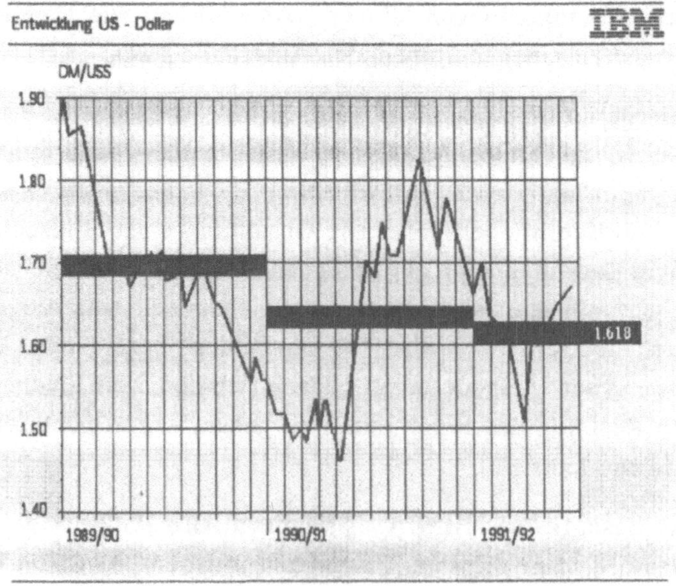

Abb. 1: Geschäftsgrafik

Auf dem Bildschirm erscheint zunächst ein Hintergrund, der von oben nach unten von fast schwarz bis zu einem mittleren Blau verläuft, zusammen mit Begrenzungslinien oben und unten sowie dem Firmenlogo am rechten oberen Rand. Eingeblendet ist ein Fenster, welches einen entgegengesetzten Farbverlauf hat. Dieser Hintergrund ist Ausgangspunkt aller Bildschirmseiten. Im nächsten Schritt läuft die Matrix einer Geschäftsgrafik von links nach rechts ein, so daß schließlich, wieder einen Schritt später, die Grafikkurve und zum Schluß die Mittelwertsbildung entstehen (vgl. Abbildung 1).

Alle Funktionsverläufe kommen, auch bei den anderen Seiten, von links nach rechts. Ein Beispiel für eine weitere Bildschirmseite, die eine Besonderheit aufweist, ist die Preisentwicklung bei verschiedenen Metallen. In der Graphik werden Ereignisse im Weltgeschehen in der Animation widergespiegelt: wie in der vorigen Bildschirmseite laufen zunächst Hintergrund mit Überschrift, die Matrix und die Grafikkurven ein. Danach werden die Ostlieferungen als farbliches Feld dargestellt und zum weiteren der Einfluß des Golfkrieges markiert. Dabei erscheint in dem Feld, welches den zeitlichen Einfluß des Golfkrieges darstellt, ein Videofilm mit typischen Bildern: brennende Ölquellen (vgl. Abbildung 2). Hier ist also eine Geschäftsgrafik mit einem Videofilm in DVI - Technologie kombiniert.

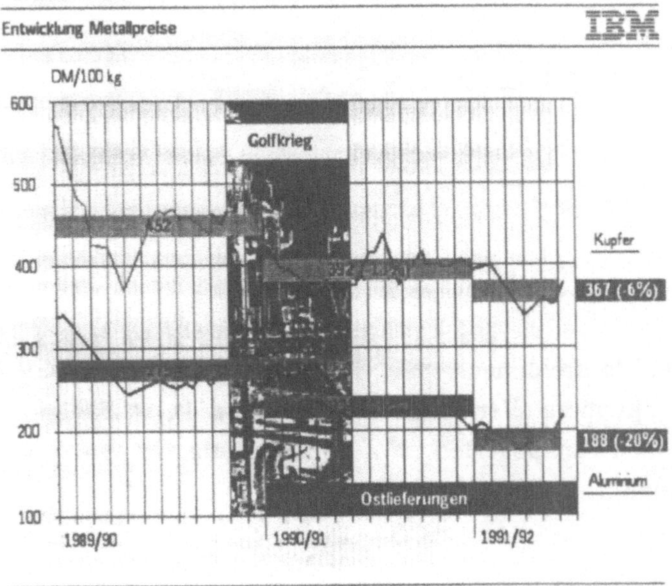

Abb. 2: Geschäftsgraphik kombiniert mit einem Videofilm

Organisatorische Zusammenhänge werden deutlicher, wenn Unternehmensverbindungen parallel zum Sprechertext in der richtigen Richtung einlaufen und nicht von vornherein auf der Bildschirmseite angezeigt werden. Darüber hinaus bedeutet die Darstellung von Änderungen in Firmenstrukturen in der Regel ein Hin- und Herspringen zwischen der alten und der neuen Struktur. In der hier dargestellten Präsentation erscheint einfach eine Bildschirmseite, auf welcher die alte Struktur und – gesteuert durch den Sprechertext – dann die neue Struktur erscheint, wobei die alte Struktur dabei farblich abgesetzt in den Hintergrund tritt (siehe Abbildung 3). Die Fußnoten können an den entsprechenden Stellen im Verlauf der Präsentation kommentiert werden.

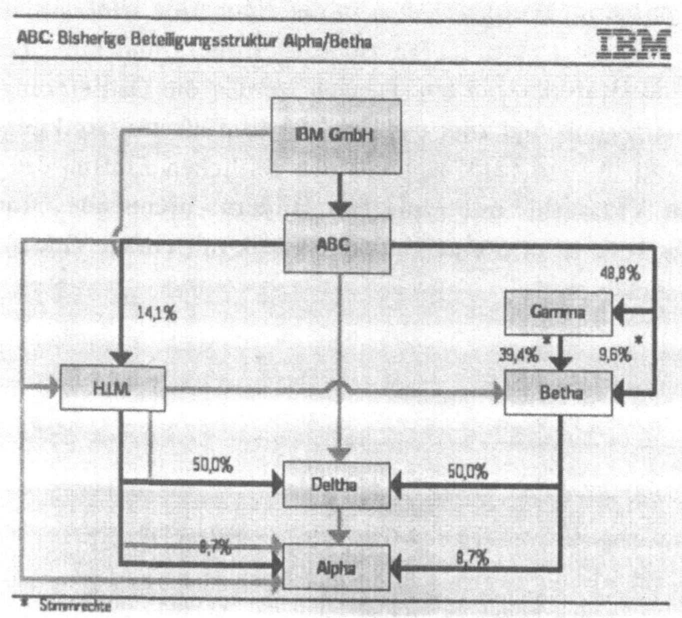

Abb. 3: Darstellung von Änderungen der Firmenstruktur

Histogramme, als dreidimensionale Türme dargestellt, wachsen parallel zum Sprechertext mit ihren Werten (siehe Abbildung 4), so daß sich der Zuhörer auf die einzelnen Komponenten im Zusammenhang mit dem Sprechertext konzentrieren kann.

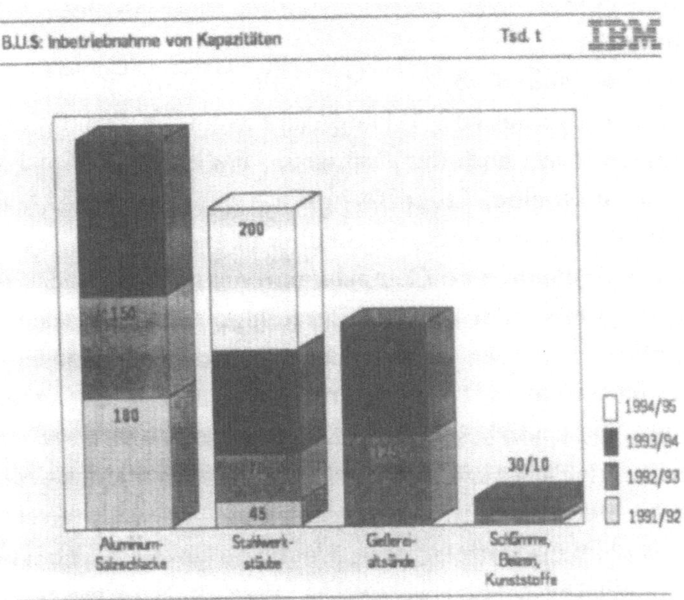

Abb. 4:   Ein sukzessiv aufgebautes Histogramm

4   Gedanken zur Ausbildung

Die aufgezeigten Technologien und Abläufe dieser Firmenpräsentation lassen nach meiner Meinung den Schluß zu, daß Funktionen zur Verfügung stehen, die auch im Ausbildungsbereich zur Anwendung kommen können. Sie erweitern mit Sicherheit die heute schon vielfältigen Möglichkeiten der Ausbildungsunterstützung durch den Computer. Einige Anregungen sollen dies dokumentieren:

1.   Hilfreich ist die Möglichkeit, mit Hilfe der DVI-Technologie Szenarien in das Kursmaterial einzuarbeiten, die vor allem im Bereich Verhaltenstraining Abläufe und Verhalten im Film zeigen. Texte und Grafiken mit sinnvollen Abfragen und Hilfefunktionen (Erklärungen) ergänzen das Geschehen.[1] Auf Anfrage kann vom Anwendungsprogramm her mit neuem Filmmaterial geantwortet werden. Dieses Filmmaterial kann zentral gespeichert und damit einer Vielzahl von Kursteilnehmern jederzeit zur Verfügung ge-

stellt werden, vorausgesetzt, daß ein Netzwerk die Arbeitsplätze verbindet.[2]

2. Ähnliche Funktionen wie oben stelle ich mir im technischen Bereich vor: dynamische Abläufe und technische Funktionen können, eventuell von entfernten Anlagen, "realtime" in den Kursablauf eingebaut werden. Eingriffe in die Steuerung der Abläufe lassen sich vorstellen oder als Simulation integrieren.[3]

3. Bei der Schulung von Computeranwendungen, bei der Einführung neuer Systeme oder bei der Einstellung neuer Mitarbeiter kann die Funktion des oben beschriebenen "Screen Capturing" wichtig werden: wenn z.B. ein Mitarbeiter während der Arbeit in der Anwendung plötzlich feststellt, daß er nicht mehr weiter kommt, kann er sich über die Hilfefunktion eine Simulation des Ablaufes durch eine AVC-Anwendung darstellen lassen. In dieser Anwendung können mittels der „Capture-Funktion" Original-Bildschirmmasken benutzt werden. In diese Bildschirmmasken können nun wie in der Realität Daten eingegeben werden, und zwar ohne daß diese bereits zu Veränderungen im Originaldatenbestand führen. Die Dateneingaben werden ausgewertet, kommentiert und wie im normalen Ablauf der Anwendung mit den entsprechenden Datenausgaben und Reaktionen dargestellt. Dies kann so lange geschehen, bis der Mitarbeiter sicher ist und die Hilfefunktion verläßt, um mit den nun bekannten Bildschirmmasken und dem neu erworbenen oder wiederholten Wissen weiterzuarbeiten. Auf diese Weise können wichtige Schulungsfunktionen unterstützt werden: der Mitarbeiter lernt genau an der Stelle, wo die Unsicherheit besteht, in dem Umfang und der Geschwindigkeit, die seinem Bedarf und dem Vorgang entspricht, ohne daß der Arbeitsplatz verlassen werden muß. Voraussetzung ist natürlich eine entsprechende Hard- und Softwareausstattung.

4. Eine weitere Anwendung ist im Bereich des Trainings in Sicherheitsbereichen von Großfirmen vorstellbar. Ähnlich wie unter 1 werden Szenarien dargestellt, z.B. ein Chemieunfall als Videofilm.[4] Fragen mit Antwortanalysen ergänzen das Training. Alternativen bei der Lösung können in unterschiedlichen Methoden angeboten werden. Auch hier gilt wieder: es kann am Arbeitsplatz oder in unmittelbarer Umgebung gelernt werden. Eine eventuell zentral gespeicherte Sicherheitsdatenbank kann dabei in den Ablauf integriert werden. Hinzu kommt, daß diese Funktionen im Gegensatz zur Bildplatte verhältnismäßig einfach verändert wer-

den können, um einer Weiterentwicklung der Technologien und Organisationen Rechnung zu tragen. Aus dem Bereich der Pilotenschulung sind ähnliche Verfahren heute nicht mehr wegzudenken, wie beispielsweise die Schulung im Simulator.

5   Fazit und Ausblick

Aus den aufgeführten Funktionen und Möglichkeiten läßt sich ableiten, daß mit den multimedialen Anwendungen eine neue Qualität der Endbenutzer-Schnittstelle erreicht werden kann. Neue Anwendungen in der Ausbildung, im kommerziellen und technischen Bereich lassen sich vorstellen, die neue, effektive Arten von Kommunikation zwischen dem Menschen und der Datenverarbeitung ermöglichen. Sollte hier die Chance entstehen, eine menschlichere Kommunikation in der Datenverarbeitung zu ermöglichen, die mit den gewohnten Bildern unserer Umwelt operiert?

Anmerkungen der Herausgeber:

1   Beispiele für eine Videonutzung in Lernanwendungen finden sich im vorliegenden Band in fünf Beiträgen: *Bodendorf; Brinker; Eitel; Henninger, Mandl & Nistor; Jung.*

2   Vgl. hierzu die Untersuchungen zum Thema „Tele-Computer-Based Training" in dem Beitrag von *Fröschle & Hoffmann* in diesem Band.

3   Vgl. hierzu den Beitrag über die Funktionsweise eines „Cache-Simulators" von *Sauerbrey & Schaller* in diesem Band.

4   Vgl. hierzu die Ausführungen zum Thema "Security" bei der Lufthansa von *Flum* in diesem Band.

Die Bibel — ein alter Hypertext im Direktzugriff des Personal Computers

Hanns-Johann Ehlen
Nordelbische Evangelisch-Lutherische Kirche (NEK)
Dorfstr. 2, 2054 Hamwarde

1 Der Bibeltext als Hypertext

3.20 Τῷ δὲ δυναμένῳ ὑπὲρ πάντα ποιῆσαι ὑπερεκπερισσοῦ ὧν αἰτούμεθα ἢ νοοῦμεν κατὰ τὴν δύναμιν τὴν ἐνεργουμένην ἐν ἡμῖν, 3.21 αὐτῷ ἡ δόξα ἐν τῇ ἐκκλησίᾳ καὶ ἐν Χριστῷ Ἰησοῦ εἰς πάσας τὰς γενεὰς τοῦ αἰῶνος τῶν αἰώνων, ἀμήν.

Epheser 3,20f; Greek New Testament
Alle Bibeltexte: Studienbibel CD-ROM, Stuttgart 1990.

20 Dem aber, der überschwenglich tun kann über alles hinaus, was wir bitten oder verstehen, *nach der Kraft, die in uns wirkt,* 21 dem sei Ehre in der Gemeinde und in Christus Jesus zu aller Zeit, von Ewigkeit zu Ewigkeit! Amen.
Epheser 3,20f; Lutherbibel '84

20 Er aber, der *durch die Macht, die in uns wirkt,* **unendlich viel mehr tun kann,** als wir erbitten oder uns ausdenken können, 21 er werde verherrlicht durch die Kirche und durch Christus Jesus in allen Generationen, für ewige Zeiten. Amen.
Epheser 3,20f; Einheitsübersetzung

Eigentlich wollte ich mit den Textzitaten am Anfang nur auf die sprachlichen Wurzeln des Begriffes 'hyper' hinweisen. Aber nachdem ich die so verschiedenen Übersetzungen zur „Kraft, die in uns wirkt" gelesen habe, ist dies ein schönes Beispiel für die Benutzung von Hypertext in der Bibel. Um zu einer eigenen Übersetzung zu kommen, muß ich an 9 verschiedenen Stellen nachschlagen und vergleichen. Wichtig an diesem Beispiel ist der Umstand, daß sich dieses Vorgehen erst während des Lesens ergeben hat und Hypertextaktivitäten auslöst, die vorher nicht vollständig zu planen gewesen sind.

Einige Arten von Hypertext sind von Anfang an im Umgang mit den biblischen Texten in Gebrauch gewesen: (1) Verknüpfungen verschiedener Texte während der Niederschrift, (2) jüdische Schriftgelehrte haben sich auf die Schriften der Priester und Propheten bezogen, (3) die Autoren des Neuen Testaments auf die des Alten. (4) Durch die Sprachübergänge vom Aramäischen zur griechischen, syrischen, koptischen und lateinischen Sprache hat es frühzeitig Übersetzungen gegeben, die neue Textvergleiche nötig gemacht haben. (5) Eusebius von Cäsarea schuf schon im 4. Jahrhundert nach Christus ein System zum Vergleich der synoptischen Evangelientexte, die Kanontafeln, die in

Informatik aktuell
U. Glowalla, E. Schoop (Hrsg.), Hypertext und Multimedia:
Neue Wege in der computerunterstützten Aus- und Weiterbildung
© Springer-Verlag Berlin Heidelberg 1992

ihrer Genauigkeit auch modernen Ansprüchen genügen würden. (6) Die Pentapla des Origenes legten 5 Textfassungen nebeneinander (Polyglotten). Dies alles sind frühe Versuche, Verbindungen über den rein sequentiellenText hinaus zu schaffen — Hypertext.

2 Anwendungsbereich und Zielgruppen

Elektronische Bibeltexte in hebräischer, griechischer, lateinischer, englischer und deutscher Sprache stehen erst seit wenigen Jahren durch einige in USA durchgeführte Erfassungsprojekte allgemein zur Verfügung (Pennsylvania Septuagint Studies, Thesaurus Linguae Graecae, Michigan-Claremont Projekt). Die Deutsche Bibelgesellschaft ist weltweit für die Herausgabe dieser Texte verantwortlich. Die Studienbibel auf CompactDisk-Datenträgern ist z.Zt. ein Entwicklungsprojekt für den zukünftigen Markt der elektronischen Bücher. Folgende Vorteile werden gesehen: (1) Alle Texte sind auf einem Medium verfügbar, (2) Kartendarstellungen zu den Bibeltexten (Bibelatlas), (3) Verbindung der Bibeltexte untereinander mit verschiedenen Hypertext-Funktionen für Wort- und Versverbindungen. (4) Zukünftig können photographische Wiedergaben der Urtexte berücksichtigt werden und (5) Photos, Grafiken und Lernprogramme aus dem Bereich der Religionspädagogik Verwendung finden. Unterschiedliche Leseinteressen haben die verschiedenen Benutzergruppen. Diese sind: (1) Bibelleser aller Altersstufen, die einen PC mit einem CD-ROM Laufwerk besitzen und über zeitgemäße Informationskanäle verfügen möchten, (2) Studentinnen der Theologie, Geschichte, Archäologie, Literaturwissenschaft, der Orientalistik und der Altphilologie zum Studium und zur Arbeitsvorbereitung, (3) Wissenschaftler mit analytischen Interessen in den angesprochenen Gebieten, (4) Pfarrer bei der Vorbereitung von Predigten und Veröffentlichungen und (5) publizistisch Tätige, die Referenztexte zum Abdruck in ihrer Veröffentlichung bzw. in ihrem Vortrag suchen.

3 Lernmöglichkeiten

Leserinnen und Leser können aus einem großen Informationsangebot (18 MB) nach verschiedenen Prozeduren gezielt auswählen. Leicht benutzbare Hypertext-Verbindungen erweitern ihr Kontextwissen und erhöhen ihr Problembewußtsein. Neben den offiziell gegebenen Verbindungen werden sie ermutigt, aktiv an der Wissenserweiterung teilzunehmen. Die jeweils erschlossenen Texte können die Benutzer selbst mit Hypertext-Links verbinden oder sie in ihre eigene Arbeitsumgebung (Textverarbeitung oder Datenbank) kopieren. So entstehen nach der Hypertext-Entdeckungsphase wieder neue, sequentiell zu lesende Texte.

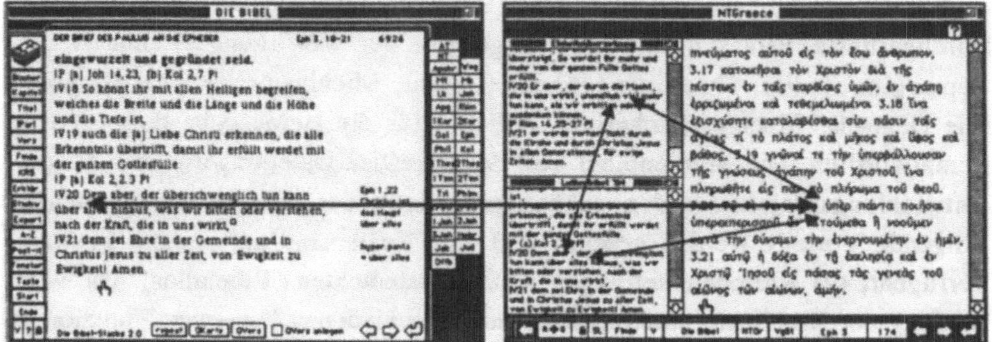

Abb. 1　Beispielansicht eines Bibel-Kontextes als Hypertext

3.1　Überlegungen zu den Lernzielen

Bedingt durch den Gegenstand und den heterogenen Adressatenkreis kann ich die Lernziele für den Umgang mit der Bibel nur sehr allgemein beschreiben:

1. Die Bibel soll sich durch sich selbst erklären.
2. Der Bibelleser soll das, was er gehört hat oder liest, besser verstehen lernen.

Das erste Lernziel klingt als solches etwas merkwürdig. Es ist am Beginn der Aufklärung durch Spinoza im Tractatus Theologicus-Politicus formuliert worden als Methode, „... das Verständnis der Schrift aus ihr allein zu entnehmen" (Gawlick & Niewöhner, 1979, Bd. I, S. 249). Daraus ist das wissenschaftliche Programm der historisch-kritischen Erforschung der Bibeltexte entstanden. Es will von seinem Ansatz her ausschliessen, daß den Texten fremde Elemente aus der Überlieferungs-, Kirchen- oder Zeitgeschichte beigeordnet werden, die das ursprünglich Geglaubte verfälschen.

Das zweite Lernziel bezieht sich auf die Einordnung eines Textes in einen größeren Kontext. Der kann durch den Abschnitt oder das Kapitel oder Buch gegeben sein, aber auch durch parallele Überlieferungen oder verwandte Aussagen an anderen Orten der Bibel. Mit Kontext ist oft nicht nur der schriftliche Kontext gemeint, sondern auch die Einordnung in den Lebenszusammenhang des Lesers. Der Text ist dann „verstanden", wenn er konkrete Auswirkungen auf das Handeln des Lesers hat, s.o. Eph 3,20: „der überschwenglich t u n kann über alles hinaus, was wir bitten... ." M. Luther zu Eph 3,19: „Christus liebhaben ist besser als alles Wissen." — „Besser verstehen" deutet daher an, daß Leser oder Leserinnen das Ergebnis ihrer Arbeit am Bibeltext einer persönlichen Wertung unterziehen.

Umberto Eco hat vor ein paar Jahren über unterschiedliche Funktionen des Denkens nachgedacht und formuliert: „The aim of structural thought is discovery, the aim of sequential thought is production". Als Theologe würde ich dem gern hinzufügen: „The aim of contextual thought is meaning." Das Ziel des Denkens in Zusammenhängen liegt in der Gewinnung von Sinn und Bedeutung. Die Bedeutung eines Textes soll aber so wenig wie möglich durch das Hypertext-System selbst vorstrukturiert werden, sondern durch die individuelle Anwendung verschiedener Wege und Sichtweisen auch unterschiedliche Bedeutungszusammenhänge erkennen lassen.

Herausgeber und Leser haben ihre eigenen Ziele im Umgang mit dem Text. Die Leser werden die Hypertextstruktur dazu einsetzen, Entdeckungen zu machen, die sie in bisher nicht gedachte Zusammenhänge führen.

3.2   Das hermeneutische Problemfeld

Die Auslegung, das Erklären und Verstehen von Bibeltexten, ist seit jeher von sehr verschiedenen Seiten betrachtet worden. Als Beispiel seien genannt: (1) Modelle biblischer Exegese, die durch kerygmatische, historisch-kritische, soziologische, psychologische, linguistische Methodenwahl zu kennzeichnen sind. (2) Modelle der systematischen Theologie, in denen die Bibelauslegung in einen speziell reflektierten Zusammenhang gestellt wird, z.B. in der orthodoxen, liberalen oder dialektischen Theologie. (3) Modelle der Religionspädagogik sind durch Problemorientierung oder Textorientierung gekennzeichnet (4) Modelle der Literaturwissenschaft wirken sich prägend auf die Zielsetzung von

Übersetzungen aus, einige wollen zeitgemäße Verständlichkeit, andere wissenschaftliche Überprüfbarkeit erreichen. Gegenwärtig ist die Textwiedergabe auf die am meisten verbreiteten Texte beschränkt.

Für die Arbeit mit elektronischen Bibeltexten sind ferner die bekannten Lesemethoden und Lesehilfen zu berücksichtigen. Einige dieser Methoden sind: (1) Die Lectio continua, (2) Lesen von Texten nach dem Kirchenjahr, (3) Losungstexte der Herrenhuter Brüdergemeinde, (4) Lesen nach Themen und persönlichen Interessen, (5) Lesen nach einem theologischen Konzept (Thompsonbibel), (6) Lesen nach einem moralischen Konzept (Evangelikal).

Ein vollständig ausgeführtes, leider etwas abgeschlossenes Konzept bildet zum Beispiel die „HyperBible", die die Methode der bekannten Thompson Bibel in das elektronische Medium umsetzt. Anhand eines Nummernschlüssels werden Bibeltexte hypertextartig mit ausführlichen Wort- und Sacherklärungen über die Bibel und den Glauben verbunden, die ihrerseits eng auf die biblischen Belegverse verweisen.

3.3   Pädagogische und technische Zielsetzungen

Neben diesen inhaltlichen Zielbestimmungen gibt es einige Zielsetzungen, die ich als pädagogisch-technische zusammenfassen möchte. Sie waren beim Entwurf der Benutzeroberfläche für die verschiedenen Bibelanwendungen zu berücksichtigen. Neben den „HyperCard Stack Design Guidelines" von Apple haben sich die nachfolgenden Regeln bewährt:

1) Behalte so viel wie möglich von dem, was der Bibelleser vom Buch her kennt und was sich als Benutzerhilfe bewährt hat. Gut an Büchern ist:
    (1) Man kann direkt an eine bekannte Stelle (Seite) gelangen. (2) Man kann im Index nachschlagen. (3) Man kann Lesezeichen hineinlegen. (4) Man kann Aufzeichnungen, die einen etwas anderen Charakter haben als der Text, an den selben Ort zwischen die Seiten legen. (5) Man kann das Material nach dem Ort finden. (6) Man kann etwas in den Text oder an den Rand schreiben.

2) Lerne von den Bibellesern, wie sie die Bibel benutzen, und stelle die gleichen Fähigkeiten zu Verfügung. Zu nennen wären:
    (1) Versverweise nachschlagen, (2) Suchen von Worten und Versen in der Bibel oder einer Konkordanz, (3) Aufschlagen der Sach- und Worterklärungen, (4) Vergleichen verschiedener Ur-

textausgaben, (5) Blättern im Inhaltsverzeichnis, (6) Nachschlagen im Bibelstellenregister, (7) Benutzung der Bibel zusätzlich zu einem theologischen Buch oder Kommentar mit Bibelstellenangaben.

3) Füge die besonderen Fähigkeiten des Computers hinzu. Computer können einige Dinge, die Papier nicht kann. Das sind:

(1) Die Volltextindizierung, (2) automatisches Querverweisen, (3) verschiedene Blicke auf die gleiche Information (Vergrößerung). (4) Man kann herausfinden, ob es etwas nicht gibt, indem man eine „nicht gefunden" Antwort erhält.

4) Vermeide dem Benutzer unbekannte Computerkonzepte, aber mute ihm auch Neues zu, nämlich:

(1) Verwendung von Methaphern in der Gestaltung (Buch, Karte); (2) Offenheit der Anwendung zu anderen Programmen, Betriebssystem und Netzwerk. (3) Erlaube dem Benutzer, alle Programmbefehle einzusehen und seinen Bedürfnissen anzupassen.

4 Strategische Zielüberlegungen

Gegenwärtig wird in einigen Wissenschaftszweigen (BWL, Psychologie, Informatik) eine lebhafte Strategiedebatte geführt. Ich möchte in diesem Zusammenhang auf das OASIS-Konzept des PC-Herstellers Apple hinweisen, das als eine besondere Form der Technikphilosophie zur Zusammenarbeit zwischen Apple und IBM beigetragen hat. „Open Architecture System Integration Strategy" meint etwas, das wir aus der Ökumene-Diskussion der Kirchen kennen und was von den lutherischen Kirchen schon etwas länger als „Konzept der versöhnten Verschiedenheit" bezeichnet wird. OASIS beschreibt die Module, die nötig sind, damit verschiedene Hard- und Softwarekonfigurationen langfristig zusammenarbeiten können. Ich erwarte, daß das Standardprogramm HyperCard auch für die herstellerübergreifenden Betriebssystem- und Rechnergenerationen der nächsten 15 Jahre zur Verfügung stehen wird und damit die Entwicklung eines universellen Tutorensystems zu den Bibeltexten für den Bildungsmarkt von Kirche und Theologie so kostengünstig verlaufen wird, daß auch der Einsatz von Spenden und Kirchensteuermitteln dafür verantwortet werden kann. Wie die gegenwärtige Entwicklung des Prototyps zur 'Biblia Hebraica Editio Quinta Funditus Renovata' zeigt, bringt die erstmalige Verwendung des gleichen Rechnertyps auf mehreren Ebenen den beteiligten Forschern, Druckerei und Verlag sowie den Testanwendern eine bisher nicht gekannte, neue Qualität der Kommunikation, deren Auswirkungen auf den Forschungs- und Editionsprozeß sich noch nicht abschätzen lassen.

5 Zusammenfassung und Ausblick

Entsprechend den sich ändernden Methoden der Informationsbeschaffung und -verarbeitung werden die elektronisch verfügbaren Bibeltexte in besonderen Ausgaben gesammelt veröffentlicht. Bekanntes Leseverhalten wird auf dem Bildschirm des PC's am einfachsten durch die Verwendung der Buch-Metapher übertragen. Fest installierte oder freie Verbindungen verknüpfen Verse, Stichworte, Erklärungen und Textausgaben auf verschiedene Arten und fügen den bekannten Lesegewohnheiten neue Möglichkeiten der Wissenserweiterung und des Verstehens hinzu.

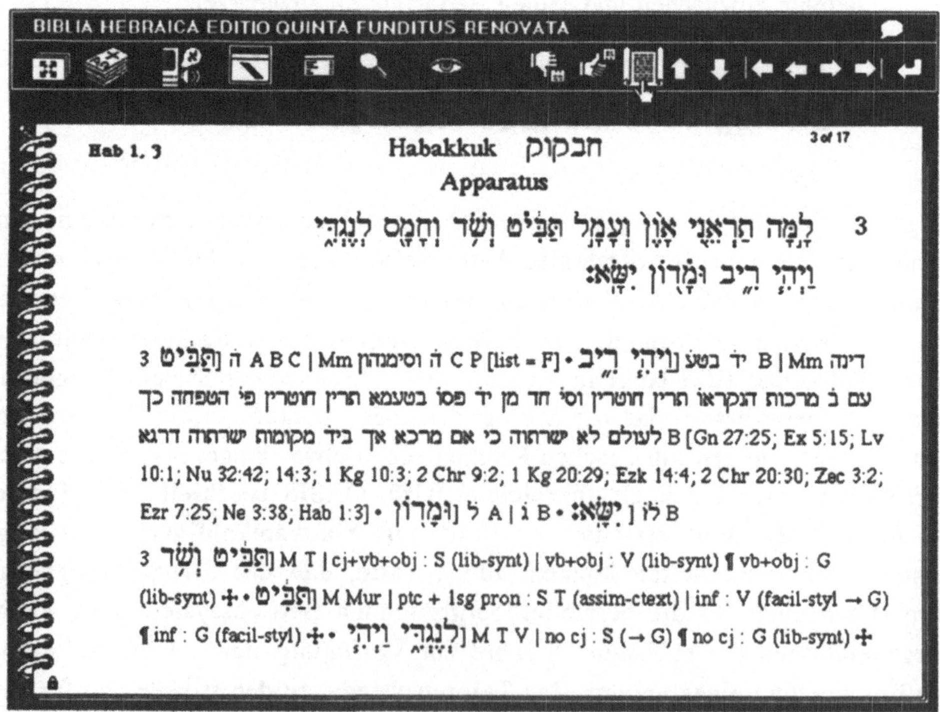

Abb. 2   Benutzeroberfläche der projektierten Edition der Biblia Hebraica

Das Programm „HyperCard" ist für PC-ungewohnte Benutzer oder Benutzerinnen in Forschung und Anwendung wegen der graphischen Benutzeroberfläche leicht zugänglich. Es ist als Standard auf allen Apple-Rechnern verfügbar und wird laufend dem aktuellen Stand der PC-Entwicklung angepaßt. Der Focus des ganzen Projektes liegt darauf, sowohl mit den Bibeltexten als auch mit der Hard- und Software „Mainstream"-Entwicklung zu betreiben. Die Deutsche Bibelgesellschaft schätzt darüber hinaus den geringen Aufwand für den technischen Support der Studienbibel CD-ROM.

Der Prototyp der neuen, von Jan de Waard geleiteten, auf 10 bis 15 Jahre projektierten Edition der Biblia Hebraica (vgl. Abbildung 2) wird erstmalig den völlig überarbeiteten textkritischen Apparat für PC's zugänglich machen. Er ist hier als HyperCard Stapel gezeigt. Die Übersetzung von Habakkuk 1,3 lautet: „Warum läßt du mich Bosheit sehen und siehst dem Jammer zu? Raub und Frevel sind vor mir; es geht Gewalt vor Recht."

Anmerkungen

Hypertext Definition:

»Hypertext« sind nicht aufeinander folgende verbundene Textstücke oder andere Informationen. Die Elemente, die verbunden werden können, werden Knoten genannt. Das ganze System bildet ein Netzwerk von Knoten. Verbindungen (Hypertext Links) können in ein oder zwei Richtungen angelegt sein. Der Leser erreicht die Information in den Knoten, indem er durch die Verbindungen navigiert. Diese Navigation soll durch einen Überblick auf die Struktur der Informationen erleichtert werden (Nielsen, 1990).

Hypertext-Demonstration:

Die Kurzfassung dieses Artikels kann als Hypertext-Stapel mit einer Reihe von Verknüpfungen auf einer Apple Macintosh Diskette unter Apple HyperCard v 2.1 gegen Voreinsendung von DM 10,- für Kopieren und Porto bezogen werden bei: *Pastor Hanns-Johann Ehlen, Dorfstraße 2, D 2054 Hamwarde.*

Literatur

O. V. (1990). *DIE BIBEL für PC. Studienbibel auf CD-ROM.* Stuttgart: Deutsche Bibelgesellschaft.

Nestle-Aland (1986). *Das Neue Testament, Griechisch und Deutsch.* 26. Auflage. Stuttgart.

Gawlick, G. & Niewöhner, F. (1979). *Benedictus de Spinoza, Werke, lat. und dt.* Darmstadt.

Apple Computer Inc. (1989). HyperCard Stack Design Guidlines. Addison Wesley.

Jakob Nielsen (1990). *HyperTEXT 87 Trip Report.* HyperCard Stapel, on BMUG PD ROM Vol 2.

TEIL 4

EVALUATION

Bei den Beiträgen dieses Themenblocks steht die Evaluation computerunterstützter Lehrsysteme im Vordergrund. Schon bei einem flüchtigen Blick auf das Inhaltsverzeichnis dürfte der deutlich geringere Umfang dieses Bereiches ins Auge fallen. Während in den beiden Themenblöcken „Entwicklung" und „Anwendung" jeweils zwölf Beiträge zusammengefaßt sind, ist der Block „Evaluation" nur halb so umfangreich. Alleine dieser Umstand dokumentiert recht augenfällig, daß man sich, ebenso wie in vielen anderen Bereichen auch, bei der Evaluation von Lehrsystemen schwer tut: Evaluationen sind in der Regel aufwendig, bei Anwendern und Entwicklern nicht sonderlich beliebt, und auch die potentiellen Auftraggeber scheuen häufig die mit einer fundierten Evaluation verbundenen Kosten.

Die Herausgeber dieses Bandes wollen hier gegensteuern und haben bereits im Verlauf des Symposiums wiederholt für ihren Standpunkt geworben: Nur auf der Basis detaillierter und systematischer Evaluationen wird es mittel- und langfristig gelingen, die Effizienz interaktiver Lehrsysteme auf breiter Front zu steigern. Die für den vorliegenden Themenblock gewonnenen Beiträge eröffnen eine ganze Reihe interessanter Perspektiven für das Beschreiten dieses gleichermaßen mühevollen wie erfolgversprechenden Weges.

Wir haben den Beitrag von *Ingela Jöns* an den Anfang gestellt, da die Autorin die Evaluation eines Lernsystems im Rahmen eines großen anwendungsorientierten Entwicklungsprojektes schildert und dabei nicht nur die Perspektiven einer solchen Evaluation diskutiert, sondern auch schonungslos ihre Grenzen aufzeigt.

Es folgen zwei Beiträge, bei denen der Einsatz von Dialogvideo im Vordergrund steht. *Mona Jung* schildert eine Studie zur Überprüfung des Nutzens von Dialogvideo in der Softwareschulung. *Tobina Brinker* stellt eine Studie zur Effektivität und Akzeptanz von Dialogvideo im Führungskräfte-Training vor. Während in dem Beitrag von Jung die Schilderung des Versuchsplans im Vordergrund steht, weil die Ergebnisse zum Zeitpunkt der Drucklegung noch ausstanden, setzt Brinker den Schwerpunkt auf die Darstellung ihrer Ergebnisse.

Es folgt der Beitrag von *Peter Diepold*, in dem der Nutzen von Computer-Planspielen in der Ausbildung von Industriekaufleuten diskutiert wird. Besonderes Augenmerk schenkt der Autor der Frage, wie man aus dem Vergleich unterschiedlich komplexer und vernetzter Begriffsstrukturen am Ende und zu Beginn einer Bildungsmaßnahme Rückschlüsse auf Lernzuwächse ziehen kann.

Den Abschluß dieses Themenblocks bilden zwei universitäre Projekte. *Cornelia Gräsel, Heinz Mandl* und *Manfred Prenzel* führen aus, wie man mit Hilfe fallbasierter Computerlernprogramme das diagnostische Denken angehender Mediziner fördern kann. Speziell befassen sich die Autoren mit den Problemen, die klinisch unerfahrene Studenten bei der Erstellung von Diagnosen haben, und mit der Fragestellung, in welcher Weise Lehrsysteme zur Überwindung dieser Schwierigkeiten genutzt werden können. Den Gegenstand des letzten Beitrags von *Ulrich Glowalla, Gudrun Häfele, Joachim Hasebrook, Mike Rinck* und *Gilbert Fezzardi* bildet die Schilderung zweier Untersuchungen. In diesen Experimenten werden zwei Techniken zum Wiederholen und Auffrischen zuvor erworbenen Wissens miteinander verglichen. Zum einen berichten die Autoren eine ganze Reihe recht verschiedenartiger Evaluationsdaten, um die Effizienz beider Techniken miteinander vergleichen zu können. Zum anderen gehen sie auch ausführlich auf die Methoden ein, die zur Erhebung der Daten eingesetzt wurden.

Möglichkeiten und Grenzen formativer Evaluation computerunterstützter Lernsysteme im Rahmen anwendungsorientierter Entwicklungsprojekte

Ingela Jöns
Lehrstuhl für Arbeits- und Organisationspsychologie
Universität Mannheim, Schloß EO, 6800 Mannheim 1

Zusammenfassung

Durch eine formative Evaluation kann bereits in frühen Phasen von Lernsystemprojekten ihre bedarfsgerechte Entwicklung unterstützt werden, wie in diesem Beitrag anhand der Erfahrungen aus einem konkreten Evaluationsprojekt gezeigt wird. Aufgrund der Besonderheiten anwendungsorientierter Projekte und Evaluation von Lernsystemen ist eine Grundvoraussetzung gegenseitige Akzeptanz, Kompromiß- und Lernbereitschaft aller Beteiligten. Der Entwicklungsprozeß muß durch eine gemeinsame und partizipative Projektplanung und -organisation unterstützt werden, ohne dabei die institutionelle und personelle Trennung grundsätzlich aufzugeben. Dadurch wird eine Einverleibung oder Pseudoevaluation vermieden und eine wirkliche Unterstützung durch eine konstruktiv-kritische Außensicht erreicht.

1 Einleitende Bemerkungen

Nach der anfänglichen Euphorie angesichts der neuen Gestaltungsmöglichkeiten computerunterstützter Lernsysteme auf der Basis moderner Hypermediasysteme wird inzwischen immer häufiger die Frage nach dem Nutzen bzw. der Kosten-Nutzen-Relation im Vergleich zu herkömmlichen Lernmedien gestellt. Dabei steht die Entwicklung und der Einsatz der neuen Lernsystem-Generation in der Aus- und Weiterbildung noch am Anfang. In dieser Phase kann einer Evaluation kaum die Aufgabe einer abschließenden Gesamtbeurteilung zukommen. Vielmehr soll die Evaluationsforschung selbst zur Verbesserung der Entwicklung von Lernsystemen beitragen. Dieses Ziel kann sich auf die generelle Erforschung und Weiterentwicklung computerunterstützer Lernformen oder - wie in unserem Evaluationsprojekt - auf ein konkretes Modellvorhaben beziehen. Vor dem Hintergrund der dabei gesammelten Erfahrungen werden im folgenden die Möglichkeiten und Grenzen einer begleitenden Evaluation diskutiert.

Informatik aktuell
U. Glowalla, E. Schoop (Hrsg.), Hypertext und Multimedia:
Neue Wege in der computerunterstützten Aus- und Weiterbildung
© Springer-Verlag Berlin Heidelberg 1992

2 Evaluation computerunterstützter Lernsysteme

Das Interesse an einer Evaluierung von Bildungsprogrammen und -maßnahmen ist längst nicht mehr auf wissenschaftliche und staatliche Institutionen begrenzt. Allerdings werden sowohl in der Forschung als auch in der Praxis unterschiedliche Vorstellungen und Interessen mit der Evaluation verbunden, auf die im folgenden Abschnitt kurz eingegangen wird, bevor der Stand der Evaluationsforschung im Zusammenhang mit computerunterstützten Lernsystemen resümiert wird.

2.1 Evaluationsansätze in der Aus- und Weiterbildung

Allgemein kann Evaluation als systematische Sammlung, Aufbereitung und Interpretation von Informationen mit dem Ziel, praktische Maßnahmen zu verbessern, zu legitimieren und/oder über sie zu entscheiden, gekennzeichnet werden. Im Gegensatz zur personenbezogenen Beurteilung bezieht sich Evaluation auf Konzeptionen, Maßnahmen und Medien der Aus- und Weiterbildung. Evaluation kann bzw. sollte Bestandteil aller Phasen der Planung, Entwicklung und Realisierung, Erprobung und Implementation entsprechender Bildungsprojekte sein. Entsprechend der möglichen Ziele, Gegenstände, Schwerpunkte und Organisationsformen sowie der Rolle und Methoden der Evaluation finden sich in der Literatur eine Vielzahl von Begriffen und Einteilungen (z.B. Gerl & Pehl 1983, Wottawa & Thierau 1990, Wulf 1972). Für die hier angestrebte Diskussion können die Überlegungen von Will, Winteler und Krapp (1987) zur anwendungsorientierten Evaluation in der beruflichen Aus- und Weiterbildung aufgegriffen werden. Die wichtigsten Merkmale und Unterschiede können stark vereinfachend zu zwei alternativen Evaluationsansätzen zusammengefaßt werden.

* **Summative Evaluation im Gutachtenmodell mit traditionellen Methoden**

Der Schwerpunkt liegt beim summativen Evaluationsansatz auf einer abschliessenden Beurteilung von Maßnahmen. Anhand von Ziel- und Qualitätskriterien, auf der Grundlage von möglichst objektiven und quantitativen Daten, durch wissenschaftlich fundierte und vergleichende Untersuchungen soll letztlich das Ergebnis, der Erfolg oder der Nutzen von Maßnahmen bewertet werden. Kennzeichnend für das wissenschaftlich ausgerichtete Gutachtenmodell ist eine bewußt neutrale und distanzierte Rolle des externen Evaluators gegenüber dem jeweiligen Vorhaben und Auftraggeber, für den die Evaluationsergebnisse dann häufig die Entscheidungsgrundlage bilden. Aufgrund der Orientierung an Methoden in der Tradition empirisch-analytischer Forschung werden mit der summativen Evaluation am häufigsten wissenschaftliche Erkenntnisfunktionen über den jeweiligen Einzelfall hinaus verbunden. In der betrieblichen Praxis entspricht dieser Ansatz den auch häufig mit Evaluation assoziierten Verfahren der wirtschaftlichen Erfolgs oder technischen Qualitätskontrolle bezogen auf Produkte.

* Formative Evaluation im Beratungsmodell mit handlungsorientierten Methoden

Demgegenüber könnte der formative Evaluationsansatz z.B. mit Verfahren der Qualitätssicherung verglichen werden. Im Hinblick auf wissenschaftliche Ziele entspricht das Vorgehen der Aktionsforschung. Allerdings können die jeweiligen Projektbedingungen insbesondere der Möglichkeit einer Verallgemeinerung von Ergebnissen entgegenstehen, denn im Vordergrund stehen die Steuerungs- und Optimierungsfunktion bezogen auf das konkrete Vorhaben. Der Schwerpunkt der Unterstützung des jeweiligen Bildungsprojektes durch möglichst aktuelle anwendungsorientierte Zwischenergebnisse impliziert auch ein deutlich anderes Vorgehen. Die formative Evaluation folgt dem Konzept der Handlungsforschung, d.h. Evaluation wird vor allem als ein sozialer Interaktions- und Beratungsprozeß verstanden. Dabei interessieren auch die subjektiven Einschätzungen und Bedürfnisse der Betroffenen sowie Nebeneffekte von Bildungsmaßnahmen. Die Untersuchungen und die jeweils eingesetzten Methoden, die eher offen und qualitativ angelegt sind, können je nach anstehender Fragestellung variiert werden. Die Evaluationsstudien erfolgen nicht unabhängig vom Projektverlauf und den Projektbeteiligten. Vielmehr werden idealerweise die Zeitpunkte, die Fragestellungen, die Bewertungskriterien, der Ablauf der Untersuchungen usw. auf die Projektanforderungen gemeinsam abgestimmt. Als ein wichtige Merkmale sind weiterhin die Rückmeldung der gewonnenen Daten und die Diskussion der Konsequenzen für die Maßnahme unter Beteiligung der Projektverantwortlichen, der Auftraggeber, der Betroffenen und der Evaluatoren hervorzuheben, wobei sich letztere in diesem Prozeß als Moderatoren oder Berater verstehen.

Beide Ansätze haben ihre Stärken und Schwächen (vgl. ausführlich Will, Winteler & Krapp 1987, auch Dietzel & Troschke 1988, Lösel & Nowack 1987). Der eher klassische Ansatz summativer Evaluation zeichnet sich durch seine objektive Methodologie aus, die jedoch Operationalisierbarkeit der Bewertungskriterien und vor allem Konsens zwischen den Beteiligten über die Kriterien voraussetzt. Anwendung findet er typischerweise zur Überprüfung umfangreicher und kostenintensiver Modellvorhaben sowie im Rahmen grundlagenorientierter Evaluationsforschung. Für den handlungsorientierten Ansatz der formativen Evaluation sprechen seine Flexibilität und Offenheit in unstrukturierten Projekt- und Untersuchungssituationen sowie die direkte praktische Relevanz der Ergebnisse und die möglicherweise höhere Akzeptanz der Ergebnisse aufgrund seines partizipativen Modells. Damit empfiehlt sich dieser anwendungsorientierte Ansatz in Planungs- und Entwicklungsphasen von Projekten, in denen die bedarfs- und nutzerorientierte Verbesserung von Maßnahmen angestrebt wird.

2.2 Forschungsstand zu computerunterstützten Lernsystemen

Wenn man die aktuelle Literatur zu computerunterstützen Lernsystemen nach Evaluationsstudien oder empirischen Ergebnissen sichtet, dann kann zunächst festgestellt werden, daß bislang nur wenige Untersuchungen vorliegen bzw. publiziert wurden. Dabei handelt es sich fast ausschließlich um grundlagenorientierte Forschungsarbeiten und um summative, effizienzorientierte Evaluationsstudien. Den bisherigen Stand kann man nach den zugrundeliegenden Kriterien bzw. den untersuchten Aspekten wie folgt kennzeichnen.

***   Effektivität von Lernsystemen**

Im Hinblick auf die grundsätzliche Entscheidung über die Entwicklung und den Einsatz von computerunterstützten Lernsystemen stellt die Effektivität ein zentrales Beurteilungskriterium dar, welches den Schwerpunkt bisheriger Untersuchungen bildet. Häufig steht dabei der Nachweis der Effizienz im Vergleich zu anderen Lernmedien im Vordergrund des Forschungsinteresses (vgl. die Metaanalyse von Kulik & Kulik 1987, Niemiec & Walberg 1987, kritisch hierzu Breuer 1986). Die Effektivität wird zumeist über Zeit- und Leistungskriterien erfaßt, teilweise werden auch Auswirkungen auf die Lernermotivation berücksichtigt.

*** Individualisierung und Gestaltungsaspekte von Lernprogrammen**

Die grundlagenorientierten Untersuchungen zu individuellen Unterschieden des Lernens, z.B. hinsichtlich der Vorkenntnisse oder des Abstraktionsvermögens (vgl. Eberts & Brock 1988), dienen vor allem als theoretische Grundlage für eine benutzer- und zielgruppenorientierte Gestaltung von Lernprogrammen (vgl. Euler u.a. 1987). Als Kriterium dient dabei zumeist die Lerneffizienz, wie z.B. von selbst- und programmgesteuerten Lernprogrammen in Abhängigkeit vom Vorwissen (vgl. Steinberg 1989). Weiterhin stehen in den Forschungsarbeiten einzelne Gestaltungsaspekte von Lernprogrammen im Vordergrund, z.B. zum Zusammenhang von selbst- / rechnergesteuerten Lernen mit / ohne Lernerfolgskontrolle (z.B. Meier & Bartelli 1991) und über die Auswirkungen und Arten von Feedback (vgl. Mandl & Fischer 1985).

*** Akzeptanz und Einsatz von Lernsystemen**

Akzeptanz ist heutzutage ein weitverbreitetes Forschungsfeld im Zusammenhang mit neuen Technologien. Im Hinblick auf Lernsysteme, ihre Gestaltung und Einsatzbedingungen (z.B. Lerninhalten, Lernumfeld) finden sich hierzu bislang kaum Untersuchungen. In der eher klassisch angelegten Studie von Brinker (1991) werden zwei Einsatzformen und Akzeptanz als zweites Beurteilungskriterium neben der Effizienz berücksichtigt.

Abgesehen vom Forschungsbedarf zu weiteren Gestaltungsaspekten und Grundlagenfragen (vgl. Mandl 1990) sind angesichts des sich rasch entwikkelnden Marktes von Autoren- und Lernsoftware (vgl. Zimmer 1990), der zunehmenden Publikationen mit praxisorientierten Gestaltungshinweisen (z.B. Janotta 1990, Steppi 1989) vor allem zwei Forschungsdefizite hervorzuheben. Als erstes sind ganzheitlich orientierte Felduntersuchungen zu nennen, die z.B. unter verschiedenen Kriterien (Lerneffizienz, Akzeptanz, Wirtschaftlichkeit usw.) sowohl inhaltliche als auch didaktische Gestaltungsaspekte des Lernmediums untersuchen als auch unterschiedliche Einsatzformen und ergänzende Medien und Seminarveranstaltungen berücksichtigen. Zweitens fehlen formative Evaluationsstudien bzw. entsprechende Forschungsberichte, in denen die praxisorientierte Entwicklung von Lernsystemen selbst thematisiert wird. Hierzu zählen z.B. Aufgaben und mögliche Probleme in einzelnen Phasen, Fragen der Projektorganisation, Konzepte und Methoden einer anwendungsorientierten Evaluation.

3 Möglichkeiten: Erfahrungen eines Evaluationsprojektes

Im folgenden werden das Forschungsvorhaben „CIM und Computerunterstützte Interaktive Medien" und das realisierte Lehr-/Lernsystem (LLS) skizziert (vgl. Vajna, Peschges, Bollwahn & Kirchner 1991), bevor die hierzu durchgeführte wissenschaftliche Begleitforschung dargestellt wird (vgl. Bungard, Jöns & Fettel 1991). Dabei sind die auf das spezifische Lernsystem bezogenen Ergebnisse weniger von Interesse als das zugrundegelegte Evaluationskonzept und seine Umsetzung im Projektverlauf.

3.1 Das zugrundeliegende Forschungsvorhaben und Lernsystem

Im Zuge der Realisierung von CIM-Strategien (Computer Integrated Manufacturing) in Industriebetrieben werden grundlegende Veränderungen der Anforderungen an Mitarbeiter erwartet. Die zukünftig von Hochschulen und Unternehmen zu leistende Qualifizierung erfordert neue Aus- und Weiterbildungskonzepte, die auch Möglichkeiten des Selbststudiums berücksichtigen. In diesem Rahmen war das Forschungsvorhaben „CIM und Computerunterstützte Interaktive Medien" angesiedelt, welches mit Mitteln des BMBW Bonn, MFK Baden-Württemberg sowie durch Unternehmen des Rhein-Neckar-Raumes gefördert wurde. Während der dreijährigen Projektlaufzeit waren verschiedene Hochschulinstitute und Industrieunternehmen unter Leitung der Fachhochschule für Technik Mannheim als Projektträger an den Entwicklungsarbeiten beteiligt.

Das LLS, dessen Inhalte auf einem objektorientierten Hypermediasystem entwickelt wurden, umfaßt neben einem Einstiegsfilm, einer Bedienungs- und einer inhaltlichen Einführung bislang 23 sogenannte Inhaltsbausteine, d.h. Lerneinheiten zu bestimmten Themengebieten. Grundlage für die Inhaltsstruktur bildet ein CIM-Modell, das im wesentlichen die Aufgabenbereiche (z.B. Konstruktion, Fertigung, Vertrieb), die eingesetzten Mittel (z.B. Rohstoffe, Informationstechnologie) und die Rahmenbedingungen (z.B. Personal, Organisation) eines Unternehmens abbildet. In den einzelnen Bausteinen wird insbesondere Faktenwissen in Form von Text und Grafiken dargestellt, welches teilweise durch Animationen und Sprache ergänzend erläutert wird. Ferner werden dem Lerner am Ende einzelner Einheiten Testaufgaben zur Überprüfung seiner Lernfortschritte angeboten. Die geschätzte Gesamtlernzeit für das LLS beträgt über 100 Stunden bei insgesamt über 4.000 Bildschirmseiten. Das LLS wurde im ersten Schritt auf Apple-Macintosh mit HyperCard und Course-/VideoBuilder mit zwei unterschiedlichen Realisationsformen umgesetzt. Derzeit wird das LLS überarbeitet, auf IBM-kompatible Systeme übertragen und parallel dazu im Einsatz erprobt.

3.2 Konzept und Ablauf der begleitenden Evaluation

Mit der wissenschaftlichen Begleitforschung wurde der Lehrstuhl für Arbeits- und Organisationspsychologie an der Universität Mannheim beauftragt. Der Ablauf der Begleitforschung, der grundsätzlich ein unterstützendes Selbstverständnis zugrunde gelegt wurde, war eng an die Arbeiten des eigentlichen Forschungsvorhabens gebunden, so daß die ursprünglichen Ziele und Planungen immer wieder angepaßt wurden. Im Mittelpunkt stand schließlich die Evaluation der bislang realisierten Lernbausteine, um hierdurch die laufenden Entwicklungsarbeiten zu unterstützen.

Die Erreichung des Ziels einer bedarfs- und lernergerechten Gestaltung bzw. Verbesserung des LLS wurde unter den projektspezifischen Rahmenbedingungen durch folgendes Evaluationskonzept angestrebt:

* **Survey-Feedback-Vorgehensweise und durchgeführte Studien**

Sobald Lernbausteine in einer ersten lauffähigen Version vorlagen, wurden sie in Kurzstudien (jeweils 12 Probanden) überprüft und die Ergebnisse kurzfristig rückgespiegelt. Lediglich der Pilotbaustein wurde nach einem Pretest noch in einer Hauptuntersuchung (84 Probanden) evaluiert. Anschließend stand die kurzfristige Rückspiegelung zentraler Ergebnisse im Vordergrund, wofür nach den Ergebnissen der Pilotstudie bereits durch eine kleine Stichprobe die wichtigsten Hinweise gewonnen werden können. Insgesamt wurden die Beurteilungen von 168 potentiellen Lernern (105 Studenten, 63 Mitarbeiter) und zusätzlich von 17 angehenden Lernsystem-Lektoren als Experten zu 7 Lernbausteinen erfaßt.

***   Fragestellungen und Hauptkriterien der Evaluation**

Der Schwerpunkt wurde auf die subjektive Beurteilung der Systemnutzung durch mögliche Lerner gelegt, wobei von vier Hauptkriterien ausgegangen wurde: Systembedienung (z.B. Maus, Navigationsleiste), Systemorientierung (z.B. mögliche Navigationswege, Orientierungshilfen), Praxis- / Studienbezug der Inhalte (Bedeutung für seine Aufgaben, Vermittlung der CIM-Philosophie) und Akzeptanz des LLS (z.B. Eignung zur Wissensvermittlung, Nutzungsbereitschaft). Weiterhin interessierten Fragestellungen hinsichtlich der späteren Zielgruppen und des Systemeinsatzes, wie z.B. die erforderlichen Vorkenntnisse bzw. ihr Einfluß auf die Beurteilung des LLS.

***   Auswahl der Untersuchungsteilnehmer**

Im Vordergrund standen potentielle Lerner, d.h. sowohl Studenten als auch Mitarbeiter. Die Auswahl der Mitarbeiter wurde von den beteiligten Firmen vorgenommen, d.h. anhand der Zielgruppenbeschreibung wurden Mitarbeiter ausgewählt, die man auch später zu einer solchen Qualifizierungsmaßnahme schicken würde. Dabei wurde auf möglichst unterschiedliche PC-Erfahrungen und fachliche Vorkenntnisse geachtet. Bei der Auswahl von Studenten wurde von der Studienrichtung ausgegangen, wobei neben den beiden Zielgruppen technischer und wirtschaftswissenschaftlicher Fachrichtungen Psychologen als Gruppe mit geringen fachlichen Vorkenntnissen berücksichtigt wurden.

***   Aufbau der Untersuchungen und erfaßte Beurteilungskriterien**

Es wurde versucht, die Untersuchung in Anlehnung an eine spätere Lernsituation aufzubauen. Dabei wurde insbesondere auf die Situation des Selbstlernens und auf das Lernen bzw. den Umgang mit dem neuen Medium abgehoben. Aufgrund der langen Bearbeitungsdauer und der Verfügbarkeit eines einzigen LLS war keine vollständige Bearbeitung eines Bausteins möglich. Für die Arbeit am LLS einschließlich der Interviewphasen standen jeweils max. 2 Stunden zur Verfügung. Die Untersuchung wurde auf die Phase eines Erstlerners abgestellt, der sich zunächst mit dem LLS vertraut macht und sich einen inhaltlichen Überblick verschaffen will. Teilweise folgte eine zweite Arbeitsphase mit speziellen Untersuchungszielen, wie z.B. die Handhabung verschiedener Testaufgaben. Die Beurteilung der Lerninhalte durch die Probanden konnte daher lediglich sehr allgemein erfolgen. In den Vordergrund der Beurteilung wurden Gestaltungsaspekte des LLS hinsichtlich der Bedienung und Orientierung gestellt, wodurch der Phase der medialen Realisierung im Forschungsvorhaben Rechnung getragen wurde.

***   Quantitative und qualitative Erhebungsinstrumente und Auswertung**

Bei der Entwicklung und Auswahl von Erhebungsinstrumenten wurden als Untersuchungsziele sowohl die Beratung des Forschungsvorhabens CIM als auch die angestrebte vergleichende Ergebnisevaluation berücksichtigt. Die quantitative Bewertung anhand vorgegebener Kriterien diente vor allem der Vergleichbarkeit der Ergebnisse hinsichtlich der beiden Realisierungsformen als auch der unterschiedlichen Zielgruppen des LLS. Durch die teilnehmende Beobachtung sowie durch zahlreiche offene Fragen sollten ergänzende Informationen für die Beratung gewonnen werden, die vor allem direkte Hinweise zur Verbesserung der Systemgestaltung liefern. In der Hauptuntersuchung wurden zusätzlich Gruppendiskussionen mit den Teilnehmern durchgeführt. Für die Rückspiegelung an die Entwickler wurden ergänzende Systemanalysen, qualitative Auswertungen vorgenommen, die Auflistungen von Systemfehlern sowie Zusammenfassungen zu Verbesserungsvorschlägen enthielten.

3.3   Ergebnisse und Konsequenzen der Evaluation

Die gesammelten Erfahrungen der Begleitforschung sollen nun im Hinblick auf die Hauptziele der anwendungsorientierten Unterstützung, der abschließenden Gesamtbeurteilung und der wissenschaftlichen Erkenntnisziele zusammenfassend diskutiert werden. Eine Evaluation konnte natürlich nur bei den Entwicklungsarbeiten erfolgen, die im Rahmen der Projektlaufzeit durchgeführt bzw. umgesetzt und in die Untersuchungen einbezogen werden konnten. Die Begleitforschung wurde erst nach dem Abschluß der konzeptionellen und inhaltlichen Vorarbeiten eingerichtet. Ferner waren bis zum Ende der Laufzeit die Arbeiten zum LLS noch nicht abgeschlossen, so daß keine summative Beurteilung des LLS wie geplant erfolgen konnte.

Grundlage der einzelnen Evaluationsstudien, für die einschließlich der Planung bis hin zur Endberichterstellung knapp ein Jahr zur Verfügung standen, bildeten Bausteine in der ersten, noch nicht fehlerfreien Version, die zudem von unterschiedlichen Fachautoren und Medienrealisatoren erstellt worden waren. Dies schränkte die Möglichkeiten untersuchbarer Fragestellungen sowie insbesondere die Verallgemeinerung von Erkenntnissen wesentlich ein, da z.B. beim Vergleich von unterschiedlichen Bausteinen oder Testaufgaben stets mediendidaktische und inhaltliche Unterschiede zusammenfielen und nicht kontrolliert werden konnten. Für das konkrete Forschungsvorhaben konnten derartige Probleme in den offenen Fragen berücksichtigt werden. Die gewonnenen Erkenntnisse, insbesondere zur Akzeptanz und Systemgestaltung, bieten im Hinblick auf theoretische Grundlagen zum computerunterstützten Lernen und auf die Gestaltung von Lernsystemen vor allem Hypothesen und Hinweise auf interessante Fragestellungen für weitere Forschungsbemühungen. Hingewiesen sei noch darauf, daß sich in unserer Akzeptanzanalyse der häufig unter Lernerfolgskriterien untersuchte Zusammenhang zwischen selbst- / programmgesteuertem Lernen und Vorkenntnissen der Lerner ebenso zeigte. Lerner mit geringen Vorkenntnissen bewerteten eine starke Lernerführung positiv, während sich Lerner mit Vorkenntnissen mehr Verzweigungs- und Wahlmöglichkeiten wünschten.

Die Unterstützung des Forschungsvorhabens stand im Vordergrund, wobei jedoch aufgrund zeitlicher Restriktionen lediglich noch kleinere Verbesserungen direkt in die laufenden Realisierungsarbeiten zum LLS einfließen konnten. Allerdings sollen die Evaluationsergebnisse im Rahmen von derzeit laufenden Abschlußarbeiten und geplanten Folgeprojekten bei der Überarbeitung und der Erprobung des LLS im Einsatz berücksichtigt werden. Anhand exemplarischer Ergebnisse, ihrer geplanten Umsetzung und Konsequenzen für das LLS kann der Beitrag der Evaluation veranschaulicht werden.

Aufgrund der quantitativen Ergebnisse konnten vor allem Schwerpunkte für die Verbesserung der Systemgestaltung aufgezeigt werden. Während beispielsweise die Bedienungsfreundlichkeit (Maus, Symbole, Navigationsleiste) sehr gut bewertet wurde, hielten die Untersuchungsteilnehmer die ersten Bausteine hinsichtlich der Übersichtlichkeit und Orientierungshilfen für verbesserungsbedürftig. Hierzu boten die qualitativen Ergebnisse aus der teilnehmenden Beobachtung, aus den offenen Fragen und Gruppendiskussionen zahlreiche und sehr konkrete Hinweise, z.B. An- / Abschalttasten bei Animationen, permanente Anzeigen zum Standort (Baustein, Kapitel, Seite) usw. In Anbetracht der Orientierungsprobleme auf Bausteinebene, die in der Überarbeitung mit relativ geringem Aufwand noch behoben werden können, und aufgrund der Komplexität und des Umfangs des gesamten LLS zeigte sich die anfängliche Idee einer bausteinübergreifenden Vernetzung als nicht zweckmäßig.

Anfänglich war man im Forschungsvorhaben von der Idee ausgegangen, die Lerner 'von ihrem Fachgebiet abzuholen', bevor sie sich mit anderen Inhalten beschäftigen. Ein Ergebnis der Akzeptanzanalyse war jedoch, daß Teilnehmer mit Vorkenntnissen die Eignung des LLS zur Wissensvermittlung geringer einstuften und seltener Bereitschaft zur Nutzung des LLS zeigten. Dies steht nicht im Widerspruch zu den Qualifizierungszielen des LLS, welches bereichsübergreifende und keine speziellen Kenntnisse vermitteln soll. Ob man aber den Einstieg über das eigene Fachgebiet empfehlen sollte, wird im Praxiseinsatz zu erproben sein. Auf jeden Fall ist es zur Sicherung der Akzeptanz des LLS erforderlich, den Lernern diese Zielsetzung im Einführungsbaustein bzw. in einer einführenden Veranstaltung vorab zu erklären.

Als letztes Beispiel sei noch angeführt, daß die qualitativen Ergebnisse eher gegen einen Einsatz als Selbstlernmedium sprechen. Sie unterstreichen vielmehr im Hinblick auf die Vermittlung bereichsübergreifenden und ganzheitlichen Denkens und Handelns zum Thema CIM die Bedeutung einer entsprechenden curricularen und seminaristischen Einbettung, deren Ausarbeitung und Erprobung in den Folgeprojekten nunmehr im Vordergrund stehen wird.

4 Grenzen: Projektpraxis und Lernprogramme in der Entwicklungsphase

Die Erfahrungen aus der begleitenden Evaluation können dahingehend zusammengefaßt werden, daß trotz aller Einschränkungen wertvolle Hinweise für das Forschungsvorhaben gewonnen werden konnten, die zu einer Verbesserung des LLS und seines Einsatz beitragen werden. Im letzten Abschnitt wurde der Nutzen einer formativen Evaluation anhand 'unfertiger Zwischenprodukte' und am Beispiel des konkreten Projektes aufzuzeigen versucht. Im folgenden werden Problemfelder im Vordergrund stehen, wie sie allgemein für anwendungsorientierte Evaluationsprojekte kennzeichnend sind (vgl. die Beiträge in Dietzel und Troschke 1988, Will, Winteler & Krapp 1987, auch Lösel & Nowack 1987, Wottawa & Thierau 1990). Die nachfolgenden Überlegungen skizzieren lediglich in Form von ersten Thesen und einzelnen Aspekten mögliche Problemfelder in anwendungsorientierten Lernsystemprojekten und dienen vor allem dazu, die Diskussion und den Erfahrungsaustausch zu Themen der Projektorganisation (hierzu auch Götz & Häfner 1991) und der Evaluation zur Optimierung bedarfs- und lernergerechter Entwicklung von Lernsystemen anzuregen.

4.1 Besonderheiten anwendungsorientierter Lernsystemprojekte

Wenn hier von anwendungsorientierten Projekten gesprochen wird, dann wird auf einen bestimmten Qualifizierungsbedarf (z.B. in Industriebetrieben) als Ausgangspunkt für die Projektinitiierung abgehoben. M.a.W. die Entwicklung eines bedarfsgerechten Lernsystems steht zumindest aus Sicht des Auftraggebers im Vordergrund. Als erstes Situationsmerkmal sind die unterschiedlichen Interessen und Ziele der Auftraggeber, der Projektträger und der Evaluatoren zu nennen. Hieraus möglicherweise resultierende Konflikte oder Spannungen werden in der genannten Literatur ausführlich behandelt. Daher sei hier nur darauf hingewiesen, daß man sich bereits zu Beginn des Projektes auf eine gemeinsame Zielsetzung und eine klare Aufgaben- und Rollenteilung verständigen sollte, die für alle Beteiligten konsensfähig ist.

Das Projekt selbst ist durch eine Vielzahl von Aufgaben und eine hohe organisatorische Komplexität gekennzeichnet, die ein professionelles Projektmanagement erfordern. Es bedarf keiner besonderen Hervorhebung, daß dabei allgemein Zeit-, Geld- und Personalknappheit bestehen. Für die Entwicklung eines Lernsystems sind vor allem fachliche, didaktische und medientechnische Kompetenzen erforderlich. Von zentraler Bedeutung ist die Zusammenarbeit verschiedener Experten. Idealerweise arbeiten die jeweiligen Experten in einem Projektteam eng zusammen, wodurch eine interdisziplinäre Qualifizierung der Beteiligten im Rahmen der Projektarbeit unterstützt wird.

Für eine bedarfs- und lernergerechte Entwicklung ist es vor allem notwendig, daß die Interessen und Bedürfnisse, die Vorkenntnisse und Lernvoraussetzungen der Zielgruppe des Lernsystems berücksichtigt werden, aber auch die Anforderungen der späteren Anwender sind einzubeziehen. Als spätere Anwender oder Nutzer können neben Dozenten und Vertretern des betrieblichen Bildungswesen beispielsweise die Fachvorgesetzten im Betrieb in Betracht kommen. Idealerweise sollten ihre Bedürfnisse nicht nur im Rahmen von Bedarfsanalysen und Evaluationsstudien erfaßt werden, sondern sie sollten repräsentativ und/oder punktuell z.B. in Workshops direkt beteiligt werden.

Vor dem Hintergrund des interdisziplinären Expertenteams, der komplexen Projektaufgabe und der vielfältigen Interessen aller Beteiligten ist die bedarfsorientierte Optimierungs- und Steuerungsfunktion der Evaluation und die Rolle des Evaluators anzusiedeln. Die möglichen Problemfelder werden im folgenden ausschließlich aus Sicht der Evaluation betrachtet, obgleich man dieser eigentlich zumindest die Perspektive der Projektbeteiligten als 'Evaluationsbetroffene' und hoffentlich 'Evaluationsnutzer' gegenüberstellen müßte.

4.2 Problemfelder für die Evaluation

Die Aufgaben der Evaluation liegen in der Planung und Durchführung von Untersuchungen sowie in der Ergebnisrückspiegelung und Beratung des Projektteams. Grundvoraussetzungen sind, daß die Arbeiten des Evaluators den bedarfsorientierten und wissenschaftlichen Kriterien entsprechen und vom Projektteam unterstützt und akzeptiert werden.

Mögliche Schwierigkeiten der methodischen und inhaltlichen Untersuchungsplanung können beispielsweise aufgrund spezifischer Aspekte und typischer Fehler bei Lernsystemprojekten auftreten:

- Auf eine systematische Bedarfs- und Zielgruppenanalyse wird verzichtet, Qualifizierungsziele werden nicht präzise definiert und in der Projektlaufzeit geändert. Die theoretischen Grundlagen und die didaktische Konzeption des Lernsystems werden nicht ausformuliert, sondern existieren in den Köpfen der Autoren. Teilweise werden gar keine Drehbücher verfaßt und Lernziele festgelegt, sondern anhand von inhaltlichen Vorlagen wird direkt am Computer das Lernprogramm geschrieben.

- Aufgrund der interdisziplinären Zusammensetzung des Projektteams kommt hinzu, daß unterschiedliche Interessen am Projekt, Vorstellungen über das zu entwickelnde Lernsystem und auch über erforderliche Untersuchungen innerhalb des Projektteams bestehen werden.

- Aus Zeit- und Ressourcengründen, aber auch aus fehlender Bereitschaft und Einsicht werden vom Projekt häufig die Anforderungen und Voraussetzungen für Evaluationsstudien nicht in die zeitlichen Planungen und vor allem nicht in die inhaltlichen Arbeiten einbezogen, z.B. indem spezifische Lernprogrammsequenzen für die Evaluation doppelt oder mehrfach zu gleichen Inhalten mit alternativen Gestaltungsansätzen entwickelt werden.

Die praktischen Durchführungsprobleme sind vor allem mit dem Charakter von Tests im Feld und mit noch unfertigen Lernprogrammen verbunden:

- Neben grundsätzlichen Kosten-Nutzen-Überlegungen und typischen Akzeptanzproblemen gegenüber derartigen Untersuchungen werden die Teilnehmersuche und Durchführung in Unternehmen erschwert, solange bzw. wenn mit dem zu untersuchenden (Teil-) Lernprogramm noch keine Qualifizierung verbunden werden kann.

- Ebenso wird die Bereitschaft, die erforderlichen Systeme in den frühen Phasen des Projektes anzuschaffen, auch von direkt am Projekt beteiligten Unternehmen gering sein, solange bzw. wenn für die möglichen Anwender noch nicht klar ist, ob sie das Lernsystem später einsetzen wollen oder können.

- Eine weitere Schwierigkeit kann darin bestehen, daß aus Image-Gründen abgelehnt wird, mit noch unfertigen oder unausgereiften Produkten nach außen zu gehen, d.h. auch innerhalb der beteiligten Unternehmen.

- Schließlich sind Akzeptanzschwierigkeiten bei den Untersuchungsteilnehmern zu erwarten, insbesondere gegenüber spezifischen Erhebungsmethoden (z.B. Rechnerprotokolle und Wissentests).

Das Hauptproblemfeld wird in der Zusammenarbeit mit dem interdisziplinären Expertenteam gesehen, wo sich der Evaluator im Spannungsfeld möglicher Interessenskonflikte innerhalb des Projektteams und gegenüber der Evaluation befindet. Hiervon wird bereits die Planung und Durchführung der Forschungsaufgaben beeinflußt. Im Rahmen der Ergebnisrückspiegelung und Beratungsfunktion tritt diese Problematik in den Vordergrund, denn hiervon hängt ab, ob die Ergebnisse in die weitere Projektarbeit eingebunden werden. Als Begründungen für eine fehlende Unterstützung der Evaluation, aber auch gegen eine direkte Beteiligung von späteren Anwendern und Betroffenen werden häufig Zeitprobleme und Kostengründe genannt. Daneben werden als Argumente gegen eine Änderung aufgrund von Evaluationsergebnissen häufig unzulängliche Methodik, falsche Kriterien usw. angeführt. Allerdings können auf seiten des Projektteams auch andere Ursachen vermutet werden:

- Bereits die formative Evaluation wird als Kontrolle der eigenen Arbeit erlebt.

- Experten fällt es allgemein schwer, kritikfähig und offen gegenüber anderen Meinungen zu sein.

- Häufig fehlt vor allem die Akzeptanz von subjektiven Einschätzungen von 'Nicht-Experten'. Z.B. werden potentielle Lerner nicht als Experten ihrer eigenen Lernaufgaben und -situation anerkannt.

Die genannten Probleme müssen nicht alle auftreten, und hierzu kann ein Evaluator selbst einiges beitragen. Dabei darf er sich nicht auf seine Rolle als wissenschaftlicher Experte zurückziehen, sondern muß bereit sein, selbst Verantwortung für das Lernsystemprojekt zu übernehmen. Dies bedeutet u.a. die Grenzen der Realisierbarkeit von Idealforderungen bei der Planung und Durchführung anzuerkennen und praktikable Kompromisse zu suchen. Bei unserem Projekt zeigten sich z.B. keine Unterschiede zwischen Studenten und Mitarbeitern bei der Bewertung der Systembedienung und -orientierung. Da diese Fragen im Vordergrund standen, konnte die Mitarbeiterzahl in den folgenden Stichproben reduziert werden. Durch die Kombination von quantitativen und qualitativen Fragen kann methodischen Problemen und projektspezifischen Unklarheiten begegnet werden. Weiterhin können die Untersuchungen keine endgültigen Ergebnisse liefern, d.h. sie sollten auch nicht als direkte Entscheidungs- sondern als Diskussionsgrundlage präsentiert werden. Die Erfassung möglichst unterschiedlicher Sichtweisen, d.h. von Lerner, von Dozenten, von Lernsystemexperten usf., sollte angestrebt werden, denn vor diesem Hintergrund wird sich auch später das Lernsystem bewähren müssen. Als Berater wird sich der Evaluator neben seinen theoretischen und methodischen Kenntnissen durch soziale Kompetenzen und durch die Bereitschaft auszeichnen müssen, sich in die inhaltlich-fachliche Aufgabenstellung des Projektes einzuarbeiten. Letzteres wird ihm nicht nur die Anerkennung im Projekt erleichtern, sondern auch bei der Definition seiner eigenen Fragestellungen und Kriterien helfen. Schließlich sollten auch die Evaluationsstudien selbst unter Mitwirkung aller Beteiligten geplant und definiert werden.

5   Fazit

Eine bedarfsorientierte Entwicklung von Lernsystemen kann bereits in sehr frühen Phasen durch eine formative Evaluation unterstützt werden. Grundvoraussetzung ist die gegenseitige Akzeptanz, Kompromiß- und Lernbereitschaft aller Beteiligten. Unterstützt werden muß der Entwicklungsprozeß durch eine gemeinsame Projektplanung und Projektorganisation, zu der die Betroffenenbeteiligung und das Evaluationsprojekt gehört. Dabei ist an einer grundsätzlichen institutionellen und personellen Trennung zwischen Projekt und Evaluation festzuhalten, um eine Einverleibung oder Pseudoevaluation zu vermeiden und eine wirkliche Unterstützung durch eine konstruktiv-kritische Außensicht zu erhalten.

Literatur

Breuer, K. (1986). Voraussetzungen und Zielvorstellungen für das computerunterstützte Lehren und Lernen. *Unterrichtswissenschaft*, **4**, 332-342.

Brinker, T. (1991). *Dialogvideo im Führungskräfte-Training. Eine Studie zur Effektivität und Akzeptanz*. Frankfurt u.a.: Lang.

Bungard, W., Jöns, I. & Fettel, A. (1991). *Wissenschaftliche Begleitforschung zum Forschungsvorhaben „CIM und Computerunterstützte Interaktive Medien" (Projektnummer M 0857.00). Endbericht*. Lehrstuhl Psychologie I, Universität Mannheim.

Dietzel, G.T.W. & Troschke, J.v. (Hrsg.) (1988). *Begleitforschung bei staatlich geförderten Modellprojekten - strukturelle und methodische Probleme*. Stuttgart: Kohlhammer.

Eberts, R. E. & Brock, J. F. (1988). Computer-Based-Instruction. In M. Helander (Ed.). *Handbook of Human-Computer-Interaction*. Amsterdam: Elsevier, 599-627.

Euler, D., Jankowski, R., Lenz, A., Schmitz, P. & Twardy, M. (1987). *Computerunterstützter Unterricht. Möglichkeiten und Grenzen*. Braunschweig: Vieweg.

Gerl, H. & Pehl, K. (1983). *Evaluation in der Erwachsenenbildung*. Bad Heilbrunn: Klinkhardt.

Götz, K. & Häfner, P. (1991). *Computerunterstütztes Lernen in der Aus- und Weiterbildung*. Weinheim: Deutscher Studien Verlag.

Janotta, H. (1990). CBT - *Computer Based Training in der Praxis*. Landsberg: Verl. Moderne Industrie.

Kulik, J. & Kulik, C. (1987). Review of Recent Research Literature on Computerbased Instruction. *Contemporary Educational Psychology*, **12**, 222-230.

Lösel, F. & Nowack, W. (1987). Evaluationsforschung. In J. Schultz-Gambard (Hrsg.). *Angewandte Sozialpsychologie*. München: PVU, 57-87.

Mandl, H. & Fischer, P. M. (1985) (Hrsg.). *Lernen im Dialog mit dem Computer*. München u.a.: Urban- Schwarzenberg.

Mandl, H. (1990). Lernen mit Computern aus pädagogisch-psychologischer Sicht. In M.P. Baur & J. Michaelis (Hrsg.): *Computer in der Ärzteausbildung*. München, Wien: Oldenbourg, 85-98.

Meier, F. & Baratelli, S. (1991). Wissenspsychologische Evaluation selbstgesteuerten Lernens mit modernen Medien und rechnergestützten Instruktion. *Medienpsychologie*, **4**, 107-123.

Niemiec, R. & Walberg, H. J. (1987). Comparative Effects of Computer-Assisted Instruction: A Synthesis of Reviews. *J. Educational Computing Research*, 3 (1), 19-37.

Steinberg, E. R. (1989). Cognition and learner control: a literature review. *Journal of Computer-Based Instruction*, **16**, 117-121.

Steppi, H. (1989). *CBT Computer Based Training. Planung, Design und Entwicklung interaktiver Lernprogramme*. Stuttgart: Klett.

Vajna, S., Peschges, K.-J., Bollwahn, J. & Kirchner, B. (1991). *Endbericht für das For-schungsvorhaben „CIM und computerunterstützte interaktive Medien" (Projektnummer M 0857.00)*. Mannheim: Fachhochschule für Technik.

Will, H., Winteler, A. & Krapp, A. (Hrsg.) (1987). *Evaluation in der beruflichen Aus- und Weiterbildung. Konzepte und Strategien*. Heidelberg: Sauer, hier insb. 11-42.

Wottawa, H. & Thierau, H. (1990). *Lehrbuch Evaluation*. Bern u.a.: Huber.

Wulf, Ch. (Hrsg.) (1972). *Evaluation, Beschreibung und Bewertung von Unterricht, Curricula und Schulversuchen*. München.

Zimmer, G. (Hrsg). (1990). *Interaktive Medien für die Aus- und Weiterbildung - Marktüber-sicht, Analysen, Anwendung (1)*. Nürnberg: BW Bildung und Wissen.

Dialogvideo in der Softwareschulung

Mona Jung
Seminar für Pädagogik, Technische Universität Braunschweig
Wendenring 1, 3300 Braunschweig

1   Einleitung

Ziel des im folgenden aufgeführten Konzeptes ist es aufzuzeigen, wie ein selbstgesteuerter Unterricht, bezogen auf eine Softwareschulung (Textverarbeitung: Word 5.0), entwickelt werden kann, um „traditionelle" Schulungsmaßnahmen zu effektivieren.

In mehreren Unterrichtshospitationen stellte sich heraus, daß in Firmen bzw. öffentlichen Institutionen kein erwachsenengerechtes Lernen erfolgt. Alle Teilnehmer werden trotz unterschiedlicher Vorkenntnisse zum Thema „gleich" behandelt bzw. der Lehrer orientiert sich am Lehrgangsschwächsten einer Gruppe. Die Teilnehmer bekommen, trotz unterschiedlicher Lernstrategien, gleiche Übungszeiten zur Verfügung gestellt. Bei der Wissensaneignung arbeiten Personen zu zweit an einem PC. Biemans und Simons (1991, S. 18) stellten aber in einer Untersuchung fest, daß Teilnehmer, wenn sie allein an einem PC sitzen, bessere Lernerfolge erzielen. Bisher wurde in Firmen aus „Kostengründen" darauf verzichtet.

Um diesen Problemen Rechnung zu tragen, sollten Schulungen derart modifiziert werden, daß

- bei der Wissensaneignung Personen allein an einem Gerät sitzen,
- Vorkenntnisse berücksichtigt werden,
- Teilnehmer ihr Lerntempo selbst bestimmen können. Lehr (1984, S.92-93) kam durch experimentelle Studien zur Lernfähigkeit im Alter zum Ergebnis, daß der Übungsfaktor während des ganzen Erwachsenenalters wesentlich ist.

Eine Veränderung traditioneller Schulungen impliziert heutzutage quasi zwangsläufig den Einsatz von Lern- bzw. Dialogvideoprogrammen. Dabei wird häufig übersehen, daß nicht unbedingt der Einsatz von Lernprogrammen oder von Lehrern Lernvorteile erzeugt. Von Vorteil ist vielmehr das

Informatik aktuell
U. Glowalla, E. Schoop (Hrsg.), Hypertext und Multimedia:
Neue Wege in der computerunterstützten Aus- und Weiterbildung
© Springer-Verlag Berlin Heidelberg 1992

„didaktische Vorgehen der Wissenssequenzierung und Zusammenfassung"
(Meier & Baratelli, 1991; S. 121). Folglich hätte eine reine Darbietung von
Videofilmen keinen Einfluß auf den Lernerfolg. Fricke (1989, S. 179) konnte
dies in einer Studie nachweisen: „Ein höherer Lernzuwachs ergibt sich erst
dann, wenn die Videosequenzen anschließend im Computerprogramm wieder
aufgegriffen und aufgearbeitet werden".

Das vorliegende Konzept wurde so geplant, daß sich die Lerner den Lehrstoff
selbständig aneignen können. Der Lehrstoff liegt ihnen in Form unterschiedlicher Hilfsmittel, schriftlicher Unterlagen und Dialogvideoprogramm (= Word-
Trainer) vor. Die verschiedenen Lernmaterialien wurden aktivitätsfördernd
gestaltet, denn „eine hohe Lernaktivität bringt eine Effektivitätssteigerung mit
sich" und wirkt sich dementsprechend positiv auf den Lernerfolg aus (Löwe,
1976, S. 28; Treiber, 1982, S. 89ff).

Neben der Förderung der Aktivität sollte ein Unterricht durchgängig motivie-
ren. Löwe (1976, S. 28) fand heraus, daß ein Zusammenhang zwischen Motivation und Lernerfolg besteht. Im Unterricht wurden deshalb z.B. die eingesetzten schriftlichen Unterlagen mit Grafiken versehen. Zusätzlich sind im
Dialogvideoprogramm kleine Spielfilmszenen („Lifeszenen") integriert.

Das entstandene Konzept beinhaltet darüber hinaus eine Aufgabenorientierung,
das bedeutet, es liegen bestimmte Aufgaben vor, die hierarchisch, von „leicht
zu schwer", anhand von Lehrzielen konzipiert wurden (vgl. Greif & Gediga,
1987, S. 11-13).

2 Konzept für den Softwareunterricht Word 5.0

Die Teilnehmer der Schulungsmaßnahme bekommen schriftliche Unterlagen
sowie die entsprechende Software:

Schriftliche Unterlagen	Software
• Faltblatt	Word 5.0
• Aufgabenheft	
• Merkheft	
• Handbücher	Dialogvideo

Der Lerner arbeitet permanent mit den Medien Word, Aufgabenheft und Dialogvideoprogramm (bestehend aus Textbildern und Videoszenen). Ziel ist es,

die Aufgaben des Aufgabenheftes zu lösen. Die Aufgaben sind von leicht zu schwer hierarchisch gegliedert und umfassen die Grundlagen des Textverarbeitungsprogramms.

Als zusätzliche Arbeitsmittel stehen dem Lerner ein Faltblatt (führt in den Unterricht ein), ein Merkheft (eine unvollständige Unterlage, die von den Teilnehmern vervollständigt wird) und die Handbücher (Originale, die mit der Software mitgeliefert werden) zur Verfügung.

3 Aufbau des Dialogvideoprogramms

Das Dialogvideoprogramm ist von Word aus über eine vordefinierte Tastenkombination zu erreichen. Die erste Bildschirmmaske, die in Form eines Fensters erscheint (Word wird überlagert), ist folgendermaßen aufgebaut:

1. Begrüßung,
2. Lernvorgehen,
3. Aufgabenzuweisung,
4. Aufgaben.

Die Begrüßung (1) der Teilnehmer zum Word-Unterricht findet von zwei Personen in Form einer Videoszene statt. Mit Hilfe der „Einstiegsszene" sollen Schwellenängste, die bei Lehrgangsbeginn häufig vorhanden sind, abgebaut werden. Im Punkt „Lernvorgehen" (2) wird in einer Videoszene von einer Person der Umgang mit den zur Verfügung stehenden Unterrichtsmaterialien erklärt. Die Aufgabenzuweisung (3) beinhaltet einen Test, der die Vorkenntnisse der Teilnehmer in Bezug auf Word abfragt. Wird der Punkt „Aufgaben" (4) angewählt, öffnet sich ein zweites Fenster, wobei die zwölf Aufgaben des Aufgabenheftes zu sehen sind.

Wählt ein Lerner eine Aufgabe aus, folgt grundsätzlich zunächst in Form einer Videosequenz eine Information über die Aufgabe sowie die jeweilige Zielsetzung. Vor einigen Aufgabeneinführungen sind kleine Spielfilmszenen (= Lifeszenen) zu sehen, die der Motivation dienen. Nachdem sich die Teilnehmer die Aufgabeneinführung angesehen haben, folgt die Aufgabenlösung. Dazu wenden sich die Lerner ihrem Aufgabenheft zu. Bei Problemen können sie Hilfe vom Word-Trainer anfordern. Welche Aufgabenteile vom Word-Trainer unterstützt werden, sehen die Teilnehmer im Aufgabenheft. Die Hilfe des Dialogvideoprogramms erfolgt kontextsensitiv. Es werden Handlungsabläufe, die die Aufgabenlösung beinhalten, gezeigt und sprachlich unterstützt.

4 Forschung

Um zu erfahren, ob das vorgestellte Konzept effektiv ist, wurden am Seminar für Pädagogik Untersuchungen mit insgesamt zehn Gruppen vorgenommen. Dabei interessierten uns Fragen wie die nach

- dem Einsatz von Video in der Softwareschulung:
    - Einbindung von „Lifeszenen" (= Motivationshilfe),
    - Einbindung von Aufgabenhilfen (= Videohilfe),
- dem Einsatz bestimmter Unterlagen (Merkheft) in der Software-schulung,
- der Akzeptanz des Konzepts.

Insgesamt sind für acht Gruppen (varianzanalytisches Design) acht Programme entstanden, die sich in den einzelnen Variablen voneinander unterscheiden:

Einmal existieren in einem Programm Lifeszenen, in den anderen Programmen werden sie nicht eingesetzt. Das gleiche gilt für den Einsatz des Merkheftes. Die Videohilfe wird ersetzt durch Textbildschirme, die inhaltlich den Videohilfen entsprechen, in denen Handlungsabläufe jedoch nicht simuliert werden.

Zusätzlich wurden zwei weitere Gruppen untersucht: Eine Gruppe eignete sich den Lehrstoff mit dem Word-Lernprogramm an. Dieses wird mit der Software mitgeliefert und ist nicht aufgabenorientiert gestaltet, sondern funktional bzw. befehlsorientiert. Eine weitere Gruppe wurde von einer Lehrerin auf die „herkömmliche" Weise unterrichtet.

Versuchsverlauf. Die Teilnehmer beantworteten zunächst die Fragen der Aufgabenzuweisung (diese diente als Vortest). Anschließend eigneten sie sich das Textverarbeitungsprogramm an. Die Aufgabenzuweisung wurde dann nochmals gemacht, um so die Nachtestergebnisse zu erhalten. Die Differenz Vortest/Nachtest ergibt den „theoretischen" Lernerfolg.

Um die Akzeptanz der Lerner bezüglich des Unterrichts zu ermitteln, wurde ein Fragebogen verteilt.

Im Anschluß daran bekamen sie neue Aufgaben. Diese bestehen aus Variationen der Aufgaben des Aufgabenheftes. Die Teilnehmer durften für die Lösung der neuen Aufgaben keine Unterlagen benutzen. Eigens für die Untersuchung wurde ein Aufzeichnungsverfahren entwickelt (= Tracking Software), mit der eine detaillierte Prozeßanalyse der neuen Aufgaben möglich wird. Jeder Tastendruck mit der dazu verwendeten Zeit wird vom Computer intern aufgezeichnet. Der Lernerfolg setzt sich aus der Aufgabenlösung, der Aneignungszeit und der Anzahl der „Irrläufer" zusammen. Die Irrläufer sind die Tasten, die nicht zur Aufgabenlösung beitragen.

5 Zusammenfassung

Mit dem vorgestellten Konzept wurde aufgezeigt, wie ein „selbstgesteuerter" Unterricht realisiert werden kann. Die Selbststeuerung bezieht sich hier auf die Wahl

- der Lehrinhalte:
    - es wird lediglich, bezogen auf die Vorkenntnisse, eine Empfehlung gegeben, sich bestimmte Inhalte anzueignen,
- der Hilfsmittel:
    - Handbücher, Dialogvideoprogramm, Word-Lernprogramm,
- des Lerntempos:
    - wurden die vom Lerner gewünschten Inhalte gelernt, ist für ihn der Unterricht beendet.

Das Dialogvideoprogramm als ein Hilfsmittel beinhaltet die Darbietung des Lehrstoffs in Form von Videosequenzen, die bei Bedarf von den Teilnehmern abgerufen werden können. Die Sequenzen bestehen aus Handlungsabläufen, die sprachlich unterlegt sind. Werden die Handlungsabläufe von den Lernern, wie gesehen, angewendet, könnten die Aufgaben in kurzer Zeit gelöst werden.

Die Untersuchungen werden derzeit ausgewertet, Ergebnisse liegen ab Mai 1992 vor.

Literatur

Biemans, H.J.A. & Simons, P.R.J. (1991). *Learning to use a word processor with concurrent computer-assisted instruction.* Köln: 3. Tagung PädagogischePsychologie.

Fricke, R. (1989). Untersuchungen zur Lerneffektivität. Wissenschaftliche Begleitung des Feldversuches des Bundesministers für das Post- und Fernmeldewesen zur Einführung des computerunterstützten Unterrichts. *Bericht der Forschungsgruppe Braunschweig.* Braunschweig: Seminar für Pädagogik der TU Braunschweig.

Greif, S. & Gediga, G. (1987). *Software-Psychologie jenseits von Cognitive Science? Ergebnisse des Projekts: Multifunktionale Bürosoftware und Qualifizierung.* Referat auf der 7. Mensch-Maschine- Kommunikations-Tagung in Peiting. Universität Osnabrück: Fachbereich Psychologie - Projekt MBQ.

Lehr, U. (1984). *Psychologie des Alterns.* Heidelberg: Quelle & Meyer, UTB.

Löwe, H. (1976). *Einführung in die Lernpsychologie des Erwachsenenalters.* Berlin: VEB Deutscher Verlag der Wissenschaften.

Meier, F. & Barattelli, S. (1991). Wissenspsychologische Evaluation selbstgesteuerten Lernens mit modernen Medien und rechnergestützten Instruktionen. In *Medienpsychologie*, **2**, 109-123.

Treiber, B. (1982): Lehr- und Lernzeiten im Unterricht. In B. Treiber & F. E. Weinert (Hrsg.), *Lehr-Lern-Forschung.* München: Urban und Schwarzenberg, 12-36.

Dialogvideo im Führungskräfte-Training
Eine Studie zur Effektivität und Akzeptanz

Tobina Brinker
Seminar für Pädagogik, Technische Universität Braunschweig
Wendenring 1, 3300 Braunschweig

1   Zielsetzung

Zum Einsatz von Dialogvideo-Programmen im Verhaltenstraining liegt bisher nur eine einzige amerikanische Studie vor (Vadas, 1988). Die Arbeit von Brinker (1991) versucht erstmals, ein Konzept für ein Führungskräfte-Training mit Dialogvideo zu entwickeln und die Effektivität und Akzeptanz von Dialogvideo zu evaluieren.

2   Konzeption eines Führungskräfte-Trainings mit Dialogvideo

Die theoretische Grundlage für die Konzeption eines Führungskräfte-Trainings bildet das kognitive Lern- und Handlungsmodell (Woodruff, 1967), das sich bereits zur Entwicklung von Trainingskursen in der Lehrerausbildung bewährt hat. Im kognitiven Modell von Woodruff werden die folgenden vier Phasen eines Lernprozesses angenommen und als zyklischer Funktionszusammenhang beschrieben: Informationsaufnahme, Informationsverarbeitung, Handlungsentwurf und Entscheidungsfindung, Handlungsausführung.

Die Auswahl eines geeigneten Seminars für die Studie wurde nach einer gründlichen Analyse der Trainingsinhalte und der didaktischen Gestaltung der bestehenden Seminare für Führungs- und Führungsnachwuchskräfte im Schulungszentrum der Firma NCR GmbH in Augsburg getroffen. Für angehende Führungskräfte wird nach einem Management-Grundkurs der Kurs "Interaction Management" zum Umgang mit Mitarbeitern angeboten, der Gesprächsführung zum Inhalt hat. Das methodische Vorgehen im Kurs läßt sich folgendermaßen gliedern:

1. Wissensvermittlung (Vorstellung der Verhaltensweisen),

Informatik aktuell
U. Glowalla, E. Schoop (Hrsg.), Hypertext und Multimedia:
Neue Wege in der computerunterstützten Aus- und Weiterbildung
© Springer-Verlag Berlin Heidelberg 1992

2. Kognitives Training (Vertiefung am Filmbeispiel) und
3. Handlungstraining (Anwendung im Rollenspiel).

Entsprechend dem kognitiven Lern- und Handlungsmodell wurde am Seminar für Pädagogik der Technischen Universität Braunschweig ein Dialogvideo-Programm entwickelt. Es umfaßt die Phasen der Wissensvermittlung und des kognitiven Trainings für den Kurs "Interaction Management".

3 Planung und Durchführung der Untersuchung

Innerhalb des hier konzipierten Führungskräfte-Trainings werden die Methoden und Medien bei der Wissensvermittlung und dem kognitiven Training variiert, um einen Vergleich verschiedener Trainingsformen (mit und ohne Dialogvideo) zu erreichen. Dazu werden drei Gruppen gebildet:

Gruppe A bearbeitet die Wissensvermittlung, das Diskriminations- und Entscheidungstraining in einem Dialogvideo-Programm. Die Teilnehmer bekommen vor dem Seminar ausreichend Zeit, während ihrer normalen Arbeitszeit das Dialogvideo-Programm durchzuarbeiten, und kommen anschließend zum Seminar zusammen, um das Handlungstraining durchzuführen (Dialogvideo mit freien Lernzeiten).

Gruppe B bearbeitet ebenfalls die Wissensvermittlung, das Diskriminations- und Entscheidungstraining in einem Dialogvideo-Programm. Diese Gruppe wird nach dem zentralen Einsatzkonzept geschult, das heißt, die Teilnehmer haben vor dem Seminar einen Tag Zeit, das gesamte Dialogvideo-Programm zu bearbeiten. Am darauffolgenden Tag kommen die Teilnehmer zum Handlungstraining im Seminar zusammen (Dialogvideo mit festen Lernzeiten).

Gruppe C wird ohne Dialogvideo-Einsatz geschult. Die Teilnehmer bearbeiten die Wissensvermittlung, das Diskriminations- und Entscheidungstraining und das Handlungstraining im Seminar. Diese Gruppe kommt ohne eine Vorbereitung zum Seminar zusammen (herkömmliche Trainerschulung ohne Dialogvideo mit festen Lernzeiten).

Die Seminarvariante der Gruppe A ermöglicht eine gründliche Vorbereitung auf das Handlungstraining im Seminar durch die Bearbeitung der Wissensvermittlung und des kognitiven Trainings im Dialogvideo-Programm. Das individuelle und selbstbestimmte Vorgehen und die freie Wahl der Lernzeiten berücksichtigen viele Anforderungen an optimale Lernbedingungen für erwachsene Lernende. Gruppe B kann einen Teil dieser Vorteile wahrnehmen. So ist zu vermuten, daß Gruppe A den größten Lernzuwachs, Gruppe B einen mittleren und Gruppe C den geringsten Lernzuwachs erreichen wird.

Der Lernzuwachs wird durch einen Vergleich zwischen einem Vortest- und einem Nachtest-Rollenspiel ermittelt. Die Rollenspiele werden von zuvor geschulten Beobachtern nach acht allgemeinen Verhaltensweisen zur Gesprächsführung eingeschätzt.

Für die benötigte Lernzeit wird angenommen, daß die Gruppen A und B ihren Lernweg und ihr Vorgehen selbst bestimmen und dadurch weniger Zeit benötigen.

Das entwickelte Dialogvideo-Programm bietet dem Lernenden eine lernerfreundliche und erwachsenengerechte Programmgestaltung und die oben aufgeführten Freiräume bei der Programm-Bearbeitung. Eine hohe Akzeptanz des Lernmediums Dialogvideo und des Dialogvideo-Programms wird deshalb angenommen. Durch einen Fragebogen nach Abschluß der Programm-Bearbeitung soll dies ermittelt werden.

Die Durchführung der Untersuchung erfolgte von Oktober 1988 bis Juli 1989 im Schulungszentrum der NCR GmbH in Augsburg bzw. im Seminar für Pädagogik der Technischen Universität in Braunschweig.

4   Darstellung und Interpretation der Ergebnisse

Ein signifikanter Lernzuwachs findet in allen drei Versuchsgruppen statt. Da die Höhe des erzielten Lernzuwachses relativ gering ist, lassen sich Unterschiede zwischen den Gruppen statistisch nicht nachweisen. Herauszustellen ist das Ergebnis, daß die Lernenden, die mit Dialogvideo ausgebildet wurden, genauso hohe Lernerfolge erzielten wie Lernende, die ohne Dialogvideo-Einsatz geschult wurden. Zusätzlich zu einem gleich hohen Lernzuwachs bietet eine Seminarform mit Dialogvideo-Einsatz weitere Vorteile, die im folgenden dargestellt werden.

Die Gesamtlernzeit, d.h. die Zeit, die ein Lernender für die gesamte Ausbildungsmaßnahme veranschlagen muß, wird gesenkt. Während die Schulung ohne Dialogvideo für alle Teilnehmer zwei ganze Schulungstage (15 Std.) in Anspruch nimmt, beträgt die Seminardauer mit Dialogvideo nur noch knapp eineinhalb Tage (9 Std.). Die durchschnittliche Bearbeitungszeit des Programms liegt bei vier Stunden. Da der Lernende bei der Vorbereitung auf das Seminar im Dialogvideo-Programm nur das durcharbeitet, was er tatsächlich an Informationen und Übungsphasen benötigt, reduziert sich auch die Gesamtdauer der Schulungsmaßnahme (im Durchschnitt von 15 auf 13 Stunden).

Eine Gesamtbetrachtung der Ergebnisse zum Lernzuwachs und zur Lernzeit läßt die Effektivität des Dialogvideo-Einsatzes erkennen: Bei einer um 13% verkürzten Gesamtdauer der Schulungsmaßnahme (13 anstatt 15 Std.) wird der gleiche Lernzuwachs erzielt. Das eigentliche Seminar, das bei der Konzeption mit Dialogvideo nur noch das Handlungstraining und die Transferüberlegungen umfaßt, kann auf 60% der herkömmlichen Seminardauer gesenkt werden (9 anstatt 15 Std.), was zahlreiche organisatorische und wirtschaftliche Vorteile bringt.

Die 18 Fragen zur Akzeptanz von Dialogvideo wurden jeweils durch Ankreuzen auf einer Skala von 0 bis 6 beantwortet (0 - sehr negativ, 1 - negativ, 2 - überwiegend negativ, 3 - teils/teils, 4 - überwiegend positiv, 5 - positiv, 6 sehr positiv). 95,5% der Lernenden haben alle 18 Fragen mit 3, 4, 5 oder 6 beantwortet. Insgesamt läßt sich zur Akzeptanz feststellen, daß das auf der Grundlage des didaktischen Leitfadens entwickelte Dialogvideo-Programm und das Lernmedium Dialogvideo allgemein bei den angehenden Führungskräften zu 90,9 % positiv, d.h. mit 4, 5 oder 6, beurteilt wird.

Aufgrund der Erkenntnisse aus dieser Studie kann der Einsatz von Dialogvideo im Führungskräfte-Training empfohlen werden. Das eingesetzte Dialogvideo-Programm muß allerdings - vor allem nach didaktischen Gesichtspunkten - optimal gestaltet und strukturiert sein, und es darf, sofern es sich um Verhaltenstraining handelt, nicht als isolierte Maßnahme ohne nachfolgendes Seminar mit Handlungsausführung angeboten werden.

5   Ausblick

Die Konzeption des Führungskräfte-Trainings mit Dialogvideo bietet die Chance, Forderungen nach individualisiertem und selbstbestimmten Lernen zu realisieren. Ein vorbereitendes Dialogvideo-Programm läßt dem Lernenden die Freiheit, seinen Lernweg selbst zu bestimmen, und berücksichtigt sein individuelles Lernverhalten.

Besonders die dezentrale Form der Dialogvideo-Bearbeitung innerhalb der in dieser Arbeit entwickelten Konzeption eignet sich für eine möglichst selbstbestimmte Vorgehensweise des Lernenden. Denn der Lernende bestimmt nicht nur innerhalb des Dialogvideo-Programms seinen eigenen Lernweg, sondern Zeitpunkt und Zeitraum der Programm-Bearbeitung in Übereinstimmung mit den Anforderungen des eigenen Arbeitsplatzes.

Literatur

Brinker, T. (1991). *Dialogvideo im Führungskräfte-Training. Eine Studie zur Effektivität und Akzeptanz.* Frankfurt am Main: Peter Lang.

NCR GmbH (1987). *Interaction Management - Umgang mit Mitarbeitern.* NCR - Schulungsabteilung, Augsburg: Trainingsunterlagen zum Seminar.

Thiele, H. (1978). *Steuerung der verbalen Interaktion durch didaktische Intervention. Eine empirische Untersuchung zum Effekt von drei Methoden zum Lehrverhaltenstraining.* Dissertation. Technische Universität Braunschweig. Auch in Hofer, M. (1981), Informationsverarbeitung und Entscheidungsverhalten von Lehrern. München, Wien, Baltimore: Urban & Schwarzenberg, 278-311.

Vadas, J. (1988). Videodisc for management training in a classroom environment. *Interactive Update*, **5**, 8-11.

Woodruff, A. D. (1967). Cognitive models of learning and instruction. In L. Siegel (Ed.), *Instruction - some contemporary viewpoints.* Scranton, PA, 55-98.

Lernen durch Computer-Planspiele in der Ausbildung von Industriekaufleuten

Peter Diepold
Seminar für Wirtschaftspädagogik
Universität Göttingen, Platz der Göttinger 7, 3400 Göttingen

1 Begründung

Für das Überleben eines Betriebes im Zeitalter der neuen Informations- und Kommunikationstechniken und unter wachsendem internationalen Konkurrenzdruck spielt das Qualifikationspotential seiner Mitarbeiter eine entscheidende Rolle. In Zukunft wird es für kaufmännische Mitarbeiter immer wichtiger, in betrieblichen Gesamtzusammenhängen zu denken und zu handeln, sich flexibel auf neue Situationen einzustellen, mit Kunden, Lieferanten und Kollegen zusammenzuarbeiten, kostenbewußt zu denken, kaufmännische Probleme selbständig mit Computerunterstützung zu lösen, Lernfähigkeit und Lernbereitschaft weiterzuentwickeln u. a. m. (vgl. Baethge & Oberbeck, 1986).

Im umfassenden Rahmen einer langfristig angelegten Strategie für Personalentwicklung erhält die berufliche Erstausbildung einen entscheidenden Stellenwert. Der Modellversuch WOKI (1991) hat Ausbildungsmethoden entwickelt, in denen Auszubildenden durch komplexe, ganzheitliche „Lernarrangements" unter Einsatz neuer Informations- und Kommunikationstechniken berufsbezogene Sach-, Sozial- und Personalkompetenz vermittelt wird. Zu diesen Methoden gehören auch Planspiele.

Mit den Möglichkeiten der neuen Informationstechniken eröffnen sich neue Perspektiven für den Computereinsatz im Bereich der Personalentwicklung: Verhältnismäßig komplexe Modelle gesamt- und betriebswirtschaftlicher Abläufe lassen sich, in Algorithmen formalisiert, auf dem Computer im Zeitraffer simulieren. Gegenüber der Ernstsituation bietet die Simulation einen sanktionsfreien Spiel-Raum zur Erprobung neuer Strategien und zur Einübung des Handelns in miteinander vernetzten ökonomischen Situationen. Kooperation und Kommunikation in Gruppenarbeit ist gefordert und wird gefördert, berufsbezogene Problemlösungskapazität aufgebaut, ökonomische Zusammenhänge werden problembezogen gelernt, Interesse für die Erkundung der eigenen betrieblichen Realität angeregt.

Informatik aktuell
U. Glowalla, E. Schoop (Hrsg.), Hypertext und Multimedia:
Neue Wege in der computerunterstützten Aus- und Weiterbildung
© Springer-Verlag Berlin Heidelberg 1992

2 Modellierung und Konstruktion von Computer-Planspielen

Die wissenschaftliche Begleitung des Modellversuchs WOKI hat drei Planspiele speziell für auszubildende Industriekaufleute modelliert, programmiert und erprobt. Sie wurden mehrfach bei der Volkswagen AG in Wolfsburg sowie in kleineren Betrieben in Göttingen mit gutem Erfolg bei Auszubildenden eingesetzt. Entsprechend ihrer komplexen Struktur und der Einbettung des Plan-Spielens in einen übergreifenden didaktischen Prozeß sollen mit Planspielen komplexe Ausbildungsziele gefördert werden:

- Aufbau von betriebswirtschaftlichem Wissen,
- Aufbau von Strategien zur Lösung kaufmännischer Probleme,
- Denken in vernetzten betrieblichen und gesamtwirtschaftlichen Strukturen,
- Handeln unter Zeitdruck,
- Entscheidungsfähigkeit,
- Ziel- und gruppenbezogenes Verhalten (Kommunikation und Kooperation),
- Erfahrung von Konsequenzen eigenen Handelns,
- Flexibilität durch Erweiterung der Handlungsmöglichkeiten.

Dabei ist nicht nur das Lernen **im** Modell „Planspiel" wichtig, sondern auch das Lernen **am** Modell: durch Plausibilitätsprüfungen, im Nach-Denken über Entscheidungen und durch den Vergleich des reduzierten Computer-Planspielmodells mit der vielfältigeren Realität des eigenen Betriebes.

Zu den im Modellversuch WOKI entwickelten Lernarrangements gehören drei Planspiele, **B-P-A** („Beschaffung, Produktion, Absatz") für den Anfang der Ausbildung von Industriekaufleuten sowie **EULE** („Einkaufs- und Logistik-Entscheidungen") und **ISA** („Industrie-Simulation Absatz") als bereichsspezifische Planspiele im weiteren Verlauf ihrer Ausbildung.

Das Planspiel **B-P-A** wird zu Beginn der Ausbildung eingesetzt und gibt einen ersten Überblick über die miteinander vernetzten Strukturen eines Unternehmens im Wettbewerb mit anderen. Von der Beschaffung bis zum Absatz sind, einschließlich Entscheidungen im Personalbereich, die relevanten Bereiche abgebildet. Das Planspiel wird über 3 Tage gespielt.

Das bereichsspezifische Planspiel **EULE** wird zu Beginn der Ausbildungsphase Materialwirtschaft als 3-tägiger Block eingesetzt und bereitet die Tätigkeit der Auszubildenden in den Fachabteilungen dieses Bereiches vor. Es konzentriert sich inhaltlich auf die Optimierung von Entscheidungen im Bereich der Materialwirtschaft (Minimierung von Kosten bei optimaler Lagerhaltung) aufgrund von Vorgaben aus dem Produktionsbereich.

EULE wird dialogorientiert eingesetzt, d. h. die Auszubildenden geben ihre Entscheidungen am PC ein, speichern die Werte auf Diskette und geben die Diskette dem Planspielleiter. Dieser liest die Daten der Spielgruppen auf den Computer ein, läßt das Ergebnis errechnen und speichert es auf die Disketten der Spielgruppen zurück. Dort kann es dann ausgedruckt werden. Mit diesen Maßnahmen sollen die Spieler ein Stück weit in die Benutzung von PCs eingeführt werden.

Ab Spielrunde 3 kann der Spielleiter ein Kalkulationshilfsprogramm zur Verfügung stellen, das die Vorüberlegungen und den Rechenaufwand in den Gruppen minimieren soll, nachdem diese die Berechnungen zunächst „per Hand" durchgeführt haben. Damit wird der Computer als Kalkulationsinstrument den Auszubildenden nahegebracht.

Im Planspiel **ISA** stehen mehrere Unternehmen miteinander in Konkurrenz. Es müssen differenzierte Marketing- und Absatzstrategien entwickelt werden, um erfolgreich auf unterschiedlichen Märkten agieren zu können. ISA ist ein Bereichsplanspiel, dessen Aufgabe die partielle Simulation des funktionalen Bereichs „Vertrieb" eines großindustriellen Reifenherstellers ist. Dem Planspiel liegt ein relativ komplexes und vernetztes Modell zugrunde, das ökonomische Vorkenntnisse bei den Teilnehmern voraussetzt. ISA ist aufgrund seiner Anforderungen an Kenntnisse aus der Kostenrechnung und der Theorie über den Absatzbereich für den Einsatz im letzten Ausbildungsjahr von Industriekaufleuten konzipiert.

3   Evaluation

3.1   Evaluationsansatz

Es ist verhältnismäßig einfach, Planspielziele zu formulieren. Ein ökonomisches Modell zu konzipieren und es in ein Computerprogramm umzusetzen, ist dagegen eine sehr aufwendige Angelegenheit. Damit ist die Aufgabe freilich nicht getan. Mehrfache Durchführung und sorgfältige Evaluation der Lernprobleme und Lernergebnisse ist nötig, um zum einen Denkfehler in Modell und Programm zu finden und zum anderen die Bedingungen für den sinnvollen Einsatz eines Planspiels zu formulieren.[1]

Die **Inhaltsbereiche** einer forschungsgeleiteten Evaluation sind vielfältig; sie betreffen vor allem:

1. Auf der Ebene des didaktischen **Materials**
   - Evaluation der Lernziele im Rahmen normativer Vorgaben,
   - Modell-Konstruktion, Programmierung, Benutzerfreundlichkeit, Modell- und Programmrevision,
   - Evaluation der Begleitmaterialien für die Hand des Planspielleiters sowie der Spieler;
2. Auf der Ebene der **Lernenden**
   - Evaluation der Gruppenprozesse während des Planspieleinsatzes,
   - Evaluation der Lernprozesse während des Planspiels (individuell/aggregiert),
   - Evaluation der Lernergebnisse aufgrund des Planspiels bzw. des Planspielunterrichts;
3. Auf der Ebene des **Lehrers/Planspielleiters**
   - Evaluation seiner Rolle, z. B. Ausnutzung des Spielraums, Umgang mit Parametereinstellungen, didaktische Interventionen im ganzen, gruppenbezogen, auf Einzelne bezogen,
   - Evaluation von Planung und Durchführung eines Planspiel-Unterrichts (didaktische Vor- und Nachbereitung sowie Reflexionsphasen während des Planspielens).

Anliegen unserer Evaluation war durchgehend ein **Forschungsinteresse**:

- Revision des Programms und der Materialien,
- Überprüfung der Wirksamkeit des entwickelten Lernarrangements,
- Beitrag zur Weiterentwicklung der Methodologie.

Angesichts begrenzter personeller und zeitlicher Ressourcen mußten wir uns mit zwei inhaltlichen Schwerpunkten bescheiden:

(1) Die formative Evaluation auf der Ebene des didaktischen Materials hat von der ersten Modell-Konstruktion bis hin zur Enderstellung der Begleitmaterialien fortlaufend Rückmeldungen von Experten, Planspielleitern und Auszubildenden in die Revision der

Planspiele eingebracht. Diese Evaluation ist nicht zusammenhängend dokumentiert worden.

(2) Die summative Evaluation hat durch Vor- und Nachtests die dem Planspiel zuzuschreibenden Lernergebnisse in Bereichen erhoben: Wir haben erstens durch einen Vor-/Nachtest die Veränderungen im Wissen der Auszubildenden bezüglich des Verständnisses betriebswirtschaftlicher Begriffe erhoben. Wir haben zweitens in einem Test nach dem Planspiel den Auszubildenden in einer Art planspielbezogener Fallstudie die ökonomische Situation eines Unternehmens analysieren und aufgrund dieser Analyse lang- und kurzfristige Planungen durchführen lassen. Die Ergebnisse von Analyse und Planung wurden korrelationsstatistisch ausgewertet. Diese Evaluationsverfahren wurden bereits in der Anfangsphase des Modellversuchs am Planspiel INSIM[2] entwickelt. Für das im Lauf des Modellversuchs selbst erstellte Planspiel B-P-A wurde von Getsch (1990) ein Evaluationsverfahren entwickelt, das betriebswirtschaftliches Zusammenhangswissen vor und nach dem Planspiel erhob und miteinander verglich. Die Ergebnisse dieses auch methodisch interessanten Ansatzes wurden in die systematische Revision unserer eigenen Planspiele eingebracht. Über sie wird im folgenden näher berichtet.

3.2   Analyse und Entscheidung

Nachdem während des Planspiels die Auszubildenden in Kleingruppen gearbeitet hatten, sollte mit diesem Teil des Tests überprüft werden, inwieweit die einzelnen Auszubildenden gelernt hatten, im vorgegebenen Rahmen der Spielsituation eine neue Situation zu analysieren, Unternehmensziele zu formulieren und daraufhin konkrete Entscheidungen zu fällen. Die entsprechende Aufgabenstellung war in mehrere Punkte gegliedert:

3.2.1   Analyse

Alle Auszubildenden erhielten auf dem vom Planspiel her bekannten Formularen die Ergebnisse des Geschäftsjahres 1 für drei Unternehmen einschließlich der Marktergebnisse, Betriebsdaten, Bilanz und Erfolgsrechnung. Die wirtschaftliche Situation des Unternehmens 3 war zu analysieren, Problembereiche zu identifizieren, Lösungen vorzuschlagen.

Beschreibung. Eine vollständige Beschreibung der recht komplexen ökonomischen Situation im Absatz-, Fertigungs-, Personal-, Lager- und Finanzbereich ergibt maximal 34 Aussagen. Für jede richtige Aussage wurde ein Punkt vergeben; für falsche Aussagen wurde ein Punkt abgezogen.

Probleme. Es waren maximal 13 Probleme identifizierbar.

Lösungen. Zu jedem Problem gibt es mehrere unterschiedliche Lösungen. Jede Lösung ergab einen Punkt.

Die Summe der Punkte ergab den individuellen Testwert für den Bereich „Analyse".

3.2.2 Entscheidung

Hier waren zwei Aufgaben zu lösen, die Formulierung übergreifender Unternehmensziele sowie die Planung der nächsten Spielperiode auf den vom Planspiel her bekannten Formblättern.

Zielsetzung. Es waren jeweils 10 Werte in die vom Planspiel her bekannte Tabelle einzutragen, und zwar für die denkbaren langfristigen und die kurzfristigen Ziele bezüglich der Marktdurchdringung, der Marktentwicklung, der Produktentwicklung, der Kostensenkung, der Verbesserung der Finanzstruktur sowie der Verbesserung der Gewinnsituation. Es wurden wieder Punkte für mögliche Begründungen gegeben.

Planung. Im folgenden Testabschnitt war die nächste Spielperiode detailliert zu planen; das schloß Aufwands- und Kosten-, Ergebnis-, Liquiditäts- und Lagerplanung mit ein. Die Auszubildenden wurden aufgefordert, eine Vorauskalkulation am PC vorzunehmen und einige Alternativen durchzuspielen.

Die Aufgabe war zeitlich umfangreich; mit ihr sollte die Fähigkeit der Auszubildenden überprüft werden, aufgrund der vorangegangenen Analyse eine Spielperiode selbständig zu planen. Am Ende waren 14 Entscheidungsdaten festzulegen und auf dem Entscheidungsblatt einzutragen, das die Auszubildenden am Ende jeder Planungsperiode bei der Spielleitung abzugeben hatten. Für jede logisch richtige Entscheidung wurde ein Punkt vergeben.

Dieser Teil des Tests stellt besonders hohe Anforderungen an die Probanden: Sie müssen analytische Fähigkeiten einsetzen, eine komplexe Situation überblicken, langfristige und kurzfristige Ziele setzen und unter erheblichem Zeitdruck begründete Entscheidungen fällen. Entsprechend war eine erhebliche

Streuung der Ergebnisse zu beobachten. Bei Extremwerten zwischen -78 Punkten für den „schlechtesten" und +95 bei dem „besten" Probanden liegt der Median für die Gruppe der Berufsfachschüler bei nur 3 Punkten, bei den Abiturienten bei 63,5 Punkten. Diese Gruppenunterschiede sind im Teil Analyse statistisch noch nicht signifikant, fallen aber insbesondere im zweiten Teil des Tests (Planung) auf. Hier ist die Streuung besonders groß, und hier haben auch viele Probanden aus der Gruppe der Berufsfachschüler falsch oder unvollständig geantwortet (zu den Einzelheiten vgl. Wiesner, 1989). Bedenkt man, daß die maximal erreichbare Punktzahl bei 222 liegt, so können die Ergebnisse nur als katastrophal bezeichnet werden.

Wir haben aus den Ergebnissen den Schluß gezogen, daß das Planspiel INSIM Industriekaufleute zu Beginn ihrer Ausbildung deutlich überfordert. Das ist insofern nicht überraschend, als INSIM ursprünglich für Industriemeister konzipiert war, die in betriebswirtschaftliches Denken eingeführt werden sollten. Daß man ein solches Planspiel auf Teilnehmer mit ganz anderen individuellen Voraussetzungen transferiert, ist didaktisch fragwürdig.

Die Konsequenzen, die wir daraus gezogen haben, waren zweifach: (1) für die eigenen Planspiele die Bezugsgruppe klar zu nennen und vor einem Einsatz des Planspiels außerhalb dieses Rahmens zu warnen und (2) den Schwierigkeitsgrad variabel zu halten, um unterschiedlichen Eingangsvoraussetzungen gerecht zu werden.

3.2.3   Zum Zusammenhang von Analyse und Entscheidung

Um zu überprüfen, ob die Entscheidungen der Probanden eher zufällig waren oder aufgrund der vorangegangenen Analyse der wirtschaftlichen Situation gefällt wurden, haben wir die Punktwerte miteinander korreliert und die Hypothese getestet, es bestehe kein Zusammenhang zwischen Analyse, Zielsetzung, Planung und Entscheidung. Insgesamt wurden 20 Korrelationen zwischen einzelnen Aufgabensegmenten und den aggregierten Testwerten gerechnet, und zwar jeweils für die beiden Untergruppen Abiturienten und Berufsfachschüler sowie für die Gesamtgruppe. Die Auswertung erfolgte mit Hilfe des Statistikprogramms BMDP.

Es wurde über alle Probanden ein hoch signifikanter, positiver Zusammenhang (R = .38) zwischen der Qualität der Analyse und den getroffenen Entscheidungen festgestellt. Dies bedeutet, daß die getroffenen Entscheidungen der Auszubildenden nicht einfach nur das Erfahrungswissen des abgelaufenen Planspiels reflektieren (Rezepte, Kniffe, Faustregeln), sondern daß die Planung aufgrund der vorangegangenen Analyse der ökonomischen Situation vorgenommen worden ist. Dies wird bestätigt durch die qualitative Analyse der Tests einzelner Probanden.[3] Die bereits beschriebenen Unterschiede in den beiden Gruppen von Auszubildenden sind auch hier sichtbar; der Zusammenhang zwischen Analyse und Entscheidung ist bei den Berufsfachschülern deutlich geringer (R = .16), aber immer noch positiv.

Zusammenfassend kann zwar gesagt werden, daß die Auszubildenden bei der Bearbeitung der Aufgaben im großen und ganzen systematisch vorgegangen sind; es gibt verhältnismäßig wenige falsche bzw. unlogische Aussagen bei Analyse und Zielsetzung. Doch zeigen sich gerade hier gravierende individuelle Unterschiede. Der Test scheint geradezu die Auszubildenden auseinanderzudividieren. Hier müßte - unter pädagogischer Zielsetzung - die Einzelanalyse der Tests ansetzen (dies ist exemplarisch in zwei Fallstudien auch geschehen). Fragen, die ein Planspielleiter sich stellen müßte, wären u. a.: Wer sind die extremen „Ausrutscher"? Korreliert ihr Ergebnis mit andernorts sichtbar gewordenen Lernschwächen? Hängt das Ergebnis mit gruppendynamischen Prozessen der Planspielgruppe zusammen? Wie kann der nachfolgende Planspiel-Unterricht die sichtbar gewordenen Defizite auffangen? Welche Konsequenzen sind aus den Ergebnissen - z. B. aus dem generell schlechteren Abschneiden der Gruppe der Berufsfachschüler - für das nächste Planspiel zu ziehen?

3.3   Betriebswirtschaftliches Zusammenhangswissen

3.3.1   Voruntersuchung

In den ersten Tests zum Planspiel INSIM hatten wir die Auszubildenden u. a. dazu aufgefordert, ihre Vorstellungen von wirtschaftlichen Zusammenhängen darzustellen, und zwar unter der Leitfrage: „Nennen Sie Faktoren, die den wirtschaftlichen Erfolg eines Unternehmens beeinflussen, und geben Sie mögliche Verbindungen zwischen diesen Faktoren an."

Es waren keine Kategorien vorgegeben, dementsprechend erhielten wir sehr unterschiedliche Darstellungen in verbaler und in grafischer Form mit einer deutlichen Zunahme der Grafiken im Nachtest. Es zeigten sich erhebliche Unterschiede zwischen den Schaubildern vor und nach dem Planspiel. Sie wurden zumeist vielfältiger in der Begrifflichkeit und komplexer in der Darstellung. Die Antworten waren im Nachtest strukturierter und übersichtlicher. Die Ergebnisse waren nur durch qualitative Analyseverfahren vergleichbar, die mit einer sehr hohen Auswertungssubjektivität behaftet waren. Eine Standardisierung war daher nötig.

3.3.2 Hauptuntersuchung

Zum Zeitpunkt der Hauptuntersuchung war das modellversuchseigene Planspiel B-P-A von Ulrich Getsch und Thomas Schwaebe entwickelte fertiggestellt. B-P-A unterscheidet sich von INSIM nicht nur dadurch, daß es explizit für Auszubildende konzipiert ist und es curricular an den Beginn der Ausbildung gehört, sondern vor allem auch dadurch, daß es das Denken in ökonomischen Zusammenhängen fördern soll. Bei der Modellierung von B-P-A wurde daher konsequent auf gedächtnispsychologische Annahmen über die Abbildung von Wissen - insbesondere auf das Konstrukt „kognitive Struktur" (vgl. Getsch, 1990, 83-85;93-98) und auf Netzwerk- (insbes. Collins/Quillian, Norman/Rumelhart/LNR-Gruppe, Dörner, Getsch, 1990, 85-90) und auf Schemaansätze (Getsch, 1990, 90-93) - zurückgegriffen.

Konstruktion und Evaluation wurden insofern aufeinander bezogen, als die Überprüfung den gleichen theoretischen Annahmen folgt. Hier wurde insbesondere die Strukturlegetechnik als eine wichtige Methode zur Erhebung subjektiver Theorien benutzt (Getsch, 1990, 177-181). Im Gegensatz zur Heidelberger Struktur-Legetechnik (Scheele/Gröben) sollte allerdings eine Subjekt-Objekt-Konfundierung insofern vermieden werden, als die im Test vorgegebenen Konzepte und Relationen nicht vom Forscher, sondern von den Auszubildenden selbst stammen sollten. Wir griffen dabei auf die Ergebnisse der Voruntersuchung zurück.

Im einem ersten Schritt wurde ein Basislexikon (vgl. Prüß, 1989) aus allen ökonomischen Konzepten erstellt, die von den Auszubildenden benutzt worden waren. Wir griffen dabei auf die Ergebnisse der Voruntersuchung (s. o.) zurück. Dort waren 216, im Nachtest 266 Konzepte genannt worden; dabei war ein deutlicher Wechsel von umgangs- zu fachsprachlicher Begrifflichkeit zu beobachten. Diese Begriffe wurden auf insgesamt 32 verdichtet (vgl. Tabelle 1); INSIM-spezifische Konzepte wurden entfernt, B-P-A-spezifische Begriffe hinzugenommen (Getsch, 1990, 194).

In einem zweiten Schritt wurden die von den Auszubildenden benutzten Verknüpfungen der Konzepte untersucht und in 15 Relationen kategorisiert (vgl. Getsch, 1990, 195); davon wurden die vier wichtigsten in der Aufgabenstellung als Beispiele vorgegeben.

Tab. 1   Von Auszubildenden benutzte Begriffe (Basislexikon)

Absatzmarkt	Konkurrenz	Qualität
Angebot	Lieferer	Rabatt
Ausgaben	Löhne	Rohstoffeinkaufspreis
Beschaffung	Marktanteil	Rohstofflager
Beschaffungsmarkt	Marktforschung	Saldo (Einnahmen/Ausgab.)
Betrieb	Maschinenbestand	Verkauf
Einnahmen	Maschinenkauf	Verkaufsmengen
Fertigwarenlager	Nachfrage	Verkaufspreis
Kapazität	Personaleinstellungen	Verkäufer
Käufer	Personalentlassungen	Werbung
Konjunktur	Produktion	

Die zu lösende Aufgabe war in Vor- und Nachtest identisch. Die Auszubildenden sollten in einem übersichtlichen Schaubild den Zusammenhang zwischen
einem Betrieb und seiner Umwelt darstellen. Es waren die auf Karten vorgegebenen 32 Begriffe und vier Relationen (bewirkt, ist ein, wenn/dann, beeinflußt). Die Lösung sollte auf einem weißen Bogen übertragen werden.

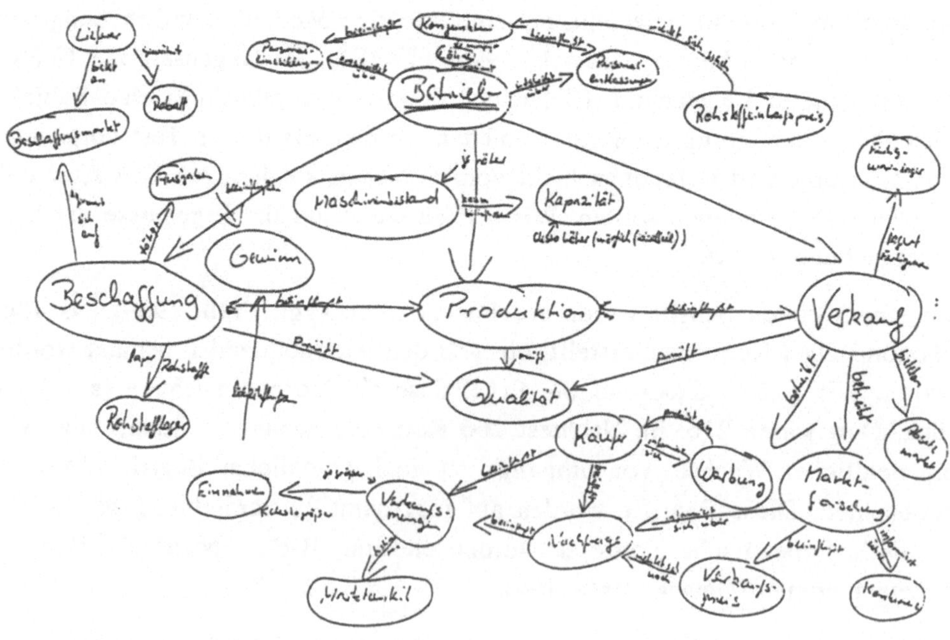

Abb. 1:   Von einem Auszubildenden erstelltes Netz aus vorgegebenen Konzepten und Relationen

Abbildung 1 zeigt die nach dieser Arbeitsanweisung von einem Auszubildenden gezeichnete Grafik. Die erstellten Grafiken wurden in Propositionen überführt, diese kodiert[4] und die Informationen auf den Computer übertragen (im einzelnen vgl. Getsch, 1990, 192-201). Damit war es möglich, die Daten zu aggregieren, d. h. aus den individuellen Netzen ein Netz für den Vor- und den Nachtest aus den Daten aller Auszubildenden - auch der Untergruppen - zu erstellen und diese miteinander zu vergleichen. Damit dies nicht völlig unübersichtlich wird, wurden dafür nur die am häufigsten genannten Propositionen (zwei Konzepte, die durch eine Relation verbunden sind) benutzt. Für den Vortest waren dies 35, für den Nachtest 39 (Mittelwert).[5] Das Ergebnis sind sog. „Modale Netze"; sie können interpretiert und miteinander verglichen werden.[6]

Abbildung 2 zeigt das Modale Netz der Vortestergebnisse. Es besteht aus drei verschiedenen, unverbundenen Teilnetzen. Zwei Teilnetze stellen dabei zwei Bereiche von komplexen ökonomischen Zusammenhängen dar, wobei sich das eine mehr auf den Beschaffungs- und Produktionsbereich bezieht, während das andere Teilnetz mehr den absatzwirtschaftlichen Bereich abbildet. Das dritte Teilnetz, das den Personalbereich abbildet, besteht dagegen nur aus einer einzelnen Proposition („Personaleinstellungen beeinflussen Löhne").

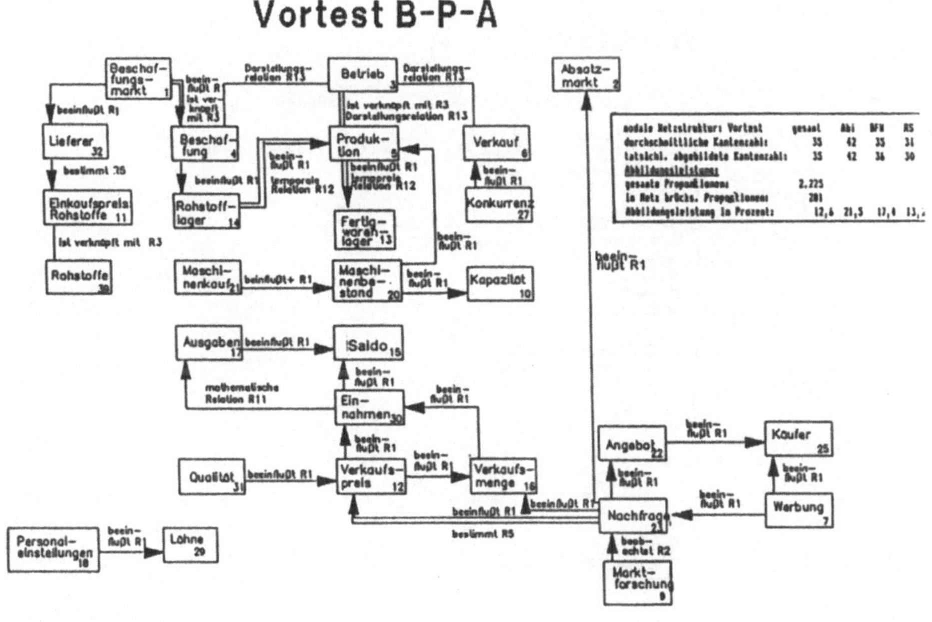

Abb. 2: Modales Netz für den Vortest

Die klassischen Funktionsbereiche Beschaffung, Produktion und Absatz sind zwar in einem Teilnetz dargestellt, aber nicht miteinander verknüpft. Man kann annehmen, daß die Auszubildenden im Vortest zwar auf die vorgegebenen Konzepte zurückgegriffen haben, zu diesem Zeitpunkt aber noch keine differenzierten Vorstellungen darüber besaßen, in welchen Zusammenhang diese Konzepte ökonomisch zu stellen sind. Des weiteren zeigen die Vortestergebnisse, daß das Konzept „Betrieb" zwar mit den einzelnen Funktionsbereichen verbunden ist, jedoch werden keine Beziehungen zwischen dem Betrieb und den Beschaffungs- und Absatzmärkten dargestellt. Auffällig ist bei den Vortestergebnissen, daß zum Absatzbereich offensichtlich recht ausgeprägte Vorstellungen existieren, so z. B. zwischen den Zusammenhängen Angebot/Nachfrage, Verkaufspreis/Verkaufsmenge und Einnahmen/Ausgaben. Diese Ergebnisse sind offensichtlich Ausdruck der Erfahrungen der Auszubildenden als Marktteilnehmer (Konsumenten).

Wie Abbildung 3 zeigt, weist der Nachtest demgegenüber eine geschlossene Netzstruktur, im Gegensatz zum Vortest also keine separaten Teilnetze auf. Dabei fällt gegenüber den Vortestergebnissen auf, daß die drei Funktionsbereiche Beschaffung, Produktion und Verkauf miteinander verbunden sind. Des weiteren ist das Konzept „Betrieb" mit „Absatzmarkt" und „Beschaffungsmarkt" verbunden.

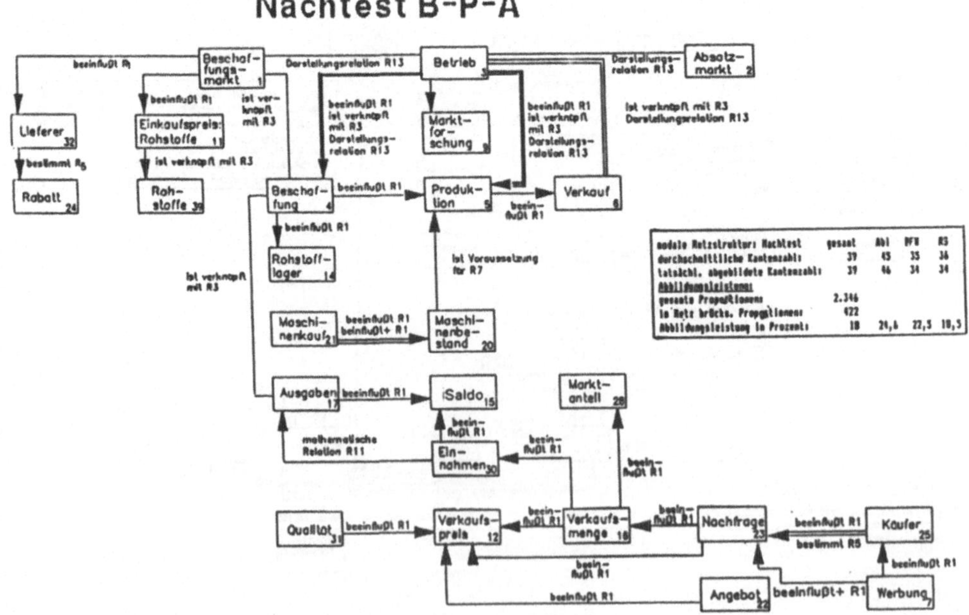

nodale Netzstruktur: Nachtest	gesamt	Abi	PFB	R3
durchschnittliche Kantenzahl:	39	45	35	36
tatsächl. abgebildete Kantenzahl:	39	46	34	34
Abbildungsleistung:				
gesamte Propositionen:	2.346			
in Netz berücks. Propositionen:	422			
Abbildungsleistung in Prozent:	18	24,6	22,5	18,5

Abb. 3: Modales Netz für den Nachtest

Vergleicht man beide Netze miteinander, so zeigt sich eine auffällige Veränderung. Während das Modale Netz des Vortests aus drei unverbundenen Teilnetzen bestand, sind im Modalen Netz des Nachtests die drei Funktionsbereiche Beschaffung, Produktion und Verkauf miteinander verknüpft. Darüber hinaus ist ein Anstieg der Abbildungsleistung um 46 % nachzuweisen.[7] Das bedeutet: die individuellen Netzstrukturen werden homogener durch die Lernprozesse, die das Planspiel initiiert hat (vgl. Getsch, 1990, 210). Schließlich ist auf den hoch signifikanten (Wilcoxon-Test bei Getsch, 1990, 211) Anstieg der Propositionen von 35 im Vortest auf 39 im Nachtest hinzuweisen. Wir schließen daraus: Die Zunahme von Differenziertheit und Struktur des Modalen Netzes einerseits und die Angleichung heterogener Wissensstrukturen der Schüler andererseits sind Lerneffekte des Planspiels.[8]

Damit war nachgewiesen, daß die kognitiven Vorstellungen der Auszubildenden bezüglich betrieblicher Zusammenhänge reichhaltiger und komplexer geworden sind. Das sagt allerdings noch nichts über die Richtigkeit dieses Wissens aus. Wir sind daher noch einen Schritt weitergegangen, und zwar in Richtung auf eine **inhaltliche** Objektivierung der Ergebnisse. Methodisch wurde dies durch den Abgleich mit einer betriebswirtschaftlichen Referenzstruktur erreicht. Sie besteht aus dem Planspielmodell, das seinerseits auf betriebswirtschaftliche Literatur rekurriert (vgl. Getsch, 1990, 137). Die individuellen Netze der Probanden wurden mit der Modellstruktur des Planspiels direkt verglichen (Getsch, 1990, 137).

Wie bei der Bewertung von Analyse und Entscheidung ist auch hier eine Benotung der individuellen Probandennetze mit Punkten möglich. Für jede individuelle Proposition konnten maximal 4 Punkte erreicht werden, wenn sie mit der Referenzstruktur übereinstimmte. Auf diese Weise ließ sich für jeden Auszubildenden ein individueller Punktwert errechnen, der als Maß für seine Fähigkeit interpretiert werden kann, die in der Aufgabenstellung geforderten ökonomischen Zusammenhänge darzustellen. Auch bei der Analyse der individuellen Probandennetze im Vergleich ist eine Zunahme der Propositionshäufigkeiten im Haupttest nachweisbar; noch interessanter ist, daß die Übereinstimmung zwischen Probandennetzen und Referenznetz um 21 % zugenommen hat,[9] daß also die Auszubildenden nach dem Planspiel wesentlich stärker auf jene Konzepte und Relationen zurückgegriffen haben, die im Modell des Planspiels abgebildet sind. Wir interpretieren dies so, daß die Probanden die intendierten funktionsübergreifenden ökonomischen Zusammenhänge nach dem Einsatz des Planspiels B-P-A differenzierter thematisieren konnten (Getsch, 1990, 224).

4   Fazit und Ausblick

Die Ergebnisse der Evaluation wurden durchgehend formativ zur Konstruktion und mehrfachen Revision eigener Planspiele eingesetzt. Unsere summativen Evaluationsstudien zeigen die Wirksamkeit des Planspiels B-P-A für das Denken und Handeln in relativ komplexen ökonomischen Entscheidungssituationen. Darüber hinaus zeigt die Arbeit von Getsch innovative methodologische Ansätze. Dies gilt insbesondere für die Weiterentwicklung der Strukturlegetechnik, die Überführung der individuellen in modale Netze und den Abgleich der individuellen Netze mit einer betriebswirtschaftlichen Referenzstruktur.

Die wissenschaftliche Begleitung des Modellversuchs WOKI verfolgte ein forschungsgeleitetes Interesse an der Planspielevaluation. Dagegen ist das Interesse von Lehrern und Ausbildern pädagogisch orientiert. Planspielleiter könnten mit den hier dargestellten Methoden Rückmeldungen über den eigenen Planspielunterricht erhalten. Aufgrund der Informationen über das Faktenwissen, über die durchgeführten Situationsanalysen, über die Qualität der getroffenen Entscheidungen und über die Differenziertheit und Angemessenheit der Netzstrukturen könnten sie ihr didaktisches Handeln gezielter auf einzelne Auszubildende und bestimmte Problemgruppen ausrichten. Aber auch die beteiligten Planspieler erhalten eine Rückmeldung über ihren Lernfortschritt; die Feststellung von Lernergebnissen und ihre Reflexion - nicht nur am Ende des Planspiels und des Planspiel-Unterrichts - sind u. U. motivationsfördernd. Zusätzlich signalisiert eine Überprüfung des Lernerfolgs den Auszubildenden, daß es sich beim Planspiel nicht um eine interessante Spielerei, sondern um ein ernsthaftes didaktisches Medium handelt.

Kann man die im Rahmen des Modellversuchs exemplarisch durchgeführten Evaluationsverfahren auch für den pädagogischen Alltag umsetzen? Wir halten dies für möglich. Einen Wissenstest zu B-P-A, EULE oder ISA zu konstruieren, wäre dabei noch die leichteste Aufgabe. Interessanter wäre es, Schülern/Auszubildenden ökonomische Situationen vorzugeben, die sie zu analysieren hätten und für die sie Lösungen formulieren müßten. Ein solches Problemlösevorgehen könnte durchaus schon während des Planspielens selbst in Reflexionsphasen thematisiert und eingeübt werden. Schließlich halten wir es für machbar, das Verfahren der Netzwerkbildung als Denk- und Konstruktionshilfe anzuwenden, möglicherweise bereits während des Planspiels.

Fußnoten:

[1] Darunter verstehen wir die curriculare Einordnung des Planspiels in die Makrostruktur der Gesamtausbildung - d. h. die vorausgegangenen und die darauf aufbauenden Lernprozesse -, die Berücksichtigung der individuellen Voraussetzungen der Teilnehmer, das nötige Training des Planspielleiters, die Formulierung didaktischer Handlungsempfehlungen in einem Spielleiter-Handbuch u. a. m.

[2] INSIM, ein von UNICOM Management Systems GmbH vertriebenes Planspiel, wurde von VW eingesetzt, als die Planspiele der Wissenschaftlichen Begleitung noch in der Entwicklung waren.

[3] Vgl. die Fallstudien am Ende der Arbeit von Wiesner (1989).

[4] Dies geschah nach folgendem Muster: z. B. „Werbung bewirkt Verkaufsmengen" wird zu „(7/16)04".

[5] Die Zahlen 35 bzw. 39 in den Modalen Netzen sind die Mittelwerte der Propositionen in den Individualnetzen.

[6] Die statistischen Auswertungen wurden mit dem Programm BMDP der BMDP Statistical Software Inc., Los Angeles, vorgenommen.

[7] Die Abbildungsleistung ist ein Maß für die Ähnlichkeit zum Modalen Netz.

[8] Die in der Dissertation vorgenommenen Untersuchungen zu den drei Subgruppen (Abiturienten, Berufsfachschüler, Realschüler) sollen hier nicht weiter beschrieben werden.

[9] Die zufallskritische Absicherung (T-Test) zeigt eine Zufallswahrscheinlichkeit von weniger als 0,1%.

Literatur

Baethge, M., Oberbeck, H. (1986). *Zukunft der Angestellten. Neue Technologien und berufliche Perspektiven in Büro und Verwaltung*. Frankfurt/New York.

Diepold, P. (1989). Entwicklung und Erprobung didaktisch strukturierter Ansätze zur informationstechnologischen Qualifizierung von Industriekaufleuten - Erfahrungen aus dem Modellversuch WOKI. In *Kölner Zeitschrift für Wirtschaft und Pädagogik*, Bd. 4, Heft 7, 7-39.

Diepold, P. (1989). Planspiele in der kaufmännischen Erstausbildung. In: *TIBB Technische Innovation und Berufliche Bildung*, H. 3, 82-83.

Diepold, P., Getsch, U., Rischmüller, H., Schneider, D. (1987). *Lernarrangements*. 2. Zwischenbericht der Wissenschaftlichen Begleitung des Modellversuchs WOKI. Göttingen.

Diepold, P., Getsch, U. (1991). Evaluation von Planspielen im Modellversuch WOKI. In Frank Achtenhagen, Ernst G. John (Hrsg), *Mehrdimensionale Lehr-Lern-Arrangements. Innovationen in der kaufmännischen Aus- und Weiterbildung*. Wiesbaden 1992 (in Druck).

Getsch, U. (1989). Einkaufs- und Logistik-Entscheidungen. Computersimulation in der Ausbildung von Industriekaufleuten bei der Volkswagen AG in Wolfsburg. In F. Stetter, W. Brauer (Hrsg.), *Informatik und Schule 1989, Zukunftsperspektiven der Informatik für Schule und Ausbildung*. Berlin, Heidelberg, New York: Springer, 181-194.

Getsch, U. (1989). Planspiele fördern ganzheitliches Denken und Handeln. In *Lernfeld Betrieb*, H. 19, 43-44.

Getsch, U. (1990). *Möglichkeiten einer Förderung von betriebswirtschaftlichem Zusammenhangswissen. Eine empirische Untersuchung mit Hilfe eines Unternehmensplanspiels bei angehenden Industriekaufleuten.* Göttingen.

Getsch, U., Diepold, P. (1989). Evaluation von Lernen in Planspielen. In P. Diepold, U. Getsch, H. Rischmüller (Hrsg.), *Transfer. 4. Zwischenbericht der Wissenschaftlichen Begleitung des Modellversuchs WOKI.* Göttingen, Materialienband zu Punkt 3: Evaluation, 1-30, masch. vervielf.

Getsch, U., Meier, Chr., Schellhaas, K. U. (1991). *Unternehmensplanspiel ISA.* Göttingen.

Getsch, U., Schwäbe, Th. (1989). *Unternehmensplanspiel B-P-A für Auszubildende; Spielleiterhandbuch; Spielerhandbuch (mit Diskette).* Göttingen.

Getsch, U., Schwäbe, Th. (1989). *Unternehmensplanspiel EULE.* Göttingen.

Modellversuch WOKI (1991). *Wolfsburger Kooperationsmodell für den Ausbildungsberuf Industriekaufmann/-frau unter besonderer Berücksichtigung neuer Technologien.* Gemeinsamer Endbericht. Göttingen = Seminar für Wirtschaftspädagogik, Berichte, Bd. 14; als unveränderter Nachdruck Bd. 26 der vom BIBB herausgegebenen Reihe „Modellversuche zur beruflichen Bildung", Berlin 1991.

Prüß, A. (1989). *Veränderungen des ökonomischen Zusammenhangswissens durch den Einsatz des Planspiels B-P-A.* Göttingen (unv. Diplomarbeit).

Volkswagen AG in Zusammenarbeit mit dem BIBB (1989). *Modellversuchsinformation Nr. 4: Planspiele in der kaufmännischen Berufsausbildung.* Wolfsburg.

Wiesner, P. (1989). *Zum Zusammenhang von Analyse, Zielsetzung und Entscheidung am Beispiel einer Planspiel-Evaluation.* Göttingen (unv. Diplomarbeit).

Die Förderung diagnostischen Denkens durch fall-basierte Computerlernprogramme in der Medizin

Cornelia Gräsel, Heinz Mandl & Manfred Prenzel
Institut für Empirische Pädagogik und Pädagogische Psychologie
Universität München, Leopoldstr. 51, 8000 München 40

1 Problemstellung

Ein wichtiges Ziel des Medizinstudiums ist die Vermittlung diagnostischer Kompetenz. Häufig wird aber beklagt, daß fortgeschrittene Studenten und angehende Ärzte zwar über eine große Menge an Faktenwissen verfügen, daß ihnen die Anwendung dieses Wissens beim Diagnostizieren dagegen Probleme bereitet (z.B. Schmidt, Norman & Boshuizen, 1990; Whelan, 1988). Ein Grund für dieses Defizit ist in der theoriedominierten Ausbildung zu vermuten. In den letzten Jahren sind daher Anstrengungen unternommen worden, den Unterricht im Fach Medizin stärker problemorientiert und fallbezogen zu gestalten (Das Arztbild der Zukunft, 1989).

Eine wichtige Rolle innerhalb dieser Bemühungen nehmen Computerlernprogramme ein, die diagnostische Kompetenz fallbezogen vermitteln. Die Falldarstellung am Computer zwingt zur Anwendung vorhandenen Wissens und vermittelt Erfahrungen, die der Realität sehr nahe kommen. Ein wichtiger Vorteil dieser Lernprogrammen ist es, daß Lerner orts- und zeitunabhängig mit einer Vielzahl von Fällen konfrontiert werden können. Es soll aber ausdrücklich betont werden, daß diagnostische Übungen am Computer nur eine Ergänzung bzw. Vorbereitung und keineswegs ein Ersatz für den Unterricht am Krankenbett sein können.

Bisherige fallbasierte Lernprogramme sind nur unzureichend instruktionstheoretisch verankert. Daher fehlen genaue Vorstellungen, wie fallbasierte Systeme zu gestalten sind, damit sie optimal von den Lernern verwendet werden können. Ein Grund dafür ist auch, daß das diagnostische Denken der Zielgruppe dieser Programme - also fortgeschrittener Studenten - bislang nur unzureichend untersucht wurde.

Ziel dieser Studie ist es daher, detailliert zu untersuchen, wie Studenten mit einem fallbasierten Computerlernprogramm arbeiten. Speziell wird der Frage

Informatik aktuell
U. Glowalla, E. Schoop (Hrsg.), Hypertext und Multimedia:
Neue Wege in der computerunterstützten Aus- und Weiterbildung
© Springer-Verlag Berlin Heidelberg 1992

nachgegangen, ob und wie ein „Anwendungsdefizit" beim Diagnostizieren auftritt. Auf der Grundlage dieser Prozeßbeschreibung sollen anhand neuerer, konstruktivistischer Lerntheorien erste Überlegungen angestellt werden, welche Kriterien fallbasierte Computerlernprogramme erfüllen müßten, um den Erwerb von diagnostischer Kompetenz zu unterstützen.

2   Theoretischer Hintergrund

Theoretische Grundlage für die Analyse diagnostischen Denkens sind Arbeiten der Problemlösepsychologie. Diagnostisches Denken ist innerhalb dieser Forschungsrichtung, speziell im Paradigma der Experten-Novizen-Forschung, als ein Beispiel für Problemlösen in semantisch reichhaltigen Domänen untersucht worden. Ältere Arbeiten in der Tradition von Elstein und seinen Kollegen beschreiben diagnostisches Denken als hypothetisch-deduktiven Prozeß (Elstein, Shulman & Sprafka, 1978). Nach diesem Modell werden schon nach wenigen Informationen über den Patienten erste Hypothesen gebildet. Weitere Informationen über Patientenmerkmale werden gezielt im Hinblick auf diese Hypothesen angefordert und dienen der Abschwächung oder Bestärkung der Arbeitshypothesen, bis eine endgültige Diagnose getroffen werden kann. Diesen Verlauf des diagnostischen Denkens fanden Elstein et al. sowohl bei Experten als auch bei Novizen. Der Unterschied zwischen Experten und Novizen liegt ihrem Modell zufolge nicht im Ablauf dieses Prozesses, sondern in Qualität und Quantität der Hypothesen und der Informationssuche.

Neuere Forschungsarbeiten von Groen, Patel und ihren Kollegen beschreiben das Diagnostizieren als die Konstruktion eines Situationsmodells, einer Fallrepräsentation, die Symptome und kausale Relationen zu potentiellen Störungen enthält. Mit differenzierten Auswertungsverfahren von Prozeßprotokollen, die sich an der propositionalen Textanalyse von Kintsch und van Dijk (1978) orientierten, konnten sie Unterschiede zwischen Experten und Novizen ausmachen, die in der Expertiseforschung auch in anderen Domänen gefunden wurden (Patel, Evans & Groen, 1989). Experten verwenden demnach eine Strategie, die durch das Anwenden von hoch spezialisierten Regeln direkt von den gegebenen Daten zu einer gesuchten Diagnose führt und daher als vorwärtsgerichtete Suchstrategie bezeichnet wird. Novizen können dagegen keine wissensabhängigen Regeln anwenden und arbeiten mit rückwärtsgerichteten Suchstrategien. Darunter fallen nach Groen und Patel alle anderen Vorgehensweisen beim Diagnostizieren, elaborierte hypothetisch-deduktive Strategien, wie sie Elstein et al. (1978) beschrieben haben, ebenso wie das einfache Sammeln von Fakten.

Eine derart globale Kategorie der rückwärtsgerichteten Suchstrategien macht den Mangel dieser Forschung für die Gestaltung von Lernsystemen sehr deutlich: Der Schwerpunkt der Forschung liegt auf der Untersuchung kognitiver Prozesse und Strukturen, die der diagnostischen Überlegenheit von Experten zugrundeliegt. Was die Prozesse von Novizen speziell ausmacht, ist dagegen weit weniger untersucht, obwohl die entwickelten Methoden der Problemlöseforschung für eine Untersuchung des Denkens von Novizen geeignet sind und die Theorie gute Anhaltspunkte für eine Ausarbeitung des diagnostischen Denkens von Studenten bietet.

3 Methode

In unserer Studie untersuchen wir das diagnostische Denken von Studenten, die mit einem fallbasierten Computersystem arbeiten. Der Prozeß des Diagnostizierens wird von den ersten Schritten des Hypothesenbildens bis zur endgültigen Diagnose analysiert. Auf der Grundlage dieser Prozeßanalyse sollen die spezifischen Probleme von Novizen beim Diagnostizieren herausgearbeitet werden. Eine derart feine Analyse erlaubt es, den fallbasierten Unterricht speziell im Hinblick auf die Zielgruppe zu verbessern.

Für die Untersuchung wurde das Computerlernprogramm PlanAlyzer verwendet, das von Lyon und seinen Mitarbeitern in der Dartmouth Medical School (Lyon et al., 1991) entwickelt wurde. Thema des Programms ist die Diagnose von Anämien. Der Lerner kann bei der Arbeit mit dem Programm zwischen vierzehn Fällen auswählen, die alle die gleiche Struktur aufweisen. Zu Beginn wird der Patient mit einigen wichtigen Daten (Geschlecht, Alter, Allgemeinzustand, erste Blutwerte) kurz vorgestellt. In den nächsten beiden Programmschritten hat der Lerner die Möglichkeit, aus umfangreichen Listen Informationen über die Symptome und die Krankheitsgeschichte des Patienten auszuwählen. Die Informationen über den Patienten werden vervollständigt durch die Analyse des Blutausstriches - bei der ein Blick durch ein Mikroskop simuliert wird - und die Möglichkeit, einige Labortests durchzuführen. Aufgrund der Daten, die in diesen Programmschritten gesammelt werden, muß der Lerner eine endgültige Diagnose treffen. Abgeschlossen wird die Fallbearbeitung jeweils durch einen Text, der aus Expertenperspektive die Diagnose zusammenfaßt.

Wir berichten über Ergebnisse einer Pilotstudie, an der insgesamt 30 Studenten der Universitätsklinik München (Innenstadtklinikum) teilnahmen. Nach einer Einführung in die technische Bedienung und den Ablauf des Programms wurden anhand der Bearbeitung eines Falles die Prozeßdaten der sukzessiven Konstruktion der Fallrepräsentation gewonnen. Neben den on-line erfaßten Eingabeprotokollen wurden auch verbale Daten über den gesamten Prozeß mit Fragen über aktuelle Hypothesen und deren Begründungen erhoben. Die Protokolle wurden transkribiert und in Anlehnung an die Auswertungsverfahren von Patel und Groen (Patel, Groen & Arocha, 1990) ausgewertet. Die Aussagen wurden dazu in propositionsähnliche Textsegmente zerlegt und speziell daraufhin analysiert, welche Konzepte über Befunde des Patienten und welche Diagnosen genannt wurden. Die Protokollanalysen führte ein Mediziner durch; sie wurden von einer Expertin für den Bereich anämische Blutkrankheiten durchgesehen und korrigiert.

4 Ergebnisse

Wir möchten im folgenden exemplarisch den sukzessiven Konstruktionsprozeß der Fallrepräsentationen und die dabei verwendeten Strategien von zwei Personen rekonstruieren. Aus Platzgründen werden wir nicht alle erhobenen fünf Schritte, sondern nur den Beginn (Abb. 1a und 1b) und den vorletzten Schritt vor der Diagnose (Abb. 2a und 2b) beschreiben.

Nach dem ersten Programmschritt (Abb. 1a und 1b)

Die Rechtecke „MCV +" und „Hb -" sind die ersten Befunde des Patienten, die von Person A genannt werden und betreffen bestimmte Blutwerte. Aufgrund dieser Blutwerte nimmt Person A - wie die Pfeile verdeutlichen - eine sogenannte megaloblastische Anämie als Bereich für eine mögliche Diagnose an. Sie spezifiziert ihren Hypothesenraum noch und vermutet innerhalb der megaloblastischen Anämie einen B12- oder einen Folatmangel.

Ein vergleichender Blick auf das Initialmodell von Person B zeigt, daß B drei Hinweise mit drei sehr unspezifischen Diagnosen (Blutungen, B12-Mangel und Leberererkrankungen) in Verbindung bringt.

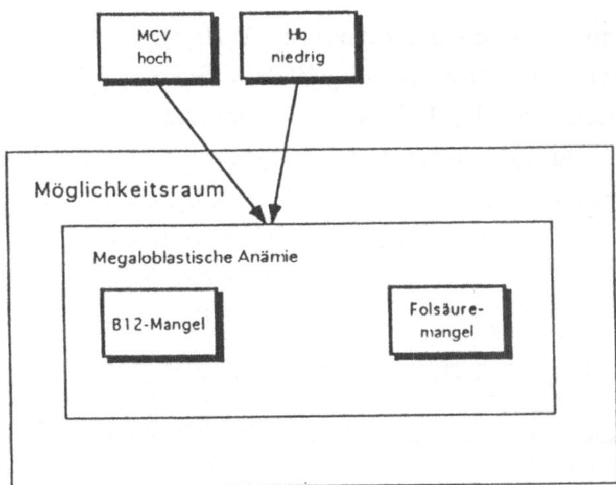

Abb. 1a Rekonstruierte Fallrepräsentation von *Person A* nach dem ersten Programmschritt

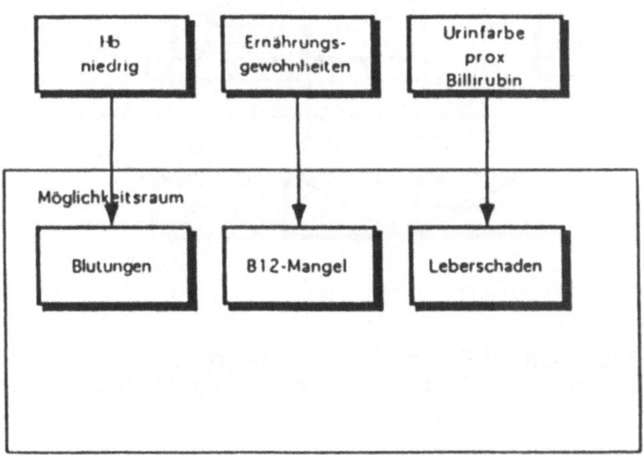

Abb. 1b Rekonstruierte Fallrepräsentation von *Person B* nach dem ersten Programmschritt

Nach der körperlichen Untersuchung (Abb. 2a und 2b)

Die grauen Felder sind Konzepte, die in den vorhergegangenen Programm-schritten genannt wurden, die schwarzen sind aktuell genannt. Wir sehen, daß Person A nach wie vor lediglich mit Arbeitshypothesen im Bereich megalo-blastische Anämie arbeitet und den Suchraum im Vergleich zum ersten Schritt nicht erweitert hat. Alle von ihr genannten Konzepte stehen in irgendeiner

Verbindung mit möglichen Diagnosen. Auffallend ist, daß Person A jeweils einige Informationen zusammengefaßt hat. Bei der endgültigen Entscheidung wird es ihr gelingen, alle Informationen in sehr reduzierter Weise mit seiner endgültigen - und auch korrekten - Diagnose der perniziösen Anämie in Verbindung zu setzen.

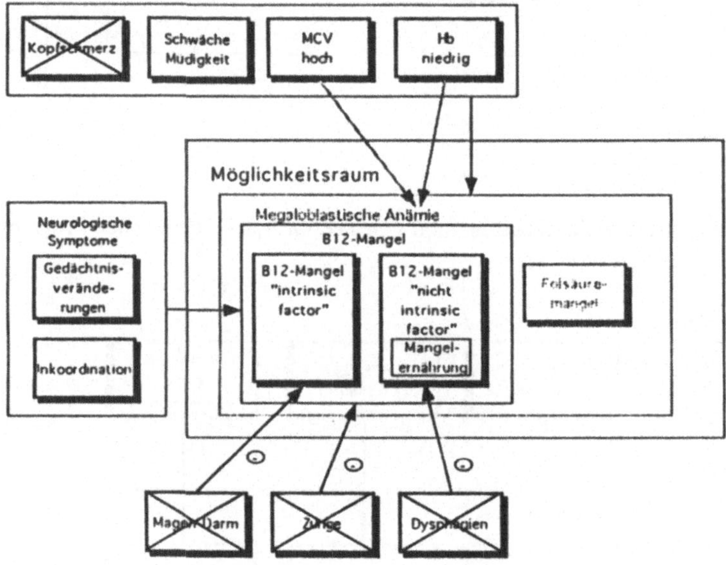

Abb. 2a Rekonstruierte Fallrepräsentation von *Person A* nach der körperlichen Untersuchung (die grauen Felder wurden in vorherigen Programmschritten genannt)

Person B dagegen zeichnet sich durch eine große Vielzahl von Hypothesen aus, hat also den Suchraum im Vergleich zum Initialmodell sehr stark erweitert. Die Befunde werden nicht zusammengefaßt, sondern einzeln mit Hypothesen in Verbindung gebracht - und dabei wird für beinahe jedes erwähnte Symptom eine neue Hypothese gebildet. Im letzten Schritt wird sich Person B endgültig im Raum der möglichen Hypothesen verlieren und von „Krebs" über „Blutungen" zu „Vitaminmangel" alle möglichen Diagnosen im Blick haben.

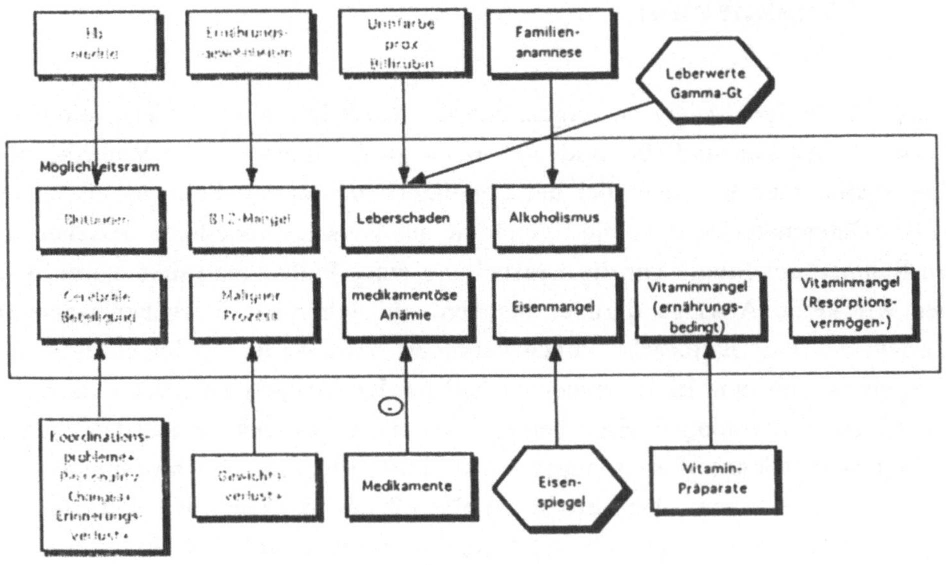

Abb. 2b Rekonstruierte Fallrepräsentation von *Person B* nach der körperlichen Untersuchung (die grauen Felder wurden in vorherigen Programmschritten genannt)

Zusammenfassend:

Von Anfang an ist für *Person A* das mögliche Spektrum an Diagnosen für den vorgegebenen Fall sehr eingeschränkt. Um mit der großen Datenmenge umzugehen, faßt sie Informationen zusammen und verbindet die zusammengefaßten Informationen mit möglichen Hypothesen. Neue Informationen werden mit alten Informationen integriert und differenzieren die Diagnosen aus. Dieses Vorgehen entspricht der vorwärtsgerichteten Suchstrategie im Sinne von Patel und Groen (Patel, Groen & Arocha, 1990).

Person B sammelt dagegen über den gesamten Prozeß hinweg Daten über den Patienten, ohne sie mit einem übergeordneten kausalen Modell in Verbindung zu bringen. Neue Informationen werden nicht auf vorherige Hypothesen bezogen. Am Ende verliert sich Person B in der Menge potentieller Diagnosen. Dieses Vorgehen weist einige Merkmale einer rückwärtsgerichteten Suchstrategie auf. Die Möglichkeiten dieser Strategie, Einzelhypothesen aufeinander zu beziehen, zu selegieren oder in übergeordnete Modelle einzuordnen, werden aber nicht genutzt.

5 Diskussion

Unsere bisherigen Analysen zeigen, daß die beschriebenen Schwierigkeiten von Person B typisch sind für Studenten ohne große diagnostische Vorerfahrung. Diese Studenten sammeln bei der computerunterstützten Fallbearbeitung exzessiv Datenmaterial, ohne die Symptome auf kausale Modelle zu beziehen. Da im Rahmen der Studie nur die Bearbeitung eines Falles analysiert wurde, können wir keine Aussage darüber machen, ob sich diese Vorgehensweise im Verlauf weiterer Fallbearbeitungen verändert bzw. weiterentwickelt. Bei einer Vorgehensweise wie im untersuchten Fall ist der Lerngewinn jedoch als relativ gering zu veranschlagen. Entscheidend für einen Lerngewinn ist, daß Studenten ihr vorhandenes Wissen durch konstruktive Prozesse in Anwendungssituationen flexibilisieren. Das Lernen als Prozeß der Wissensanwendung bei der Bearbeitung computerunterstützter Diagnoseprobleme sollte deshalb durch instruktionale Maßnahmen unterstützt werden.

Möglichkeiten, die Konstruktion von Wissen in Anwendungssituationen zu fördern, bieten neuere Instruktionstheorien des situierten und konstruktivistischen Lernens, deren Anliegen es ist, flexibel anwendbares Wissen - wie es auch Experten auszeichnet - zu vermitteln (Collins, Brown & Newman, 1989; Spiro, Feltovich, Jacobson & Coulson, 1991). Diese Ansätze zielen insbesondere auf strategische Wissensbestände (Heuristiken, Lern- und Kontrollstrategien) ab, die Experten in der Wissensanwendung nutzen. Diese Strategien werden als kontextualisiert und domänenspezifisch verstanden. Auch die Vermittlung dieser Strategien ist kontextualisiert durch Experten zu gestalten. Wichtige Lehrmethoden sind die Artikulation der Expertenstrategien und die Reflexion des Lerners über seine Vorgehensweise im Vergleich zum Experten. Die Artikulation des Experten beim Lösen von Fällen und die Artikulation des Lerners sowie die damit verbundene reflexive Problembearbeitung sind instruktionale Methoden, die in weiteren Studien mit dem PlanAlyzer untersucht werden sollen.

Literatur

Collins, A., Brown, J. S. & Newman, S. E. (1989). Cognitive apprenticeship: Teaching the crafts of reading, writing, and mathematics. In L. B. Resnick (Ed.), *Knowing, learning, and instruction.* Hillsdale, N. J.: Erlbaum, 453-494.

Elstein, A. S., Shulman, L. S. & Sprafka, S. A. (1978). *Medical problem solving: An analysis of clinical reasoning.* Cambridge: Harvard University Press.

Kintsch, W. & van Dijk, T. A. (1978). Toward a model of text comprehension and production. *Psychological Review, 85,* 363-994.

Lyon, H. C., Healy, J. C., Bell, J. R., O'Donnell, J. F., Shultz, E. K., Wigton, R. S., Hirai, F. & Beck, J. R. (1991). Significant efficiency findings while controlling for the frequent confounders of CAI research in the PlanAlyzer project's computer-based, self-paced, case-based programs in anemia and chest pain diagnosis. *Journal of medical systems, 15,* 117-142.

Patel, V. L., Evans, D. A. & Groen, G. J. (1989). Biomedical knowledge and clinical reasoning. In D. A. Evans & V. L. Patel (Eds.): *Cognitive science in medicine.* Cambridge: Massachusetts Institute of Technology, 33-112.

Patel, V. L., Groen, G. J. & Arocha, J. F. (1990). Medical expertise as a function of task difficulty. *Memory & Cognition, 18,* 394-406.

Schmidt, H. G., Norman, G. R. & Boshuizen, H. P. A. (1990). A cognitive perspective on medical expertise: Theory and implications. *Academic Medicine, 65,* 611-621.

Spiro, R. J., Feltovich, P. J., Jacobson, M. J. & Coulson, R. L. (1991). Cognitive flexibility, constructivism and hypertext: Random access instruction for advanced knowledge acquisition in ill-structured domains. *Educational Technology, 31,* 24-33.

Whelan, G. (1988). Improving medical students' clinical problem solving. In P. Ramsden (Ed.): *Improving learning. New perspectives.* London: Kogan Page, 199-233.

Wiederlernen von Wissen

Ulrich Glowalla, Gudrun Häfele, Joachim Hasebrook, Mike Rinck und Gilbert Fezzardi
Fachbereich Psychologie, Justus-Liebig-Universität Gießen
Otto-Behaghel-Str. 10/F, 6300 Gießen

Zusammenfassung

Das Wiederlernen von Wissen wird in der betrieblichen und universitären Ausbildung immer wichtiger, da das benötigte Fachwissen immer schneller erweitert und erneuert wird. Sowohl vor Prüfungen als auch nach Schulungsmaßnahmen muß das zuvor erworbene Wissen aufgefrischt und ergänzt werden. Die übliche Wiederlerntechnik besteht zumeist darin, an Hand der Schulungsunterlagen den gesamten Stoff noch einmal zu bearbeiten. Um den enormen Zeitaufwand gegenüber einer solchen umfassenden Strategie zu verringern, werden gelegentlich auch sogenannte „Lernkarteien" eingesetzt, in denen mit Hilfe von Stichworten oder Aufgaben gezielt einzelne Erläuterungen studiert werden können. Um mit solchen Lernkarteien selektiv wiederlernen zu können, muß der Lerner (1) seinen Wissensstand angemessen beurteilen, (2) fehlende Informationen suchen und schließlich (3) die Wissenslücken schließen. Bei all diesen Komponenten des Wiederlernens kann der Computer als sinnvolle Lernhilfe eingesetzt werden. In zwei Wiederlernkursen zum Thema „Einführung in die Gedächtnispsychologie" haben wir umfassende und selektive Wiederlernstrategien miteinander verglichen. An diesen Kursen nahmen insgesamt 76 Studenten der Universitäten Marburg und Gießen teil. Diese Kurse dauerten jeweils einen Tag; sie begannen mit einer Wissensdiagnose, in der der Wissensstand und die subjektive Sicherheit in allen Wissensbereichen erhoben wurde. Bei der umfassenden Wiederlernstrategie wurde zunächst der Text einer Lektion und dann eine Reihe von Aufgaben zu dieser Lektion bearbeitet. Zu jeder Aufgabe wurde rückgemeldet, ob sie in der Eingangsdiagnose „richtig" oder „falsch" beantwortet wurde, und ob die Beurteilung auf „Wissen" oder auf „Vermutung" beruhte. Bei der selektiven Wiederlernstrategie bekamen die Teilnehmer sogleich die Aufgaben mit der Rückmeldung vorgelegt und konnten sich dann entscheiden, ob sie die Aufgabe unmittelbar beantworten oder aber zunächst eine erläuternde Textkarte studieren wollten. In beiden Untersuchungen wurden die Fehlerraten in einer Eingangsdiagnose und in einer abschließenden Wissensdiagnose gemessen, die Studierzeit während des Wiederlernens registriert sowie die subjektive Beurteilung des Wiederlernkurses an Hand einer Befragung erhoben. In der ersten Untersuchung erhielten alle Teilnehmer zum Wiederlernen nur die Hälfte der Aufgaben der Eingangsdiagnose vorgelegt. Es zeigte sich, daß mit der umfassenden und mit der selektiven Wiederlernstrategie vergleichbar gute Ergebnisse bei den Aufgaben erzielt wurden, die zum Wiederlernen vorgegeben worden waren. Bei den nicht dargebotenen Aufgaben zeigten sich nur für die umfassende Wiederlernstrategie geringe Transfereffekte. Allerdings

Informatik aktuell
U. Glowalla, E. Schoop (Hrsg.), Hypertext und Multimedia:
Neue Wege in der computerunterstützten Aus- und Weiterbildung
© Springer-Verlag Berlin Heidelberg 1992

benötigten die selektiv Wiederlernenden nur etwa ein Drittel der Gesamtarbeitszeit der umfassenden Strategie. In der zweiten Untersuchung wurden alle Aufgaben aus der Eingangsdiagnose zum Wiederlernen vorgegeben. Zudem verwendeten alle Teilnehmer in unterschiedlichen Lektionen eine der beiden Wiederlernstrategien, so daß sie am Ende des Kurses ein direktes Vergleichsurteil abgeben konnten. Die abschließende Wissensdiagnose ergab, daß mit Hilfe der selektiven Wiederlernstrategie vergleichbar viel Wissen wie mit Hilfe der umfassenden Strategie in nur zwei Dritteln der Zeit erworben wurde. In der subjektiven Beurteilung wurde die selektive Wiederlernstrategie der umfassenden deutlich vorgezogen. Diese Ergebnisse werden vor dem Hintergrund der Einsatzmöglichkeiten selektiver Wiederlernstrategien diskutiert.

1   Einleitung

In der schulischen und beruflichen Aus- und Weiterbildung kommt dem gezielten Wiederlernen von Wissen immer mehr Bedeutung zu. Im Rahmen jeder Ausbildung muß der Lehrstoff gerade vor Prüfungen wiederholt und Vergessenes wiedergelernt werden. Aber nicht nur im Ausbildungsbereich, sondern auch in der beruflichen Weiterbildung entwickelt sich das gezielte Auffrischen, Ergänzen und Modifizieren von Fachwissen auf Grund der immer kürzeren Innovationszyklen zu einem zentralen Aspekt (vgl. Janotta, 1990; Neville, 1989).

Da Mitarbeiterschulung meist zentral stattfindet, kann nicht jeder Mitarbeiter das in der Schulung erworbene Wissen sofort umsetzen (Zimmer, 1990). Der Zeitraum zwischen Wissenserwerb und Anwendung dieses Wissens im Betrieb ist variabel. Je größer dieser Zeitraum wird, desto mehr Wissen wird vergessen und der Mitarbeiter ist gezwungen, das Wissen erneut zu lernen. Üblicherweise wird dies an Hand der gesamten Schulungsunterlagen geschehen, was je nach Güte und Umfang der Unterlagen sehr zeitaufwendig werden kann. Außerdem können in der Zeit, in der ein Mitarbeiter seine Schulungsunterlagen nochmals durcharbeitet, keine anderen Arbeiten erledigt werden. Deshalb ist es wünschenswert, daß das notwendige Wissen in möglichst kurzer Zeit erworben wird. Bevor die Frage nach einer möglichst effizienten Wiederlernstrategie beantwortet werden kann, muß eine Bestandsaufnahme üblicher Wiederlerntechniken erfolgen.

1.1 Übliche Wiederlerntechniken

Studenten verwenden sehr viel Zeit auf den Erwerb neuen Wissens und das Auffrischen bereits gelernter Information. Zudem wurde das Lernverhalten von Studenten häufig untersucht. Dabei zeigte sich, daß selbst so geübte Lerner wie Studenten in der Regel wenig effiziente Lernstrategien anwenden und es daher wichtig ist, Studenten beim Wissenserwerb zu unterstützen (vgl. Anderson, 1980; Anderson & Armbruster, 1984; Flippo & Caverly, 1991).

Interessanterweise ist das Wiederlernen von Wissen recht selten Gegenstand wissenschaftlicher Untersuchungen. Einen Überblick über die Methoden zur Vorbereitung auf spezifische Prüfungen geben z.B. Wark und Flippo (1991). Zur Prüfungsvorbereitung verwenden Studenten meist zwei unterschiedliche Arten des Wiederlernens. Die erste Wiederlernmethode ist eine umfassende Methode: An Hand der Fachliteratur, Skripten und eigener Notizen wird der Stoff nochmals durchgearbeitet. Dies hat den Vorteil, daß alle Wissenskomponenten zumindest potentiell wiedergelernt werden können und ein Überblick über alle Inhalte des Lehrmaterials ermöglicht wird. Ein Nachteil dieser Methode ist jedoch, daß sie meist sehr zeitaufwendig ist.

Als eine Alternative wird empfohlen, ausgehend von Stichworten oder Lernfragen selektiv vorzugehen: Der Lernende überprüft, ob er eine Lernfrage beantworten kann. Wenn dies nicht der Fall ist, wiederholt er gezielt den relevanten Teil des Lehrstoffs (Kugemann, 1986; Günther, Heinze & Schott, 1977). So bedienen sich beispielsweise Studenten dieser Wiederlerntechnik, indem sie „Lernkarteien" anlegen, die aus Karteikarten bestehen, welche auf der einen Seite eine Frage oder ein Stichwort und auf der anderen Seite eine kurze Erläuterung dazu enthalten. Beim Wiederlernen werden die Karten nacheinander durchgesehen und Erläuterungen zu den Fragen oder Stichworten, zu denen die Information nicht mehr verfügbar ist, müssen nochmals bearbeitet werden. Für die Prüfungsvorbereitung in den Fächern Medizin und Jura werden solche Lernkarteien bereits kommerziell angeboten. Das Arbeiten mit einer Lernkartei führt dazu, daß der Studierende, ausgehend von selbst diagnostizierten Wissenslücken, nur den Lehrstoff nochmals bearbeitet, über den er nicht mehr verfügt. Dieses Vorgehen beinhaltet bereits wichtige Komponenten einer selektiven Wiederlerntechnik.

1.2 Wichtige Komponenten des selektiven Wiederlernens

Um selektiv wiederlernen zu können, muß zunächst eine Wissensdiagnose erfolgen, um die Wissenslücken und das noch vorhandene Wissen zu erfassen. Anschließend muß die Information gesucht werden, über die der Wiederlernende nicht mehr verfügt. Im dritten Schritt muß die relevante Information so bearbeitet werden, daß das Wissen dauerhaft gespeichert wird. Die wesentlichen drei Schritte des selektiven Wiederlernens sind demnach:

- Wissensdiagnose,
- Informationssuche und
- Schließen der Wissenslücken.

Die Wissensdiagnose. Das Ziel der Wissensdiagnose ist es, das noch vorhandene Wissen zu erfassen und Wissenslücken zu erkennen. Diese Aufgabe ist keineswegs trivial. Selbst Erwachsene haben große Schwierigkeiten, ihr Wissen über ein Sachgebiet adäquat einzuschätzen (Baker, 1989, Glenberg & Epstein, 1985). Der Wiederlernende muß nicht nur in der Lage sein zu beurteilen, wie umfangreich sein Wissen ist, er muß zudem in der Lage sein zu beurteilen, ob er über das relevante Wissen verfügt. Eine solche Entscheidung ist um so schwerer zu treffen, je weniger Wissen noch vorhanden ist und je unbekannter ein Sachgebiet ist. Menschliche Tutoren sind durchaus in der Lage, das Wissen von Wiederlernenden recht zuverlässig zu diagnostizieren. Dazu muß der Tutor jedoch Experte auf dem jeweiligen Wissensgebiet sein und zusätzlich über die pädagogischen Fähigkeiten verfügen, das vorhandene Wissen zu diagnostizieren und Wissenslücken an den Lernenden zurückzumelden.

Die Informationssuche. Hat ein Wiederlerner erfolgreich sein vorhandenes Wissen und vor allem die Wissenslücken erfaßt, so muß er die relevante Information finden, die zum Schließen der Wissenslücken benötigt wird. Je umfangreicher das Wissensgebiet ist, um so schwieriger kann sich die Suche nach dieser Information gestalten. Muß sich der Wiederlernende auf sich gestellt mit einer Fülle von Lehrmaterial auf die Suche nach der relevanten Information machen, kann dies wiederum sehr zeitaufwendig werden. Auch hier kann ein menschlicher Tutor effizient helfen, wenn er über das notwendige thematische und pädagogische Vorwissen verfügt. Experten zeichnen sich nämlich gegenüber Novizen in einem Fachgebiet dadurch aus, daß sie nicht nur über mehr, sondern auch über besser strukturiertes Wissen und effizientere Suchstrategien verfügen (vgl. Glaser, 1984; Schoenfeldt & Herman 1982). Ein Experte könnte dem Lernenden entweder die benötigte Information selbst nennen oder zumindest die Informationssuche durch gezielte Hinweise erleichtern. Diese Form der Informationssuche hat jedoch den Nachteil, daß so beide - Wiederlerner und Experte - für einen längeren Zeitraum mit dem Wiederlernen beschäftigt sind. Hinzu kommt, daß bei einer etwas größeren Wissensbasis auch für einen Inhaltsexperten die Informationssuche ohne Computerunterstützung sehr zeitaufwendig werden kann (vgl. Winters, Larson & Philips, 1991).

Das Schließen vorhandener Wissenslücken. Um Wissenslücken erfolgreich schließen zu können, muß man über geeignete Lernstrategien verfügen. Wenn man bedenkt, daß selbst Studenten häufig nicht über brauchbare Studiertechniken verfügen, so sollten gerade Personen beim Wissenserwerb unterstützt werden, die im Rahmen von Weiterbildungsmaßnahmen in die für sie ungewohnte Situation kommen, umfangreiches, neues Wissen in relativ kurzer Zeit erwerben zu müssen. Genauso notwendig ist es unseres Erachtens, auch beim Wiederlernen die Lernenden so zu unterstützen, daß sie das Lehrmaterial auf sinnvolle Weise bearbeiten. So ist es schon hilfreich, die Aufmerksamkeit der Wiederlernenden gezielt auf die aufgabenrelevante Information zu lenken (Reynolds & Anderson, 1982).

2 Computerunterstütztes selektives Wiederlernen

Alle drei hier skizzierten Komponenten des Wiederlernens können vom Computer unterstützt werden: Zunächst sollte eine Wissensdiagnose am Computer durchgeführt werden. Es sollten solche Aufgaben gestellt werden, die eine eindeutige Beurteilung der Antworten erlauben, so daß genau festgestellt werden kann, wieviel und welches Wissen der Wiederlernende noch parat hat und über welche Information er nicht mehr verfügt. Die Ergebnisse dieser Wissensdiagnose sollten dem Wiederlernenden so differenziert zurückgemeldet werden, daß er in der Lage ist, vorhandenes Wissen und spezifische Wissenslücken selbst zu erkennen. Ausgehend von dieser Rückmeldung kann er dann gezielt nur jene Bestandteile der Wissensbasis erneut bearbeiten, über die er nicht mehr verfügt. Hierzu muß die Software erlauben, ausgehend von diagnostizierten Wissenslücken gezielt jene Informationen darzubieten, die zum Schließen der Wissenslücken benötigt werden. Indem die Informationssuche vom Computer übernommen wird, kann sie schnell und erfolgreich geschehen. Wenn der Wiederlernende die Information dann studiert und dabei gezielt die aufgabenrelevante Information verarbeitet, sollte er in der Regel in der Lage sein, die vorhandenen Wissenslücken zu schließen.

3 Untersuchungen zur Effizienz unterschiedlicher Wiederlerntechniken

Ob ein solches selektives Wiederlernen einem traditionelleren Vorgehen, nämlich der nochmaligen Bearbeitung des gesamten Lehrmaterials, überlegen ist, haben wir in zwei Untersuchungen überprüft. An unseren Wiederlernkursen nahmen Studenten teil, die ein Semester zuvor einen computerunterstützten Lernkurs besucht hatten. In diesem Lernkurs hatten sie einen Lehrtext zur Gedächtnispsychologie bearbeitet (Glowalla, Rinck, Häfele, Fezzardi & Hasebrook, 1991). Der Lehrtext besteht aus 5 Kapiteln, die einen Umfang von insgesamt 60 Lehrbuchseiten haben. Das vermittelte Wissen ist für die Studenten prüfungsrelevant. In dem Wiederlernkurs, dessen Teilnahme freiwillig war, hatten die Studenten dann die Möglichkeit, dieses Wissen nach etwa einem halben Jahr wiederzulernen. Da beide Wiederlernkurse im Ablauf vergleichbar sind, werden wir im folgenden zunächst den Ablauf eines typischen Wiederlernkurses skizzieren.

3.1 Ein typischer Wiederlernkurs

Der Ablauf. Der Kurs dauerte für jeden Teilnehmer jeweils einen Tag. Er bestand aus drei Teilen: (1) Eingangsdiagnose, (2) Wiederlernphase und (3) Enddiagnose. Vormittags wurde als Eingangsdiagnose ein etwa anderthalbstündiger Test durchgeführt, um das noch vorhandene Wissen zu diagnostizieren. Danach folgte die Wiederlernphase, die je nach Wiederlerntechnik zwischen einer halben und gut eineinhalb Stunden dauerte. Nach einer längeren Mittagspause wurde nachmittags eine etwa zweistündige, abschließende Wissensdiagnose durchgeführt, die Enddiagnose. Abschließend wurde mit den Teilnehmern eine umfangreiche Befragung durchgeführt, in der wir die Akzeptanz des Wiederlernkurses erhoben haben. Der Ablauf eines typischen Wiederlernkurses ist in Abbildung 1 dargestellt.

Die Eingangsdiagnose. In der Eingangsdiagnose bekamen die Teilnehmer Aussagen zum Inhalt des Lehrtextes vorgelegt. Ihre Aufgabe bestand darin zu beurteilen, ob die Aussage richtig oder falsch ist. Anschließend wurden die

Teilnehmer gebeten anzugeben, ob ihre Antwort auf Wissen oder lediglich auf einer Vermutung basiert. Wir können so jedem Teilnehmer während des Wiederlernens zu jeder Aufgabe mitteilen, ob er sie richtig oder falsch beantwortet hat und ob seine Antwort auf Wissen oder auf einer Vermutung basierte. Diese Rückmeldung erhalten die Studierenden während der Wiederlernphase immer dann, wenn sie die entsprechende Aufgabe bearbeiten.

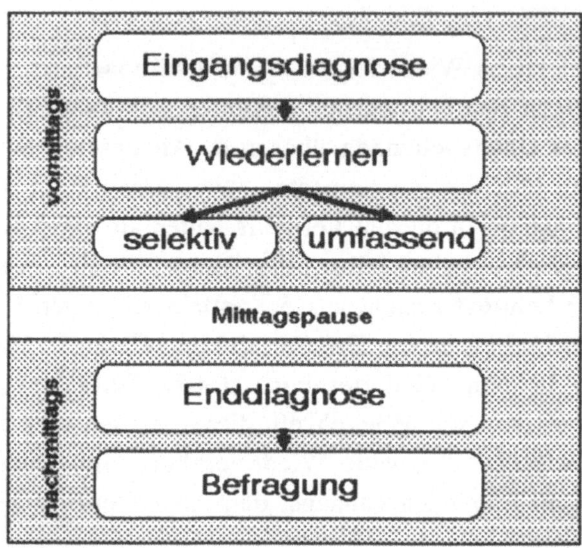

Abb. 1: Ablauf eines typischen Wiederlernkurses

Die umfassende Wiederlerntechnik. Eine Gruppe von Studenten hatte die Aufgabe, den Lehrtext Kapitel für Kapitel nochmals zu studieren. Nach jedem Kapitel sollten die entsprechenden Aufgaben aus der Eingangsdiagnose erneut bearbeitet werden. Wir bezeichnen diese Wiederlernmethode als umfassende Technik, da nochmals der komplette Lehrtext studiert wird und erst nach jeder Lektion die dazugehörigen Aussagen bearbeitet werden. Zu jeder Aufgabe erhielten die Teilnehmer die weiter oben erläuterte Rückmeldung über die Angemessenheit ihrer Antworten in der Eingangsdiagnose.

Die selektive Wiederlerntechnik. Den Teilnehmern der zweiten Gruppe wurden die Aufgaben der Eingangsdiagnose zusammen mit der Rückmeldung sofort vorgelegt. Die Studierenden konnten dann unter Berücksichtigung der Rückmeldung bei jeder Aufgabe entscheiden, ob sie diese sofort bearbeiten oder aber zunächst eine zur Lösung der Aufgabe relevante Textkarte studieren wollten. Wurde die Aufgabe sofort beurteilt, erschien im Anschluß gleich die nächste Aufgabe, und die Studierenden mußten wiederum entscheiden, ob sie die Aufgabe sofort verifizieren oder zunächst den relevanten Textabschnitt studieren wollten. Entschieden sie sich für das Lesen des Textes, so wurde ihnen ein Textabschnitt dargeboten, der die relevante Information zur Beurteilung der Aussage enthielt. Nach dem Studium des Textabschnittes bekamen die Studierenden die betreffende Aufgabe ein zweites Mal vorgelegt und mußten sie nun auf jeden Fall beurteilen. Sie konnten danach mit der nächsten Aufgabe fortfahren. Diese Wiederlerntechnik bezeichnen wir als selektiv, da die Teilnehmer ausgehend von ihrem Wissensstand selektiv Informationen abrufen. Abbildung 2 zeigt eine Aufgabe und den dazugehörigen Textabschnitt in der selektiven Wiederlerntechnik.

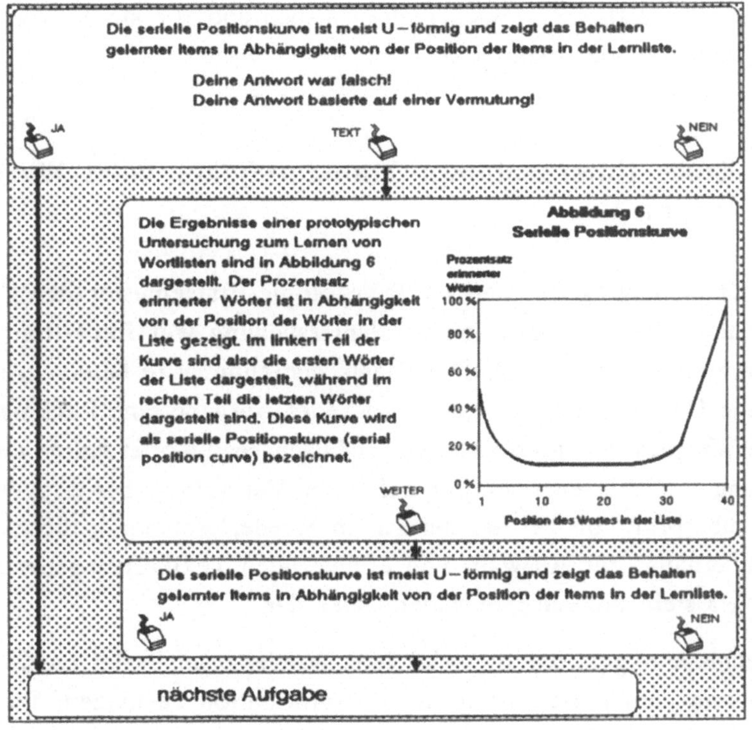

Abb. 2:   Die selektive Wiederlerntechnik

Wir möchten an dieser Stelle eher am Rande darauf hinweisen, daß auch die umfassende Wiederlerntechnik in gewisser Weise als selektiv zu bezeichnen ist. Da beide Wiederlerngruppen ihre individuelle Lese- und Lerngeschwindigkeit am Rechner selbst bestimmen konnten, ist auch die umfassende Technik insofern selektiv, als Textpassagen mit unbekannten Inhalten länger und vertraute Abschnitte schneller gelesen werden konnten.

Enddiagnose. Der Hauptteil dieser Diagnose ist mit den Aufgaben der Eingangsdiagnose vergleichbar. In der Enddiagnose bearbeiteten die Teilnehmer nochmals alle Aufgaben der Eingangsdiagnose, diesmal jedoch in gespiegelter Form. Jede Aussage, die in der Eingangsdiagnose einen Sachverhalt richtig darstellte, wurde so umformuliert, daß sie den gleichen Sachverhalt falsch darstellte und umgekehrt. Mit diesen Aufgaben konnten alle wesentlichen Inhalte des Lehrstoffes geprüft werden.

Befragung. Um die Akzeptanz unserer Wiederlernkurse zu erfassen, befragten wir die Teilnehmer sowohl in Interviews als auch mit Fragebögen eingehend nach ihrer Beurteilung des Kurses und der Wiederlerntechniken. Wir sind somit in der Lage Auskunft darüber zu geben, ob und wieviel Wissen die Teilnehmer in welcher Zeit wiedergelernt haben und wie sie die verschiedenen Wiederlernenstrategien beurteilen.

3.2 Erste Untersuchung: Transfereffekte beim Wiederlernen

An der Untersuchung nahmen 44 Psychologie-Erstsemester der Universität Marburg teil. Die Teilnahme an der Untersuchung war freiwillig. Die Teilnehmer erhielten aber eine Aufwandsentschädigung. Wie bereits erläutert, erhielten alle Untersuchungsteilnehmer zu jeder Aufgabe eine Rückmeldung, ob sie in der Eingangsdiagnose richtig oder falsch geantwortet hatten und ob ihre Beurteilung auf Wissen oder nur auf einer Vermutung basierte. Wir haben zunächst überprüft, ob bei der selektiven Wiederlerntechnik diese Rückmeldungen überhaupt zur Auswahl von erläuternden Textkarten genutzt wurden. Abbildung 3 stellt die entsprechenden Daten dar.

Die Ergebnisse zeigen, daß die selektiven Wiederlerner in der Lage waren, die Rückmeldung zum gezielten Abruf von Information zu nutzen: War die Beantwortung einer Aufgabe in der Eingangsdiagnose falsch, so wurde fast immer die entsprechende Textkarte abgerufen (90% vs 34%; F[1,21]=160.67; p<.001). Ob die Antwort auf Wissen oder einer Vermutung basierte, wurde nur dann berücksichtigt, wenn die Beantwortung der Aufgabe korrekt gewesen war (58% vs 16%; F[1,21]=96.15; p<.001).

Besonderes Augenmerk hatten wir in dieser ersten Untersuchung auf mögliche Transfereffekte gelegt: Führt eine selektive Technik zu Behalten ausschließlich der Aussagen, die zum Wiederlernen vorgelegt wurden oder verbessert sich auch die Verfügbarkeit nicht unmittelbar wiedergelernten Wissens? Um dieser Fragestellung nachgehen zu können, erhielten beide Gruppen in der Wiederlernphase jeweils nur die Hälfte der zum Lehrtext gehörigen Aufgaben. Die nach den selektiven Technik vorgehenden Teilnehmer hatten also nur für die Hälfte des gesamten Lehrtexts überhaupt die Möglichkeit, sich Informationen anzuschauen. Abbildung 4 zeigt die Ergebnisse aus der Eingangs- und der Enddiagnose im Vergleich.

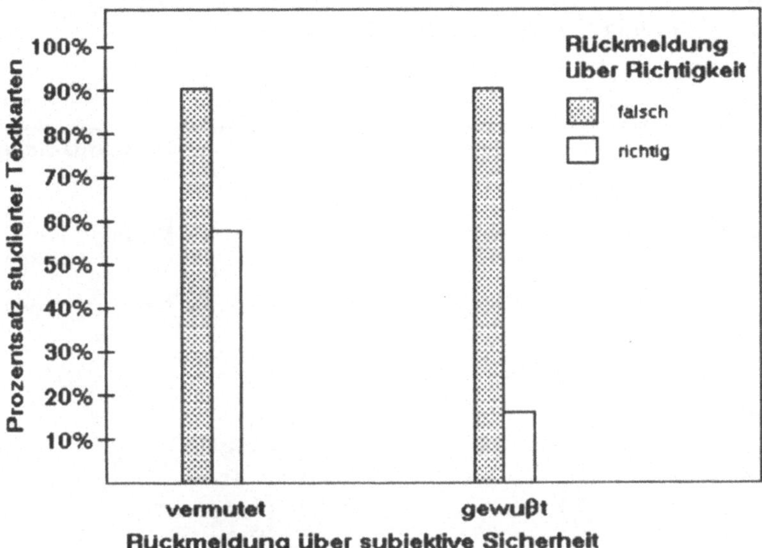

Abb. 3: Prozentsatz tatsächlich mit der selektiven Wiederlerntechnik studierter Textkarten in Abhängigkeit von der Rückmeldung

In der Eingangsdiagnose machen alle Teilnehmer deutlich mehr Fehler als in der Enddiagnose (19,5% vs 13%; $F[1,40]= 86.84$; $p<.001$): Fast alle Fehlerraten in der Enddiagnose sind geringer als die Fehlerraten aus der Eingangsdiagnose. Nur die selektiv wiederlernenden Teilnehmer haben bei den Aufgaben wenig an Wissen gewonnen, zu denen sie keinerlei Informationen erhalten hatten (19,5% vs 17%; n.s.). Falls ein Transfereffekt existiert, so ist er so schwach, daß er in dieser Untersuchung statistisch nicht gesichert werden konnte. Abbildung 4 zeigt auch, daß die umfassende Wiederlerntechnik zu insgesamt weniger Fehlern führte als die selektive Methode. Dies gilt jedoch nur für die Aufgaben, die während des Lernens nicht vorgegeben worden waren (10% vs 17%; $p<.01$).

Interessant ist es, die zum Wiederlernen vorgelegten Aufgaben, die sofort beurteilt wurden, mit denjenigen Aufgaben zu vergleichen, die erst nach dem Lesen einer Textkarte beantwortet wurden. Aus der Nutzung der Rückmeldung zu den Aufgaben geht klar hervor, daß vor allem bei den für die Teilnehmer schwierigen Aufgaben zusätzliche Informationen abgerufen wurden. Insgesamt wurden bei den Aufgaben, zu denen während des Wiederlernens gezielt Textkarten studiert wurden, in der Eingangsdiagnose 41% Fehler gemacht. Da die Aufgaben nur mit „JA" bzw „NEIN" zu beantworten waren, beruhte die Antwort der Teilnehmer für diese Aufgaben in vielen Fällen auf Raten. Die Frage ist nun, ob die selektive Wiederlerntechnik zu vergleichbar guten Behaltensleistungen hinsichtlich dieser schwierigen Aufgaben führt wie die umfassende Technik. Abbildung 5 zeigt, daß dies der Fall ist.

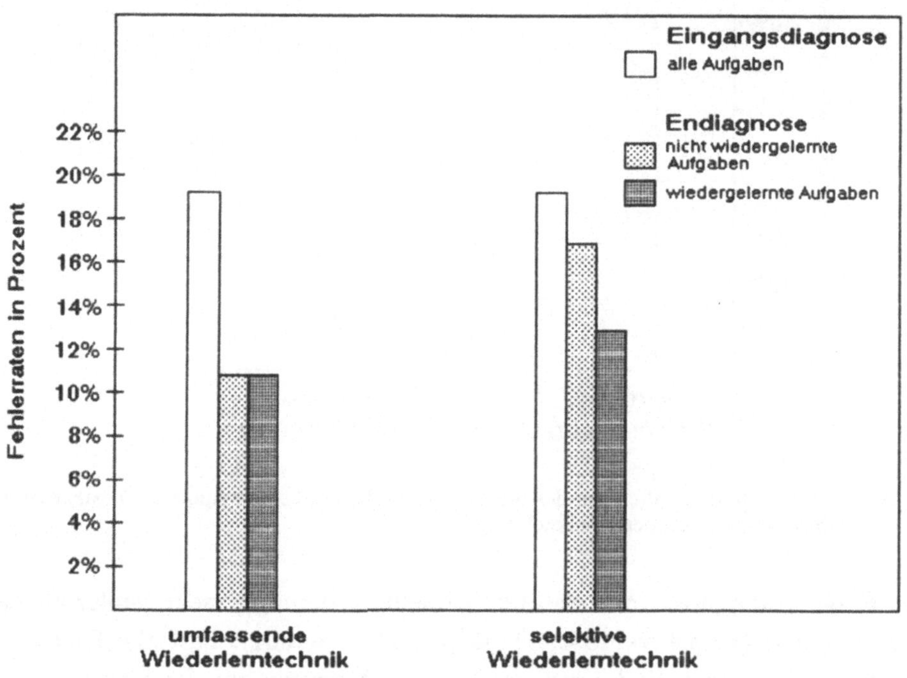

Abb. 4: Vergleich der Fehlerraten aus der Eingangsdiagnose und der Enddiagnose für zum Wiederlernen vorgegebene und nicht vorgegebene Aufgaben

Abbildung 5 faßt die Ergebnisse aus der Eingangs- und der Enddiagnose für die beiden Wiederlernstrategien zusammen. Es zeigt sich kein Unterschied zwischen sofort beurteilten Aufgaben, die in der Eingangsdiagnose zum größten Teil richtig beantwortet wurden, und den Aufgaben, die erst nach dem Studium einer Textkarte beantwortet wurden und in der Eingangsdiagnose zum größten Teil falsch beurteilt worden waren (13% vs 13%; n.s.). Dies bedeutet, daß die Studenten mit Hilfe beider Wiederlernstrategien in der Lage waren, ihre Wissenslücken zu schließen. Ebenfalls sehr erfreulich ist, daß sich beide Gruppen hinsichtlich der besonders schwierigen Aufgaben in der Enddiagnose nicht mehr signifikant unterschieden (11% vs 13%; n.s.). Zusammenfassend bleibt festzuhalten, daß die umfassende Wiederlerntechnik nur bei denjenigen Wissenskomponenten Vorteile zeigte, die in der selektiven Methode überhaupt nicht vorgegeben worden waren. Ansonsten sind die Behaltensleistungen in der Enddiagnose für beide Gruppen vergleichbar. Das gilt insbesondere auch für schwierige Aufgaben, die in der Eingangsdiagnose fast nur durch Raten gelöst worden waren.

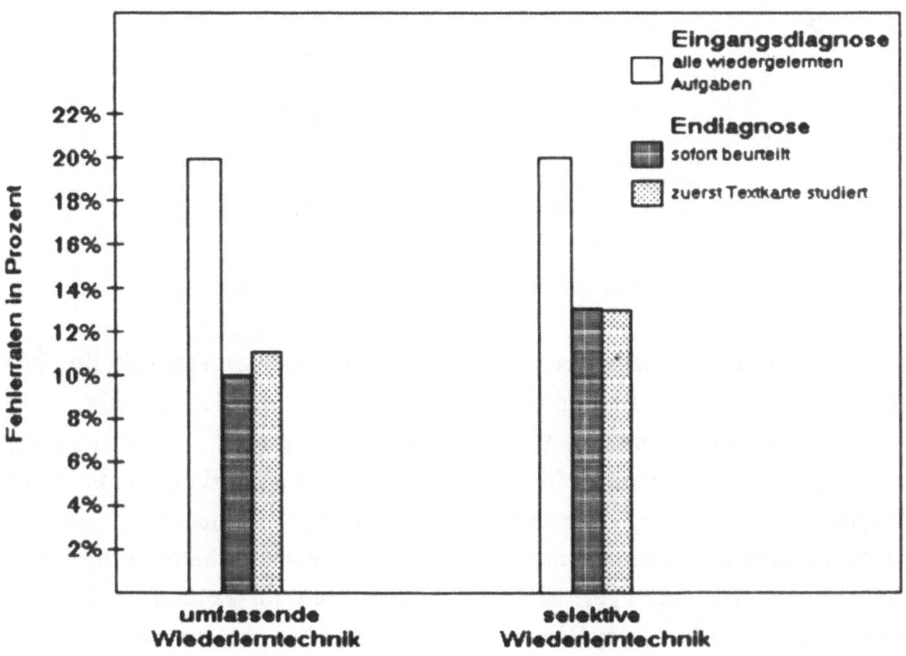

Abb. 5: Fehlerraten für sofort beurteilte bzw. erst nach Studium der Textkarte beurteilte Aufgaben in der Enddiagnose

Diese Ergebnisse müssen darüber hinaus vor dem Hintergrund der insgesamt aufgewendeten Arbeitszeit gesehen werden; hier ist die selektive Wiederlerntechnik ganz klar im Vorteil. Abbildung 6 zeigt diesen Vorteil der selektiven Technik bei der Gesamtarbeitszeit: Während bei der umfassenden Methode im Mittel 96 Minuten zum Wiederlernen benötigt wurden, war das Wiederlernen nach der selektiven Methode im Durchschnitt bereits nach 32 Minuten beendet ($t[32]=12.25; p<.001$).

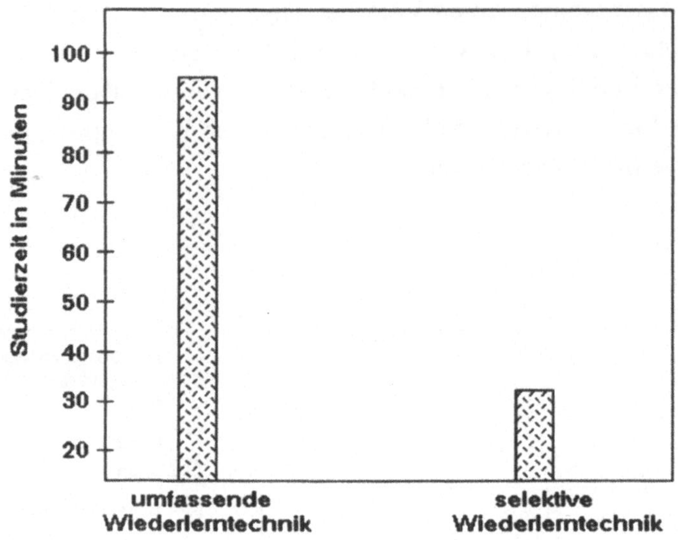

Abb. 6:   Gesamtarbeitszeit bei beiden Wiederlerntechniken in Minuten

Der lediglich für nicht wiedergelernte Wissenskomponenten festgestellte Wissensvorsprung bei der Nutzung der umfassenden Wiederlerntechnik wurde also mit einer dreimal längeren Gesamtarbeitszeit „erkauft". Allerdings geht diese sehr viel kürzere Arbeitszeit wohl auch darauf zurück, daß nur die Hälfte der Aufgaben zu bearbeiten war und die selektiv wiederlernende Teilnehmergruppe daher auch nur maximal die Hälfte der Wissensbasis hätte abrufen können. Möglicherweise verringert sich der Unterschied im Zeitaufwand erheblich, wenn alle Aufgaben zum Wiederlernen vorgegeben werden und damit die gesamte Wissensbasis zur Verfügung steht. Zudem wäre es möglich, daß die selektive Wiederlernstrategie als zu rigide empfunden wird, wenn noch größere Wissensbereiche in dieser Form bearbeitet werden sollen.

3.2   Zweite Untersuchung: Direkter Vergleich des Arbeitsaufwandes und der Akzeptanz

Im zweiten Wiederlernkurs erhielten die Teilnehmer alle Aufgaben zum Lehrtext vorgelegt, so daß auch die selektiv Wiederlernenden die Möglichkeit hatten, alle Textabsätze des Lehrtexts abzurufen. Das Vorgehen entsprach ansonsten dem zuvor geschilderten Untersuchungsablauf: Bei der umfassenden Wiederlerntechnik wurde der gesamte Lehrtext kapitelweise studiert; jeweils am Ende einer Lektion erhielten die Studenten alle zur Lektion gehörigen Aufgaben mit einer Rückmeldung über die Richtigkeit und die Sicherheit ihrer Beurteilung in der Eingangsdiagnose. Bei der selektiven Wiederlerntechnik bekamen die Teilnehmer die einzelnen Aufgaben und die Rückmeldung sofort dargeboten und konnten nun wiederum entscheiden, ob sie die betreffende Aufgabe sofort beantworten oder aber zunächst eine erläuternde Textkarte abrufen wollten.

Unser Hauptaugenmerk galt drei Aspekten: (1) Eine Abschätzung der Gesamtarbeitszeit und (2) ein Vergleich der Behaltensleistungen bei der Vorgabe der gesamten Wissensbasis sowie (3) die subjektive Beurteilung beider Wiederlernstrategien. Im Gegensatz zum ersten Wiederlernkurs gab es hier nicht zwei getrennte Gruppen. Vielmehr frischte jeder Teilnehmer an Hand beider Strategien sein Wissen auf. Dies hat den Vorteil, daß nicht nur ein Vergleich der Gesamtarbeitszeit und der Behaltensleistungen möglich ist, sondern auch ein direkter Vergleich der subjektiven Beurteilung beider Strategien.

An der zweiten Untersuchung nahmen 32 Studenten der Universität Gießen teil. Die Teilnahme war freiwillig. Es wurde wiederum eine Aufwandsentschädigung gezahlt. Jeder Teilnehmer erhielt alle fünf Lektionen des Kurses und alle Aufgaben zum Wiederlernen vorgelegt; dabei wurden jeweils die ersten drei Lektionen selektiv und die restlichen beiden umfassend bearbeitet bzw. die ersten umfassend und die letzten beiden selektiv. Somit wurden alle Lektionen über alle Kursteilnehmer hinweg gleich häufig in einer der beiden Strategien studiert.

Die folgende Abbildung zeigt die Fehlerraten in der Enddiagnose, wiederum aufgeteilt danach, ob die Aufgaben sofort bearbeitet wurden oder aber zunächst eine Textkarte abgerufen worden war. Beim selektiven Wiederlernen zeigt sich sowohl für die leichteren, sofort beurteilten Aufgaben als auch für die schwierigen, erst nach Lesen einer Textkarte beurteilten Aufgaben eine deutliche Verbesserung im Vergleich zur Eingangsdiagnose (23% vs 13% bzw. 14 %; $F[1,31]=106.39$; $p<.001$); die Fehlerraten beider Aufgabenarten unterscheiden sich in der Enddiagnose hingegen nicht (13% vs 14%; n.s.). Entsprechendes gilt, wenn man für die Lektionen, die nach der umfassenden Methode studiert wurden, dieselbe Aufgabenaufteilung vornimmt: Sowohl bei den leichteren als auch bei den schwierigeren Aufgaben profitieren die Teilnehmer vom Wiederlernen (24% vs 11% bzw. 10%; $F[1,31]=92.01$; $p<.001$). Vergleicht man die Fehlerraten, die mit beiden Wiederlerntechniken in der Enddiagnose erreicht wurden, so ergibt sich allerdings ein Vorteil für die umfassende Wiederlernstrategie (10% bzw. 11% vs 13% bzw. 14%; F[1,31]=7.22; p<.05).

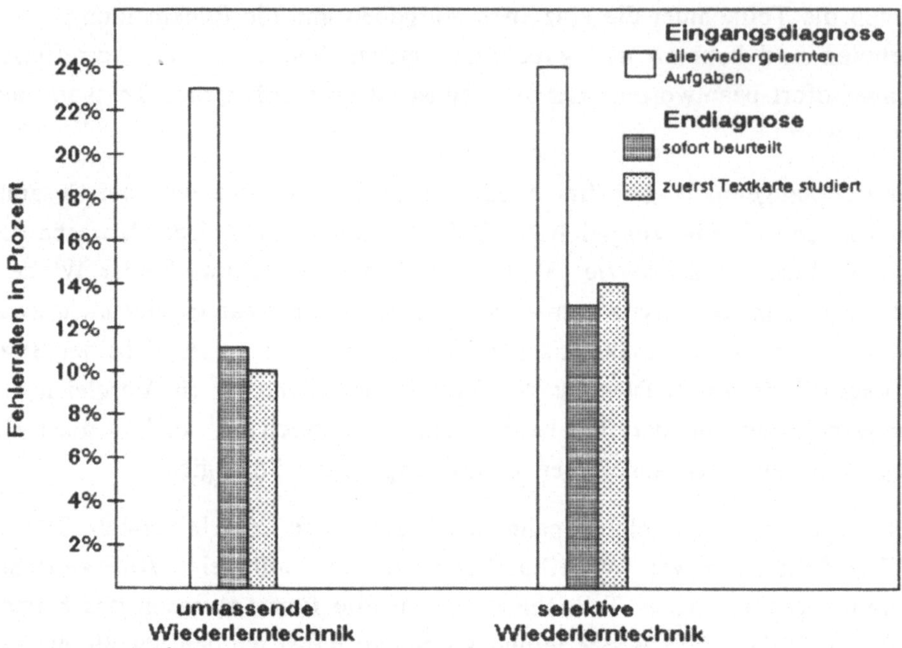

Abb. 7: Fehlerraten für sofort beurteilte bzw. erst nach Studium der Textkarte beurteilte Aufgaben in der Enddiagnose

Wie wir bereits in der ersten Untersuchung für wiedergelernte Aufgaben feststellen konnten, bestehen zwischen der selektiven und der umfassenden Wiederlerntechnik hinsichtlich der Fehlerraten in der Enddiagnose keine oder nur geringe Unterschiede. Zur Beurteilung der Effizienz beider Methoden muß nun die Gesamtarbeitszeit, die zum Erwerb des Wissens benötigt wurde, hinzugezogen werden. Die folgende Abbildung zeigt die Studierzeit beider Wiederlerngruppen im Vergleich.

Während die Lektionen nach der umfassenden Methode im Mittel 53 Minuten studiert wurden, bearbeiteten die Teilnehmer dieselben Lektionen mit der selektiven Strategie in nur 36 Minuten (t[31]=6.86; p<.001). In nur 68% der Studierzeit, die mit der umfassenden Wiederlernmethode benötigt wurde, erreichten die Teilnehmer mit der selektiven Strategie 97% des Wissensniveaus, das sie beim umfassenden Wiederlernen erzielt hatten. Einem um ein Drittel geringeren Zeitaufwand stehen also nur geringe Einbußen bei Detailwissen gegenüber.

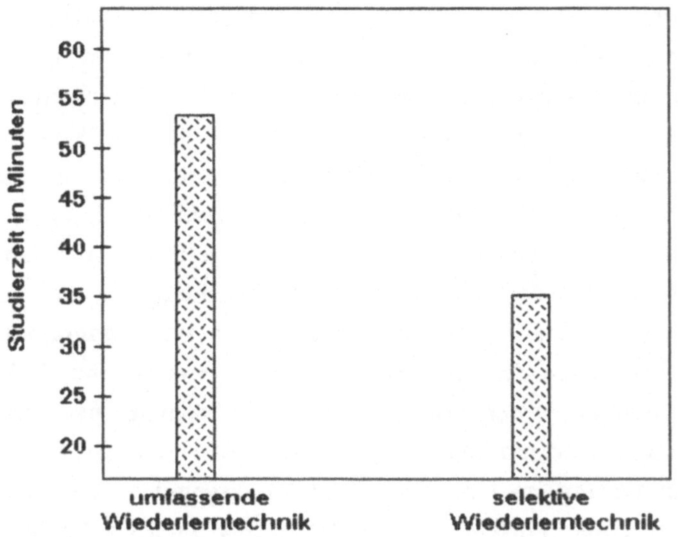

Abb. 8: Gesamtarbeitszeit bei beiden Wiederlerntechniken in Minuten

Ein weiteres Untersuchungsziel bestand darin, einen direkten Vergleich der subjektiven Beurteilung beider Wiederlerntechniken zu erhalten. Der Anwendung selektiver Wiederlerntechniken wird gern entgegen gehalten, daß sich die Lernenden durch das selektive Vorgehen gestört fühlen könnten und lieber umfassendere Information gehabt hätten (vgl. Semb, Ellis, Montague & Wulfeck, 1991). Das Zerlegen des Lehrtexts in einzelne Lernkarten könnte zudem verwirren und die Akzeptanz der Wiederlerntechnik verringern. Die Ergebnisse der Befragung, die wir im Anschluß an beide Wiederlernkurse durchgeführt haben, sprechen jedoch für eine weitaus bessere Akzeptanz der selektiven Wiederlerntechnik. Wir berichten hier die Befragungsergebnisse der zweiten Untersuchung, da in diesem Kurs alle Teilnehmer beide Wiederlerntechniken anwendeten. 75% der Teilnehmer gefiel das Wiederlernen an Hand der selektiven Methode gut bis sehr gut, bei der umfassenden Methode waren es nur 44% (z=2.06; p<.05). 71% der Teilnehmer fanden sogar das Wiederlernen mit Hilfe von Textkarten effektiver als das Wiederholen an Hand eigener Unterlagen; bei der umfassenden Methode stimmten jedoch nur 22% der Teilnehmer dieser Aussage zu (z=2.57; p<.01). Während über die Hälfte der Teilnehmer die Dauer des selektiven Wiederlernens für gerade richtig (53%) oder eher kurz (28%) hielten, empfanden viele Lerner die umfassende Methode als zu lang (56%; z=2.8; p<.01).

Gerade zum Inhalt des erworbenen Wissens wird gegen selektives Wiederlernen als weiterer Einwand ins Feld geführt, daß nur isolierte Fakten, nicht aber strukturelle Zusammenhänge vermittelt werden könnten (vgl. Collins & Gentner, 1987; Mayer, 1989). Obwohl wir in der abschließenden Wissensdiagnose beider Untersuchungen nicht nur Fragen nach Fakten, sondern auch solche nach Strukturen verwendet hatten, wurde in der zweiten Untersuchung das Wissen über strukturelle Zusammenhänge speziell geprüft. Wir hatten daher zusätzlich zu den Fragen der abschließenden Wissensdiagnose eine Strukturlegeaufgabe konstruiert. Die Teilnehmer erhielten ein Baumdiagramm, das die strukturellen Beziehungen der einzelnen Konzepte jeweils einer Lektion darstellte. Die Bezeichnungen der Konzepte selbst waren ausgespart, nur ihre inhaltlichen Beziehungen waren benannt. So wurde beispielsweise zu der Art der Informationsenkodierung im Kurzzeitgedächtnis angegeben, daß diese Enkodierungsform zum einen Vorteile, zum anderen aber auch Nachteile habe. Die Kursteilnehmer hatten nun die Aufgabe, Vorteile und Nachteile der Enkodierungsform im Kurzzeitgedächtnis zu ergänzen. Beide Gruppen lösten diese Aufgabe sehr gut, unterschieden sich in ihren Leistungen jedoch nicht (beide im Mittel 13% Fehler). Man kann also feststellen, daß mit Hilfe beider Wiederlerntechniken auch solides Wissen über die inhaltlichen Zusammenhänge erworben wurde.

4   Fazit und Ausblick

Ein selektives, selbstgesteuertes Wiederlernen an Hand vorgegebener Wissensdiagnose-Items ist der üblichen, umfassenden Wiederlerntechnik deutlich überlegen. In viel kürzerer Zeit wird nahezu vergleichbar viel Wissen erworben, wenn die Wiederlerner die Möglichkeit haben, potentiell die gesamte Wissensbasis abzurufen. Die Einwände, daß ein selektives Vorgehen zu geringerer Motivation oder gar Wissensdefiziten führen könnte, sind unbegründet. Im Gegenteil: Die Teilnehmer an unseren Kursen bevorzugten deutlich die selektive Technik und zeigten gerade auch bei Fragen nach strukturellen Zusammenhängen keine schlechteren Leistungen. Die umfassende Wiederlernmethode schneidet im Urteil der Teilnehmer nicht so gut ab, führt jedoch zu leichten Wissensvorsprüngen, wenn auch um den Preis einer erheblich längeren Bearbeitungszeit. Es wird deutlich, daß nur durch die zusammenfassende Betrachtung von empirischen Daten zu der Behaltensleistung, dem Studierverlauf und der Akzeptanz aussagekräftige Ergebnisse zur Beurteilung von Bildungsmaßnahmen gewonnen werden können (vgl. Glowalla & Schoop, 1992; in diesem Band).

Ein weiterer wesentlicher Aspekt besteht darin, daß zum Vergleich der Effizienz von Bildungsmaßnahmen sinnvolle und plausible Alternativen miteinander verglichen werden müssen. Nur auf diese Weise kann eine schrittweise Optimierung von Bildungsangeboten erreicht werden. So ist die hier untersuchte, selektive Wiederlerntechnik in jeder Hinsicht die bisher effizienteste Methode und somit der Ausgangspunkt weiterer Effizienzvergleiche.

Ein möglicher Nachteil der selektiven Wiederlernstrategie könnte darin bestehen, daß sie nicht sehr flexibel ist: Die Teilnehmer können jeweils nur eine Textkarte zu einer Aufgabe lesen. Sie können sich darüber hinaus nicht frei im Text bewegen, nach Interesse weiterlesen oder Textstellen mehrfach studieren. Für einen ersten Vergleich von selektiven und umfassenden Strategien waren diese Beschränkungen notwendig und sinnvoll. In einer dritten Untersuchung werden wir jedoch diese Beschränkungen aufgeben und verschiedene selektive Strategien miteinander vergleichen.

Dazu werden wir die bisher hinsichtlich der Fehlerraten, der Bearbeitungszeit und der Beurteilung durch die Teilnehmer optimale selektive Wiederlernstrategie mit dem Lernen in einem Hypertextsystem vergleichen. Ein Hypertext ermöglicht es, die Vorteile des selektiven Auffrischens von Wissen beizubehalten und dabei die oben erwähnten Beschränkungen auszuräumen. In dem von uns entwickelten Hypermediasystem MEM (Glowalla, 1991; Fezzardi, Hasebrook & Glowalla, 1992) können die Teilnehmer verschiedene Formen von Aufgaben bearbeiten und gezielt dazu Informationen im Text suchen. Dabei können sie beliebig im Text blättern und springen. Sie werden zudem von verschiedenen Navigations- und Informationshilfen unterstützt. Während die Teilnehmer, die mit Hilfe der selektiven Wiederlerntechnik vorgehen, jeweils nur eine einzige Textkarte als Erläuterung abrufen und diese auch nur ein einziges Mal studieren können, haben die Studenten mit Hilfe von MEM die Möglichkeit, sich Informationen aus dem Lehrtext gezielt selbst zu suchen. Dabei können sie so viele Textabsätze lesen, wie sie wollen und das so häufig sie wollen.

Auch in dieser Anschlußuntersuchung werden wir alle zur Beurteilung der Effizienz einer Bildungsmaßnahme notwendigen Maße erheben. Dazu gehören zunächst die Fehlerraten in einer Eingangs- und einer Enddiagnose. Von MEM werden zudem automatisch die Gesamtarbeitszeiten sowie der komplette Lernweg aufgezeichnet. Selbstverständlich wird auch in dieser Untersuchung die Akzeptanz bei den Teilnehmern erhoben. Um die Beurteilung des Wiederlernens mit Hilfe eines Hypertextsystems noch genauer erfassen zu können, werden wir zusätzlich Interviews mit allen Kursteilnehmern führen, die mit dem Programm MEM gearbeitet haben. Erste Ergebnisse dieser Untersuchung zur Nutzung von Hypertextsystemen in einem neuen Einsatzbereich - dem gezielten Wiederlernen von Wissen - werden wir an anderer Stelle vorstellen (vgl. Glowalla, Hasebrook, Häfele, Fezzardi & Rinck, 1992).

Danksagung:

Diese Arbeit wurde von der Deutschen Forschungsgemeinschaft (DFG) im Rahmen des Schwerpunktprogramms Wissenspsychologie durch die Sachmittelbeihilfen GL123/2-2, /2-3 und /2-4 unterstützt. Die erste der hier berichteten Untersuchungen wurde im Sommersemester 1990 an der Justus-Liebig-Universität Gießen und an der Philipps-Universität Marburg durchgeführt, die zweite Untersuchung im Sommersemester 1991 an der Universität Gießen. Wir danken der Deutschen Forschungsgemeinschaft und den Universitäten Gießen und Marburg für ihre Unterstützung unserer Forschungsarbeit. Ferner möchten wir Bettina Best, Uwe Kallina, Veronika Krätsch und Hanne Weis für ihre Mitarbeit bei der Durchführung der Untersuchungen danken.

Literatur

Anderson, T.H. (1980). Study strategies and adjunct aids. In R.J. Spiro, B.C. Bruce & W.F. Brewer (eds.), *Theoretical issues in reading comprehension*. Hillsdale, NJ: Lawrence Erlbaum, 483-502.

Anderson, T.H., & Armbruster, B.B (1984). Studying. In P.D. Pearson (ed.), *Handbook of Reading Reserach*. New York: Longman, 657-679.

Baker, L. (1989). Metacognition, comprehension monitoring, and the adult reader. *Educational Psychology Review*, 1, 3-38.

Collins, A., & Gentner, D. (1987). How people construct mental models. In D. Holland & N. Quinn (eds.), *Cultural models in language and thought*. Cambridge: Cambridge University Press, 243-265.

Flippo, R.F, & Caverly, D.C. (eds.) (1991). *Teaching reading & study strategies at the college level*. Newark, Delaware: International Reading Association.

Fezzardi, G., Hasebrook, J., & Glowalla, U. (1992). *MEM - Ein Hypermediasystem zur Entwicklung, Evaluation und Durchführung computerunterstützter Aus- und Weiterbildung*. Handbuch, Gießen.

Glaser, R. (1984). Education and thinking: The role of education. *American Psychlogist*, 39, 93-104.

Glenberg, A.M., & Epstein, W. (1985). Calibration of comprehension. *Journal of Experimental Psychology: Language, Memory, and Cognition*, 11, 702-718.

Glowalla, U. (1991). *Using computers for learning and relearning of expository text*. Paper presented at the 4th European Conference for Research on Learning and Instruction (EARLI); Turku (Finnland).

Glowalla, U., Schoop, E. (1992). Entwicklung und Evaluation computerunterstützter Lehrsysteme. In: U. Glowalla & E. Schoop (Hrsg), *Hypertext und Multimedia: Neue Wege in der computerunterstützten Aus- und Weiterbildung*. Berlin u.a.: Springer.

Glowalla, U., Rinck, M., Häfele, G., Fezzardi, G., & Hasebrook, J. (1991). *Einführung in die Gedächtnispsychologie*. Gießen: Selbstverlag.

Glowalla, U., Hasebrook, J., Häfele, G., Fezzardi, G., & Rinck, M. (1992). Das gezielte Wiederlernen von Wissen mit Hilfe des Hypermedia-Systems MEM. In R. Cordes & N. Streitz (Hrsg.), *Hypertext und Hypermedia 1992. Konzepte und Anwendungen auf dem Weg in die Praxis*. Heidelberg u.a.: Springer.

Günther, M., Heinze, R., & Schott, F. (1977). *Konzentriert arbeiten - gezielt studieren*. München: Urban & Schwarzenberg.

Janotta, H. (1990). *CBT Computer-Based Training in der Praxis*. Landsberg/Lech: Verlag moderne Industrie.

Kugemann, W.F. (1986). Lernen mit Texten (Studieneinheit Lern- und Studiertechniken, Kapitel 5). In W.F. Kugemann & W. Toman (Hrsg), *Studiermaterialien FIM-Psychologie*, Erlangen/Tübingen: DIFF/Universität Erlangen-Nürnberg.

Mayer, R.E. (1989). Models of understanding. *Review of Educational Reserach*, **59** (1), 43-64.

Neville, C. (1989). Staff training in small business. In R.N. Tucker & J. Tucker (eds.), *Interactive media - the human issues*. London: Kogan Page.

Reynolds, R.E. & Anderson, R.C. (1982). Influences of questions on the allocation of attention during reading. *Journal of Educational Psychology*, **74**, 623-632.

Schoenfeldt, A.H., & Herman, D.J. (1982). Problem perception and knowledge structure in expert and novice mathematical problem solvers. *Journal of Experimental Psychology: Learning, Memory, and Cognition*, **8**, 484-494.

Semb, G.B., Ellis, J.A., Montague, W.E., & Wulfeck, W.H. (1991). Self-paced instruction: Perceptions, pitfalls, and potentials. In T.M. Shlechter (ed.), *Problems and promises of computer-based training*. Norwood, NJ.: Ablex Publishing, 119-137.

Wark, D.M., & Flippo, R.F. (1991). Preparing for and taking tests. In R.F. Flippo & D.C. Caverly (eds.), *Teaching reading & study strategies at the college level*. Newark, Delaware: International Reading Association, 294-338.

Winters, B.I., Larson, N., & Philips, A. (1991). DaTa Knowledgebase System™ (Deloitte & Touche Accounting & Auditing Knowledgebase Systems). In E. Berk & J.D. Devlin (eds.), *Hypertext/hypermedia handbook*. New York u.a.: McGraw-Hill Publishers, 468-474.

Zimmer, G. (Hrsg) (1990). *Interaktive Medien für die Aus- und Weiterbildung. Marktübersicht, Analysen, Anwendung*. Reihe „Multimediales Lernen in der Berufsbildung", Bd. 1. Nürnberg: BW Bildung und Wissen.

Informationen über die Gesellschaft für Informatik (GI) und die Fachgruppe 4.9.1 „Hypertextsysteme"

Die *Gesellschaft für Informatik e.V. (GI), Godesberger Allee 99, W-5300 Bonn 2*, umfaßt zur Zeit ca. 18.000 Mitglieder und ist strukturiert in 9 Fachbereiche, denen jeweils ein oder mehrere Fachausschüsse untergeordnet sind. Die Fachausschüsse wiederum gliedern sich in einzelne Fachgruppen. Darunter können sich noch themenspezifische Arbeitskreise befinden.

Die Fachgruppe 4.9.1 „Hypertextsysteme" ist dem Fachbereich 4 („Informationstechnik und technische Nutzung der Informatik") und darunter dem Fachausschuß 4.9 („Integrierte Publikations- und Dokumentationssysteme") zugeordnet. Neben der Fachgruppe „Hypertextsysteme" existieren zwei weitere Fachgruppen, die sich mit multimedialen elektronischen Dokumenten und neuen Methoden des Information Retrieval befassen. Für die Mitgliedschaft in der Fachgruppe ist die Mitgliedschaft in der Gesellschaft für Informatik nicht notwendig, aber erwünscht. Für den Fall, daß der Interessent nicht Mitglied der GI ist, entscheidet die Fachgruppenleitung über die Aufnahme.

Fachgruppe 4.9.1: Hypertextsysteme

Sprecher

Dr. Dr. Norbert Streitz
GMD-IPSI
Dolivostr. 15
6100 Darmstadt

Tel. (06151) 875-919
Fax: (06151) 875-818
e-mail: streitz@darmstadt.gmd.dbp.de

stellv. Sprecher

Prof. Dr. Rainer Kuhlen
FG Informationswissenschaft
Universität Konstanz
Postfach 5560
7750 Konstanz
Tel. (07531) 88 28 79
Fax: (07531) 88 36 88
e-mail:
kuhlen@inf-wiss.ivp.uni-konstanz.dbp.de

Mitglieder der Fachgruppenleitung (FGL)

Dr. Ralf Cordes (Telenorma-Bosch Telecom, Frankfurt)

Dr. Peter Gloor (MIT, Cambridge, USA)

Dr. Ulrich Glowalla (Universität Gießen)

Dr. Martin Hofmann (SAP, Walldorf)

Dr.-Ing. Dieter Lange (Technologie-Beratungs-Zentrum, Hamburg)

Dr. Eric Schoop (Universität Würzburg)

Dipl.-Inform. Lothar Simon (FORWISS, Erlangen)

Dr. Martin Warnke (Universität Lüneburg)

Informatik aktuell
U. Glowalla, E. Schoop (Hrsg.), Hypertext und Multimedia:
Neue Wege in der computerunterstützten Aus- und Weiterbildung
© Springer-Verlag Berlin Heidelberg 1992

Im Vordergrund der Arbeit stehen die Realisierungsmöglichkeiten und Implikationen von nichtlinearen Dokumentstrukturen, die die Grundlage des Hypertextkonzeptes darstellen. Dazu sind Unterstützungswerkzeuge für Autoren und Rezipienten von Hyperdokumenten zu entwickeln und zu diskutieren. Um ihrer zentralen Rolle für die nächste Generation von Informations- und Publikationssystemen jedoch gerecht zu werden, ist eine enge Verknüpfung der Hypertextforschung mit anderen Gebieten notwendig: Mensch-Computer-Interaktion (browsing, Präsentation), Datenbanksysteme und Information Retrieval (objektorientiete Verwaltung von und Zugriff auf große Hyperdokumente), wissensbasierte Methoden (z.B. aktive Unterstützung beim Navigieren in oder bei der Überarbeitung von Hyperdokumenten). Außerdem gibt es enge Bezüge zwischen kognitiven Modellen menschlicher Wissensrepräsentation und Hypertextstrukturmodellen. Anwendungen für die Umsetzung des Hypertextkonzeptes sind u.a. die technische Dokumentation, Software-Entwicklungsumgebungen, Lehr-/Lernsysteme zur Aus- und Weiterbildung sowie Argumentations-/Entscheidungsunterstützungssysteme. Schließlich wird die Frage des Einsatzes von Hypertextsystemen für die Unterstützung kooperativen Arbeitens einen wichtigen Platz in der Arbeit der Fachgruppe einnehmen.

Die Aktivitäten der Fachgruppe dienen dem Informationsaustausch und der Förderung von Kontakten zwischen Hochschule, Großforschungseinrichtungen, Herstellern und Anwendern. Dazu wurde der von der Fachgruppenleitung organisierte und moderierte elektronische newsletter „HT-LINK" eingerichtet. Weiterhin werden die jährlich stattfindende deutschsprachige Fachtagung „Hypertext/Hypermedia" organisiert sowie Fachgespräche und Fortbildungsveranstaltungen durchgeführt. Auf internationaler Ebene ist die Fachgruppe an der Organisation der European Conference on Hypertext (ECHT) beteiligt und über ihre Vertreter in der ACM Special Interest Group SIGLINK an der entsprechenden Tagung in den USA, die mit der ECHT jeweils im Wechsel stattfindet.

Systemdemonstrationen

Die auf dem Symposium in Schloß Rauischholzhausen präsentierten Systemlösungen zum Thema „computerunterstütztes Lernen" sind nachfolgend gemäß thematischer Zusammengehörigkeit aufgeführt unter Nennung der jeweiligen Autoren/Ansprechpartner (genaue Anschriften siehe Teilnehmerverzeichnis), Angabe des Anwendungsfeldes und gegebenenfalls Verweis auf den entsprechenden Beitrag im vorliegenden Tagungsband.

"Security" und "Area Qualification"

- *Thomas Flum*, Lufthansa Informationstechnik und Software GmbH, Berlin

- Pilotentraining bei der Lufthansa

- **Seite 246**

„MOCBITE"

- *Walter H. Endlich*, EUROCONTROL, NL- 6191 RX Beek (LB)

- Maastricht Operational Computer-Based Training Information and Examination System zur Ausbildung von Fluglotsen

„PIAF"

- Autoren: *Gerhard Vetter, Michael Sack*, Q-Team Dr. Knabe, Korschenbroich, Ansprechpartner: *Gerald Knabe*, Q-Team Dr. Knabe, Korschenbroich

- PC-gestützte Individualausbildung Flugsicherung am Beispiel eines Pilotentrainings zur zivil-militärischen Zusammenarbeit

Projekt „Wertpapiere"

- Autoren: *Axel Sumey, Jürgen Berger*, Q-Team Dr. Knabe, Korschenbroich Ansprechpartner: *Gerald Knabe*, Q-Team Dr. Knabe, Korschenbroich

- Projekt der Ersten Österreichischen Sparkassenbank und des Verbandes der Österreichischen Hypothekenbanken, beide in Wien

Ein multimediales Berufsinformations- und Lernsystem

- Autoren: *Renate Schmitt* und *Rolf Keller*, EduMedia AG, Basel, *Peter Hoffmann*, Q-Team Dr. Knabe, Korschenbroich Ansprechpartner: *Gerald Knabe*, Q-Team Dr. Knabe, Korschenbroich

- Informations- und Lernsystem für die Berufsberatung in der Schweiz

Planspiel „Jeansfabrik"

- *Peter Preiss*, Seminar für Wirtschaftspädagogik, Universität Göttingen

- Beispiele für Lernprozesse auf Basis eines betriebswirtschaftlichen Planspiels

Informatik aktuell
U. Glowalla, E. Schoop (Hrsg.), Hypertext und Multimedia:
Neue Wege in der computerunterstützten Aus- und Weiterbildung
© Springer-Verlag Berlin Heidelberg 1992

Lernsystem „Warenwirtschaft"

- *Hans Freibichler*, Freibichler Teach- und Softwareentwicklung, Heidelberg
- Ein multimediales, betriebswirtschaftliches Lernsystem für die Berufsschulen
- **Seite 239**

Lernprogramm „Kosten- und Erlösrechnung"

- *Philip Fischer, Brigitte Zürn*, Lehrstuhl für BWL und Unternehmensplanung, Universität Bamberg
- Interaktives, betriebswirtschaftliches Lernprogramm für die universitäre Ausbildung
- **Seite 58**

Lehr-/Lernsystem „HERMES"

- *Ralph Sonntag* und *Eric Schoop*, Lehrstuhl für Betriebswirtschaftslehre und Wirtschaftsinformatik, Universität Würzburg
- Hypermedia Lehr-/Lernsystem auf CD ROM über die Betriebswirtschaftslehre für die universitäre Ausbildung
- **Seite 149**

Trainingssystem „CaiMan"

- *Michael Henninger, Heinz Mandl* und *Nicolae Nistor*, Institut für Empirische Pädagogik und Pädagogische Psychologie, Universität München
- Ein computerunterstütztes, multimediales System zum Training kommunikativer Kompetenz
- **Seite 67**

Dialogvideo im Führungskräfte-Training

- *Tobina Brinker*, Seminar für Pädagogik, Technische Universität Braunschweig
- Unterstützung mehrtägiger Seminare für Führungskräfte bei der Firma NCR
- **Seite 302**

Dialogvideo in der Software-Schulung

- *Mona Jung*, Seminar für Pädagogik, Technische Universität Braunschweig
- Unterstützung des Trainings eines Textverarbeitungsprogramms
- **Seite 296**

Projekt „Flusser-Hypertext"

- *Bernd Wingert*, Abteilung für Angewandte Systemanalyse, Kernforschungszentrum Karlsruhe

- Projekt zur Abbildung eines Vortrags des Philosophen Vilém Flusser als multimedialer Hypertext

- **Seite 137**

Kurzdarstellung des Projektes „Flusser-Hypertext" als Hypertext

- *Bernd Wingert*, Abteilung für Angewandte Systemanalyse, Kernforschungszentrum Karlsruhe

- Projektinformationen über den „Flusser-Hypertext", die selbst wieder als Hypertext gestaltet sind

Autorensystem „SEPIA"

- *Jörg Hannemann, Manfred Thüring*, Institut für Integrierte Publikations- und Informationssysteme, GMD, Darmstadt

- Hypertext-Autorensystem für die Unterstützung kooperativer Prozesse von Autoren auf mehreren Arbeitsplätzen

- **Seite 118**

Die Bibel als Hypertext

- *Hanns-Johann Ehlen*, Hamwarde

- Umsetzung der Bibel als Hypertext für Studierende und Pfarrer

- **Seite 268**

Cache-Simulator

- *Jörg Sauerbrey, H. Nikolaus Schaller*, Lehrstuhl für Datenverarbeitung, Technische Universität München

- Ausbildung von Studenten des Faches Elektrotechnik an der TU München

- **Seite 170**

Lernprogramm "Cardiac Arrest" („Herzstillstand")

- *Hansjörg Teschemacher*, Institut für Pharmakologie, Universität Gießen

- Interaktives, fallstudienorientiertes Lernprogramm zur Reanimation von Patienten mit Kreislauf-Stillstand in der Ausbildung „Notfallmedizin"

- **Seite 196**

Tutorensystem für die Sonographie

- *Klaus Kuhn, Manfred Reichert,* Medizinische Klinik und Poliklinik, Abteilung Innere Medizin II, Universität Ulm

- Multimediales Aus- und Weiterbildungssystem für die medizinische Ultraschalluntersuchung

- **Seite 207**

Lernprogramm „Bauchschmerz"

- *Florian Eitel, Jürgen Kuprion,* Chirurgische Klinik und Poliklinik, Abteilung Theoretische Chirurgie, Universität München

- Interaktives, fallstudienorientiertes Lernprogramm zum Thema „Bauchschmerz" in der Chirurgie

- **Seite 216**

Konzept „MIAS"

- *Martin Fischer,* DA GAMA GmbH, Freiburg

- Modulares Konzept für eine umfassende, computerunterstützte Lehre in der Medizin

- **Seite 145**

Hypermedia-System "MEM"

- *Gilbert Fezzardi, Joachim Hasebrook, Ulrich Glowalla,* Fachbereich Psychologie, Universität Gießen

- Hypermedia-System für die Entwicklung, Durchführung und Evaluation von computerunterstützter Aus- und Weiterbildung

- **Seite 332**

Virtuelles Tachistoskop "VTx"

- *Gilbert Fezzardi, Joachim Hasebrook, Ulrich Glowalla,* Fachbereich Psychologie, Universität Gießen

- Ein virtuelles 5-Kanal-Tachistoskop zur (fast) beliebig kurzzeitigen Darbietung verbaler Reize

Experimentalsteuerung "SHOW_IT"

- *Joachim Hasebrook, Gilbert Fezzardi, Ulrich Glowalla,* Fachbereich Psychologie, Universität Gießen

- Eine Experimentalsteuerung zur Darbietung von Text, Bild und Ton

Neue Wege
in der computerunterstützten Aus- und Weiterbildung

Entwicklung - Anwendung - Evaluation

28.-30. April 1992
Schloß Rauischholzhausen
Tagungsstätte der Justus-Liebig-Universität Gießen

Teilnehmerliste

Dr. Inge Adamski
Technische Universität Dresden
Fakultät Informatik
Mommsenstr. 13
O - 8027 Dresden
Telefon 0351/4575-469

Maria Bannert
Universität Koblenz-Landau
Zentrum für Empirische Pädagogische
Forschung
Im Fort 7
6740 Landau
Telefon 06341/280-220
Telefax 06341/280-101

Wolfgang Bauer
Staatsinstitut für Schulpädagogik und
Bildungsforschung (ISB)
Arabellastr. 1
8000 München 81
Telefon 089/1675-315
Telefax 089/9214-3600

Henriette Beran
Universität Wien
Studienzentrum der Medizinischen Fakultät
Währinger Gürtel 18-20
A-1090 Wien
Telefon +43/222/404 00-1166
Telefax +43/222/404 00-1194

Patrick Blum
Personal Perspektiven
Friedrichstr. 76
5100 Aachen
Telefon 0241/53 54 32
Telefax 0241/50 51 94

Prof. Dr. Freimut Bodendorf
Universität Erlangen-Nürnberg
Abteilung Wirtschaftsinformatik
Lange Gasse 20
8500 Nürnberg
Telefon 0911/530-2450
Telefax 0911/530-2379

Dorothea Boy
Universität Koblenz-Landau
Institut für Mediendidaktik
Rheinau 3-4
5400 Koblenz
Telefon 0261/9119-653
Telefax 0261/9119-652

Dr. Tobina Brinker
Technische Universität Braunschweig
Seminar für Pädagogik
Wendenring 1
3300 Braunschweig
Telefon 0531/391-2554
Telefax 0531/391-3115

Prof. Dr. Martin Bruns
Universität-GH Paderborn
Institut für Didaktik der Mathematik
Warburger Str. 100
4790 Paderborn
Telefon 0228/28 18 91; 05251/60 26 36

Judith Claßen
Auszubildende Kauffrau für
Bürokommunikation
Lemierserstr. 6
5100 Aachen

Isaac van Deelen
GABLER-Verlag für Wirtschaft
Taunusstr. 54
6200 Wiesbaden
Telefon 0611/959-0928

Jürgen Dienst
Deutsche Airbus GmbH
Abt. Ti. 15
Postfach 950 109
2103 Hamburg 95
Telefon 040/7437-5120
Telefax 040/7437-3194

Prof. Dr. Peter Diepold
Universität Göttingen
Seminar für Wirtschaftspädagogik
Platz der Göttinger Sieben 7
3400 Göttingen
Telefon 0551/39 44 19
Telefax 0551/39 44 17

Willi Dilly
Universität Stuttgart
Institut für Informatik
Breitwiesenstr. 20-22
7000 Stuttgart 80
Telefon 0711/7816-368
Telefax 0711/7801-045

Hans-Uwe Dockhorn
EFMT gemeinnützige GmbH
Universitätsstr. 142
4630 Bochum
Telefon 0234/970 60-26
Telefax 0234/970 60-21

Hanns-Johann Ehlen
Nordelbische Evangelisch-Lutherische
Kirche (NEK)
Dorfstr. 2
2054 Hamwarde
Telefon 04152/4809
Telefax 04152/71616

Prof. Dr. Florian Eitel
Universität München
Chirurgische Universitätsklinik
Nußbaumstr. 20
8000 München 2
Telefon 089/5160-2580

Walter Endlich
European Organisation for the safety of air
navigation - Eurocontrol
Horsterweg 11
NL- 6191RX Beek (LB)
Telefon +31/43/66-1247
Telefax +31/43/66-1300

Gilbert Fezzardi
Dr. Glowalla & Partner
Ameloser Str. 49
3563 Dautphetal 5
Telefon 06468/6113
Telefax 06468/6112

Thomas Fickert
Media Aktiv
Am Weichselgarten 27
8011 Grasbrunn-Neukeferloh
Telefon 089/46 89 08
Telefax 089/16 54 66

Martin Fischer
DA GAMA GmbH
Brombergstr. 17c
7800 Freiburg
Telefon 0761/73755
Telefax 0761/71007

Thomas Flum
LIS-Lufthansa Informationstechnik u.
Software GmbH
Sternplatz 2
1000 Berlin 12
Telefon 030/311 04-215
Telefax 030/31 07 71

Dr. Hans Freibichler
Teach- und Softwareentwicklung
Neue Stücker 9
6900 Heidelberg
Telefon 06221/80 24 20
Telefax 06221/80 97 13

Ulrich Georg
Kolping Berufsbildungswerk Essen
Reha.-begleitender Dienst
Am Zehnthof 100
4300 Essen 13
Telefon 0201/8983-151
Telefax 0201/27 77 82

Godehard Gerling
Apple Computer GmbH
Gutenbergstr. 1
8045 Ismaning
Telefon 089/99 640-258
Telefax 089/99 640-425

Dr. Ulrich Glowalla
Universität Gießen
Fachbereich Psychologie
Otto-Behaghel-Str. 10/F
6300 Gießen
Telefon 0641/702-5409 oder -5403
Telefax 0641/702-3811

Cornelia Gräsel
Universität München
Institut für Empirische Pädagogik und
Pädagogische Psychologie
Leopoldstr. 51
8000 München 40
Telefon 089/2180-3780
Telefax 089/2180-5255

Dietlinde Gruß
Universität-GH Paderborn
Institut für Didaktik der Mathematik
Warburger Str. 100
4790 Paderborn
Telefon 05251/60 32 23

Gudrun Häfele
Universität Gießen
Fachbereich Psychologie
Otto-Behaghel-Str. 10/F
6300 Gießen
Telefon 0641/702-5409
Telefax 0641/702-3811

Jörg Hannemann
GMD-IPSI
Dolivostr. 15
6100 Darmstadt
Telefon 06151/86 99 17
Telefax 06151/86 99 66

Joachim Hasebrook
Universität Gießen
Fachbereich Psychologie
Otto-Behaghel-Str. 10/F
6300 Gießen
Telefon 0641/702-5409
Telefax 0641/702-3811

Hans-Josef Heck
BBS Wermelskirchen
Breslauer Str. 25
5630 Remscheid
Telefon 02191/34 00 64

Stefan Heidenreich
SERCON GmbH
Wilh.-Th.-Römheld-Str. 28
6500 Mainz
Telefon 06131/84 67 92

Sigrid Heils
Universität Gießen
Fachbereich Psychologie
Otto-Behaghel-Str. 10/F
6300 Gießen
Telefon 0641/702-5400
Telefax 0641/702-3811

Michael Henninger
Universität München
Institut für Empirische Pädagogik und
Pädagogische Psychologie
Leopoldstr. 13
8000 München 40
Telefon 089/2180-5146
Telefax 089/2180-5255

Josephine Hofmann
Fraunhofer-Institut für Arbeitswirtschaft
und Organisation (IAO)
Nobelstr. 12
7000 Stuttgart 80
Telefon 0711/970-2095
Telefax 0711/970-2299

Prof. Dr. Gerhard Holland
Universität Gießen
Institut für Didaktik der Mathematik
Karl-Glöckner-Str. 21c
6300 Gießen
Telefon 0641/702-2572

Dr. Wolfgang Irler
Universita di Trento
Instituto die Informatica
Via Inama 7
I - 38100 Trento/Italia
Telefon +039/461/88 21 51
Telefax +039/461/81 44 88

Ingela Jöns
Universität Mannheim
Lehrstuhl Psychologie I
Schloß
6800 Mannheim 1
Telefon 0621/292-5585
Telefax 0621/292-5708

Mona Jung
Technische Universität Braunschweig
Seminar für Pädagogik
Wendenring 1
3300 Braunschweig
Telefon 0531/391-2554
Telefax 0531/391-3115

Dr. Rudolf Kälin
Novacontrol AG
Ottigenbühlrain 1
CH - 6030 Ebikon/Schweiz
Telefon +41/41/33 18 00
Telefax +41/41/33 18 00

Gerrit Kalkbrenner
Technische Universität Berlin
Forschungsschwerpunkt TUBKOM
Straße des 17. Juni 135
1000 Berlin 12
Telefon 030/3142-1171
Telefax 030/3142-5986

Dr.- Ing. Hans-Ulrich Karl
Technische Universität Dresden
Fakultät Informatik
Mommsenstr. 13
O - 8027 Dresden
Telefon 0351/4575-306

Prof. Dr. Rüdiger Klar
Universität Freiburg
Abteilung Medizinische Informatik
Stefan-Meier-Str. 26
7800 Freiburg
Telefon 0761/203-3033
Telefax 0761/203-4838

Michael Klatt
Q-Team Dr. Knabe GmbH
Brauereistr. 11
4052 Korschenbroich 1
Telefon 2161/6181-0
Telefax 2161/6181-81

Dr. Gerald Knabe
Q-Team Dr. Knabe GmbH
Brauereistr. 11
4052 Korschenbroich 1
Telefon 2161/6181-0
Telefax 2161/6181-81

Hans-Peter Köster
Mercedes-Benz AG
Ratherstr. 51
4000 Düsseldorf
Telefon 0211/953-2847
Telefax 0211/953-2809

Dr. Michael Krausz
Universität Hamburg
Universitäts-Krankenhaus Eppendorf
Martinistr. 53
2000 Hamburg 20
Telefon 040/468-4225
Telefax 040/468-4804

Dr. Walter F. Kugemann
Universität Erlangen-Nürnberg
FIM-Psychologie
Maximiliansplatz 3
8520 Erlangen
Telefon 09131/85-4736
Telefax 09131/85-4738

Dr. Klaus Kuhn
Universität Ulm
Abteilung Innere Medizin II
Robert-Koch-Str. 8
7900 Ulm
Telefon 0731/502-4348
Telefax 0731/502-2038

Jürgen Kuprion
Universität München
Chirurgische Universitätsklinik
Nußbaumstr. 20
8000 München 1
Telefon 089/5160-2860
Telefax 089/5160-4442

Manfred Lange
Schwarzacker 19
6300 Gießen
Telefon 0641/25737

Thomas Lau
Piwinger & Lau
EDV-Schulungszentrum
5400 Koblenz
Telefon 0261/15503
Telefax 0261/30 91 56

Dr. Detlev Leutner
Universität Gießen
Fachbereich Psychologie
Otto-Behaghel-Str. 10/F
6300 Gießen
Telefon 0641/702-5445
Telefax 0641/702-3811

Rainer Lobeck
Kolping Berufsbildungswerk Essen
Reha.-begleitender Dienst
Am Zehnthof 100
4300 Essen 13
Telefon 0201/89830
Telefax 0201/27 77 82

Prof. Dr. Heinz Mandl
Universität München
Institut für Empirische Pädagogik und
Pädagogische Psychologie
Leopoldstr. 13
8000 München 40
Telefon 089/2180-5146
Telefax 089/2180-5255

Thomas Mayer
Universität Erlangen-Nürnberg
FIM-Psychologie
Maximiliansplatz 3
8520 Erlangen
Telefon 09131/85-2693
Telefax 09131/85-4738

Dr. Martin G. Möhrle
Universität Kaiserslautern
Betriebsinformatik und Operations
Research
Postfach 30 49
6750 Kaiserslautern
Telefon 0631/205-2936
Telefax 0631/205-3381

Mirjam Molenaar
Universität Gießen
Fachbereich Psychologie
Otto-Behaghel-Str. 10/F
6300 Gießen
Telefon 0641/702-5409
Telefax 0641/702-3811

Nicolae Nistor
Universität München
Institut für Empirische Pädagogik und
Pädagogische Psychologie
Leopoldstr. 13
8000 München 40
Telefon 089/2180-5146
Telefax 089/2180-5255

Doris Nitsche-Ruhland
Universität Stuttgart
Institut für Informatik
Breitwiesenstr. 20-22
7000 Stuttgart 80
Telefon 0711/7816-404
Telefax 0711/780-1045

Manuela Paechter
Technische Universität Braunschweig
Seminar für Pädagogik
Wendenring 1
3300 Braunschweig
Telefon 0531/391-3117
Telefax 0531/391-3115

Klaus Peter
Telefunken Systemtechnik GmbH
Sedanstr. 10
7900 Ulm
Telefon 0731/392-5321
Telefax 0731/392-3393

Peter Preiß
Universität Göttingen
Seminar für Wirtschaftspädagogik
Platz der Göttinger Sieben 7
3400 Göttingen
Telefon 0551/39-4412
Telefax 0551/39-4417

Manfred Reichert
Universität Ulm
Abteilung Innere Medizin II
Robert-Koch-Str. 8
7900 Ulm
Telefon 0731/502-4358
Telefax 0731/502-2038

Uta Reinkemeier
Universität Gießen
Institut für Landwirtschaftliche
Betriebslehre
Diezstr. 15
6300 Gießen
Telefon 0641/702-4714
Telefax 0641/702-4711

Dr. Hans Riedl
ATARI Computer GmbH
Frankfurter Str. 89-91
6096 Raunheim
Telefon 06142/209-149
Telefax 06142/209-180

Sibyll Rodde
Universität Gießen
Fachbereich Psychologie
Otto-Behaghel-Str. 10/F
6300 Gießen
Telefon 0641/702-5409
Telefax 0641/702-3811

Jörg Sauerbrey
Technische Universität München
Lehrstuhl für Datenverarbeitung
Arcisstr. 21
8000 München 2
Telefon 089/2105-8386
Telefax 089/2105-8323

Olaf Scamperle
COMPUTECH HARD- & SOFTWARE
GmbH
Garbenheimer Str. 30
6330 Wetzlar
Telefon 06441/4005-25
Telefax 06441/4005-19

H. Nikolaus Schaller
Technische Universität München
Lehrstuhl für Datenverarbeitung
Arcisstr. 21
8000 München 2
Telefon 089/2105-8386
Telefax 089/2105-8323

Anton Schleibinger
Universität Bamberg
Lehrstuhl für Betriebswirtschaftslehre
Feldkirchenstr. 21
8600 Bamberg
Telefon 0951/863-8484
Telefax 0951/39705

Renate Schmidt
EduMedia AG Basel
Fridolinstr. 45
5000 Köln 30

Dr. Eric Schoop
Universität Würzburg
Lehrstuhl für BWL und
Wirtschaftsinformatik
Prof. Dr. Rainer Thome
Neubaustr. 66
8700 Würzburg
Telefon 0931/3501-246
Telefax 0931/3501-245

Ralph Sonntag
Universität Würzburg
Lehrstuhl für BWL und
Wirtschaftsinformatik
Prof. Dr. Rainer Thome
Neubaustr. 66
8700 Würzburg
Telefon 0931/3501-243

Michael Straub
Andersen Consulting
MAV-TMIS PROJECT
Krisztina krt 37/a
H - 1012 Budapest/Ungarn
Telefon +36/1/175-2178
Telefax +36/1/202-4964

Anette Stürmer
Universität Saarbrücken
Fachbereich Germanistik
Im Stadtwald
6600 Saarbrücken
Telefon 0681/302-3333 oder 33911

Axel Sumey
Q-Team Dr. Knabe GmbH
Brauereistr. 11
4052 Korschenbroich 1
Telefon 2161/6181-0
Telefax 2161/6181-81

Prof. Dr. Hansjörg Teschemacher
Universität Gießen
Rudolf-Buchheim-Inst. f. Pharmakologie
Frankfurter Str. 107
6300 Gießen
Telefon 0641/702-4137

Genia Timm-Krausz
Technologie- und Informationsberatung für
Arbeitnehmer (Tib) e.V.
Besenbinderhof 60
2000 Hamburg 1
Telefon 040/2858-268
Telefax 040/2858-299

Ina Trilitsch
Technische Universität Dresden
Fakultät Wirtschaftswissenschaften
Mommsenstr. 13
O - 8027 Dresden
Telefon 0351/463-2561

Dr. Mario Veitl
Österreichisches Forschungsinstitut für
Artifical Intelligence
Schottengasse 3
A - 1010 Wien/Österreich
Telefon +43/222/533-6112
Telefax +43/222/63 06 52

Astrid Voß-Leibl
Hubertusstr. 9
5100 Aachen
Telefon 0241/36923

Werner Walser
Universität Tübingen
Deutsches Institut für Fernstudien (DIFF)
Konrad-Adenauer-Str. 40
7400 Tübingen
Telefon 07071/979-232
Telefax 07071/979-100

Prof. Dr. Bernd Weidenmann
Universität der Bundeswehr München
Pädagogische Psychologie
Werner-Heisenberg-Weg 39
8014 Neubiberg
Telefon 089/6004-2345
Telefax 089/6004-3560

Prof. Dr. Karl Friedrich Wender
Universität Trier
Fachbereich Psychologie
Postfach 38 25
5500 Trier
Telefon 0651/201-2958
Telefax 0651/201-3813

Beate Wiese
Franzstr. 113
5100 Aachen
Telefon 0241/27589

Bernd Wingert
Kernforschungszentrum Karlsruhe
Abteilung für Angewandte Systemanalyse
(AFAS)
Postfach 3640
7500 Karlsruhe
Telefon 07247/82-3993
Telefax 07247/82-4806

Prof. Dr. Ralf Witt
Universität Hamburg
Institut für Berufs- und
Wirtschaftspädagogik
Sedanstr. 19
2000 Hamburg
Telefon 040/4123-3725
Telefax 040/4123-2112

Brigitte Zürn
Universität Bamberg
Lehrstuhl für Betriebswirtschaftslehre
Feldkirchenstr. 21
8600 Bamberg
Telefon 0951/863-518
Telefax 0951/39705

Autorenindex

Adamski, Inge	50
Bodendorf, Freimut	177
Bräth, Alfred	216
Brinker, Tobina	302
Diepold, Peter	307
Ditschuneit, Hans	207
Ehlen, Hanns-Johann	268
Eitel, Florian	216
Fezzardi, Gilbert	332
Fischer, Martin	145
Fischer, Philip	58
Flum, Thomas	246
Freibichler, Hans	239
Fröschle, Hans-Peter	75
Gabele[†], Eduard	58
Glowalla, Ulrich	4, 21, 39, 183, 332
Gräsel, Cornelia	323
Häfele, Gudrun	332
Hannemann, Jörg	118
Hasebrook, Joachim	332
Henninger, Michael	67
Hofmann, Josephine	75
Holland, Gerhard	91
Hundt, Rudolf	191
Irler, Wolfgang J.	108
Janowitz, Paul	207
Jöns, Ingela	279
Jung, Mona	296
Karl, Hans-Ulrich	50
Klar, Rüdiger	43, 98
Klatt, Michael	183

Knabe, Gerald 41, 183

Koch, Jan D. 259

Kuhn, Klaus 207

Kuprion, Jürgen 216

Mandl, Heinz 67, 216, 323

Nistor, Nicolae 67

Prenzel, Manfred 216, 323

Reichert, Manfred 207

Rinck, Mike 332

Rösner, Dietmar 207

Sauerbrey, Jörg 170

Schaller, H. Nikolaus 170

Schrader, Ulrich 98

Scheffler, Heike 196

Scheffler, Ulrike 196

Schoop, Eric 4, 21, 45, 149

Schwegler, Veit 207

Schweiberer, Leonhard 216

Straub, Michael 84

Swobodnik, Werner 207

Teschemacher, Hansjörg 196

Thüring, Manfred 118

Vetter, Gerhard 183

Wechsler, Johannes G. 207

Weidenmann, Bernd 37

Wingert, Bernd 137

Witt, Ralf 230

Zaiß, Albrecht W. 98

Zürn, Brigitte 58